海船船员适任考试用书

船舶结构与货运同步辅导

主 编　惠子刚　崔　刚

大连海事大学出版社

DALIAN MARITIME UNIVERSITY PRESS

图书在版编目（CIP）数据

船舶结构与货运同步辅导／惠子刚，崔刚主编．——
大连：大连海事大学出版社，2024.5
海船船员适任考试用书
ISBN 978-7-5632-4546-8

Ⅰ．①船… Ⅱ．①惠… ②崔… Ⅲ．①船舶结构—结
构设计—资格考试—自学参考资料②水路运输—货物运输
—资格考试—自学参考资料 Ⅳ．①U663②U695.2

中国国家版本馆 CIP 数据核字（2024）第 073097 号

大连海事大学出版社出版

地址：大连市黄浦路523号 邮编：116026 电话：0411-84729665（营销部） 84729480（总编室）
http://press.dlmu.edu.cn E-mail：dmupress@dlmu.edu.cn

大连日升彩色印刷有限公司印装 大连海事大学出版社发行

2024 年 5 月第 1 版 2024 年 5 月第 1 次印刷
幅面尺寸：184 mm×260 mm 印张：35.25
字数：852 千 印数：1～1500 册

出版人：刘明凯

责任编辑：张 华 责任校对：刘若实 陶月初
封面设计：张爱妮 版式设计：张爱妮

ISBN 978-7-5632-4546-8 定价：99.00 元

前　言

党的二十大报告指出,建设现代化产业体系,坚持把发展经济的着力点放在实体经济上,推进新型工业化,加快建设制造强国、质量强国、航天强国、交通强国、网络强国、数字中国。党的二十大报告特别提到了"交通强国"的理念。海上交通人,通过建设"交通强国",强化国家"海上丝绸之路"影响力,发展大国船队,可以极大地增强我们的民族自信心和民族自豪感。

本教材紧紧围绕航海职业教育"工学结合"的特点,紧扣大纲及国内外最新的法规与规范,力求做到理论结合实际,内容精炼准确,阐述简明扼要,并根据航运发展的新特点,补充了一些新内容,以期更好地满足实船工作的需要。

本书共分为 2 个模块,其内容如下:

模块 1 为船舶结构:项目 1 为船舶常识;项目 2 为船体结构基础知识;项目 3 为起重设备;项目 4 为检查和报告货舱、舱盖及压载舱的缺陷与损坏;项目 5 为锚设备及其运用;项目 6 为舵设备及其运用;项目 7 为系泊设备。

模块 2 为船舶货运:项目 1 为船舶货运基础;项目 2 为船舶载货能力;项目 3 为船舶稳性;项目 4 为船舶吃水差;项目 5 为船舶抗沉性;项目 6 为船舶强度;项目 7 为国际海运危险货物规则;项目 8 为普通杂货运输;项目 9 为特殊货物运输;项目 10 为集装箱货物运输;项目 11 为散装谷物运输;项目 12 为散装固体货物运输;项目 13 为散装液体货物运输。

本教材由惠子刚、崔刚担任主编并负责全书的统稿、定稿工作。深圳远洋运输股份有限公司和青岛引航站给本书提供了大量的指导和建议,使教材的系统性和实用性更强。本教材具体分工如下:模块 1 由惠子刚、青岛引航站一级引航员裴剑锋编写,模块 2 由崔刚编写。此外,本教材在编写过程中,得到了青岛远洋船员职业学院航海系领导的鼎力支持及船艺教研室其他各位同仁的帮助,在此一并感谢。

本书的编写工作得到了青岛远洋船员职业学院、船艺教研室各位老师的大力支持和帮助,在此表示衷心感谢。

由于时间仓促,不足之处在所难免,竭诚希望各位前辈、同行和读者批评指正。

编　者
2024 年 1 月

目　录

模块 1　船舶结构

模块 2　船舶货运

模块 1　船舶结构

船舶结构与货运同步辅导

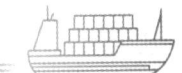

项目1　船舶常识

1.1　船舶种类与特点

一、知识点梳理

船舶是人们从事水上运输和水上作业的主要工具,其数目庞大,种类繁多。人们通常按船舶的用途对其进行分类。

二、难点点拨

因所针对的货物不同,故每一种类的船舶在结构上有其特殊性,特别应注意滚装船、油船、矿石船、液化气船、集装箱船等专用船的结构特点。

三、相关习题

1. 用于为他船开辟航路,结构坚固,功率大的船舶称为_____。
   A. 海洋开发用船　　　　　　　　　B. 航标船
   C. 拖带(顶推)船　　　　　　　　　D. 破冰船
   解析:破冰船是用于在冰封水域开辟航道和救助被冰封的船舶。
   答案:D。
2. 下列属于工程船的是_____。
   A. 供应船　　　　　　　　　　　　B. 破冰船

  C. 海洋调查船   D. 消防船

  解析:工程船是指专门从事某种水上或水下工程的船舶。

  答案:C。

3. 下图中的船是_____。

  A. 货船   B. 客船

  C. 起重船   D. 渔船

  解析:考查船舶类型中的起重船。

  答案:C。

4. 在非排水状态航行时能被水翼产生的水动升力支承在水面以上的船舶是_____。

  A. 滑行船   B. 气垫船

  C. 双体船   D. 水翼船

  解析:水翼船底部装有前后各一对水翼,船在高速航行时,水翼产生的升力将船体托出水面,因而能减小水对船的阻力,并能减小波浪对船的作用。

  答案:D。

5. 船舶不论在静止或运动时,其全部重量或大部分重量能被连续产生的气垫所支承的船舶是_____。

  A. 滑行船   B. 气垫船

  C. 双体船   D. 水翼船

  解析:气垫船是利用船上的大功率风机产生高于大气压的压力,把空气压入船底并与水面或地面之间形成气垫,将船体全部或大部分托离水面而高速航行的船只。

  答案:B。

6. 具有大宽长比、小水线面面积的一种特殊船型的双体船称为_____。

  A. 滑行船   B. 穿浪双体船

  C. 双体船   D. 水翼船

  解析:考查船舶类型中的穿浪双体船。

  答案:B。

7. 下列属于工程船的是_____。

  A. 供应船   B. 挖泥船

  C. 修理船   D. 海难救助船

  解析:工程船包括挖泥船、起重船、打桩船、布缆船、海上救助打捞船、浮船坞等。

答案:B。

8.《SOLAS公约》规定,载客超过_____被视为客船。

A. 10人   B. 11人

C. 12人   D. 13人

解析:考查船舶类型中的客船。

答案:C。

9. 集装箱船采用双层船壳的主要目的是_____。

A. 提高抗扭强度   B. 增加压载水舱

C. 提高抗沉性   D. 提高装卸效率

解析:集装箱船为保证船体强度、提高抗扭强度、保证货舱内方正及提高船舶的抗沉性,船体设计为双层船壳。

答案:A。

10. 为保证集装箱船的船体强度,其主船体结构中采用了_____。

A. 双层船壳、抗扭箱或等效结构

B. 多层甲板

C. 多道纵向舱壁

D. 圆形舱口

解析:为保证船体强度和提高抗扭强度,集装箱船船体设计为双层底和双层壳舷侧结构,并在双层舷侧的顶部设置抗扭箱结构,或在保证船体结构强度的前提下,采用双层底和具有抗扭箱或其他等效结构的单层壳舷侧结构代替。

答案:A。

11. 集装箱船的特点是_____。

①舱口大;②一般为多层甲板结构;③舱内有箱格导轨装置

A. ①②   B. ②③

C. ①③   D. ①②③

解析:集装箱船多为单层甲板结构。

答案:C。

12. 有多层甲板的船为_____。

A. 集装箱船   B. 散装货船

C. 杂货船   D. 油船

解析:杂货船通常是多层(2~3层)甲板结构。

答案:C。

13. 杂货船的特点有_____。

①对货物种类与码头条件的适应性强;②装卸效率不高;③一般设计成"一舱不沉制"

A. ①②   B. ②③

C. ①③   D. ①②③

解析:考查杂货船的特点。

答案:D。

14. 杂货船的一般特点是_____。

①通常具有 2~3 层甲板结构;②为便于装卸货,舱口尺寸较大;③配有吊杆或起重机;④抗沉性设计为"两舱不沉制"

A. ①②③

B. ①②④

C. ②③④

D. ①②③④

解析:杂货船在抗沉性方面,一般设计成"一舱不沉制"。

答案:A。

15. 专用散粮船货舱内设置顶边水舱的目的是_____。

①限制货舱内谷物移动;②便于平舱;③便于清舱;④可用作压载水舱;⑤减小谷物移动倾侧力矩

A. ①②③

B. ①②④⑤

C. ②③④

D. ①②③④⑤

解析:考查专用散粮船货舱内设置顶边水舱的目的。

答案:B。

16. 下列有关客船特点的表述正确的是_____。

①甲板层数多;②上层建筑高大;③具有较好的抗沉性;④大部分设有减摇装置

A. ①②

B. ①②③

C. ①②④

D. ①②③④

解析:客船具有多层甲板、上层建筑高大,具有较好的抗沉性,且船速较高并设有减摇装置,安全设备与生活设施齐全。

答案:D。

17. 散粮船设置上边舱的主要目的是_____。

A. 增强总纵强度

B. 保证装满货舱

C. 便于清舱

D. 增加水舱

解析:散粮船设置上边舱的主要目的是便于平舱,保证装满货舱。

答案:B。

18. 船型肥大、货舱横剖面呈菱形、舱口较宽大、舱口围板也较高的这类船属于_____。

A. 矿砂船

B. 散装货船

C. 集装箱船

D. 杂货船

解析:舱口围板高大,货舱横剖面呈菱形,这样既可装满货舱、减少平舱工作、方便卸货,又可防止货物移动而危及船舶的稳性。

答案:B。

19. 散装货船货舱横剖面设计成菱形的目的是_____。

①可减少平舱工作;②保证装满货舱;③确保稳性

A. ①②

B. ②③

C. ①③

D. ①②③

解析:上边舱可起到便于装满货舱、减少平舱工作及防止货物移动而危及船舶稳性的作用;下边舱的设置便于卸货和清舱。

答案:D。

20. 散粮船的特点是_____。

①船型肥大;②货舱为菱形结构;③舱口较宽大,舱口围板也较高

A.①②　　　　　　　　　　　　　　　　B.②③

C.①③　　　　　　　　　　　　　　　　D.①②③

解析:①货舱为单层甲板,舱口较宽大;②为单层或双层船壳结构;③舱口围板高大,货舱横剖面呈菱形,这样既可装满货舱、减少平舱工作、方便卸货,又可防止货物移动而危及船舶的稳性;④货舱四角的三角形舱柜(上、下边舱)为压载舱,用于调节吃水和稳性高度;⑤船型肥大,一般单向运输。

答案:D。

21. 散装货船是_____。

A. 艉机型单甲板船　　　　　　　　　　B. 中机型多甲板船

C. 艉机型多甲板船　　　　　　　　　　D. 中机型单甲板船

解析:散装货船是指专门设计用于载运大宗散装货物的艉机型单甲板船,又称为干散装货船。

答案:A。

22. 矿砂船货舱横剖面设计成漏斗形的目的是_____。

A. 提高稳性

B. 既可提高船舶的重心高度又便于清舱

C. 增加船体强度

D. 增加压载舱

解析:矿砂船货舱横剖面设计成漏斗形既可提高船舶的重心高度又便于清舱。

答案:B。

23. 下列同吨位船中双层底最高的是_____。

A. 集装箱船　　　　　　　　　　　　　B. 散粮船

C. 矿砂船　　　　　　　　　　　　　　D. 油船

解析:为提高船舶的重心高度,矿砂船的双层底设计得特别高。

答案:C。

24. 矿砂船双层底设计得比其他船高的目的是_____。

A. 提高船舶重心　　　　　　　　　　　B. 便于装卸

C. 增加压载舱容量　　　　　　　　　　D. 增加船体强度

解析:考查矿砂船提高船舶重心的措施。

答案:A。

25. 矿砂船的特点是_____。

①多为艉机型和全通单甲板;②双层底高便于提高船舶重心;③与其他船相比,货舱舱容小而压载舱舱容大

A.①②

B.②③

C.①③

D.①②③

解析:货舱为单层甲板,舱口较宽大,一般由两道纵舱壁将整个装货区域分隔成中间舱和两侧边舱,在中间舱下部设置双层底,中间舱装载矿货,两侧边舱作为压载舱。双层底设计得特别高。货舱横剖面设计成漏斗形,这样既可提高船舶的重心高度又便于清舱。货舱两侧的压载边舱比散装货船大得多。矿砂船均为艉机型船,航速较低。其货舱一般采用高强度钢,且内底板等构件均采取加厚的措施,有的直接对货舱采取重货加强措施。

答案:D。

26. 为适应所载货物的特点,矿砂船一般采用_____。

A. 高强度钢

B. 不锈钢

C. 普通钢材

D. 船用碳素钢

解析:为适应所载货物的特点,矿砂船一般采用高强度钢。

答案:A。

27. 下列采用水平装卸方式的船舶是_____。

A. 杂货船

B. 集装箱船

C. 滚装船

D. 载驳船

解析:滚装船是一种设计和制造成能装载车辆或装载固放在车辆上的集装箱或托盘货物的专用船舶。其将传统的船舶垂直上下装卸改成水平方向滚动方式装卸。

答案:C。

28. 为确保滚装船装卸作业的安全,跳板的工作坡度应不大于_____。

A. 15°

B. 20°

C. 8°

D. 4°

解析:滚装船舱内设有活动斜坡道或升降平台,车辆通过它做上下层间的移动。为确保装卸作业的安全,跳板工作坡度应不大于 8°,通常为 4°~5°,船舶横倾小于 4°时,跳板对码头的负荷一般不超过 2~3 t/m^2。

答案:C。

29. 滚装船的特点是_____。

①甲板层数多,舱内支柱少;②舱容利用率低,抗沉性相对较差;③甲板为纵通甲板

A.①②

B.②③

C.①③

D.①②③

解析:考查滚装船的特点。

答案:D。

30. 滚装船的结构较特殊,一般_____。

①上甲板平整,无舷弧和梁拱;②仅有少量的起货设备;③甲板层数多,一般有 2~4 层;④货舱无分隔舱壁但有极多的支柱;⑤舱内支柱极少,抗沉性相对较差,但航速较高

A.①②③④

B.②③④⑤

C.①③⑤

D.①②⑤

解析:滚装船无起重设备,船舱内支柱极少。

答案:C。

31. 滚装船的艉门结构有_____。

①罩壳式;②边铰链式;③滚动式

A. ①② B. ①③

C. ②③ D. ①②③

解析:滚装船的艉门有罩壳式和边铰链式两种形式。

答案:A。

32. 木材船的特点是_____。

①舱口大、舱内无支柱;②甲板强度要求高;③舷墙较高;④起货机安装于桅楼平台上

A. ①②③ B. ②③④

C. ①③④ D. ①②③④

解析:①为方便装卸和堆放,货舱要求长且大,且舱内无支柱;②为防止甲板木材滚落舷外,木材船的两舷设有支柱,并且舷墙也较高;③船两侧排水口大且多;④为不影响货物堆放和人员操作,起货机均安装在桅楼平台上;⑤甲板强度高。

答案:D。

33. 货舱要求长而大,舱内无支柱,甲板两舷舷侧设有立柱或立柱底脚,舷墙也较高,起货机均安装于桅楼平台上的这种船是_____。

A. 木材船 B. 滚装船

C. 干货船 D. 集装箱船

解析:为防止甲板木材滚落舷外,木材船的两舷设有支柱,并且舷墙也较高。为不影响货物堆放和人员操作,起货机均安装在桅楼平台上。

答案:A。

34. 木材船的特点是_____。

①舱口大、舱内无支柱;②双层底较高;③甲板强度要求高,舷墙也较高;④起货机安装于桅楼平台上

A. ①②③ B. ①③④

C. ②③④ D. ①②③④

解析:考查木材船的特点。

答案:B。

35. 下列有关冷藏船特点的描述正确的是_____。

A. 具有良好的隔热设施和制冷设备

B. 吨位较大,速度较快

C. 甲板层数较少,货舱口小

D. 舱内设有数量众多的支柱

解析:冷藏船具有良好的隔热设施与制冷设备,货舱口小,货舱甲板层数较多(一般为3~4层),船速较快而吨位较小。

答案:A。

36. 冷藏船的特点是_____。

①货舱口较小;②具有隔热和制冷设备;③甲板层数多,速度快

A. ①②　　　　　　　　　　　　　　B. ②③

C. ①③　　　　　　　　　　　　　　D. ①②③

解析:①具有良好的隔热设施与制冷设备;②货舱口小;③货舱甲板层数较多(一般为3~4层);④船速较快而吨位较小。

答案:D。

37. 多用途船的一般特点有_____。

①货舱一般均经特别设计,能满足载运多种货物的需求;②货舱口一般较宽大;③有的为两层甲板结构;④配备的起重设备以起重机为主

A. ①②③　　　　　　　　　　　　　B. ②③④

C. ②④　　　　　　　　　　　　　　D. ①②③④

解析:多用途船是指为了争取往返货载以减少空放,提高船舶营运率,将船舶设计成能够满足多种用途的船型。

答案:D。

38. 既可单独用于载运普通件杂货、袋装货,又可用于载运集装箱的船舶是_____。

A. 杂货船　　　　　　　　　　　　　B. 液货船

C. 多用途船　　　　　　　　　　　　D. 兼用船

解析:多用途船是指具有既可单独用于载运普通件杂货、木材、重大件货、袋装货、散装货、集装箱,又可同时载运上述几种货物的船舶。

答案:C。

39. 对于 $L>90$ m 的油船,要求_____。

A. 在货油舱内设置一道纵向连续的舱壁

B. 在货油舱内设置两道纵向连续的舱壁

C. 在货油舱内设置三道纵向连续的舱壁

D. 在货油舱内设置四道纵向连续的舱壁

解析:对 $L>90$ m 的油船,要求在其货油舱区域内设置两道纵向连续的水密舱壁。

答案:B。

40. 油船设置多道横舱壁和大型肋骨框架的目的是_____。

A. 增大横向强度和适装不同品种的油类

B. 减小自由液面对纵稳性的影响

C. 提高船舶总纵强度

D. 便于压载

解析:油船设置多道横舱壁和大型肋骨框架,用以增大横向强度和适装不同品种的油类。

答案:A。

41. 油船货油舱舱口为_____。

A. 方形小舱口　　　　　　　　　B. 圆形大舱口

C. 圆形小舱口　　　　　　　　　D. 方形大舱口

解析:考查油船货油舱舱口特点。

答案:C。

42. 艉机型油船有利于_____。

①增加货舱容积;②防火、防爆和油密;③调整吃水差

A. ①②　　　　　　　　　　　　B. ②③

C. ①③　　　　　　　　　　　　D. ①②③

解析:油船采用艉机型布置形式,在使货油舱连接成整体的同时,也增加了货舱舱容,有利于防火、防爆和油密。

答案:A。

43. 要求中型以上油船设置双层船壳的主要目的是_____。

A. 增加船体强度

B. 增加压载水舱

C. 防止船舶发生海损事故后造成海洋油污染

D. 增强船体横向强度

解析:油船双层底及双壳,仅作专用压载舱用,防止船舶发生海损事故后造成海洋油污染。

答案:C。

44. 油船的船体形状属于_____的船。

A. 方形系数较小　　　　　　　　B. 方形系数较大

C. 中横剖面系数较小　　　　　　D. 方形系数为 1

解析:油船方形系数 C_b 较大,属肥胖型船。

答案:B。

45. 油船机舱通常设置在_____。

A. 船尾　　　　　　　　　　　　B. 船首

C. 船中　　　　　　　　　　　　D. 船中偏后

解析:油船通常采用艉机型布置形式。

答案:A。

1.2　船舶的基本组成与主要标志

1.2.1　船舶的基本组成

📖 一、知识点梳理

主船体、上层建筑、舱室布置、各种配套设备。

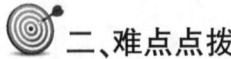

二、难点点拨

对船舶各组成部分的基本概念要理解。

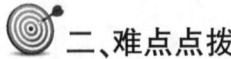

三、相关习题

1. 舷弧是甲板的纵向曲度,其作用是_____。
①减少甲板上浪;②增加甲板强度;③便于甲板排水;④使船体外形更美观;⑤增加保留浮力
A.①③④⑤   B.①②④⑤
C.②③④⑤   D.①②③④
解析:舷弧可增加储备浮力,便于甲板排水,减少甲板上浪和使船体外形更美观。
答案:A。

2. 梁拱是甲板的横向曲度,其作用是_____。
①增加甲板强度;②增加储备浮力;③增加总纵强度;④便于甲板排水;⑤防止甲板上浪
A.①②③   B.①④⑤
C.②④⑤   D.①②④
解析:梁拱可增加甲板强度,便于排泄甲板积水和增加储备浮力。
答案:D。

3. 下图中杂货船的部位名称 2 是_____。

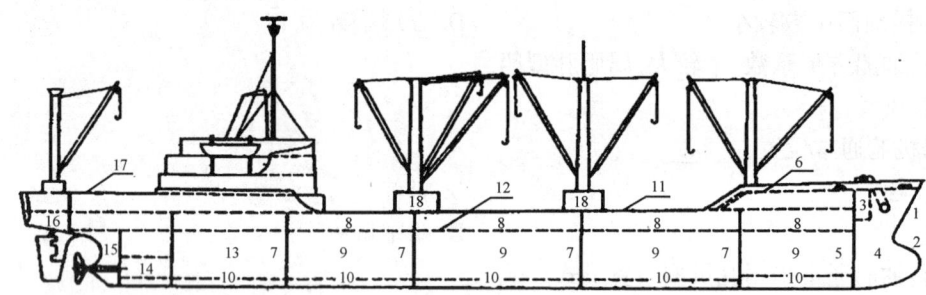

A. 艉突出体   B. 艉柱
C. 球鼻艏   D. 强胸肘板
解析:考查杂货船球鼻艏部位的识别。
答案:C。

4. 下图中杂货船的部位名称 4 是_____。

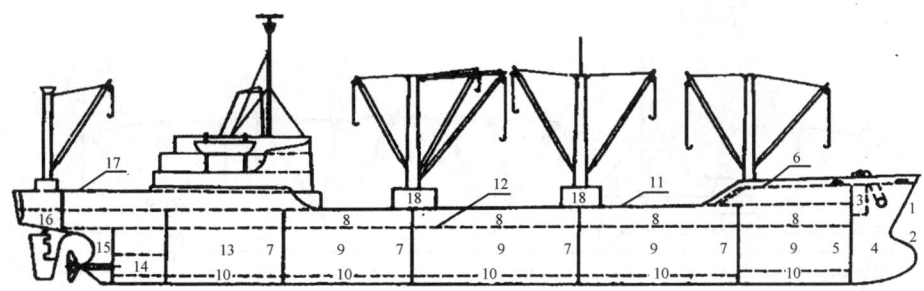

A. 艏尖舱　　　　　　　　　　B. 艉尖舱

C. 舵机舱　　　　　　　　　　D. 锚链舱

解析:考查杂货船艏尖舱部位的识别。

答案:A。

5. 下图中杂货船的部位名称 6 是_____。

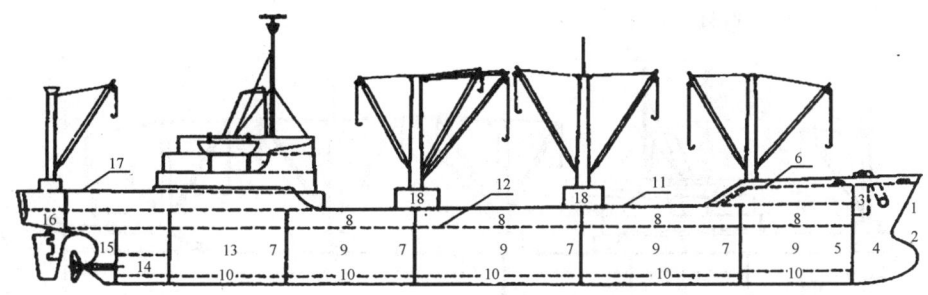

A. 上甲板　　　　　　　　　　B. 下甲板

C. 艏楼甲板　　　　　　　　　D. 罗经甲板

解析:考查杂货船艏楼甲板部位的识别。

答案:C。

6. 下图中杂货船的部位名称 7 是_____。

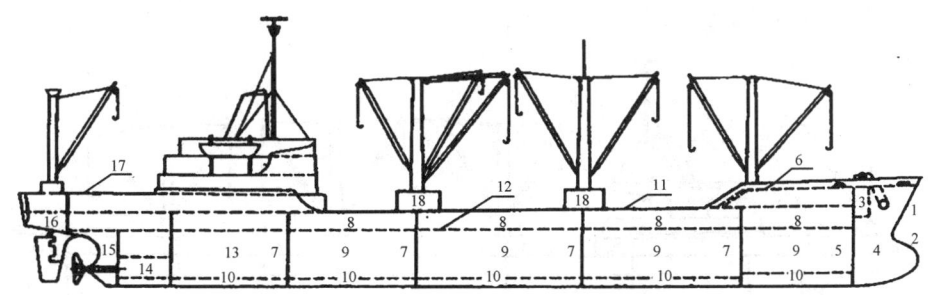

A. 横向舱壁　　　　　　　　　B. 纵向舱壁

C. 支柱　　　　　　　　　　　D. 桅杆

解析:考查杂货船横向舱壁部位的识别。

答案:A。

7.下图中杂货船的部位名称 9 是_____。

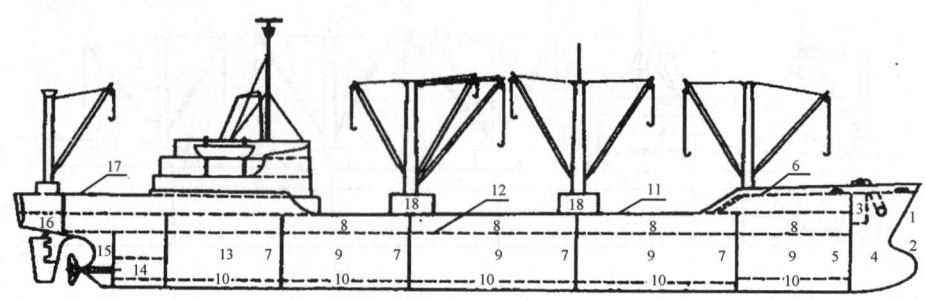

A.底舱   B.甲板间舱

C.双层底   D.深舱

解析:考查杂货船底舱部位的识别。

答案:A。

8.下图中杂货船的部位名称 13 是_____。

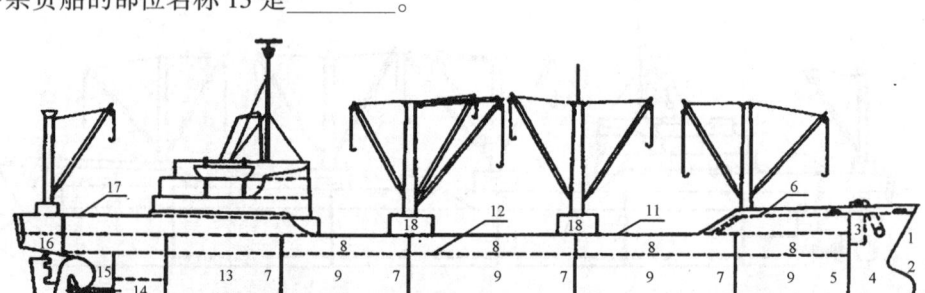

A.深舱   B.压载舱

C.货舱   D.机舱

解析:考查杂货船机舱部位的识别。

答案:D。

9.下图中杂货船的部位名称 14 是_____。

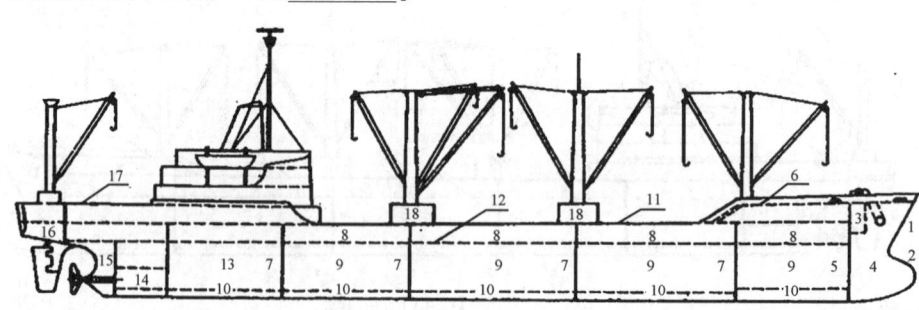

A.桅屋   B.管隧

C.轴隧   D.艉轴管

解析:考查杂货船轴隧部位的识别。

答案:C。

10.下图中杂货船的部位名称 17 是_____。

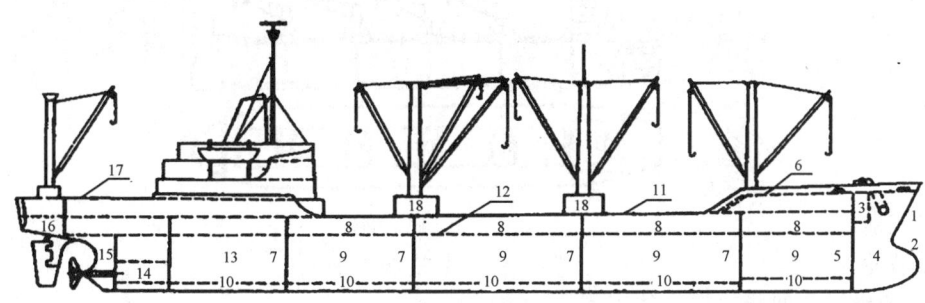

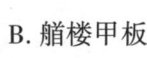

A.上甲板   B.艏楼甲板

C.艉楼甲板   D.罗经甲板

解析:考查杂货船艉楼甲板部位的识别。

答案:C。

11.下图中杂货船的部位名称 18 是_____。

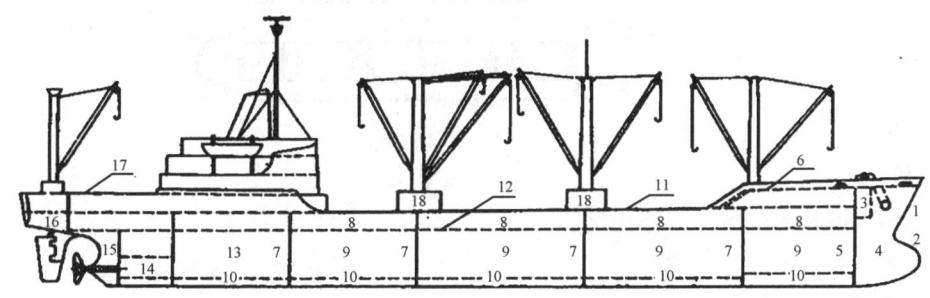

A.桅屋   B.管隧

C.轴隧   D.艏楼

解析:考查杂货船桅屋部位的识别。

答案:A。

12.下图中散货船的部位名称 2 是_____。

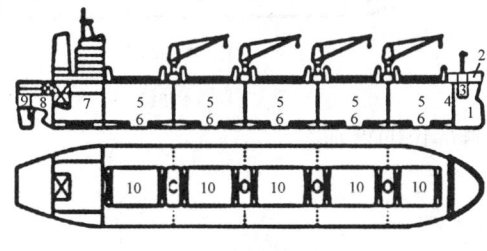

A.艏楼   B.艉楼

C.舵机舱   D.锚链舱

解析:考查散货船艏楼部位的识别。

答案:A。

13. 下图中散货船的部位名称 5 是_____。

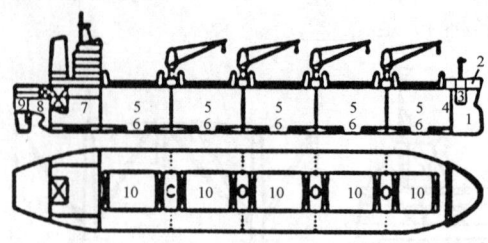

    A. 艏尖舱   B. 艉尖舱

    C. 压载舱   D. 货舱

    解析:考查散货船货舱部位的识别。

    答案:D。

14. 下图中散货船的部位名称 7 是_____。

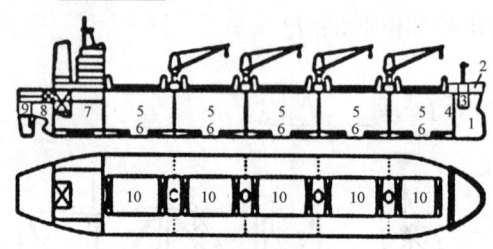

    A. 深舱   B. 压载舱

    C. 货舱   D. 机舱

    解析:考查散货船机舱部位的识别。

    答案:D。

15. 下图中散货船的部位名称 10 是_____。

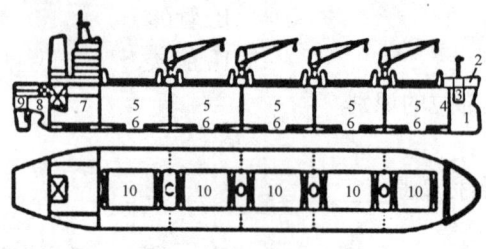

    A. 压载舱   B. 货舱口

    C. 桅屋   D. 深舱

    解析:考查散货船货舱口部位的识别。

    答案:B。

16. 下图中油船的部位名称 1 是_____。

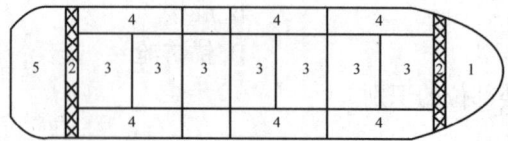

A. 艏尖舱　　　　　　　　　　B. 艉尖舱

C. 货油舱　　　　　　　　　　D. 锚链舱

解析:考查油船艏尖舱部位的识别。

答案:A。

17.下图中油船的部位名称 2 是_____。

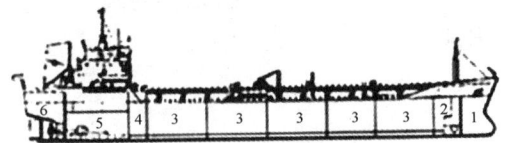

A. 压载舱　　　　　　　　　　B. 货油舱

C. 干隔空舱　　　　　　　　　D. 尖舱

解析:考查油船干隔空舱部位的识别。

答案:C。

18.下图中油船的部位名称 1 是_____。

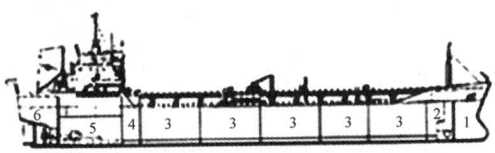

A. 艏尖舱　　　　　　　　　　B. 艉尖舱

C. 货油舱　　　　　　　　　　D. 干隔空舱

解析:考查油船艏尖舱部位的识别。

答案:A。

19.下图中油船的部位名称 3 是_____。

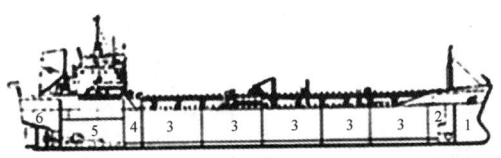

A. 压载舱　　　　　　　　　　B. 干隔空舱

C. 货油舱　　　　　　　　　　D. 深舱

解析:考查油船货油舱部位的识别。

答案:C。

20.下图中油船的部位名称 4 是_____。

A. 尖舱　　　　　　　　　　　B. 泵房

C. 货油舱　　　　　　　　　　　　D. 污油水舱

解析:考查油船泵房部位的识别。

答案:B。

21. 下图中 2 称为_____。

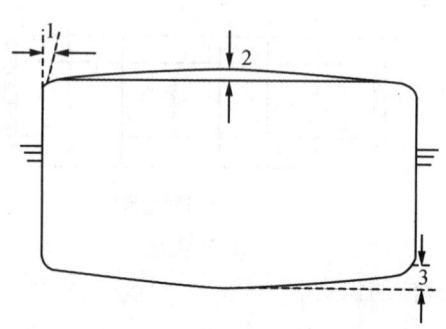

A. 舷弧　　　　　　　　　　　　B. 梁拱

C. 舷侧外倾　　　　　　　　　　D. 舷侧内倾

解析:考查船舶梁拱的识别。

答案:B。

22. 下图中 1 称为_____。

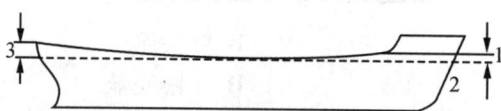

A. 舷弧　　　　　　　　　　　　B. 梁拱

C. 倾斜度　　　　　　　　　　　D. 龙骨倾斜

解析:在甲板的纵向上,艏、艉高而中间低所形成的曲线叫舷弧线。

答案:A。

23. 下图中 3 称为_____。

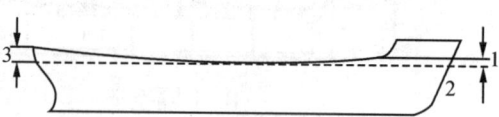

A. 舷弧　　　　　　　　　　　　B. 梁拱

C. 倾斜度　　　　　　　　　　　D. 龙骨倾斜

解析:在甲板的纵向上,艏、艉高而中间低所形成的曲线叫舷弧线。

答案:A。

24. 船底板向上升高称为_____。

A. 舷弧　　　　　　　　　　　　B. 梁拱

C. 底升　　　　　　　　　　　　D. 横梁

解析:考查船舶底升的概念。

答案:C。

25. 专用矿石船属于_____。

    A. 中机型单层甲板船   B. 中机型多层甲板船

    C. 艉机型单层甲板船   D. 艉机型多层甲板船

    解析:矿砂船是指专门设计用于装载散装矿砂的艉机型单层甲板船。

    答案:C。

26. 散装货船的特点是_____。

    ①为单层或双层船壳结构的单甲板船;②具有双层底舱;③在货舱区域内有底边舱和顶边舱

    A. ①②③   B. ①②

    C. ②③   D. ①③

    解析:考查散装货船的特点。

    答案:A。

27. 散装货船货舱斜顶板和斜底板的作用是_____。

    ①保证装满货舱;②便于清舱;③参与总纵强度

    A. ①②   B. ②③

    C. ①③   D. ①②③

    解析:考查散装货船货舱斜顶板和斜底板的作用。

    答案:D。

28. 矿砂船的特点是_____。

    A. 舱容小,双层底较高,采用高强度钢

    B. 舱容小,双层底较低,采用高强度钢

    C. 舱容大,双层底较高,采用高强度钢

    D. 舱容大,双层底较低,采用高强度钢

    解析:考查矿砂船的特点。

    答案:A。

29. 下列有关滚装船特点的描述正确的是_____。

    ①具有多层甲板和双层底结构;②强力甲板和船底一般采用纵骨架式结构;③在舱内设置局部横舱壁或强肋骨和强横梁,以保证船体的横向强度

    A. ①②   B. ①③

    C. ②③   D. ①②③

    解析:考查滚装船舶的特点。

    答案:D。

30. 滚装船的结构较特殊,上甲板平整,_____。

    A. 无舷弧和梁拱   B. 有舷弧和梁拱

    C. 有舷弧无梁拱   D. 无舷弧有梁拱

    解析:滚装船的上甲板平整,无舷弧和梁拱。

    答案:A。

31. 船首两侧船壳弯曲处称为_____。

A. 艏舷   B. 艏楼

C. 舭部   D. 胯部

解析:主船体两舷舷侧在过渡至近前后两端时,逐渐呈线型弯曲接近并最终汇拢,其中前端的汇拢部分称为艏部,线型弯曲部分称为艏舷。

答案:A。

32. 上层连续甲板是指_____。

  A. 船体的最高一层甲板

  B. 船体的最高一层全通甲板

  C. 水密横舱壁上伸到达的连续甲板

  D. 平台甲板

解析:上层连续甲板为主船体的最上一层首、尾统长甲板。

答案:B。

33. 平台甲板是指_____。

  A. 沿船长方向布置并不计入船体总纵强度的不连续甲板

  B. 沿船长方向布置并计入船体总纵强度的连续甲板

  C. 沿船长方向布置并计入船体总纵强度的不连续甲板

  D. 沿船长方向布置并不计入船体总纵强度的连续甲板

解析:平台甲板为强力甲板以下沿船长方向布置并不计入船体总纵强度的不连续甲板,如舵机间甲板即为平台甲板。

答案:A。

34. 主船体两舷舷侧在后部的线型弯曲部分称为_____。

  A. 船尾(尾端)   B. 船头

  C. 艉舷(艉部)   D. 船端

解析:主船体两舷舷侧在过渡至近前后两端时,逐渐呈线型弯曲接近并最终汇拢,其中,后端的汇拢部分称为艉部,线型弯曲部分称为艉舷(又称艉部)。

答案:C。

35. 就普通货船而言,下列有关主船体中甲板的描述正确的是_____。

  ①为主船体垂向上成上下层并沿船长方向水平布置的大型纵向连续板架;②上甲板为主船体的最高一层全通甲板;③平台甲板沿船长方向布置并计入船体总纵强度

  A. ①②   B. ①③

  C. ②③   D. ①②③

解析:平台甲板为沿船长方向布置并不计入船体总纵强度的不连续甲板,如舵机间甲板即为平台甲板。

答案:A。

36. 驾驶台顶层甲板,应称为_____。

  A. 罗经甲板   B. 救生艇甲板

  C. 驾驶台甲板   D. 起居甲板

解析:驾驶台顶层甲板为罗经甲板。

答案:A。

37. 通常设有信号灯架、探照灯和罗经的甲板为_____。

A. 驾驶甲板　　　　　　　　　　B. 上层建筑甲板

C. 艇甲板　　　　　　　　　　　D. 罗经甲板

解析:罗经甲板通常设有信号灯架、探照灯和罗经。

答案:D。

38. 以下属于上层建筑的是_____。

①艏楼;②桥楼;③艉楼;④桅屋

A. ①②④　　　　　　　　　　　B. ①②③

C. ②③④　　　　　　　　　　　D. ①③④

解析:上层连续甲板上由一舷伸至另一舷的或其侧壁板离船壳板向内不大于 4% 船宽 B 的围蔽建筑称上层建筑,桅屋不属于上层建筑。

答案:B。

39. 以下有关艏楼的描述正确的是_____。

①减少艏部上浪;②改善航行条件;③艏楼的舱室可用作储藏室

A. ①②　　　　　　　　　　　　B. ②③

C. ①③　　　　　　　　　　　　D. ①②③

解析:艏楼作用是减少艏部上浪,改善航行条件,艏楼的舱室可用作储藏室。

答案:D。

40. 一般用来布置驾驶室的上层建筑为_____。

A. 艏楼　　　　　　　　　　　　B. 桥楼

C. 艉楼　　　　　　　　　　　　D. 桅屋

解析:用来布置驾驶室及船员起居与服务处所的上层建筑为桥楼。

答案:B。

41. 艏楼的作用与用途有_____。

①减少艏部上浪;②改善船舶航行条件;③可用作储藏室、工作间;④增加艏部强度

A. ①②③　　　　　　　　　　　B. ②③④

C. ③④　　　　　　　　　　　　D. ①②④

解析:艏楼的作用是减少艏部上浪,改善航行条件,艏楼的舱室可用作储藏室。

答案:A。

42. 以下属甲板室的是_____。

A. 艏楼　　　　　　　　　　　　B. 桥楼

C. 艉楼　　　　　　　　　　　　D. 桅屋

解析:上层连续甲板上由一舷伸至另一舷的或其侧壁板离船壳板向内不大于 4% 船宽 B 的围蔽建筑称上层建筑,其他的围蔽建筑称甲板室。

答案:D。

43. 艉机型船的特点是_____。

①空载吃水差大;②舱容利用率较高;③空载艏压载易产生较大的纵向弯矩

A.①②   B.②③
C.①③   D.①②③

解析:机舱位于船尾的称艉机型船,本题考查艉机型船的特点。

答案:D。

44. 深舱是指_____。

A. 隔离空舱和双层底舱

B. 污油水舱

C. 双层底以外的压载舱及船用水舱等

D. 用于载货的舱室

解析:深舱为双层底以外的压载舱、船用水舱、货油舱(如植物油舱)及按闭杯试验法闪点不低于60 ℃的燃油舱等。

答案:C。

45. 隔离空舱专门用于_____。

①油舱与淡水舱的分隔;②货油舱与机舱的分隔;③货舱与货舱之间的分隔

A.①②   B.②③
C.①③   D.①②③

解析:隔离空舱是用于隔开油舱与淡水舱、油船的货油舱与机舱的专用舱室。

答案:A。

46. 隔离空舱的主要作用是_____。

A. 加强局部强度   B. 分隔货舱
C. 作深舱用   D. 防火、防爆与防渗漏

解析:隔离空舱的主要作用是防火、防爆、防渗漏。

答案:D。

47. 可在船舶的双层底内装载_____来调节船舶吃水、纵横倾及稳性。

A. 淡水   B. 燃料
C. 货物   D. 压载水

解析:双层底可用作压载舱以调整船舶的吃水、纵倾、横倾、稳性和提高空载时车叶和舵的效率,改善航行性能。

答案:D。

48. 每一个机器处所,应至少有_____脱险通道。

A. 一个   B. 两个
C. 三个   D. 四个

解析:每一个机器处所,应至少有两个脱险通道。

答案:B。

49. 规范所述的深舱为双层底以外的_____。

①压载舱;②船用水舱;③植物油舱;④按闭杯试验法闪点不低于 60 ℃的燃油舱

A.①②   B.①②③

C.②③④   D.①②③④

解析:深舱为双层底以外的压载舱、船用水舱、货油舱(如植物油舱)及按闭杯试验法闪点不低于 60 ℃的燃油舱等。

答案:D。

50.隔离空舱(又称干隔舱)一般是一个仅有_____肋骨间距的狭窄空舱。

A.一个   B.两个

C.三个   D.四个

解析:隔离空舱,又称干隔舱,一般是一个仅有一个肋骨间距的狭窄空舱。

答案:A。

51.下列有关隔离空舱的描述正确的是_____。

①用于隔开油舱与淡水舱;②至少有两个肋骨间距的狭窄空舱;③隔离空舱又称干隔舱

A.①②   B.①③

C.②③   D.①②③

解析:隔离空舱一般是一个仅有一个肋骨间距的狭窄空舱。

答案:B。

1.2.2 船舶的主要标志

一、知识点梳理

吃水标志、载重线标志、船名和船籍港标志、球鼻艏标志、侧推器标志、分舱标志及顶推位置标志等。

二、难点点拨

吃水标志、载重线标志的具体规定。

三、相关习题

1.球鼻艏标志绘在船首两侧_____。

A.满载水线以下   B.半载水线以下

C.满载水线以上   D.空载水线以上

解析:球鼻艏标志为采用球鼻型船首的船舶的一种特有标志,勘绘于船首左、右两舷重载水线以上的艏部处。

答案:C。

2. 有艏侧推器的船舶,其标志绘在_____。

    A. 球鼻艏标志前面   B. 球鼻艏标志上面

    C. 球鼻艏标志后面   D. 球鼻艏标志下面

    解析:对装设有侧推器的船舶,侧推器标志位于球鼻艏标志的正后面。

    答案:C。

3. 对载重线标志中的圆圈、线段和字母,当船舷为暗色底者,应漆成_____。

    ①红色;②白色;③黄色

    A. ①③   B. ①②

    C. ①②③   D. ②③

    解析:对载重线圈、横线和字母,当船舷为暗色底者,应漆成白色或黄色;当船舷为浅色底者,应漆成黑色。

    答案:D。

4. 英制水尺中数字的高度及相邻数字间的间距是_____。

    A. 6 in   B. 10 in

    C. 12 in   D. 15 in

    解析:英制吃水标志用阿拉伯数字或罗马数字表示,每个数字的高度为 6 in,上下相邻两个数字间的间距也是 6 in。

    答案:A。

5. 公制水尺中相邻两个数字之间的间隔高度为_____。

    A. 6 cm   B. 8 cm

    C. 10 cm   D. 12 cm

    解析:公制吃水标志用阿拉伯数字表示,其数字的高度规定为 10 cm,上下相邻两个数字间的间隔距离也是 10 cm。

    答案:C。

6. 关于甲板线的描述,下列正确的是_____。

    ①勘绘于船首、尾两侧;②勘绘于船中处两侧;③其上边缘一般应经过干舷甲板上表面向外延伸与船壳板外表面之交点;④其下边缘一般应经过干舷甲板上表面向外延伸与船壳板外表面之交点

    A. ①③   B. ②③

    C. ①④   D. ②④

    解析:甲板线为一条长 300 mm、宽 25 mm 的水平线,勘绘于船中处的每侧,其上边缘一般应经过干舷甲板上表面向外延伸与船壳板外表面之交点。

    答案:B。

7. 在深色船壳及浅色船壳上载重线标志与吃水标志使用的颜色分别是_____。

    A. 黑、黑   B. 白、白

    C. 黑、白   D. 白、黑

    解析:考查船舶载重线标志与吃水标志的颜色与船壳颜色的关系。

答案：D。

8. 载重线圆圈的中心应位于_____。

　　A. 船中以前 1/4 船长处　　　　　　B. 船中以后 1/4 船长处

　　C. 船中处　　　　　　　　　　　　D. 船中略后

　　解析：载重线圆圈中心位于船舶两舷按《1966 年国际载重线公约》1988 年议定书附则 B 修正案[MSC. 143(77)]所规定的船长中点处。

　　答案：C。

9. 下列不同区带、区域和季节期最大吃水限制线上边缘通过载重线圆圈中心的是_____。

　　A. 热带载重线　　　　　　　　　　B. 夏季载重线

　　C. 冬季载重线　　　　　　　　　　D. 夏季淡水载重线

　　解析：从甲板线上边缘垂直向下量至载重线圈中心的距离等于所核定的夏季干舷。

　　答案：B。

10. 载重线标志由一圆圈和一水平线相交组成,水平线的_____通过圆圈的中心。

　　A. 中心线　　　　　　　　　　　　B. 上边缘

　　C. 下边缘　　　　　　　　　　　　D. 结合各船特点确定

　　解析：载重线标志中水平线的上边缘通过载重线圈中心。

　　答案：B。

11. 国际航线船舶的船尾标志一般有_____。

　　①船名;②船籍港;③国际海事组织(IMO)统一的编号

　　A. ①②　　　　　　　　　　　　　B. ①③

　　C. ②③　　　　　　　　　　　　　D. ①②③

　　解析：船舶识别号的勘绘位置有船尾船籍港标志的下方、桥楼正前方的上部、机舱明显处、客船可从空中看见的水平表面、油船货油泵舱明显处及滚装船滚装处等,但较普遍的勘绘位置是船尾船籍港下方。

　　答案：D。

12. 下列有关烟囱标志的表述正确的是_____。

　　①用以表示船舶所属公司;②勘绘于烟囱左右两侧的高处;③由中国船级社统一规定其颜色和图案

　　A. ①②　　　　　　　　　　　　　B. ①③

　　C. ②③　　　　　　　　　　　　　D. ①②③

　　解析：烟囱标志用以表示船舶所属公司的标志,该标志勘绘于烟囱左、右两侧的高处,由各航运公司自行规定其颜色和图案。

　　答案：A。

13. 主船体两舷舷侧及艏、艉一般有_____标志。

　　①船名及船籍港标志;②载重线标志;③球鼻艏与艉侧推器标志;④分舱与顶推位置标志

　　A. ①②③　　　　　　　　　　　　B. ①②④

　　C. ②③④　　　　　　　　　　　　D. ①②③④

解析:一般有船名和船籍港标志、载重线标志、球鼻艏与艉侧推器标志、分舱与顶推位置标志。

答案:D。

14. 在船体外板上有如下图标志,该标志是_____。

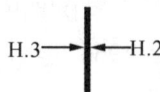

H.3 →   ← H.2

A. 顶推标志   B. 警告标志

C. 分舱标志   D. 水尺标志

解析:有的船在货舱与货舱之间的舱壁两侧外船壳上绘有表示各货舱位置的分舱标志。

答案:C。

15. 水尺是勘绘在船壳板上的_____。

A. 载重线标志   B. 吃水标志

C. 吨位标志   D. 干舷标志

解析:在船首、中、尾左右两舷船壳板的六处,均勘绘有吃水标志,通常称为六面水尺,用以度量船舶的实际吃水。

答案:B。

16. 船舶的载重线标志通常标绘于_____。

A. 船首两舷   B. 船尾两舷

C. 船中两舷   D. 船舶设计水线上

解析:船舶的载重线标志通常标绘于船中两舷。

答案:C。

1.3 船舶尺度与吨位

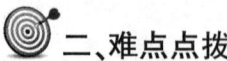一、知识点梳理

1. 船型尺度、登记尺度和船舶最大尺度。

2. 重量吨分为排水量和载重量两种。

(1)排水量:空船排水量、满载排水量、装载排水量。

(2)载重量:总载重量、净载重量。

3. 容积吨可分为总吨位、净吨位和运河吨位。

二、难点点拨

船型尺度、登记尺度的具体规定。各种排水量的组成、总吨位及净吨位的用途。

📝 **三、相关习题**

1. 船型尺度用来_____。

　①计算稳性;②计算吃水差;③计算干舷

　A. ①②　　　　　　　　　　　B. ②③

　C. ①③　　　　　　　　　　　D. ①②③

　解析:船型尺度又称为型尺度或主尺度,用于计算船舶稳性、吃水差、干舷高度和船体系数等,故又称为计算尺度或理论尺度。

　答案:D。

2. 在一些主要的船舶图纸上均使用和标注的尺度是_____。

　A. 最大尺度　　　　　　　　　B. 型尺度

　C. 全部尺度　　　　　　　　　D. 登记尺度

　解析:船型尺度又称为型尺度或主尺度,在一些主要的船舶图纸上均使用和标注这种尺度。

　答案:B。

3. 载明于船舶吨位证书中的尺度是_____。

　A. 最大尺度　　　　　　　　　B. 计算尺度

　C. 登记尺度　　　　　　　　　D. 理论尺度

　解析:登记尺度是主管机关登记船舶、丈量和计算船舶总吨位及净吨位时所用的尺度。它载于船舶的吨位证书中。

　答案:C。

4. 船舶最大长度是指_____。

　A. 从艏柱最前端到艉柱最后端的水平距离

　B. 从艏柱前缘量到艉柱后缘的水平距离

　C. 从船首最前端到船尾最后端的水平距离

　D. 从艏柱前缘量到舵柱后缘的水平距离

　解析:船舶最大长度又称为全长或总长,是指从船首最前端至船尾最后端(包括外板和两端永久性固定突出物)之间的水平距离。

　答案:C。

5. 船型尺度包括_____。

　A. 最大长度、最大宽度、最大高度

　B. 登记长度、登记宽度、登记深度

　C. 垂线间长、型宽、型深、型吃水

　D. 垂线间长、最大宽度、最大型深

　解析:船型尺度包括垂线间长、型宽、型深、型吃水。

　答案:C。

6. 下列属于船舶登记尺度的是_____。

A. 垂线间长度　　　　　　　　　　　B. 最大深度

C. 总长　　　　　　　　　　　　　　D. 登记深度

解析:登记尺度包括登记长度、登记宽度、登记深度。

答案:D。

7. 沿夏季载重线由艏柱前缘量至舵柱后缘的长度称_____。

　　A. 最大长度　　　　　　　　　　　B. 登记长度

　　C. 垂线间长　　　　　　　　　　　D. 设计长度

　　解析:垂线间长指沿设计夏季载重线,由艏柱前缘量至舵柱后缘的长度。

　　答案:C。

8. 在船舶最宽处由一舷肋骨外缘量至另一舷肋骨外缘之间的横向水平距离称_____。

　　A. 全宽　　　　　　　　　　　　　B. 型宽

　　C. 登记宽度　　　　　　　　　　　D. 设计宽度

　　解析:型宽指在船舶的最宽处,由一舷的肋骨外缘量至另一舷的肋骨外缘之间的横向水平距离。

　　答案:B。

9. 最大高度是指_____。

　　A. 从船底平板龙骨下缘至桅顶间的垂直距离

　　B. 从船底平板龙骨下缘至船体最高桅顶之间的垂直距离

　　C. 从船底平板龙骨上缘至桅顶之间的垂直距离

　　D. 从空载水线面至船体最高点之间的垂直距离

　　解析:最大高度是指自平板龙骨下缘至船舶最高桅顶间的垂直距离。

　　答案:B。

10. 通常又可称为两柱间长的船舶尺度是_____。

　　A. 型长　　　　　　　　　　　　　B. 登记长度

　　C. 最大长度　　　　　　　　　　　D. 全长

　　解析:垂线间长又称为型长。

　　答案:A。

11. 船舶实际吃水与型吃水两者相比,_____。

　　A. 相差 50 mm　　　　　　　　　　B. 相差龙骨板厚度

　　C. 相差无定值　　　　　　　　　　D. 两者在数值上一致

　　解析:型吃水是由平板龙骨上缘量至夏季载重线的垂直距离,与实际吃水相差龙骨板厚度。

　　答案:B。

12. 用于计算水对船舶的阻力和船体系数的船舶尺度是_____。

　　①最大尺度;②船型尺度;③登记尺度

　　A. ②③　　　　　　　　　　　　　B. ①②

　　C. ①②③　　　　　　　　　　　　D. ②

　　解析:用于计算水对船舶的阻力和船体系数的船舶尺度是船型尺度。

答案:D。

13. 用来计算船舶总吨位和净吨位的尺度是_____。

　　A. 登记尺度　　　　　　　　　　　B. 型尺度

　　C. 最大尺度　　　　　　　　　　　D. 理论尺度

解析:登记尺度为《1969年国际船舶吨位丈量公约》中定义的尺度,是主管机关登记船舶、丈量和计算船舶总吨位及净吨位时所用的尺度。

答案:A。

14. 船型尺度的用途是_____。

　　A. 确定泊位长

　　B. 确定能否通过桥梁、架空电缆等的尺度依据

　　C. 计算总吨位和净吨位的尺度

　　D. 计算船舶稳性、吃水差、干舷高度和水对船舶的阻力等

解析:船型尺度用于计算船舶稳性、吃水差、干舷高度和船体系数等,又称为计算尺度或理论尺度。

答案:D。

15. 登记尺度用来计算_____。

　　A. 载重量　　　　　　　　　　　　B. 船舶吨位

　　C. 干舷和吃水差　　　　　　　　　D. 干舷和稳性

解析:登记尺度是主管机关登记船舶、丈量和计算船舶总吨位及净吨位时所用的尺度。

答案:B。

16. 船舶最大尺度的用途是_____。

　　A. 交纳靠泊费的依据

　　B. 确定泊位长度及能否通过船闸、运河、大桥和架空电缆等的依据

　　C. 船舶丈量登记注册用

　　D. 港口报关纳税、交灯塔费用

解析:最大尺度是船舶靠离码头、系离浮筒、进出港、过桥梁或架空电缆、进出船闸或船坞以及狭水道航行时安全操纵或避让的依据。

答案:B。

17. 船舶型尺度通常是指_____。

　　A. 造船时所用的尺度

　　B. 操纵时所用的尺度

　　C. 丈量船舶吨位时所用的尺度

　　D. 计算港口使费时所用的尺度

解析:船型尺度是《钢质海船入级规范》中定义的尺度,在一些主要的船舶图纸上均使用和标注这种尺度。

答案:A。

18. 最大尺度是船舶_____的依据。

①靠离码头;②进出船坞;③狭水道操纵;④计算船舶稳性和吃水差;⑤避让

    A.①②③   B.②③④

    C.①②③⑤   D.①②③④⑤

解析:最大尺度是船舶靠离码头、系离浮筒、进出港、过桥梁或架空电缆、进出船闸或船坞以及狭水道航行时安全操纵或避让的依据。

答案:C。

19. 判断船舶能否停靠某一码头时所使用的尺度是_____。

    A. 型尺度   B. 理论尺度

    C. 登记尺度   D. 最大尺度

解析:最大尺度是船舶靠离码头时的依据。

答案:D。

20. 船舶在设计时使用的尺度为_____。

    A. 船型尺度   B. 登记尺度

    C. 实际尺度   D. 最大尺度

解析:船舶在设计时使用的尺度为船型尺度。

答案:A。

21. 船舶总吨位的用途是_____。

    A. 表明船舶的载重能力

    B. 表明各国造船工业的发展水平和国家的运输力量

    C. 比较船舶大小及计算海损事故赔偿费的依据

    D. 港口向船舶收取港口使费和税金的依据

解析:船舶总吨位是比较船舶大小及计算海损事故赔偿费的依据。

答案:C。

22. 总吨位的用途有_____。

    ①划分船舶等级的依据;②比较船舶大小的依据;③收取港口使费的依据;④船舶配员的依据;⑤计算船舶保险费用的依据

    A.①②③④⑤   B.①②③④

    C.①②④⑤   D.①③④⑤

解析:计算各种港口使费的基准通常是净吨位。

答案:C。

23. 下列有关运河吨位的表述正确的是_____。

    ①分总吨位和净吨位两种;②在数值上比根据《1969 年国际船舶吨位丈量公约》丈量测定的吨位要稍小些;③是作为船舶过运河时向运河管理当局缴纳费用的依据

    A.①②   B.②③

    C.①③   D.①②③

解析:运河吨位是按运河当局颁发的丈量方法丈量后确定的登记吨位,它分为总吨位和净吨位两种。

答案:C。

24. 依据船舶登记尺度丈量出船舶容积后再按规定公式计算而得出的吨位是_____。

　　A. 总载重量　　　　　　　　　　　　B. 排水量

　　C. 重量吨　　　　　　　　　　　　　D. 登记吨

解析:船舶登记吨位是指船舶为登记注册及便利海上运输的需要,按有关国家主管机关指定的丈量规范的规定丈量的船舶容积,以吨位表示其大小。

答案:D。

25. 净吨位是从总吨位中扣除_____构成的。

　　①水手长仓库;②海图室;③驾驶员和船员专用空间

　　A.①②　　　　　　　　　　　　　　B.②③

　　C.①③　　　　　　　　　　　　　　D.①②③

解析:净吨是根据有关国家主管机关指定的吨位丈量规范丈量确定的船舶有效容积所核算的专门吨位。有效容积可理解为船舶用于载货和载客处所的容积。

答案:D。

26. 运河吨通常_____船舶吨位证书中的登记吨。

　　A. 大于　　　　　　　　　　　　　　B. 等于

　　C. 小于　　　　　　　　　　　　　　D. 两者关系不一定

解析:运河吨通常大于船舶吨位证书中的登记吨。

答案:A。

27. 国际公约中划分船舶等级、提出技术管理和设备要求通常以_____为基准。

　　A. 净吨　　　　　　　　　　　　　　B. 总吨

　　C.运河净吨　　　　　　　　　　　　D. 运河总吨

解析:国际公约、船舶规范中划分船舶等级、提出技术管理和设备要求的基准为船舶总吨。

答案:B。

28. 船舶缴纳吨税通常以_____为基准。

　　A. 总吨　　　　　　　　　　　　　　B. 净吨

　　C. 运河总吨　　　　　　　　　　　　D. 运河净吨

解析:船舶缴纳吨税通常以净吨为基准。

答案:B。

29. 船舶尺度根据不同的用途和计量方法可分为_____。

　　A. 船长、登记宽度、型深和吃水

　　B. 船长、型宽和型深

　　C. 船长、船宽、船深和吃水

　　D. 船型尺度、最大尺度和登记尺度

解析:船舶主尺度根据用途的不同,可分为最大尺度、船型尺度和登记尺度三种。

答案:D。

30. 船舶净吨位的用途是_____。

A. 计算海事赔偿费的依据

B. 国家统计船舶吨位的依据

C. 表示船舶的大小

D. 计算税收和港口费用的依据

解析:净吨主要用作计收各种港口使费(如港务费、引航费、码头费、灯塔费等)和税金(吨税)的依据。

答案:D。

项目2　船体结构基础知识

2.1　船体结构基本组成形式

一、知识点梳理

1. 特点:横向构件小而密,纵向构件大而疏。横向强度和局部强度好,结构简单,容易建造,舱容利用率高,空船重量大。横骨架式船体结构多用于中小型船。

2. 特点:纵向构件小而密,横向构件大而疏。总纵强度大,结构复杂,舱容利用率低,空船重量小。纵骨架式船体结构通常用于大型油船和矿砂船。

3. 特点:上甲板和船底采用纵骨架式结构,而在舷侧采用横骨架式结构。其既满足总纵强度的要求,又有较好的横向强度;结构较为简单,建造也较容易;舱容利用率较高;舷侧与甲板、船底的交接处,结构连接性不太好。大中型干散货船采用混合骨架式船体结构。

二、难点点拨

1. 注意三种骨架形式的区别。

2. 在混合骨架式船体结构中,船底、主甲板承受总纵弯矩大,采用纵骨架式,而舷侧、下甲板分别采用横骨架式。

3. 有关结构特点的描述,不包括其适用情况。

三、相关习题

1.目前在船舶修造中,船体构件的连接方法基本都采用_____。
  A.铆接法   B.焊接法
  C.对接法   D.角接法
  解析:由于焊接法比铆接法具有更多的优越性,目前在船舶修造中基本都采用焊接法。
  答案:B。

2.一般强度船体结构钢分为 A、B、D 和 E 四级,又称为_____。
  A.船用低碳钢   B.船用低合金钢
  C.淬火回火钢   D.低温韧性钢
  解析:一般强度船体结构钢(又称船用低碳钢)分 A、B、D 和 E 四级,适用于厚度不超过 100 mm 的钢板和宽扁钢及厚度不超过 50 mm 的型钢和棒材。A 级钢为沸腾钢,B 级钢为镇静钢,D 级钢和 E 级钢为镇静和细晶处理(铝处理)钢,E 级钢中的含锰量高于 D 级钢而含碳量低于 D 级钢。
  答案:A。

3._____是船用型钢材料中的球扁钢。

A.

B.

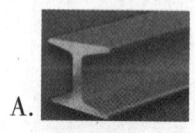
C.

D.

  解析:考查船用钢材的识别。
  答案:B。

4._____是船用型钢材料中的不等边角钢。

A.

B.

C.

D.

  解析:考查船用钢材的识别。
  答案:D。

5._____是船用型钢材料中的圆钢。

A.

B.

C.

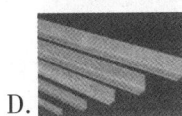
D.

解析:考查船用钢材的识别。

答案:B。

6._____是船用型钢材料中的扁钢。

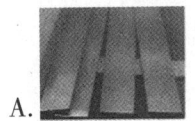
A.

B.

C.

D.

解析:考查船用钢材的识别。

答案:A。

7._____是船用钢板材料。

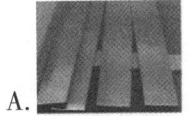
A.

B.

C.

D.

解析:考查船用钢材的识别。

答案:C。

8._____是船用材料中的花钢板。

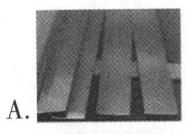
A.

B.

C.

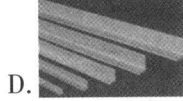
D.

解析:考查船用钢材的识别。

答案:D。

9.下图为船体局部骨架结构,图中骨架所用的型钢材料名称为_____。

A. 角钢
B. 工字钢
C. T 形钢
D. H 形钢

解析:考查船用钢材的识别。

答案:C。

10. 纵骨架式船舶的_____好。

A. 纵向强度
B. 横向强度
C. 局部强度
D. 总强度

解析:纵骨架式船体结构的船体的总纵强度好。

答案:A。

11. 船体纵骨架式结构的特点是_____。

A. 纵向构件排列密而小,横向构件排列疏而大

B. 纵向构件排列密而大,横向构件排列疏而小

C. 纵向构件排列疏而小,横向构件排列密而大

D. 纵向构件排列疏而大,横向构件排列密而小

解析:纵骨架式船体结构在主船体中的纵向构件排列密,尺寸小;横向构件排列间距大,尺寸也大。

答案:A。

12. 纵骨架式船体结构的优点是_____。

①纵向强度大;②相比横骨架式结构船体重量轻;③适用于大型油船;④舱容利用率高

A. ②④
B. ②③④
C. ①③④
D. ①②

解析:纵骨架式船体结构的优点有船体的总纵强度好;可选用较薄的板材,使船舶自重减轻。

答案:D。

13. 以下有关横骨架式船舶特点的描述正确的是_____。

A. 横向构件间距大,尺寸大
B. 船舶自重相对减轻
C. 货舱容积损失少
D. 空船重量轻

解析:横骨架式船体结构的特点有:结构简单、建造容易、横向强度和局部强度好;因其肋骨和横梁尺寸较小,故舱容利用率较高且便于装卸;总纵强度相对较差,故在较长的船上则需加厚钢板来保证总纵强度,从而增加了船舶的自重;船舶的横向刚性比纵向刚性大。

答案:C。

14. 船体横向强度与局部强度好,结构简单,容易建造,肋骨和横梁尺寸较小,舱容利用率高且便

于装卸的这种船体骨架结构属于_____。

A. 纵横混合骨架式   B. 纵骨架式

C. 横骨架式   D. 加强骨架式

解析:考查船体横骨架式结构的特点。

答案:C。

15. 船体横骨架式结构特点是_____。

A. 纵向构件排列密而大,横向构件排列疏而大

B. 纵向构件排列疏而大,横向构件排列密而小

C. 纵向构件排列密而小,横向构件排列疏而大

D. 纵向构件排列密而小,横向构件排列密而大

解析:横骨架式船体结构的特点为纵向构件排列疏而大,横向构件排列密而小。

答案:B。

16. 因布置大型肋骨框架而导致舱容利用率低,装卸不便的骨架结构是_____。

A. 纵横混合骨架式   B. 纵骨架式

C. 横骨架式   D. 混合骨架式

解析:纵骨架式船体结构由于横向构件尺寸的加大使货舱舱容得不到充分利用而影响载货量,且装卸也不便。

答案:B。

17. 船体的纵向强度大,甲板和船体外板可以做得薄一些,船体重量轻,但舱容利用率较低的这种船体骨架结构属于_____。

①横骨架式;②纵骨架式;③纵横混合骨架式

A. ①   B. ②

C. ③   D. ①②③

解析:纵骨架式船体结构的总纵强度好,可选用较薄的板材,使船舶自重减轻,但横向构件尺寸的加大使货舱舱容得不到充分利用而影响载货量。

答案:B。

18. 货舱容积损失少的骨架排列形式是_____。

A. 纵骨架式   B. 横骨架式

C. 纵横混合骨架式   D. 自由骨架式

解析:横骨架式船体结构因其肋骨和横梁尺寸较小,故舱容利用率较高。

答案:B。

19. 货舱容积利用率低的骨架排列形式是_____。

A. 纵骨架式   B. 横骨架式

C. 纵横混合骨架式   D. 自由骨架式

解析:纵骨架式船体结构横向构件尺寸的加大使货舱舱容得不到充分利用而影响载货量。

答案:A。

20. 纵横强度合理,大中型散装货船普遍使用的船体骨架形式是_____。

A. 纵骨架式   B. 横骨架式
C. 纵横混合骨架式   D. 自由骨架式

解析:纵横混合骨架式既保证了总纵强度,又有较好的横向强度,主要应用于大中型散装货船。

答案:C。

21.纵横混合骨架式船体结构一般采用的骨架组合方式是_____。

①上甲板采用纵骨架式结构;②船底采用纵骨架式结构;③艏、艉端采用横骨架式结构;④舷侧和下层甲板采用横骨架式结构

A.①②③   B.②③④
C.①③④   D.①②③④

解析:纵横混合骨架式通常船中部位的强力甲板和船底结构因所受的总纵弯矩大,故采用纵骨架式,而下甲板、舷侧及在受总纵弯矩较小,建造施工不便和波浪冲击力较大的艏、艉端则采用横骨架式结构。

答案:D。

22. 横骨架式船体结构的优点是_____。

①横向与局部强度好;②舱容利用率低;③结构简单;④装卸方便

A.①②④   B.②③④
C.①③④   D.①②③④

解析:横骨架式船体结构的舱容利用率较高且便于装卸。

答案:C。

23. 下图中的船体结构属于_____。

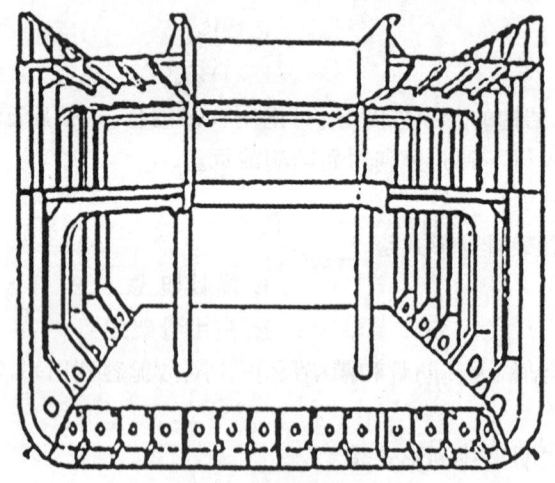

A. 横骨架式   B. 纵骨架式
C. 混合骨架式   D. 特殊骨架式

解析:混合骨架式船体结构,在主船体中段的强力甲板和船底采用纵骨架式船体结构,而在舷侧和下甲板上采用横骨架式船体结构,如题干所示,艏、艉端采用横骨架式结构。混合骨架式船体结构吸取了横骨架式结构与纵骨架式船体结构的优点,船体纵向强度大,有足够的横向

强度,建造也容易,货舱内突出的大型构件少,不影响货物装卸,目前在大中型干货船上广泛采用该结构。

答案:C。

24. 下图中的船体结构属于_____。

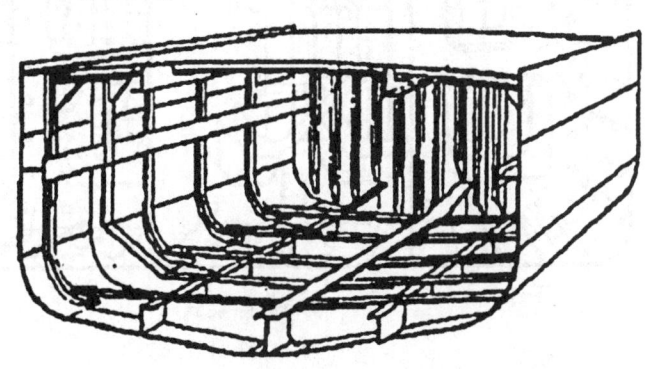

A. 横骨架式　　　　　　　　　　　B. 纵骨架式

C. 混合骨架式　　　　　　　　　　D. 特殊骨架式

解析:横骨架式船体结构全部由横骨架式板架结构组成,横向构件排列密,尺寸小、数目多,纵向构件排列间距大,尺寸大、数目少。

答案:A。

25. 下图中的船体骨架类型属于_____。

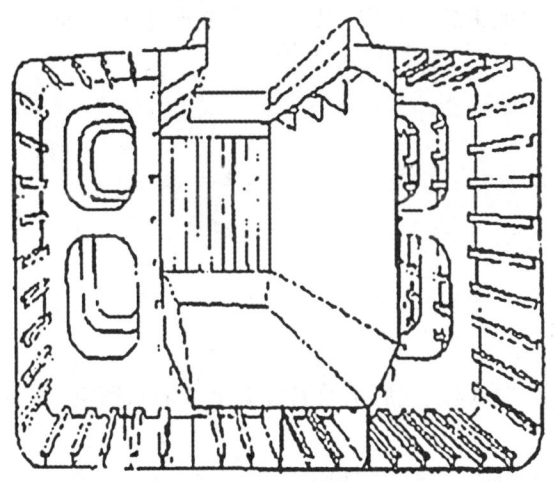

A. 横骨架式　　　　　　　　　　　B. 纵骨架式

C. 混合骨架式　　　　　　　　　　D. 特殊骨架式

解析:纵骨架式船体结构是指在船体中的纵向构件排列间距小、尺寸小,横向构件排列间距大、尺寸大的骨架结构。

答案:B。

26. 下图中的船体骨架类型属于_____。

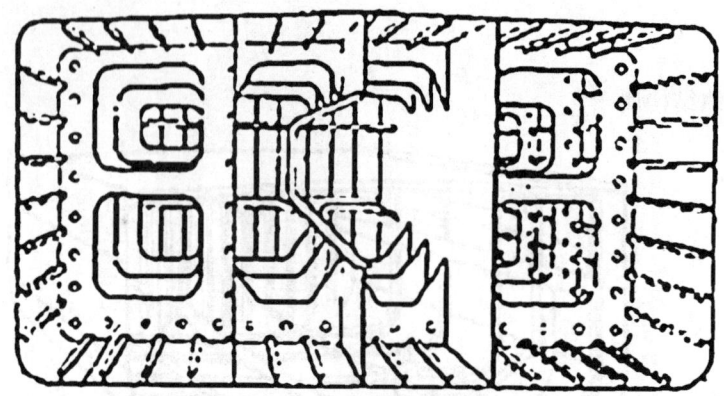

A. 纵骨架式   B. 横骨架式

C. 混合骨架式   D. 特殊骨架式

解析:考查纵骨架式船体结构的识别。

答案:A。

27. 船体纵横结构强度较好,可简化施工工艺且充分利用了舱容方便装卸的船体骨架是_____。

A. 横骨架式   B. 纵骨架式

C. 混合骨架式   D. 普通骨架式

解析:混合骨架式既保证了总纵强度,又有较好的横向强度,同时简化了施工工艺,并充分利用了舱容和方便装卸。

答案:C。

2.2　船底结构

📖 一、知识点梳理

1. 双层底结构是指由船底板、内底板及其骨架围成的水密空间结构,设置在防撞舱壁和艉尖舱壁之间。

2. 作用:增加船体的横向、总纵强度和船底的局部强度;可作为燃油舱、滑油舱、压载水及淡水舱;提高了船舶的抗沉性;对液货船,还提高了船体抗泄漏能力;作为压载水舱。

3. 纵向构件:中桁材、箱形中桁材、旁桁材、纵骨。

4. 横向构件:水密肋板、实肋板、组合肋板、轻型肋板、舭肘板。

5. 内底板与内底边板是双层底上面的水密铺板。内底边板有下倾式、水平式、上倾式、曲折式。

二、难点点拨

1. 构件的形式、尺寸、强度相对应。大的纵向构件通常是纵桁。船底横向构件为肋板,其是否开孔及开孔大小直接影响强度。

2. 需要加强的部位,可以用大型构件即加大构件的尺寸,或减小构件的间距即增加构件的数量。

三、相关习题

1. 双层底的作用是_____。
①增强船体的总纵强度和船底的局部强度;②用作油水舱,并可调整船舶吃水;③增加船舶抗沉能力和承受负载能力

A.①②   B.①③
C.②③   D.①②③

解析:①增加船体的总纵强度、横向强度和船底的局部强度;②用作油水舱,装载燃油、润滑油和淡水;③用作压载舱以调整船舶的吃水、纵倾、横倾、稳性和提高空载时车叶和舵的效率,改善航行性能;④提高船舶的抗沉性;⑤提高船体的抗泄漏能力;⑥承受舱内货物和机械设备的负载。

答案:D。

2. 内底边板的结构有_____。
①下倾式;②水平式;③上倾式;④直角式;⑤曲折式

A.①②③   B.②③④
C.②③④⑤   D.①②③⑤

解析:内底边板的结构有下倾式、水平式、上倾式和曲折式四种。

答案:D。

3. 散装货船与矿砂船较多采用的内底边板结构是_____。

A.下倾式   B.上倾式
C.水平式   D.曲折式

解析:上倾式内底边板便于散货的装卸,故散货船与矿砂船较多采用。

答案:B。

4. 连接船底板和内底板的横向构件是_____。

A.肋骨   B.桁材
C.横梁   D.肋板

解析:肋板是连接船底板和内底板的横向构件。

答案:D。

5. 船底外板与内底板之间的空间称为_____。

A. 货舱   B. 艏尖舱

C. 双层底舱   D. 隔离空舱

解析：考查双层底舱概念。

答案：C。

6. 实肋板上有许多孔，其作用是_____。

①减轻结构重量；②保证双层底油和水流通；③保证双层底空气流通；④增加舱底强度

A. ①②③   B. ②③④

C. ①③④   D. ①②③④

解析：实肋板为减轻结构重量、人员进出及便于舱室之间空气和油水的流动，其上开有减轻孔、气孔和流水孔。

答案：A。

7. 双层底横向构件中允许有较大减轻孔的肋板为_____。

A. 水密肋板   B. 实肋板

C. 组合肋板   D. 轻型肋板

解析：双层底横向构件中轻型肋板允许有较大的减轻孔。

答案：D。

8. 横骨架式双层底结构在不设置实肋板的肋位上设置的肋板之一是_____。

A. 主肋板   B. 水密肋板

C. 组合肋板   D. 实肋板

解析：横骨架式双层底结构在不设置实肋板的肋位上可设置组合肋板。

答案：C。

9. 在机舱、锅炉座、推力轴承座及横舱壁和支柱下设置的肋板是_____。

A. 水密肋板   B. 组合肋板

C. 轻型肋板   D. 实肋板

解析：对双层底结构而言，在主机座、锅炉座、推力轴承座下的每个肋位处均应设置实肋板。

答案：D。

10. 横骨架式双层底结构中的肋板是_____。

①组合肋板；②舭列板；③轻型肋板；④舭肋板

A. ①②   B. ②③

C. ①③   D. ②④

解析：组合肋板是由内底横骨、船底横骨、撑材和肘板组成的船底横向组合框架，又称为框架肋板。轻型肋板是厚度和高度都与实肋板相同但具有较大开孔的肋板。横骨架式双层底不设置在实肋板的肋位上，可用轻型肋板代替组合肋板。

答案：C。

11. 双层底结构中可用于集中布置各种管路和电气线路，并便于保护和维修这些设备的纵向构件称为_____。

A. 中底桁   B. 箱形龙骨

C.中桁材 D.轴隧

解析:箱形龙骨不仅能起到中桁材所能起的作用,还能将其用于集中布置各种管路和电气线路,以便保护和维修这些设备。

答案:B。

12.能与舭列板构成污水沟的内底边板结构是_____。

A.下倾式 B.上倾式

C.水平式 D.曲折式

解析:对双层底船而言,污水沟位于舱内舭部,由下倾式内底边板和舭列板围成。

答案:A。

13.水平式内底边板的特点有_____。

①施工方便;②舱内平坦且强度好;③可提高船舶的抗沉性;④散装货船广泛采用

A.①② B.②③

C.③④ D.①②③

解析:水平式内底边板施工方便,舱内平坦且强度好,一般客船、集装箱船、油船的油舱区域,一些干货船的货舱区域及其他船舶近艏、艉区域较多采用。

答案:A。

14.曲折式内底边板的最大特点是_____。

A.施工方便 B.可提高船舶的抗沉性

C.可与舭列板构成污水沟 D.增加舱容

解析:曲折式内底边板因能与舭部外板形成一个有效的双层空间,故可提高船舶的抗沉性,主要用于经常航行在复杂水域的船舶。

答案:B。

15.船底与舷侧之间的圆弧过渡部分称为_____。

A.舭肘板 B.舭龙骨

C.舭列板 D.舭部

解析:舭部为主船体横向船底与舷侧间以圆弧形式逐渐过渡的区域。

答案:D。

16.舭肘板的作用是_____。

A.保证舭部的局部强度和船体的横向强度

B.保证舭部的局部强度和船体的纵向强度

C.保证船体总纵强度,减轻纵摇

D.保证船体总纵强度,减轻横摇

解析:舭肘板可保证舭部的局部强度和船体的横向强度。

答案:A。

17.下图箭头所示的构件为_____。

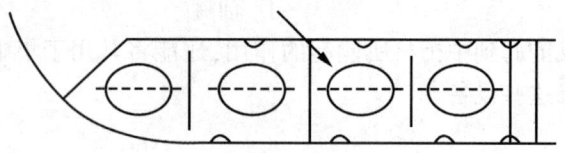

A. 实肋板   B. 旁肋板
C. 旁桁材   D. 孔肋板

解析:实肋板是指船底横向竖立板材,又称为主肋板。

答案:A。

18. 下图为水密肋板结构示意图,图中箭头所示的构件为_____。

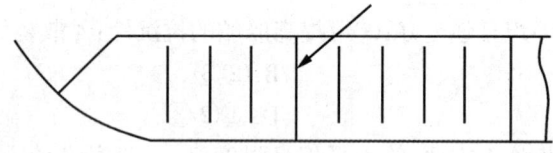

A. 肋板   B. 旁肋板
C. 旁桁材   D. 加强筋

解析:考查旁桁材构件识别。

答案:C。

19. 下图为组合肋板结构示意图,图中 A 处所示的是_____。

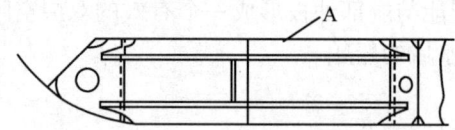

A. 内底板   B. 内底边板
C. 外底板   D. 旁桁材

解析:考查船舶内底板的识别。

答案:A。

20. 下图为轻型肋板结构示意图,图中 A 处所示的是_____。

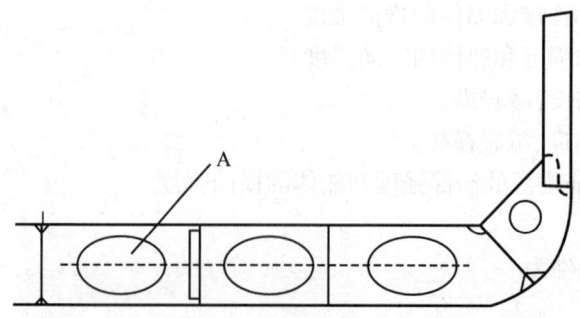

A. 减轻孔   B. 舭肘板

    C. 旁桁材   D. 中桁材

解析:轻型肋板厚度和高度都与实肋板相同,但其是具有较大开孔的肋板。

答案:A。

21. 舭龙骨的作用是_____。

    A. 保证船体总纵强度   B. 增强舭部局部强度

    C. 减轻横摇   D. 减轻纵摇

解析:舭龙骨设在沿船长方向的舭部,用来减轻船舶横摇。

答案:C。

22. 一般船舶均装设有舭龙骨,其作用是_____。

    A. 加固舭部

    B. 提高船舶航速

    C. 改善船舶航行性能

    D. 减轻船舶横摇

解析:舭龙骨的作用是减轻船舶横摇,故又称为减摇龙骨。

答案:D。

23. 舭龙骨装在船舶的中部,长度为船长的_____。

    A. $1/3 \sim 1/2$ B. $1/5 \sim 1/4$

    C. $1/4 \sim 1/3$ D. $1/4 \sim 1/2$

解析:舭龙骨是装设在船中部外侧,沿着水流方向的一块长条板,长度为船长的 $1/4 \sim 1/3$,其作用是减轻船舶横摇,故又称减摇龙骨。

答案:C。

24. 下图为船舶舭部,箭头所示构件为_____。

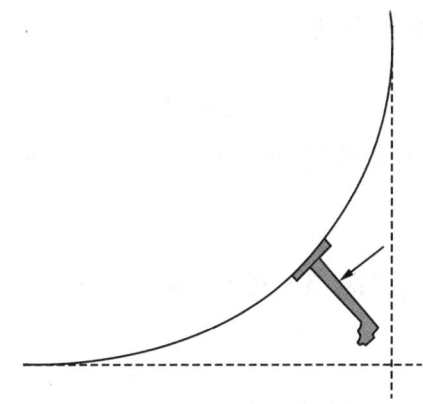

    A. 扁钢   B. 球扁钢

    C. 舭龙骨   D. 舭部外板

解析:一般将舭龙骨连接在一根连续的扁钢上,此扁钢焊接在舭列板上。

答案:C。

2.3 舷侧结构

一、知识点梳理

1.横向构件:统称为肋骨,按其所在位置和尺寸大小分为主肋骨、甲板间肋骨、中间肋骨、强肋骨。

2.肋骨编号:在修造船中,为了指示肋骨的位置或在发生海损后能迅速准确地报告受损的部位。编号方法习惯上以舵杆中心线处的肋骨为0号,向艏依次为1,2,3,…,向艉依次为-1,-2,-3,…。少数有舵柱的船舶以舵柱后缘为0号,向艏排列取正号,向艉排列取负号。

3.纵向构件:舷侧纵桁、舷侧纵骨。

4.舷边形式:直角连接、圆弧连接。

5.舷墙、栏杆不参与总纵弯曲。

二、难点点拨

肋骨可以与甲板横梁、船底肋板一起构成船舶横向连续构件,增加船舶横向强度。

三、相关习题

1.舷侧结构由_____等所组成。

①舷侧外板;②肋骨、舷侧纵桁;③舷边

A.①③ B.①②

C.①②③ D.②③

解析:舷侧结构主要组成部分有舷侧外板、肋骨、强肋骨、舷侧纵桁、舷侧纵骨及舷边等。

答案:C。

2.舷边结构的连接方法有_____。

①圆弧连接法;②舷边角钢连接法;③直角焊接法

A.①② B.①③

C.②③ D.①②③

解析:舷顶列板与甲板边板的连接处称舷边,连接方法有舷边角钢铆接法、圆弧连接法、舷边直角焊接法。

答案:D。

3.肋骨按其受力可分为_____。

①主肋骨;②甲板间肋骨;③尖舱肋骨;④强肋骨;⑤普通肋骨

A.②③④⑤ B.①②③

C.④⑤   D.①②④⑤

解析:按肋骨的受力不同可分成普通肋骨和强肋骨两种。

答案:C。

4. 强肋骨属于_____的构件。

    A. 船底结构   B. 舷侧结构

    C. 甲板结构   D. 舱壁结构

解析:舷侧结构主要组成部分有舷侧外板、肋骨、强肋骨、舷侧纵桁、舷侧纵骨及舷边等。

答案:B。

5. 与相邻的舷侧列板相比,舷顶列板需加厚的主要原因是_____。

    A. 舷顶列板是承受总纵弯矩最大的一列板

    B. 舷顶列板位于舷侧列板的最上部

    C. 舷顶列板上方要焊接舷墙,因而影响其结构

    D. 舷顶列板上要开甲板排水孔,使其强度降低

解析:舷顶列板是受总纵弯矩最大的一列板。

答案:A。

6. 舷顶列板和甲板边板的连接处称舷边,其连接方法有_____。

    ①角钢连接法;②圆弧连接法;③舷边直角焊接法;④上倾式和下倾式连接法

    A.①②③   B.②③④

    C.①③④   D.①②③④

解析:顶列板与甲板边板的连接处称边。舷边处于高应力区域,受力大,此处的连接强度,对于船体承受总纵弯曲的能力具有重要作用,因此有其特殊的连接方法,一般有下列三种:边角钢铆接法、圆弧连接法、边直角焊接法。

答案:A。

7. 肋骨按其所在位置的不同一般可分为_____。

    ①主肋骨;②甲板间肋骨;③尖舱肋骨;④强肋骨

    A.①②③④   B.①③④

    C.①②③   D.②③④

解析:肋骨按其所在位置一般可分为主肋骨、甲板间肋骨和尖舱肋骨三种。

答案:C。

8. 肋骨按其所在位置可分为_____。

    ①甲板间肋骨;②普通肋骨;③尖舱肋骨

    A.①②   B.①③

    C.②③   D.①②③

解析:肋骨按其所在位置分为主肋骨、甲板间肋骨和尖舱肋骨三种。对某些需进行局部加强(如冰区加强)的船舶,还需在位于水线附近每一肋距中间增设一短肋骨(中间肋骨)。肋骨按受力分为普通肋骨和强肋骨两种。

答案:B。

9. 舷墙的主要组成部分包括_____。

①舷墙板;②舷顶列板;③支撑肘板;④扶手;⑤甲板边板

A.①②④　　　　　　　　　　　　B.②④⑤

C.①③④　　　　　　　　　　　　D.①④⑤

解析:舷墙主要由舷墙板、支撑肘板和扶手等组成。

答案:C。

10. 肋骨编号方法是_____。

A. 以艏垂线处为"0"号

B. 以船中处为"0"号

C. 以舵杆后缘处为"0"号

D. 以舵杆中心线处为"0"号

解析:肋骨编号较普遍采用的方法是以舵杆中心线为"0"号(无论有无舵柱),向艏排列取正号,向艉排列取负号;另一种是少数有舵柱的船舶以舵柱后缘为"0"号,向艏排列取正号,向艉排列取负号。

答案:D。

11. 肋骨编号方法主要用于_____。

①海损事故后报告受损部位;②船舶修造中指明肋骨位置;③明确船体受力部位

A.①③　　　　　　　　　　　　B.①②

C.②③　　　　　　　　　　　　D.①②③

解析:肋骨编号主要用于在船舶修造中指明肋骨位置及海损事故后能迅速准确地报告受损部位。

答案:B。

12. 肋骨编号方法是_____。

A. 以艏柱为"0"号,向前为正,向后为负

B. 以艉柱为"0"号,向艏为正,向艉为负

C. 以船中为"0"号,向艏为正,向艉为负

D. 以舵杆中心线为"0"号,向艏为正,向艉为负

解析:考查肋骨编号方法。

答案:D。

13. 肋骨编号方法是_____。

①习惯上以舵杆中心线为"0"号,对全船肋骨进行编号;②以舵柱后缘为"0"号,对全船肋骨进行编号;③以船中为"0"号,对全船肋骨进行编号

A.①②　　　　　　　　　　　　B.②③

C.①③　　　　　　　　　　　　D.①②③

解析:考查肋骨编号方法。

答案:A。

14. 下图中 1 称为_____。

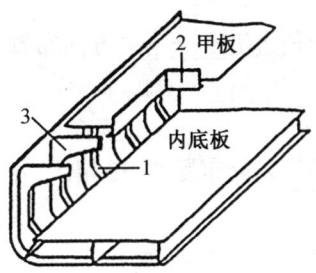

A. 悬臂梁   B. 肋骨
C. 肋板   D. 横梁
解析:考查货舱肋骨构件识别。
答案:B。

2.4 甲板结构

一、知识点梳理

1. 纵向构件:甲板纵桁、甲板纵骨。
2. 横向构件:普通横梁、半梁、舱口端梁、强横梁。
3. 舱口围板:作用是增加舱口处的强度,防止海水灌入舱内,保障作业人员安全。舱口围板的高度不小于 600 mm。

二、难点点拨

注意区分:强力甲板、舱壁甲板、干舷甲板、量吨甲板、统长甲板、上甲板的定义。

三、相关习题

1. 同一层甲板中强度最大的区域是_____。
A. 艏端   B. 艉端
C. 艏、艉两端   D. 船中前、后
解析:在船中 $0.4L$ 区域内的甲板比艏、艉两端和大开口线以内区域的甲板厚。
答案:D。
2. 主船体各层甲板中受力最大的一层甲板是_____。
A. 平台甲板   B. 艇甲板
C. 起居甲板   D. 强力甲板

解析:当船体受总纵弯曲应力时,受力最大的一层甲板称为强力甲板。

答案:D。

3.舱口边至舷边的甲板板,钢板的长边沿_____方向布置。

    A. 船长　　　　　　　　　　　　B. 船中

    C. 船宽　　　　　　　　　　　　D. 横向

解析:主体部分钢板的长边沿船长方向布置,首尾相接,并平行于船体纵中线。

答案:A。

4.甲板板位于舱口边至舷边的钢板_____布置。

    A. 短边按船长方向　　　　　　　B. 长边按船宽方向

    C. 长边按横向方向　　　　　　　D. 长边按纵向方向

解析:考查甲板钢板的布置。

答案:D。

5.组成甲板板的钢板布置方式是:在舱口边至舷边的钢板长边按_____方向布置,在舱口之间及首、艉端,钢板长边允许按_____方向布置。

    A. 横向;纵向　　　　　　　　　B. 纵向;横向

    C. 横向;横向　　　　　　　　　D. 纵向;纵向

解析:甲板板主体部分钢板的长边沿船长方向布置,在大开口之间及艏、艉两端允许横向布置。

答案:B。

6.普通货船的强力甲板是_____。

    A. 平台甲板　　　　　　　　　　B. 上层连续甲板

    C. 艏楼甲板　　　　　　　　　　D. 下层连续甲板

解析:上层连续甲板为主船体的最上一层首、尾统长甲板,该层甲板为定义的强力甲板。

答案:B。

7.最上一层首、尾统长甲板,一般称为_____。

    A. 艇甲板　　　　　　　　　　　B. 游步甲板

    C. 水密甲板　　　　　　　　　　D. 上甲板

解析:上甲板为主船体的最上一层首、尾统长甲板。

答案:D。

8.下列有关甲板厚度分布特点的描述正确的是_____。

    A. 对多层甲板而言,强力甲板最厚

    B. 同一层甲板,舱口之间的甲板最厚

    C. 同一层甲板,艏、艉两端的甲板最厚

    D. 甲板边板是上甲板中最薄的一列板

解析:强力甲板是各层甲板中最厚的一层,甲板边板是上甲板受力最大的,且容易被甲板积水腐蚀,厚度也是上甲板中最厚的一列板。船中 $0.4L$ 区域内的甲板比艏、艉两端和大开口线以内区域的甲板厚。

答案:A。

9. 水密横舱壁上伸到达的连续甲板称为_____。

   A. 干舷甲板　　　　　　　　　　　B. 舱壁甲板

   C. 平台甲板　　　　　　　　　　　D. 量吨甲板

   解析:水密横舱壁上伸到达的连续甲板称舱壁甲板。

   答案:B。

10. 当船体受总纵弯曲应力时,受力最大的一层甲板称为_____。

    A. 强力甲板　　　　　　　　　　　B. 舱壁甲板

    C. 干舷甲板　　　　　　　　　　　D. 量吨甲板

    解析:当船体受总纵弯曲应力时,受力最大的一层甲板称为强力甲板。

    答案:A。

11. 为防止甲板开口角隅处因应力集中而产生裂缝,该处应设计成_____,并应采取加强措施。

    ①抛物线形;②椭圆形;③圆形

    A. ①②　　　　　　　　　　　　　B. ②③

    C. ①③　　　　　　　　　　　　　D. ①②③

    解析:为防止甲板开口角隅处因应力集中而产生裂缝,该处应为抛物线形、椭圆形或圆形,并应采取加强措施。

    答案:D。

12. 下图中3称为_____。

    A. 悬臂梁　　　　　　　　　　　　B. 肋骨

    C. 肋板　　　　　　　　　　　　　D. 舱口围板

    解析:对需要装运超长、特大或特重货物的货船,为了不妨碍装卸货,通常采用悬臂梁结构代替支柱。

    答案:A。

13. 舱口角隅处的加强方法有_____。

    ①将舱口围板下伸超过甲板;②增加水平加强筋和肘板;③将围板分成两部分,分别焊接在甲板开口边缘的上、下面,并在下面用菱形面板加强

    A. ①②　　　　　　　　　　　　　B. ②③

    C. ①③　　　　　　　　　　　　　D. ①②③

    解析:舱口角隅处的加强方法有两种:一种是将舱口围板下伸超过甲板;另一种是将围板分成两块,分别焊在甲板开口边缘的上、下面,并在下面用菱形面板加强。

答案:C。

14. 下图中 1 称为_____。

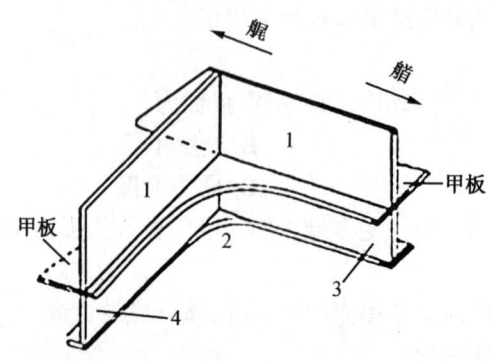

A. 舷墙   B. 舱口纵桁
C. 舱口端梁   D. 舱口围板

解析:舱口围板是指设置于露天甲板(上甲板)货舱开口四周的纵向和横向并直接与甲板垂直相连的一列竖板。

答案:D。

15. 下图中 2 称为_____。

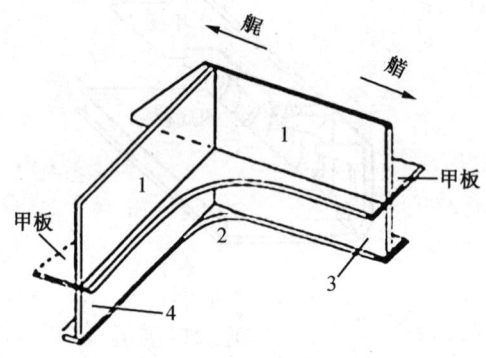

A. 菱形板   B. 舱口纵桁
C. 舱口端梁   D. 肘板

解析:考查货舱口构件识别。

答案:A。

16. 下图中 3 称为_____。

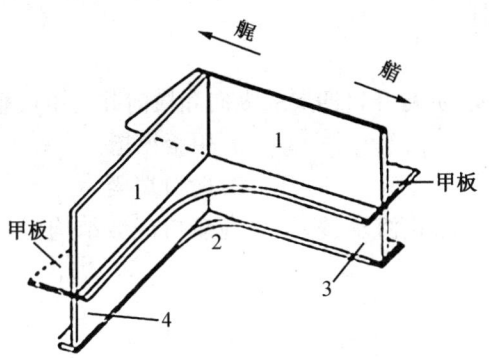

A.肋板　　　　　　　　　　　　B.舱口纵桁

C.舱口端梁　　　　　　　　　　D.半梁

解析:考查货舱口构件识别。

答案:B。

17.下图中 4 称为_____。

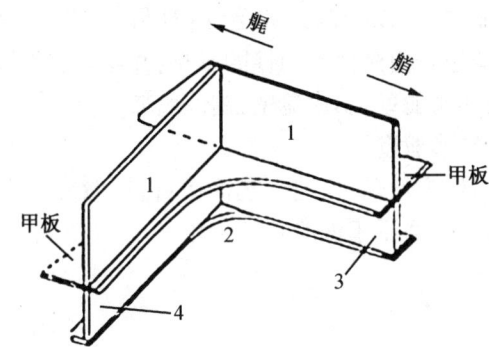

A.菱形板　　　　　　　　　　　B.舱口纵桁

C.舱口端梁　　　　　　　　　　D.半梁

解析:考查货舱口构件识别。

答案:C。

18.下图中 2 称为_____。

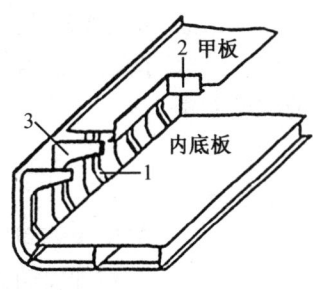

A.悬臂梁　　　　　　　　　　　B.肋骨

C.舷墙　　　　　　　　　　　　D.舱口围板

解析:考查货舱构件识别。

答案:D。

19.设置于露天甲板(上甲板)货舱开口四周的纵向和横向并与甲板垂直的围板称为_____。

  A.舱口围板   B.甲板纵桁

  C.横梁   D.舱口端梁

解析:为了保证人员安全,防止海水侵入,提高舱口区域结构强度在货舱口的四周装设的围板,称为舱口围板。

答案:A。

2.5 舱壁结构

一、知识点梳理

1.作用:提高船舶抗沉能力;可以控制火灾蔓延;有利于不同货种的分隔积载;增加船体强度;液货船的纵向舱壁可以减小自由液面对稳性的影响,并参与总纵弯曲。

2.作用分类:水密舱壁;油密舱壁;防火舱壁;制荡舱壁。

3.舱壁结构:平面舱壁、槽形舱壁。

4.槽形舱壁的优缺点:结构重量轻;建造工艺简单;占据舱容较大,不利于装载件装货物;抵抗水平方向压力的能力较弱。其适用于油船和散货船。

二、难点点拨

艏尖舱壁通常是防撞舱壁。同一舱壁按照作用可能有多种名称。

三、相关习题

1.一般在水密横舱壁下设置的肋板是_____。

  A.实肋板   B.水密肋板

  C.组合肋板   D.轻型肋板

解析:一般在水密横舱壁下均设有水密肋板。

答案:B。

2.船舶设置水密横舱壁的主要作用是_____。

  A.保证抗沉性   B.便于装卸货

  C.调整前后吃水   D.增加船舶的承受负载

解析:水密横舱壁是保证船舶抗沉性能的重要结构。

答案:A。

3. 制荡舱壁的主要作用是＿＿＿＿＿＿。

A. 增加纵横强度

B. 减小自由液面的影响

C. 制止液体横荡

D. 减小液体摇荡时产生的冲击力

解析:制荡舱壁是设于液舱内的纵向舱壁,主要用来减小自由液面的影响。

答案:B。

4. 舱壁的作用有＿＿＿＿＿＿。

①分隔舱容;②阻止火灾蔓延;③减小自由液面的影响;④提高船舶的抗沉性能

A. ①②③　　　　　　　　　　　　B. ②③④

C. ①③④　　　　　　　　　　　　D. ①②③④

解析:①分隔舱室,满足不同用途;②横舱壁是保证船体横向强度和刚性的重要构件,是船底、舷侧和甲板等结构的支座,可使船体各构件之间的作用力相互传递,其中水密横舱壁是保证船舶抗沉性能的重要结构;③纵舱壁可减小自由液面对船舶稳性的影响,较长的纵舱壁还可增强船舶的总纵强度;④采用防火结构的舱壁,可在一定时间内防止火灾蔓延。

答案:D。

5. 船舶最重要的一道水密横舱壁是＿＿＿＿＿＿。

A. 艉尖舱壁

B. 艏尖舱壁

C. 大舱与大舱之间的舱壁

D. 大舱与机舱之间的舱壁

解析:艏尖舱与货舱之间的艏尖舱壁即船舶最前的一道水密横舱壁,也是最重要的一道水密横舱壁。

答案:B。

6. 防撞舱壁位于＿＿＿＿＿＿。

A. 艉尖舱与货舱之间　　　　　　　B. 艏尖舱与货舱之间

C. 货舱与货舱之间　　　　　　　　D. 货舱与机舱之间

解析:艏尖舱与货舱之间的艏尖舱壁即船舶最前的一道水密横舱壁,又称防撞舱壁。

答案:B。

7. 设有双层底的船舶,货舱区域的水密舱壁一般设置在＿＿＿＿＿＿之间。

A. 内底板至上甲板　　　　　　　　B. 船底板至上甲板

C. 内底板至下甲板　　　　　　　　D. 船底板至下甲板

解析:水密舱壁是指在规定压力下,能保持不渗水的舱壁。一般是指自船底(船底板或内底板)至舱壁甲板的主舱壁。

答案:A。

8. 制荡舱壁一般设置在＿＿＿＿＿＿。

①艏尖舱;②艉尖舱;③双层底舱

A.①②　　　　　　　　　　　　B.①③

C.②③　　　　　　　　　　　　D.①②③

解析:制荡舱壁是设于液舱内的纵向舱壁(如尖舱),主要用来减小自由液面的影响,开有气孔、油水孔和减轻孔。

答案:A。

9.舱壁按结构可分为_____。

①平面舱壁;②防火舱壁;③对称槽形舱壁

A.①②　　　　　　　　　　　　B.②③

C.①②③　　　　　　　　　　　D.①③

解析:舱壁按用途分类,有水密舱壁、防火舱壁、液体舱壁、制荡舱壁四类;按结构分类,有平面舱壁、对称槽形舱壁及双层板舱壁三类。

答案:D。

10.下列有关制荡舱壁的描述正确的是_____。

①设在液舱内;②可减小自由液面的影响;③在液舱内采用横向布置的方式;④在液舱内一般纵向布置

A.①②③　　　　　　　　　　　B.②③④

C.①②④　　　　　　　　　　　D.①②③④

解析:制荡舱壁是设于液舱内的纵向舱壁,主要用来减小自由液面的影响。

答案:C。

11.位于船舶最前端的一道水密舱壁被称为_____。

①艏尖舱壁;②防撞舱壁;③制荡舱壁

A.①②　　　　　　　　　　　　B.②③

C.①③　　　　　　　　　　　　D.①②③

解析:位于船舶最前端的一道水密横舱壁称为防撞舱壁,又称为艏尖舱壁。

答案:A。

12.钢质海船一般在_____处应设置防火舱壁。

①货舱与货舱之间的舱壁;②机舱的舱壁;③客船起居处所的舱壁

A.①②　　　　　　　　　　　　B.②③

C.①③　　　　　　　　　　　　D.①②③

解析:按规定,机舱和客船起居处所的舱壁应采用防火舱壁。

答案:B。

13.对称槽形舱壁的优点是_____。

①结构重量轻;②建造工艺简单;③充分利用舱容;④客船普遍采用

A.①②③　　　　　　　　　　　B.①②

C.③④　　　　　　　　　　　　D.①②③④

解析:对称槽形舱壁的优点是在保证具有同等强度的条件下,可减轻结构的重量,节约钢材,减少装配与焊接的工作量,便于清舱工作。

答案：B。

14. 舱壁按用途的不同可分为_____。

①水密舱壁；②防火舱壁；③液体舱壁；④制荡舱壁

A. ①②④   B. ②③④

C. ①②③④   D. ①②③

解析：舱壁一般按用途的不同分为水密舱壁、防火舱壁、液体舱壁、制荡舱壁。

答案：C。

15. 水密舱壁一般设置在_____之间。

①对单层底船为船底板至舱壁甲板；②对双层底船为内底板至舱壁甲板；③船底至下甲板

A. ①②   B. ②③

C. ①③   D. ①②③

解析：水密舱壁指自船底（船底板或内底板）（双层底从内底板，单层底从船底板）至舱壁甲板的主舱壁。

答案：A。

16. 对保证船舶的抗沉性起主要作用的舱壁是_____。

A. 水密横舱壁   B. 水密纵舱壁

C. 制荡舱壁   D. 对称槽形舱壁

解析：水密横舱壁的主要作用是能保证船舶抗沉性能，万吨级船需设置4~6道。对于液货船，货舱内还设置水密纵舱壁。

答案：A。

2.6 艏艉结构

一、知识点梳理

1. 艏部是指距艏垂线 $0.2L \sim 0.25L$ 处向着船首的部分。

2. 艏部加强措施：(1)艏柱，钢板艏柱、铸钢艏柱、混合艏柱；(2)艏尖舱内的加强；(3)艏尖舱外舷侧的加强；(4)船首底部的加强；(5)球鼻艏。

3. 艉部结构是指从艉尖舱壁至艉端区域内的结构。

4. 艉部加强措施：(1)艉柱；(2)艉尖舱内的加强；(3)艉尖舱上面舷侧的加强；(4)艉突出体。

二、难点点拨

艏艉结构的加强措施主要体现在两个方面：

1. 通过特有的构件加强，如艏柱、艉柱、强胸横梁、开孔平台等。

2. 通过选用强力构件、增加构件的尺寸,如升高肋板。

3. 通过增加构件的数量。

三、相关习题

1. 艏部设置球鼻艏的主要作用是_____。

A. 增大形状阻力   B. 增大艏部强度

C. 减小碰撞对船体的损害   D. 减小兴波阻力

解析:球鼻型船首是设计水线以下船舶前端球鼻型突出体。其作用是减小兴波阻力和形状阻力。

答案:D。

2. 球鼻艏的作用是_____。

A. 防撞

B. 装压载水

C. 增大船首强度

D. 减小兴波阻力与形状阻力

解析:球鼻艏的作用是减小兴波阻力和形状阻力,目前海船广泛采用。

答案:D。

3. 艉柱的作用是_____。

①连接艉端底部结构;②连接两舷侧外板和龙骨;③增强船尾的结构强度

A. ②③   B. ①②

C. ①②③   D. ①③

解析:艉柱位于船尾结构下部的最后端,用来汇拢两侧外板,并支撑和保护车叶与舵,同时承受它们工作时的振动力和水动力,因此,艉柱可增强船尾的结构强度。

答案:C。

4. 艏柱是船首结构中的重要强力构件,其作用是_____。

①增强储备浮力;②便于甲板排水;③保持船首形状;④汇拢船首外板;⑤保证船首局部强度

A. ①②④   B. ②③⑤

C. ②③④   D. ③④⑤

解析:艏柱位于船体最前端,是汇拢船首外板、保持船首形状及保证船首局部强度的强力构件。

答案:D。

5. 艏柱的作用有_____。

①汇拢外板;②保证船首局部强度;③保持船首形状

A. ②③   B. ①②

C. ①②③   D. ①③

解析:考查艏柱的作用。

答案:C。

6. 艉突出体的作用是_____。

①扩大甲板面积;②保护螺旋桨和舵;③改善航行性能

A. ①②   B. ①③

C. ②③   D. ①②③

解析:为扩大艉部甲板面积,安装舵机,保护车叶和舵,并改善航行性能,在船尾设计时有意将艉部向后悬伸一部分,称为艉突出体。

答案:D。

7. 大中型集装箱船广泛采用的艉端形状是_____。

A. 椭圆形   B. 巡洋舰形

C. 方形   D. 弧形

解析:方形艉近年来被商船广泛采用,如集装箱船。

答案:C。

8. 艉柱是船尾结构中的强力构件,其作用是_____。

①支撑舵与螺旋桨;②改善航行性能;③增强船尾结构强度;④保护舵与螺旋桨

A. ②③④   B. ①②④

C. ①②③④   D. ①③④

解析:艉柱位于船尾结构下部的最后端。其作用是汇拢外板、支撑和保护车叶与舵、承受它们工作时的振动力和水动力,并可增强船尾的结构强度。

答案:D。

9. 与钢板焊接艉柱和铸钢艉柱相比,下列有关混合型艉柱优点的描述正确的是_____。

A. 在保证船首强度的基础上减轻了船体重量

B. 制造工艺简单,成本低

C. 使船体外形美观

D. 可以改善船舶的航行性能

解析:考查混合型艉柱的优点。

答案:A。

10. 艉尖舱区域的加强方法有_____。

①设置升高肋板;②设置延伸至艉柱并与其牢固连接的中内龙骨;③设置开孔平台;④在中纵剖面处增设制荡舱壁

A. ①②③   B. ②③

C. ①②④   D. ①②③④

解析:考查艉尖舱区域的加强方法。

答案:D。

11. 艉柱按制造方法的不同,可分为_____。

①钢板焊接艉柱;②铸钢艉柱;③混合型艉柱

A. ①②   B. ②③

C. ①③   D. ①②③

解析:艏柱按制造方法有钢板焊接艏柱、铸钢艏柱和混合型艏柱三种。

答案:D。

12. 艏部和艉部的受力特点是_____。

　　A.受总纵弯曲作用力较大、局部作用力较小

　　B.受总纵弯曲作用力较小、局部作用力较大

　　C.受总纵弯曲作用力和局部作用力均很大

　　D.受总纵弯曲作用力和局部作用力均很小

解析:弯矩绝对值的最大值一般出现在船中处,且向艏艉逐渐减小。

答案:B。

13. 斜肋骨是指_____。

　　A.在船的艏、艉端呈放射状设置的肋骨　　　B.在船中呈放射状设置的肋骨

　　C.在机舱成放射状设置的肋骨　　　　　　　D.在货舱成放射状设置的肋骨

解析:在船的艏、艉端肋骨和横梁成放射布置,称为斜肋骨和斜横梁。

答案:A。

14. 船舶艏柱和艉柱必须加强的原因是_____。

①离船中最远,受力大;②船首部受风浪冲击;③船首部要承受冰块和万一发生碰撞后产生的冲击力;④船尾部受螺旋桨振动及舵的水动力作用

　　A.②③④　　　　　　　　　　　　　　　　B.①③④

　　C.①②④　　　　　　　　　　　　　　　　D.①②③

解析:船首部要受波浪、冰块的冲击和水阻力的作用,一旦发生碰撞,应有足够的强度保证船舶的安全;艉柱支撑和保护车叶与舵,同时承受它们工作时的振动力和水动力。

答案:A。

15. 下图为船舶横骨架式单层底船首结构示意图,图中数字"10"所表示的正确骨架名称是_____。

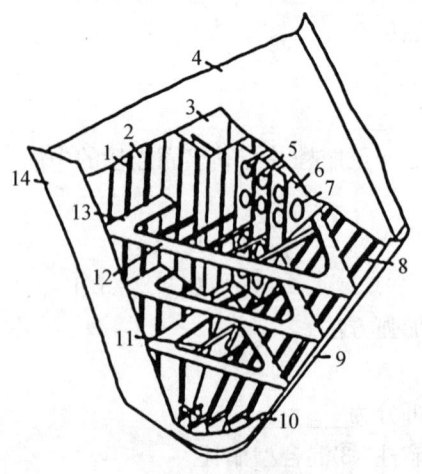

　　A.实肋板　　　　　　　　　　　　　　　　B.内底板

　　C.水密肋板　　　　　　　　　　　　　　　D.升高肋板

解析:考查船首结构构件识别。

答案:D。

2.7　水密和抗沉性结构

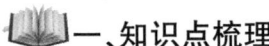一、知识点梳理

1.水密和抗沉性结构主要包括:水密横舱壁、双层底、双层舷侧、各种开口的水密装置(水密门、窗、水密舱盖与道门)。

2.水密门:

(1)水密舱壁上的水密门,横倾15°能关闭。动力滑动式水密门能在驾驶室遥控关闭,也能手动从门的任一边开启、关闭。设指示器显示门开启、关闭并能在关闭时发出声响警报。主动力失灵时,动力、控制和指示器应能工作。除规定航行中可以开启的门外,所有的水密门在航行中应关闭,开启、关闭时间应记入航海日志。

(2)客船水密舱壁上的水密门,应为竖动式或横动式,最大净开口宽度1.2 m。关门时间,手动机械装置不应超过90 s,驾驶室集控室遥控同时关闭所有门不超过60 s。动力关闭速率任何情况下不少于20 s,不大于40 s。

3.船壳板上的关闭设备:限界线以下的舷窗多采用圆形并有可靠铰链的舷窗,舷窗可分为永久闭式舷窗、到港后方可开启的舷窗、航行中由船长决定是否关闭的舷窗。舱壁甲板以下通到船壳板外的排水孔,都配有自动止回阀。

二、难点点拨

注意水密门的设置及开关要求。

三、相关习题

1.任何动力滑动水密门的操纵装置,无论是动力式还是手动式,均应能在船舶向任一舷横倾至_____的情况下将门关闭。

A. 6°   B. 8°

C. 15°   D. 25°

解析:任何动力滑动水密门的操纵装置,无论是动力式还是手动式,均应能在船舶向任一舷横倾至15°的情况下将门关闭。

答案:C。

2.水密舱壁上的任一动力滑动水密门应满足_____。

①能从驾驶室遥控关闭;②能用设置的独立的手动机械操纵装置从门所在位置的任一边用手

开启和关闭该门;③在控制位置应装设显示门是开启或关闭的指示器,并在门关闭时发出声响警报;④在主动力失灵时,动力、控制和指示器应能工作

A.①②③④　　　　　　　　　　B.①②③

C.②③④　　　　　　　　　　　D.①③④

解析:考查水密舱壁上的水密门的相关要求。

答案:A。

3.客船水密舱壁上每一动力滑动水密门的结构应为_____。

A.竖动式　　　　　　　　　　B.横动式

C.竖动式或横动式　　　　　　D.滚动式

解析:客船水密舱壁上的水密门,每一动力滑动水密门,应为竖动式或横动式。

答案:C。

4.在船舶正浮时,从客船驾驶室集控室遥控同时关闭所有动力滑动水密门的时间应不超过_____。

A.30 s　　　　　　　　　　　B.60 s

C.90 s　　　　　　　　　　　D.120 s

解析:在船舶正浮时应满足的关门时间要求:应能从驾驶室的总控制台于不超过60 s内同时关闭这些门。

答案:B。

5.在船舶正浮时,用现场手动机械装置将客船滑动水密门完全关闭的时间应不超过_____。

A.30 s　　　　　　　　　　　B.60 s

C.90 s　　　　　　　　　　　D.120 s

解析:在船舶正浮时应满足的关门时间要求:现场手动机械装置将门完全关闭的时间应不超过90 s。

答案:C。

6.客船动力滑动水密门需要的电源由_____。

①应急配电板直接供电;②位于舱壁甲板上方的专用配电板供电;③船舶主电源供电

A.①②③　　　　　　　　　　B.①②

C.①③　　　　　　　　　　　D.②③

解析:客船动力滑动水密门需要的电源应由应急配电板直接供电,或由位于舱壁甲板上方的专用配电板供电。

答案:B。

7.船壳板上限界线以下的舷窗可分为_____。

①永久关闭式舷窗;②离港前关闭到港后方可开启的舷窗(启闭时间须记入航海日志);③航行中由船长决定是否关闭的舷窗;④由船员根据实际情况决定是否关闭的舷窗

A.①②③④　　　　　　　　　　B.①②③

C.②③④　　　　　　　　　　　D.①②

解析:限界线以下的舷窗主要有永久关闭式舷窗、离港前关闭到港后方可开启的舷窗(启闭时

间须记入航海日志)及航行中由船长决定是否关闭的舷窗三种。

答案:B。

8.有关从舱壁甲板以下通到船壳板外的排水孔,下列描述正确的是_____。

①配有自动止回阀;②在舱壁甲板上设有可以强制关闭的装置;③设有两个止回阀,其中一个是经常关闭的

A.①②③   B.②③

C.①③   D.①②

解析:考查船壳板上排水孔的防止海水意外进入船内的装置。

答案:A。

9.按照相关规定,舱壁甲板以下的防撞舱壁上不应设置_____。

①门;②人孔;③通风管道或其他开口

A.①②③   B.①②

C.②③   D.①③

解析:防撞舱壁上不准开任何门或人孔、通风管道或任何其他开口。

答案:A。

10.按规定,凡穿过防撞舱壁的管子应设有能在_____以上进行操作且阀体设在_____防撞舱壁上的截止阀,以便在艏部破损时能立即将它关闭。

A.舱壁甲板;艏尖舱内   B.舱壁甲板;艏尖舱外

C.干舷甲板;艏尖舱内   D.干舷甲板;艏尖舱外

解析:凡穿过防撞舱壁的管子应设有能在舱壁甲板以上操作的截止阀,该阀的阀体应设在艏尖舱内的防撞舱壁上,以便在艏部破损时能立即将它关闭。

答案:A。

11.有关客船水密舱壁上每一动力滑动水密门现场独立手动机械操作装置,下列描述正确的是_____。

①能从门所在舱壁的任一侧用手开、关门;②控制手柄装设在舱壁两侧地板以上至少1.6 m的高度处;③开、关门时手柄的运动方向与门的移动方向一致,并清楚地标明

A.①②③   B.①②

C.①③   D.②③

解析:客船水密舱壁上的水密门,现场能用独立的手动机械装置从门所在舱壁的任一侧用手开启和关闭门,其控制手柄应装设在舱壁两侧地板以上至少1.6 m的高度处,开启与关闭门时手柄的运动方向与门的移动方向一致,并清楚地标明。

答案:A。

12.有关船壳板上的关闭设备,下列描述正确的是_____。

①在封闭甲板以下处所应装设铰链式可靠的内侧舷窗;②限界线以下的舷窗应采用水密性和抗风浪性强的圆形舷窗;③限界线以下的舷窗应装有可靠的铰链舷窗盖

A.①②③   B.①②

C.②③   D.①③

解析:在封闭甲板以下处所或封闭的上层建筑处所的舷窗,应装设铰链式可靠的内侧舷窗,其装置应能有效地关闭和保证水密;限界线以下的舷窗采用水密性和抗风浪性强的圆形舷窗并装有可靠的铰链舷窗盖。

答案:A。

2.8 船舶管系

📖 一、知识点梳理

1. 舱底水管系的作用:排除货舱、机舱污水,破损时的辅助排水设备。

舱底水管系的组成:污水沟/井、吸口与舱底水管路、舱底泵、阀箱、泥箱和油水分离器、测深管。

2. 压载管系的作用:注入或排出压载水,调驳压载水,调整航海性能;压载舱破损时排水;破冰船、半潜船等特殊作业。

压载管系的组成:压载管路和吸口、调驳阀箱、空气管和测深管。

3. 通风管系的作用:调节舱室温度和湿度,防止货物变质或自燃,改善人员居住和工作条件。

通风方式:自然通风、机械通风、空气调节系统。

4. 水灭火系统的甲板管系的作用:灭火、冲洗甲板、冲洗货舱、冲洗锚链和锚,与手提式泡沫枪配套使用。

5. 甲板水管系的作用:排除甲板或底板积水。

甲板水管系的组成:甲板排水器、排水管、止回阀。

6. 日用水管系包括:日用淡水系统、日用热水系统、饮用水系统。

日用水管系的供水法:重力水柜、压力水柜、循环泵。

7. 卫生排泄系统:冲洗卫生设备、粪便处理系统。

◎ 二、难点点拨

舱底泵的配置要求、空气管的设置要求。

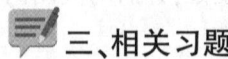 三、相关习题

1. 舱底水管系的主要作用是_____。

A. 排除沟、井内的污水　　　　　　　　B. 破舱进水后用来排水

C. 吸排压载水　　　　　　　　　　　　D. 洗舱

解析:舱底水管系主要用于排除集聚于货舱与机舱底部而形成的污水。

答案:A。

2. 舱底水管系主要用于_____。

　A. 排除沟(井)内及机舱底部的污水

　B. 泵排生活用水

　C. 泵排舱内水以便于调整船舶稳性

　D. 灭火

　解析:舱底水管系主要用于排除集聚于货舱与机舱底部而形成的污水,又称为污水管系。

　答案:A。

3. 污水管系的组成部分包括_____。

　①污水沟与污水井;②污水管路;③阀箱和污水泵;④泥箱和测深管

　A. ①③④　　　　　　　　　　　　　B. ①②③

　C. ②③④　　　　　　　　　　　　　D. ①②③④

　解析:污水管系的组成部分有污水沟和污水井、吸口与过滤器、舱底水泵与舱底水管、泥箱与油水分离器、污水井(沟)测深管等。

　答案:D。

4. 污水井的容积应不小于_____。

　A. 0. 10 m³　　　　　　　　　　　　B. 0. 15 m³

　C. 0. 20 m³　　　　　　　　　　　　D. 0. 25 m³

　解析:污水井的容积应不小于 0. 15 m³。

　答案:B。

5. 有关舱底水管系中污水沟或污水井的设置,下列说法正确的是_____。

　①当内底边板为下倾式时设污水沟;②当内底边板为水平式时设污水井;③污水井的容积应不小于 1. 5 m³

　A. ①②　　　　　　　　　　　　　　B. ②③

　C. ①③　　　　　　　　　　　　　　D. ①②③

　解析:对双层底船而言,污水沟位于舱内舷部,由下倾式内底边板和舭列板围成;内底板为其他形式结构时,一般在舱底两舷后部的内底板上各设置一个凹入双层底的污水井,以便积聚污水;污水井的容积应不小于 0. 15 m³。

　答案:A。

6. 污水测量可显示_____。

　①积存污水数量;②液体货物是否泄漏;③船舶相关部位是否渗漏

　A. ①②　　　　　　　　　　　　　　B. ②③

　C. ①③　　　　　　　　　　　　　　D. ①②③

　解析:考查污水测量的作用,污水测量可显示积存污水数量,液体货物是否泄漏,船舶相关部位是否渗漏。

　答案:D。

7. 货船上的污水沟一般设在_____。

　A. 双层底底部　　　　　　　　　　　B. 舱内舭部

C. 艏尖舱底部　　　　　　　　　D. 舱内中部

解析:货船上的污水沟一般设在舱内艉部。

答案:B。

8. 调驳阀箱属于_____管系。

　　A. 舱底水　　　　　　　　　　B. 压载

　　C. 通风　　　　　　　　　　　D. 消防

解析:调驳阀箱设在机舱内,用于连接各压载支管和压载总管,也便于集中控制。

答案:B。

9. 压载管系的组成部分包括_____。

　　①压载管路;②吸口;③调驳阀箱;④测深管和空气管

　　A. ①②③　　　　　　　　　　B. ②③④

　　C. ①③④　　　　　　　　　　D. ①②③④

解析:压载管系的组成包括压载管路和吸口、调驳阀箱、空气管和测深管。

答案:D。

10. 船舶压载管系中,压载舱设置空气管的作用是_____。

　　A. 给舱室通气　　　　　　　　B. 为各压载舱提供空气出入通道

　　C. 舱室之间通风　　　　　　　D. 可兼作测深管

解析:压载舱设置空气管以便在注入或排出压载水时,空气能自由地被排出或进入压载舱。

答案:B。

11. 机舱以前的各压载支管布置在_____。

　　A. 内底板上　　　　　　　　　B. 轴隧内

　　C. 压载舱内　　　　　　　　　D. 双层底或管隧内

解析:机舱前的各压载支管,布置在内底板以下双层底内或管隧(箱形中桁材)内。

答案:D。

12. 有关压载管系的作用,以下描述正确的是_____。

　　①可用于向用作压载的舱室注入或排出压载水;②可用于压载舱之间的压载水调驳;③半潜
　　及潜水船可利用压载系统实现沉、浮作业

　　A. ①②③　　　　　　　　　　B. ①③

　　C. ②③　　　　　　　　　　　D. ①②

解析:作用向压载舱(双层底舱、艏尖舱、深舱及边舱)注入或排出压载水,也可用于压载舱间
相互调驳压载水,以调整船舶的纵倾、横倾、吃水差和稳性等航海性能。特种船如半潜及潜水
船可利用压载系统实现沉、浮作业。

答案:A。

13. 因其作用的特殊性,每艘船舶都配备的消防管系是_____。

　　A. 泡沫灭火系统　　　　　　　B. 气体灭火系统

　　C. 水灭火系统　　　　　　　　D. 惰性气体保护系统

解析:水灭火系统是每艘船舶都配备的消防系统。

答案:C。

14. 水灭火系统的甲板管系除主要用于灭火外,平时还可用于_____。
①冲洗甲板;②起锚时冲洗锚链和锚;③老式散粮船用于向其顶边舱灌装压载水;④粮食船载货前洗舱

A. ①②③④   B. ①②③

C. ②③④   D. ①②④

解析:水灭火系统的甲板管系除主要用于灭火外,平时还可用于冲洗甲板、起锚时冲洗锚链和锚、与手提式泡沫枪装置配套使用、散装货船与可装载散装货的多用途船用其对货舱进行冲洗及老式散装货船用其向顶边舱灌装压载水等。

答案:A。

15. 固定式水灭火系统组成中的甲板管系平时可用于_____。
①冲洗甲板;②与手提式泡沫枪装置配套使用产生所需的泡沫;③起锚时冲洗锚链和锚;④冲洗卫生间

A. ①②③④   B. ①②③

C. ②③   D. ①③

解析:冲洗卫生间不是固定式水灭火系统组成中甲板管系平时的用途。

答案:B。

16. 在消防管系中,除了主要用于灭火外,平时还可用于冲洗甲板、起锚时冲洗锚链和锚,与手提式泡沫枪配套使用的灭火系统是_____。

A. 水雾灭火系统   B. 水灭火系统

C. 自动喷水系统   D. 泡沫灭火系统

解析:水灭火系统的甲板管系除主要用于灭火外,平时还可用于冲洗甲板、起锚时冲洗锚链和锚、向顶边舱灌装压载水及与手提式泡沫枪装置配套使用等。

答案:B。

17. 水灭火系统组成部分中的甲板管系平时可用于_____。

A. 冲洗厕所   B. 供舱室卫生用水

C. 冲洗甲板和锚链   D. 排污水

解析:水灭火系统的甲板管系除主要用于灭火外,平时还可用于冲洗甲板、起锚时冲洗锚链和锚、向顶边舱灌装压载水及与手提式泡沫枪装置配套使用等。

答案:C。

18. _____是所有船舶均必须设置的固定式消防系统。

A. 水消防系统   B. 局部水雾灭火系统

C. 泡沫灭火系统   D. 惰性气体灭火系统

解析:考查船上的水灭火系统。

答案:A。

19. 测深管的作用是_____。
①测量所有的压载水舱液位;②测量除饮用水外的淡水舱液位;③测量所有的燃油舱液位;

④测量污水沟或污水井液位

A.①②③ B.②③④

C.①③④ D.①②③④

解析:在船上的每一个液舱、隔离空舱、管隧和不易经常接近的污水沟(井)中,均应设一根测深管,用于测量舱内的水深。以测得水深为引数查舱容刻度表就可以得知存水量。

答案:D。

20.每一个液舱、隔离空舱、管隧和不易经常接近的污水井中,均应设置_____,用于测量舱内的水深。

A.测深管 B.空气管

C.洗舱管 D.洒水管

解析:液舱、隔离空舱及管隧等设有测深管以便测量液位。

答案:A。

21.船上通风管系的作用是_____。

①防止货物变质或自燃;②改善人员的生活与工作条件;③调节舱内温度和湿度

A.①②③ B.①②

C.②③ D.①③

解析:通风管系用于对货舱、机舱、客舱、船员起居处所和厨房等舱室进行通风,排除废气,补充新鲜空气,调节舱内的温度和湿度,防止承运的货物变质或自燃,改善旅客和船员的居住与工作条件。

答案:A。

22.船用空调系统的设置形式一般有_____。

①中央集中式空调装置;②分组集中式空调装置;③独立式空调装置

A.①② B.②③

C.①③ D.①②③

解析:船用空调系统一般有中央集中式空调装置、分组集中式空调装置和独立式空调装置。

答案:D。

23.自然通风系统中常见的通风筒有_____。

①烟斗形通风筒;②排风筒;③菌形通风筒;④鹅颈通风筒

A.②③④ B.①②③

C.①③④ D.①②③④

解析:自然通风系统中常见的通风筒有烟斗形通风筒、排风筒、鹅颈通风筒和菌形通风筒。

答案:D。

24.常用于水柜或油柜上,并设有滤网的通风筒是_____。

A.菌形通风筒 B.烟斗形通风筒

C.鹅颈通风筒 D.排风筒

解析:鹅颈通风筒常用于水柜或油柜上,其上设有过滤网。

答案:C。

25. 能对外界空气进行过滤和温湿度处理,并将处理后的新鲜空气送至各舱室的装置是_____。

    A. 排风筒　　　　　　　　　　　　B. 风机
    C. 烟斗形通风筒　　　　　　　　　D. 空调系统

    解析:空气调节系统是对外界空气进行过滤、加热(或冷却)和加湿(或去湿),并把处理后的空气送至各舱室。

    答案:D。

26. _____是自然通风系统的装置。

    A. 排风筒　　　　　　　　　　　　B. 风机
    C. 空调　　　　　　　　　　　　　D. 干燥通风

    解析:自然通风是利用空气流动时通风筒内外压力差而使舱室达到通风换气的目的。排风筒常用于船上的自然通风方式。

    答案:A。

27. 货船较多采用的空调系统是_____。

    A. 中央集中式空调装置　　　　　　B. 分组集中式空调装置
    C. 独立式空调装置　　　　　　　　D. 混合式空调装置

    解析:中央集中式空调系统多见于货船。

    答案:A。

28. 通风管系中的通风筒口应设在_____。

    A. 遮蔽甲板下　　　　　　　　　　B. 开敞甲板上
    C. 任意舱壁上　　　　　　　　　　D. 舷墙内侧

    解析:通风筒口应设在开敞甲板上,并尽量远离排气管口、天窗及升降口等处。

    答案:B。

29. 按规定,通风筒应设有能在_____将其关闭的装置,以便该通风筒所在舱室发生火灾时能迅速将其关闭。

    A. 内部　　　　　　　　　　　　　B. 外部
    C. 上部　　　　　　　　　　　　　D. 下部

    解析:通风筒应设有能在外部将其关闭的有效装置,以便火灾时能利用其迅速关闭通风筒控制火势。

    答案:B。

30. 为满足一旦通风筒所在舱室发生火灾事故后能在外部将通风装置关闭,菌形通风筒在_____设置操作手轮,以用于紧急情况时手动操作关闭通风筒。

    A. 菌形帽盖的顶部或筒体正面
    B. 菌形帽盖的底部或筒体正面
    C. 菌形帽盖的顶部或筒体侧面
    D. 菌形帽盖的底部或筒体侧面

    解析:为满足一旦通风筒所在舱室发生火灾事故后能在外部将其关闭,菌形通风筒均在菌形帽盖的顶部设置操作手轮或在筒体侧面设置操作手轮或手柄。

答案:C。

31. 筒口设有铰链式盖板、防鼠网,主要用于物料间、储物间等类似舱室的是_____。

 A. 菌形通风筒
 B. 烟斗形通风筒
 C. 鹅颈通风筒
 D. 排风筒

解析:鹅颈通风筒筒口除设有铰链式盖板外,还设有防鼠网,有的则设计成防浪形。该种通风筒主要用于船舶的物料间、储物间及类似舱室。

答案:C。

32. 当外界空气进入舱室前,不需要经预处理的通风方式是_____。

 A. 自然通风
 B. 机械通风
 C. 干燥通风
 D. 空气调节系统

解析:自然通风是利用空气流动时通风筒内外的压力差,使空气经通风筒排出舱外或进入舱内,或把通风筒对着风向使外界的空气经通风筒进入舱内以达到通风目的的系统。

答案:A。

33. 客船较多采用的空调系统是_____。

 A. 中央集中式空调装置
 B. 分组集中式空调装置
 C. 独立式空调装置
 D. 混合式空调装置

解析:分组集中式是在船上设置几个中央空调器,分别负担部分舱室,这种形式多见于客船。

答案:B。

34. 对通风管系的布置要求是_____。

①通风筒口应设在开敞甲板的排气口附近;②通风筒上口在甲板上应具有一定高度;③通风管道不得穿过舱壁甲板以下的水密舱壁

 A.①②
 B.①③
 C.②③
 D.①②③

解析:通风筒口应设在开敞甲板上,并尽量远离排气管口。

答案:C。

35. 除满足有关要求外,为防止海水倒灌,在所有开口排至舷外的排水管下口处设有_____。

 A. 止回阀
 B. 截止阀
 C. 截止止回阀
 D. 止回阀或截止阀

解析:为防止海水倒灌,在所有开口排至舷外的排水管下口处设有止回装置(除满足有关要求者可省略外)。

答案:A。

36. 若甲板排水管系排水孔的位置无法避开救生艇及舷梯的吊放区域内,则须_____或其他等效装置。

 A. 做成具有 180°的弯头
 B. 设置止回阀
 C. 设置挡水罩
 D. 设置盖板

解析:排水孔应避免开在救生艇及舷梯的吊放区域内,否则必须设置挡水罩或其他有效装置。

答案:C。

37.根据现行《国际船舶载重线公约》的要求,除机器处所的海水进排水口外,凡限界线以下穿过外板的每一独立排水孔,应设一个_____。

A.截止阀 　　　　　　　　　　B.调节阀

C.分流阀 　　　　　　　　　　D.止回阀

解析:考查排水孔止回装置。

答案:D。

38.甲板排水管系以_____迅速排出舷外。

A.压力方式 　　　　　　　　　B.自流方式

C.真空方式 　　　　　　　　　D.泵抽方式

解析:甲板排水管系是用于排除露天各层甲板或地板积水的系统。非封闭的上层建筑和甲板室的排水管和泄水管应引至舷外。

答案:B。

39.甲板排水管系中,非封闭的上层建筑和甲板室的排水管和泄水管应引至_____。

A.舷外 　　　　　　　　　　　B.露天甲板

C.艇甲板 　　　　　　　　　　D.主甲板

解析:甲板排水管系中,非封闭的上层建筑和甲板室的排水管和泄水管应引至舷外。

答案:A。

40.甲板排水管系中,排水孔应避免开在_____,否则必须设有挡水罩或其他有效装置。

A.救生艇及舷梯吊放区内 　　　B.甲板物料间附近

C.船首工作区附近 　　　　　　D.船尾绞缆机附近

解析:排水孔应避免开在救生艇及舷梯的吊放区域内,否则必须设置挡水罩或其他有效装置。

答案:A。

2.9　船体结构主要图纸

一、知识点梳理

1.总布置图

全船舱室划分和机械设备的布置图,反映了全船总体布置情况。它由侧视图、各层平台与甲板的俯视图、舱底平面图及船体主要尺度和技术性能数据等几部分组成。

2.基本结构图

基本结构图表示船体纵、横构件布置和结构情况,是全船性的结构图样之一。在修造船中,它可作为绘制其他结构图样的依据,又是具体施工时的一张指导性图纸。基本结构图的内容与总布置图相仿,由中纵剖面图、各层平台和甲板结构图及舱底结构图组成,所不同的是基本结构图常采用重叠投影法、阶梯剖面法及两次剖切法,把平行的不同剖切面的结构表示在同一视图中。

3. 船中剖面图

船中剖面图是取自船体中段部分(通常是艏、艉尖舱以外的船体部分)的横剖面结构图,表示船体主要纵、横构件的尺寸和结构形式。它也是船体结构的基本图样之一,并与基本结构图一起组成船体结构的三向视图。在修造船中,它是绘制其他结构施工图样的依据。船中剖面图由中横剖面图、局剖结构图、主要尺度及附注组成。有的还附有构件尺寸和表格栏。

4. 外板展开图

外板展开图主要表示全船外板的排列、厚度及外板上开口的位置等,是修造船时确定船体钢板的规格和数量,作为订货或备料的主要依据。因此,它是船上必备的重要图纸。

5. 坞墩图

坞墩图是一张有关船体底部船壳型线的图纸。它还包括船底水线下的附属体以保证船舶进坞时坞墩不会对艉龙骨及测深仪的部件造成损坏。它的主要功能是标出了船舶进坞前坞墩的分布形式。按照坞墩图布置坞墩,船舶就不会因上墩而造成结构性损坏。另外,要注意的是坞墩不应堵住海底阀的位置而影响海底阀的检修。

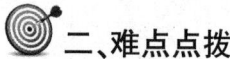 **二、难点点拨**

注意区分图纸的种类、作用、组成及内容。

三、相关习题

1. 在船体结构图中每一块钢板的宽度是其实际宽度,而长度是其在基线上投影长度的图纸是_____。

    A. 纵中剖面结构图　　　　　　　　B. 横剖面图

    C. 基本结构图　　　　　　　　　　D. 外板展开图

解析:外板展开图,在图上每一块钢板的宽度是其实际宽度,而长度却是其在基线上的投影长度,小于实际尺寸。

答案:D。

2. 图上注有全船外板的排列、厚度及外板上开口的位置线,是造船或修理时确定船体钢板的规格和数量,申请订货或备料的主要依据的图纸是_____。

    A. 基本结构图　　　　　　　　　　B. 外板展开图

    C. 纵中剖面结构图　　　　　　　　D. 横剖面图

解析:外板展开图是造船或修理时确定船体钢板的规格和数量,申请备料和订货的主要依据。

答案:B。

3. 船体结构图中注有肋骨尺度和间距、甲板纵桁尺度、各种支柱尺度、纵舱壁厚度及其上的扶强材尺度、上层建筑的高度以及板的厚度和扶强材尺度等的图纸是_____。

    A. 各层甲板图　　　　　　　　　　B. 内底结构图

C. 局部结构图 　　　　　　　　　　　D. 纵中剖面结构图

解析:考查纵中剖面结构图知识。

答案:D。

4. 船舶横剖面图包括_____。

①中横剖面图;②船首处横剖面图;③机舱处横剖面图;④货舱口处横剖面图;⑤船尾处横剖
面图

A. ①②③④ 　　　　　　　　　　　　B. ②③④⑤

C. ①③④ 　　　　　　　　　　　　　D. ③④⑤

解析:横剖面图主要包括中横剖面图、机舱处横剖面图及货舱口处横剖面图。

答案:C。

5. 由于船体形状和外板布置都是左右对称的,所以习惯上外板展开图仅绘制_____。

A. 左舷外板展开图 　　　　　　　　　B. 右舷外板展开图

C. 左、右舷外板展开图 　　　　　　　D. 船中外板展开图

解析:外板展开图实际应用时一般仅绘制右舷的外板展开图。

答案:B。

6. 基本结构图的作用有_____。

①反映了船体纵、横构件的布置和结构情况;②绘制其他结构图样的依据;③具体施工时的指
导性图纸

A. ①② 　　　　　　　　　　　　　　B. ②③

C. ①③ 　　　　　　　　　　　　　　D. ①②③

解析:基本结构图反映了船体纵、横构件的布置和结构情况,是全船的结构图样之一,即是绘制
其他结构图样的依据,同时又是具体施工时的一张指导性图纸,主要包括纵中剖面结构图、各
层甲板图及内底结构图等。

答案:D。

7. 船壳外板编号"SC2"表示_____。

A. 左舷 C 列第 2 块板 　　　　　　　B. 左舷 S 列 C 行第 2 块板

C. 右舷 C 列第 2 块板 　　　　　　　D. 右舷 S 列 C 行第 2 块板

解析:组成船壳外板的每块钢板在外板展开图中的确切位置编号由列板与钢板序号两部分组
成,并冠以左舷(P)或右舷(S)。列板以平板龙骨为基准并称其为 K 列板,与其相邻的列板为
A 列板,再次的列板为 B 列板,以此类推。同一列板中每块钢板的排列序号可从船首排起,也
可从船尾排起,并用阿拉伯数字表示。

答案:C。

8. 在船舶事故报告中受损外板的编号为"SF6",其含义是_____。

A. 右舷第 6 列第 F 块板 　　　　　　B. 左舷第 6 列第 F 块板

C. 右舷 F 列第 6 块板 　　　　　　　D. 左舷 F 列第 6 块板

解析:考查外板编号的含义。

答案:C。

9. 船壳外板由_____组成。

①平板龙骨;②船底列板;③舭列板;④舷侧列板;⑤舷顶列板;⑥龙骨

A.①②③④⑤⑥   B.①②③④⑤

C.②③④⑤⑥   D.①②③④

解析:船壳外板包括船底列板、平板龙骨、舭列板、舷侧列板、舷顶列板。

答案:B。

10. 并板位于_____。

A.船首、尾部   B.船底

C.船中   D.甲板

解析:在船首、尾部,因实现线形变化使船体瘦削,需将相邻的某两列板合并为一列板,这种合并列板称为并板。

答案:A。

11. 船壳板中钢板逐块端接而成的连续长条板称为_____。

A.外板   B.船底板

C.舷侧板   D.列板

解析:钢板逐块端接而成的连续长条板称为列板。

答案:D。

12. 船壳外板"右舷C列第6块板"的编号为"_____"。

A.SC6   B.CS6

C.C6S   D.S6C

解析:考查外板编号的含义。

答案:A。

13. 船壳外板的编号"PC4"表示_____。

A.左舷C列第4块板   B.左舷P列C行第4块板

C.右舷C列第4块板   D.右舷P列C行第4块板

解析:考查外板编号的含义。

答案:A。

14. 某船在修船中需要更换编号为"SB5"的船壳外板,它是_____。

A.左舷B列第5块板   B.右舷B列第5块板

C.舷顶列板向下,右舷第5行B块板   D.舷顶列板向下,右舷B行第5块板

解析:考查外板编号的含义。

答案:B。

15. 船壳外板的排列以平板龙骨(K列板)为基准,分别向_____将各列板依次编号为A、B、C、

D⋯⋯至_____为止。

A.前;舭列板   B.上;舷侧顶板

C.左(右);舷顶列板   D.左(右);舭列板

解析:船壳外板的列板冠以左舷(P)或右舷(S),以平板龙骨为基准并称其为K列板,与其相

邻的列板为 A 列板,再次的列板为 B 列板,以此类推,至舷顶列板。

答案:C。

16. 船壳外板中各列板编号的排列顺序是_____。

　　A. 以平板龙骨(K 列板)为基准分别向左(右)舷将各列板编为 A、B、C、D……直至舷顶列板

　　B. 自平板龙骨(K 列板)始向右按 A、B、C、D……直至右舷舷顶列板,然后自左舷由上向下按英文字母排列顺序编出行列

　　C. 由各舷的舷顶列板向下按英文字母排列顺序编出行列,平龙骨板为 K 列板

　　D. 以平板龙骨(K 列板)为基准,两舷各自独立排列编号

解析:考查船壳外板中各列板的编号。

答案:A。

17. 识读总布置图组成部分中的俯视图(各层平台、甲板及舱底平面图)时需要相互对照的图是_____。

　　A. 中剖面图　　　　　　　　　　　B. 基本结构图

　　C. 外板展开图　　　　　　　　　　D. 右舷侧视图

解析:右侧侧视图是将船舶的右侧面投影在艏艉纵中线所在的垂直平面上所得到的视图。它是总布置图的主视图,通常绘制在图纸的最上方。

答案:D。

18. 比较集中体现船舶的用途、任务和经济性的图纸是_____。

　　A. 基本结构图　　　　　　　　　　B. 外板展开图

　　C. 线型图　　　　　　　　　　　　D. 总布置图

解析:总布置图反映了船舶总的布置情况,比较集中体现了船舶的用途、任务和经济性。

答案:D。

19. 船舶总布置图一般包括_____。

　　①右舷侧视图;②各层甲板与平台平面图;③船体主要尺度和技术性能数据;④艏、艉俯视图

　　A. ②③④　　　　　　　　　　　　B. ①③④

　　C. ①②④　　　　　　　　　　　　D. ①②③

解析:总布置图主要由右舷侧视图、各层甲板与平台平面图、舱底平面图及船体主要尺度和技术数据等组成。

答案:D。

20. 总布置图中的侧视图一般是_____。

　　A. 从船舶右舷正视而得的视图　　　B. 从船舶左舷正视而得的视图

　　C. 从船尾正视而得的视图　　　　　D. 从船首正视而得的视图

解析:总布置图中的侧视图一般是船舶的右舷侧视图。

答案:A。

21. 船舶总布置图中,一般放在最上方的图是_____。

　　A. 舱底平面图　　　　　　　　　　B. 各层平台及甲板平面图

　　C. 右舷侧视图　　　　　　　　　　D. 艏、艉俯视图

解析:船舶总布置图中一般放在最上方的图是右舷侧视图。

答案:C。

22. 船舶总布置图中,一般放在最下方的图是_____。

A. 舱底平面图   B. 各层平台及甲板平面图

C. 右舷侧视图   D. 艏、艉俯视图

解析:船舶总布置图中一般放在最下方的图是舱底平面图。

答案:A。

23. 总布置图的主要组成部分有_____。

①侧视图;②各层平台与甲板的俯视图;③舱底平面图及船体主要尺度和技术性能数据;④中剖面图;⑤局部结构图

A. ①②③   B. ①②③④⑤

C. ②③④⑤   D. ①②③⑤

解析:考查总布置图的组成。

答案:A。

24. 下图为纵骨架式双层底结构,图中数字"1"所表示的正确骨架名称是_____。

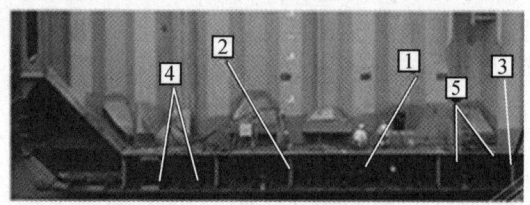

A. 纵舱壁   B. 旁底桁

C. 中桁材   D. 龙骨

解析:考查中桁材构件识别。

答案:C。

25. 下图为纵骨架式双层底结构,图中数字"4""5"所表示的正确骨架名称分别是_____。

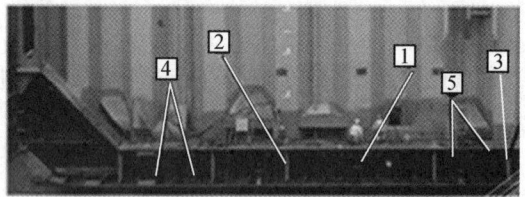

A. 船底纵骨和货舱纵骨   B. 船底纵骨和货舱横骨

C. 船底纵骨和内底纵骨   D. 船底扶强材和舱底扶强材

解析:考查船底纵骨和内底纵骨构件识别。

答案:C。

26. 下图为纵骨架式双层底结构,图中数字"1""2"所表示的正确骨架名称分别是_____。

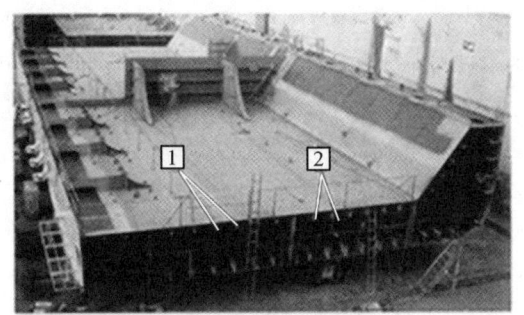

A. 船底纵骨和货舱纵骨　　　　　　B. 船底纵骨和货舱横骨
C. 内底纵骨和船底纵骨　　　　　　D. 船底纵骨和内底纵骨
解析:考查内底纵骨和船底纵骨构件识别。
答案:C。

27. 下图为船舶双层底结构,图中数字"1""2"所表示的正确名称分别是_____。

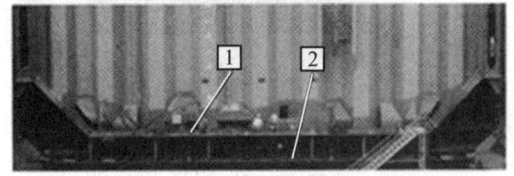

A. 货舱面板和船底板　　　　　　　B. 货舱舱底和船底
C. 内底纵骨和船底纵骨　　　　　　D. 内底板和船底板
解析:考查内底板和船底板的识别。
答案:D。

28. 下图为纵骨架式甲板结构示意图,图中数字"6""7"所表示的正确骨架名称分别是_____。

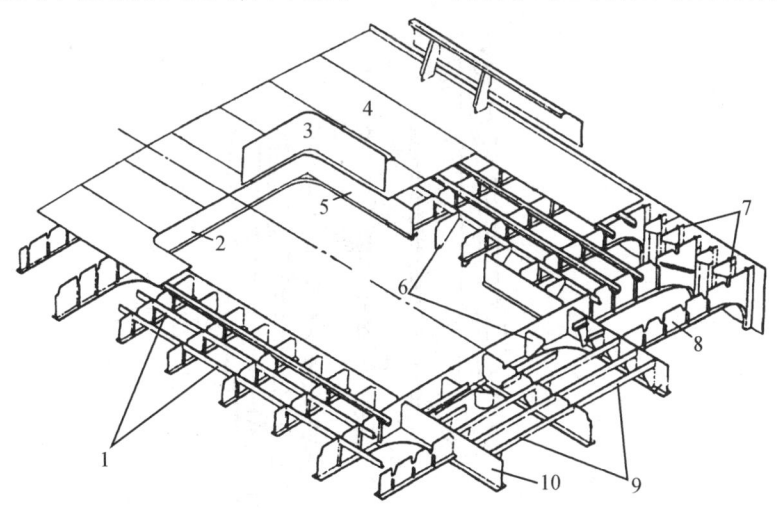

A. 肘板和肘板　　　　　　　　　　B. 舭肘板和舭肘板
C. 梁肘板和梁肘板　　　　　　　　D. 防倾肘板和梁肘板
解析:考查纵骨架式甲板结构构件识别。

答案:D。

29.下图为船舶横骨架式舷侧结构局部,图中数字"1""2"所表示的正确骨架名称分别是
_____。

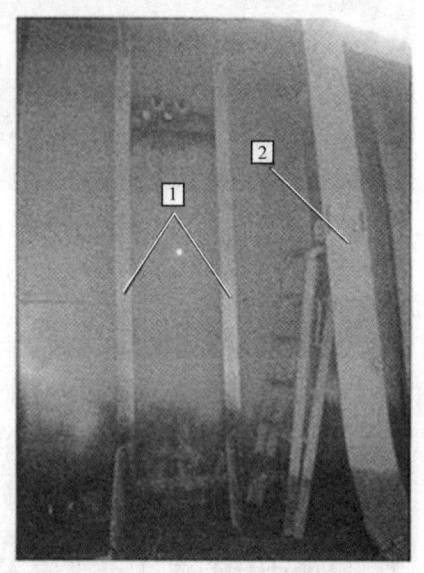

A.普通肋骨和主肋骨　　　　　　　　B.肋板和强肋骨
C.普通肋骨和强肋骨　　　　　　　　D.肋板和加大肋骨
解析:考查普通肋骨和强肋骨构件识别。
答案:C。

30.下图为船舶横骨架式舷侧结构局部,图中数字"1""3"所表示的正确骨架名称分别是
_____。

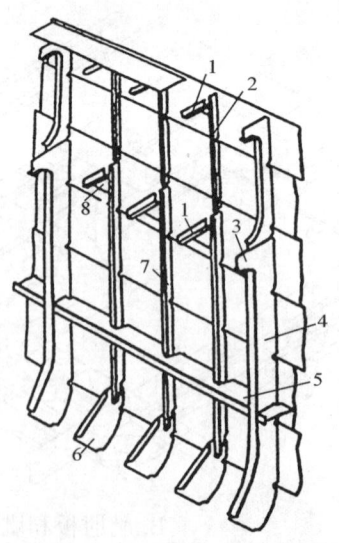

A.甲板横梁和强肋骨　　　　　　　　B.甲板横梁和强横梁
C.普通横梁和强横梁　　　　　　　　D.普通横梁和强肋骨

解析:考查船舶横骨架式舷侧结构构件识别。

答案:B。

31. 下图为船舶横骨架式舷侧结构局部,图中数字"4""5"所表示的正确骨架名称分别是_____。

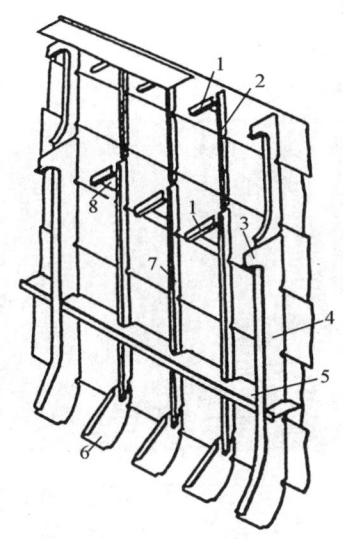

A. 强肋骨和舷侧纵桁   B. 舷侧肋骨和舷侧纵桁
C. 舷侧肋骨和舷侧纵骨   D. 强肋骨和强纵骨

解析:考查船舶横骨架式舷侧结构构件识别。

答案:A。

32. 下图为船舶横骨架式舷侧结构局部,图中数字"6""8"所表示的正确骨架名称分别是_____。

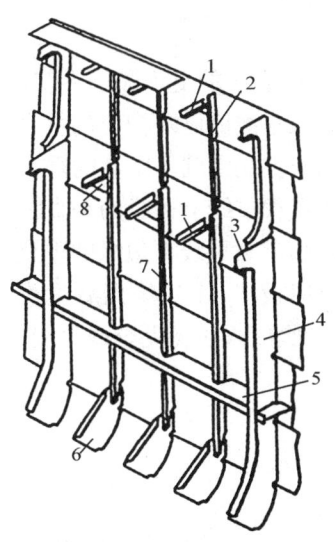

A. 下肘板和上肘板   B. 梁肘板和舭肘板

C. 舭肘板和梁肘板　　　　　　　　D. 强肘板和普通肘板

解析:考查船舶横骨架式舷侧结构构件识别。

答案:C。

33. 下图为船舶平面舱壁结构,图中"垂直布置的骨架""水平横向布置的骨架"正确名称分别是
_____。

A. 肋骨和水平桁　　　　　　　　　B. 舱壁扶强材和舱壁横桁

C. 主肋骨和水平桁　　　　　　　　D. 舱壁扶强材和水平桁

解析:考查船舶平面舱壁结构构件识别。

答案:D。

34. 下列在国际航行船舶的船中处出现的标志是_____。

A. 船名　　　　　　　　　　　　　B. 船籍港

C. 载重线　　　　　　　　　　　　D. 球鼻标志

解析:载重线标志勘绘于船中两舷。

答案:C。

35. 某国际航行的散货船,其载重线标志中的夏季最小干舷是_____。

A. 从干舷甲板线上边缘向下到载重线圈圆环中心的垂直距离

B. 从干舷甲板线下边缘向下到载重线圈圆环中心的垂直距离

C. 从干舷甲板线中线向下到热带载重线上边缘的垂直距离

D. 从干舷脑甲板面上边向下到热带载重线下边缘的垂直距离

解析:船舶干舷指干舷甲板(或甲板线)上边缘到载重线上边缘的垂直距离。夏季最小干舷
是从干舷甲板线上边缘向下到夏季载重线(夏季载重线与通过载重线线圈中心的直线平齐)
的垂直距离。

答案:A。

36. 压载管系在船舶机舱后的位置一般在_____。

A. 双层底内　　　　　　　　　　　B. 箱形中桁材内

C. 内底板上　　　　　　　　　　　D. 轴隧里

解析:压载管系的布置应通向各用于压载的舱室。机舱前的各压载支管,布置在内底板以下

双层底内或管隧(箱形中桁材)内,机舱里的压载支管布置在内底板上,机舱以后的压载支管布置在轴隧里,压载总管布置于机舱内。

答案:D。

37. 一般于液舱的_____设置测深管的下端口。

  A. 最顶部   B. 中部

  C. 最深处   D. 任意位置

  解析:下口位于水位最深处(吸口处)。

  答案:C。

38. 关于甲板排水管系的设置和用途,说法错误的是_____。

  A. 排水口处应设有多孔的盖板

  B. 排水管应在外板处设置止回阀

  C. 穿过外板的排水管管壁必须加厚

  D. 非封闭处所的上层建筑的排水管也可引至舷内

  解析:非封闭的上层建筑和甲板室的排水管和泄水管应引至舷外。

  答案:D。

2.10   航行冰区结构加强

一、知识点梳理

  1. 冰级

  按不同的冰况,航行冰区的加强可以分为如下几个冰级标志:B1 * 冰级:最严重的冰况,相当于 IASuper。B1 冰级:严重冰况,相当于 IA。B2 冰级:中等冰况,相当于 IB。B3 冰级:轻度冰况,相当于 IC。B 冰级:除大块固定冰以外的漂流浮冰,如中国沿海情况。

  2. B 级冰区的加强

  B 级冰区加强的要点有:冰带外板的厚度至少应为船中部外板厚度的 1.25 倍,但不必大于 25 mm。如设置中间肋骨,则中间肋骨的垂向设置范围为压载水线下 1 000 mm 至满载水线上 1 000 mm 处;如不设置中间肋骨,则肋骨间距应为船中部肋骨间距的 60%,但应不大于 500 mm。钢板焊接艏柱至满载水线以上 600 mm 处以下部分的板厚应为规范值的 1.1 倍,但不必大于 25 mm。

二、难点点拨

  冰区船舶加强的方法有:增加板厚、加大骨架尺寸、缩小骨架间距。

📝 **三、相关习题**

1. 按不同的冰况,航行冰区的加强分五个冰级标志,其中_____适用于中国沿海航行的船舶。

   A. B 冰级   B. B1 冰级

   C. B2 冰级   D. B3 冰级

   解析:B 冰级适用于中国沿海航行的船舶。

   答案:A。

2. 航行冰区的加强分五个冰级标志,它们是_____。

   A. B1、B2、B3、B4、B5   B. B0、B1、B2、B3、B4

   C. B1＊、B1、B2、B3、B4   D. B1＊、B1、B2、B3、B

   解析:航行冰区的加强分五个冰级标志,它们是 B1＊、B1、B2、B3、B。

   答案:D。

3. B 级冰区加强中间肋骨的垂向设置范围为压载水线以下_____ mm 至满载水线以上_____ mm 处,其两端不必连接。

   A. 1 000;1 000   B. 1 000;500

   C. 500;1 000   D. 500;500

   解析:如设置中间肋骨,则其垂向设置范围为压载水线以下 1 000 mm 至满载水线以上 1 000 mm 处。

   答案:A。

4. 航行于冰区的船舶必须按规范的规定进行加强,其加强部位主要有_____。

   ①甲板;②船壳外板;③舷侧骨架;④艏艉结构

   A. ①②③④   B. ②③④

   C. ①②③   D. ①③④

   解析:对航行于冰区的船舶需按规范的规定进行加强,加强部位主要有甲板、外板、舷侧骨架及艏艉结构等。

   答案:A。

5. 航行于冰区船舶的加强方法有_____。

   ①增加板厚;②加大骨架间距;③加大骨架尺寸;④缩小骨架间距

   A. ①③   B. ③④

   C. ①②③   D. ①③④

   解析:冰区船舶的加强方法有:增加板厚、加大骨架尺寸、缩小骨架间距。

   答案:D。

6. 对采用 B 级冰区加强的船舶,如不设置中间肋骨,则肋骨间距应为船中部肋骨间距的_____,但应不大于 500 mm。

   A. 50%   B. 60%

   C. 80%   D. 90%

解析:如不设置中间肋骨,则肋骨间距应为船中部肋骨间距的 60%,但应不大于 500 mm。

答案:B。

7. B 级冰区加强船舶的钢板焊接艏柱自满载水线以上 600 mm 处以下部分的板厚应为规范值的_____,但不必大于 25 mm。

A. 1. 1 倍

B. 1. 5 倍

C. 2 倍

D. 2. 1 倍

解析:钢板焊接艏柱至满载水线以上 600 mm 处以下部分的板厚应为规范值的 1. 1 倍,但不必大于 25 mm。

答案:A。

8. 舷侧抗冰加强部分称为冰带,分为_____个区域。

①艏部区;②中部区;③艉部区;④水线区

A. ①③

B. ③④

C. ①②③

D. ①②④

解析:冰带分为艏部区、中部区、艉部区。

答案:C。

2.11　其他结构:轴隧结构与布置、舭龙骨、船底塞、减摇鳍、减摇水舱

📖 一、知识点梳理

1. 轴隧

轴隧是设置于机舱和船尾之间的水密通道。其作用是保护艉轴,便于工作人员对轴系进行检查、维修。轴隧有拱顶和平顶两种形式。前者强度较好,后者便于装货。单桨船的轴隧偏向右舷,右舷的空间可供人员通行。

2. 船底塞

为了在坞修时排除船内积水,在每一双层底舱和单层底舱内应设置一个船底塞。通常它设置在中桁材或中内龙骨两侧(但不得开在平板龙骨上),距每一分舱后部的水密肋板的一挡肋距处。艏、艉尖舱的船底塞设在填塞水泥层的上方。由于船底塞开孔不大,故一般在外板上不予加强。为了防止海水腐蚀及脱落,出坞前应在船底塞外面用水泥涂封成一个半球形的水泥包。

3. 舭龙骨

舭龙骨是设在船中附近的舭部外侧,沿着水流方向的一块长条板,长度约 1/4~1/3 船长,其作用是减轻船舶横摇。

4. 减摇鳍

减摇鳍分非收放式和收放式(折叠式、伸缩式),装于船中两舷舭部剖面为机翼形,航速越高减摇效果越好。

5.减摇水舱

减摇水舱是船体内部设置的左右连通的水舱,分为 U 形和槽形两大类。U 形减摇水舱又分为被动式、可控被动式及主动式,其减摇效果与航速没有直接关系,可以在任意航速下减摇。

二、难点点拨

1. 船底塞的作用是排除船内积水,而非抽水、压水或防止漏水。
2. 舭龙骨一般焊接在与舭部外边连接的覆板上,不提供总纵强度和局部强度。

三、相关习题

1.舭龙骨的作用是_____。

A. 保证船体总纵强度 　　　　　　B. 增强舭部局部强度

C. 减轻横摇 　　　　　　D. 减轻纵摇

解析:舭龙骨的作用是减轻船舶横摇。

答案:C。

2.单桨船的轴隧通常_____。

A. 偏于船舶右舷 　　　　　　B. 偏于船舶左舷

C. 位于艉舻纵中线上 　　　　　　D. 无法确定

解析:单桨船的轴隧偏向右舷。

答案:A。

3.在轴隧末端靠近艉尖舱壁处,设有应急围井通至露天甲板上,其作用是_____。

①平时作为通风口;②应急时作为机舱和轴隧的逃生口;③应急出口盖不能加锁;④应急出口盖平时要加锁密封以防止海水进入

A.①②③ 　　　　　　B.②③④

C.③④ 　　　　　　D.①②

解析:故轴隧可作为应急时逃生之用,也可作为自然通风口。

答案:D。

4.能使螺旋桨效率高、抗蚀性强的建造材料是_____。

A. 塑料 　　　　　　B. 合金钢

C. 铸钢或锻钢 　　　　　　D. 青铜或黄铜

解析:青铜或黄铜抗蚀性强。

答案:D。

5.关于轴隧的作用描述,以下正确的是_____。

①保护推进器轴;②便于维护保养工作;③可作为应急通道

A.①② 　　　　　　B.②③

C.①③ 　　　　　　D.①②③

解析:轴隧可保护推进器轴、便于维护保养工作,也可作为应急通道。

答案:D。

6. 一般船舶均装设有舭龙骨,其作用是_____。
 A. 加固舭部　　　　　　　　　　B. 提高船舶航速
 C. 改善船舶航行性能　　　　　　D. 减轻船舶横摇

解析:减摇鳍是目前减摇效果最好的减摇装置。

答案:D。

7. 舭龙骨有连续式和间断式两种结构,其中间断式舭龙骨的特点是_____。
 ①对航行船舶的航行阻力小;②横摇阻尼较大;③适用较高速度的船舶;④适用较低速度的
 船舶
 A. ①②③　　　　　　　　　　　B. ①②④
 C. ①　　　　　　　　　　　　　D. ②

解析:中间断式舭龙骨的特点是对航行船舶的航行阻力小,适用于各种船舶。

答案:C。

8. 为防止舭龙骨损坏时使船体外板受损,舭龙骨一般焊接在_____。
 A. 舭部外板上　　　　　　　　　B. 舷侧列板上
 C. 船底列板上　　　　　　　　　D. 与舭部外板连接的覆板上

解析:舭龙骨一般焊接在与舭部外板连接的覆板上。

答案:D。

9. 为防止船底塞被海水腐蚀及脱落,出坞前应在船底塞_____。
 A. 里面用水泥封涂成一个半球形的水泥包
 B. 外面用水泥封涂成一个半球形的水泥包
 C. 里外均应用水泥封涂成一个半球形的水泥包
 D. 里面、外面均用电焊焊牢

解析:为防止船底塞脱落,出坞前在其外面用水泥封涂成一个半球形的水泥包。

答案:B。

10. 船底塞一般在船底,每一双层底分舱中舱底一般设有_____。
 A. 一个船底塞　　　　　　　　　B. 两个船底塞
 C. 三个船底塞　　　　　　　　　D. 四个船底塞

解析:每个水舱内至少设有一个船底塞。

答案:B。

11. 在舱底,每一双层底分舱中船底塞设置的要求是_____。
 ①在平板龙骨的两侧;②在每一分舱后端的水密肋板前一挡肋距处;③不得开在平板龙骨上;
 ④在每一分舱前端水密肋板附近
 A. ①②③　　　　　　　　　　　B. ②③④
 C. ①③④　　　　　　　　　　　D. ①②④

解析:每一双层底分舱中船底塞设置的要求是:在平板龙骨的两侧、在每一分舱后端的水密肋板前一档肋距处、不得开在平板龙骨上。

答案:A。

12.船底塞的正确使用方法是_____。

  A.从舱内向外塞   B.从船底外面向里塞

  C.船底内外均可塞   D.船出坞后堵塞

  解析:船底塞的正确使用方法是从船底外面向里塞。

  答案:B。

13.为了更牢固支持和保护螺旋桨轴而设置的轴包架,其主要用在_____。

  A.船速较高的双桨船上

  B.船速较高的单桨船上

  C.吨位小、线型较瘦、船速低的双桨船上

  D.吨位较大、线型较肥、船速较低的双桨船上

  解析:轴包架主要用在吨位较大、线型较肥、船速较低的双桨船上。

  答案:D。

14.船底塞的作用是_____。

  A.抽水   B.压水

  C.防止漏水   D.排除舱内积水

  解析:船底塞的作用是坞修时排除舱内积水。

  答案:D。

15.轴隧在尾室后端近艉尖舱壁处设置应急出口的目的是_____。

  ①便于紧急情况下人员撤离机舱;②作为自然通风的通风口;③平时用于进出机舱

  A.①②③   B.②③

  C.①③   D.①②

  解析:平时作为通风口,应急时作为机舱和轴隧的逃生口。

  答案:D。

16.船底塞拧紧后,尚应采取的措施是_____。

  A.用水泥封涂成一个半球形的水泥包

  B.用电焊封死

  C.涂两度防锈漆

  D.无须采取任何措施

  解析:为了防止海水腐蚀及脱落,出坞前应在船底塞外面用水泥涂封成一个半球形的水泥包。

  答案:A。

17.下列有关轴隧描述正确的是_____。

  ①在货舱口下的轴隧顶板应加厚 2 mm,否则应加木铺板;②在机舱和轴隧间舱壁上应设置符合规定的滑动式水密门;③应急通道的关闭装置必须满足单面操纵要求;④轴隧主要用来保护推进器轴

  A.①②③④   B.②③④

C.①②③   D.①②④

解析:应急通道的关闭装置必须满足双面操纵要求。

答案:D。

18. 轴隧的主要作用是_____。

A. 保护推进器轴

B. 可作为机舱至舵室的通道

C. 便于人员对艉轴和轴承进行保养和维修

D. 可作为应急时逃生之用

解析:保护推进器轴、便于维护保养工作,也作为应急通道。

答案:C。

19. 下列有关轴隧描述错误的是_____。

A. 在货舱口下的轴隧顶板应加厚 2 mm,否则应加木铺板

B. 在机舱和轴隧间舱壁上应设置符合规定的滑动式水密门

C. 应急通道的关闭装置必须满足单面操纵要求

D. 轴隧主要用来保护推进器轴

解析:应急通道的关闭装置必须满足双面操纵要求。

答案:D。

20. 下列有关舭龙骨描述错误的是_____。

A. 舭龙骨用来减轻船舶横摇

B. 在长度方向,舭龙骨装在船中部,长度在船长的 1/4~1/3 之内

C. 舭龙骨宽度不能超出船的舷侧外板型线与船底板型线所围成的区域

D. 舭龙骨是承受船体总纵弯曲强度的构件之一

解析:舭龙骨不承受船体的总纵弯曲强度。

答案:D。

21. 下列有关舭龙骨描述正确的是_____。

①用来减轻船舶横摇;②在长度方向,舭龙骨装在船中部,长度在船长的 1/4~1/3 之内;③其宽度不能超出船的舷侧外板型线与船底板型线所围成的区域;④舭龙骨是承受船体总纵弯曲强度的构件之一

A.①②③④   B.②③④

C.①②③   D.①③④

解析:舭龙骨不承受船体的总纵弯曲强度。

答案:C。

22. 下列说法错误的是_____。

A. 中间肋骨是指水线附近两相邻肋骨间设置的短肋骨

B. 平面舱壁抵抗横向压力的能力较对称槽形舱壁弱

C. 船舶采用混合艉柱,既有较大的强度,又不会使空船重量增加很大

D. 单桨船的轴隧偏向右舷

解析:平面舱壁抵抗横向压力的能力较对称槽形舱壁强。

答案:B。

23.制造船底塞的材料为_____。

A. 水泥   B. 塑料

C. 青铜   D. 锰黄铜

解析:船底塞一般用锰黄铜或不锈钢制成。

答案:D。

24.下列船舶的减摇装置中,减摇效果最好的是_____。

A. 舭龙骨   B. 减摇鳍

C. 主动式减摇水舱   D. 被动式减摇水舱

解析:减摇效果最好的是减摇鳍。

答案:B。

项目3　起重设备

3.1　滑车、绞辘与索具

3.1.1　滑车与绞辘

一、知识点梳理

1. 滑车

滑车可分为木滑车、铁滑车和开口滑车三种主要类型。

滑车的大小规格以量自索槽底的滑轮直径来表示,单位是毫米(mm)。起重设备上的滑车规格还以它的起重量来表示,单位是吨(t)。船上对木滑车有时以车壳长度来表示,单位为英寸。

2. 绞辘

滑车配上辘绳在一起使用时就称为绞辘。

绞辘的组成:辘绳、根端、力端、定滑车、动滑车。

绞辘的省力倍数计算:当力端从定滑车引出时,它等于两个滑车滑轮数之和;当力端从动滑车引出时,它等于两个滑车滑轮数之和加1。

二、难点点拨

滑车的配绳、绞辘的使用注意事项。

三、相关习题

1. 铁滑车的大小规格是用_____来表示的。

①滑轮直径;②滑车起重量;③车壳的长度

A. ①②　　　　　　　　　　　　　　B. ①③

C. ②③　　　　　　　　　　　　　　D. ①②③

解析:本题暂无解析。

答案:A。

2. 滑车的强度由_____强度大小决定。

A. 滑轮　　　　　　　　　　　　　　B. 滑轮轴

C. 挂头　　　　　　　　　　　　　　D. 车带

解析:滑车的强度以挂头的强度为准。

答案:C。

3. 铁滑车的滑轮与隔板的间隙不得超过_____,否则不能继续使用。

A. 3 mm　　　　　　　　　　　　　B. 5 mm

C. 7 mm　　　　　　　　　　　　　D. 9 mm

解析:滑车的构造应使滑轮与外壳及隔板之间保持较小的间隙,其中钢质滑车滑轮与外壳及隔板之间的间隙不得超过 3 mm,以免卡住绳索。

答案:A。

4. 甲板索具中,滑车轴、轴衬、挂头等零部件磨损不得超过标准规格的_____。

A. 2%　　　　　　　　　　　　　　B. 5%

C. 10%　　　　　　　　　　　　　D. 15%

解析:本题暂无解析。

答案:C。

5. 穿引辘绳时应确保_____。

①滑车受力平衡;②辘绳不相互摩擦;③绞辘工作平稳,安全省力;④根端按反时针方向穿引

A. ①②③　　　　　　　　　　　　　B. ②③④

C. ①③④　　　　　　　　　　　　　D. ①②④

解析:本题暂无解析。

答案:A。

6. 绞辘省力的倍数是根据_____来计算的。

A. 定滑车上经过的绳索根数　　　　B. 动滑车上经过的绳索根数

C. 定、动滑车上经过的绳索总数　　D. 辘绳根端的系结位置

解析:本题暂无解析。

答案:B。

7. 规格的绞辘,其动、定滑轮数分别为_____。

A. 3、4   B. 3、3
C. 4、3   D. 4、4

解析:前一位数表示定滑车及其所具有的滑轮个数,后一位数表示动滑车及其所具有的滑轮个数。

答案:A。

8. 某绞辘的定滑车与动滑车的滑轮数均为 3 个,则省力倍数为_____。

A. 3 倍   B. 6 倍
C. 9 倍   D. 12 倍

解析:本题暂无解析。

答案:B。

9. 下图力端 P 与重物 W 的关系是_____。

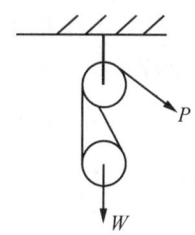

A. $P = W/2$ B. $P = W/3$
C. $P = W/4$ D. $P = W/5$

解析:本题暂无解析。

答案:A。

10. 下图为 2-2 绞辘,其力端 P 与重物 W 的关系是_____。

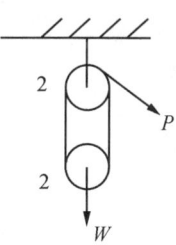

A. $P = W/2$ B. $P = W/3$
C. $P = W/4$ D. $P = W/5$

解析:本题暂无解析。

答案:C。

11. 对 3-3 绞辘,在穿引辘绳时,为保证辘绳的力端朝下引出,通常情况下,辘绳的根端应固定在
_____。

A. 定滑车挂头上   B. 动滑车挂头上
C. 定滑车尾眼上   D. 动滑车尾眼上

解析:1-1、2-2 及 3-3 等绞辘,辘绳根端固定在定滑车尾眼上;2-1 及 3-2 等绞辘,辘绳根端

固定在动滑车尾眼上。

答案:C。

12. 如不计滑车自重及摩擦阻力,那么,一副复绞辘的省力倍数可以看作_____。

   A. 动滑车滑轮两侧的辘绳数

   B. 定滑车滑轮两侧的辘绳数

   C. 定、动滑车的滑轮数之和

   D. 定、动滑车的滑轮数之和再加 1

   解析:本题暂无解析。

   答案:A。

13. 在配对绞辘时,若两部滑车的滑轮数不相等,一般应将滑轮数少的作为_____。

   A. 定滑车   B. 动滑车

   C. 定滑车、动滑车均可   D. 辫索滑车

   解析:当定滑车与动滑车所具有的滑轮数不同时,一般将滑轮数多的滑车用作定滑车。

   答案:B。

3.1.2 常用船舶索具

一、知识点梳理

船上常用索具有:卸扣、钩、眼板、眼环、心环、紧锁夹、索头环、松紧螺旋扣等。

二、难点点拨

注意各种索具在使用时的注意事项。

三、相关习题

1. 下列为船上常用索具的是_____。

   ①紧索夹;②眼板;③心环;④边稳索

   A. ②③④   B. ①③④

   C. ①②④   D. ①②③

   解析:本题暂无解析。

   答案:D。

2. 配合绳索使用的配件统称为_____。

   A. 索头环   B. 心环

   C. 滑车附件   D. 索具

   解析:本题暂无解析。

答案:D。

3. 下图中的索具是_____。

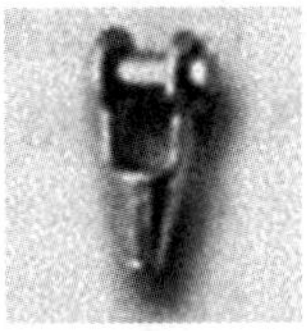

A. 缆桩　　　　　　　　　　　B. 卸扣

C. 索头环　　　　　　　　　　D. 心环

解析:本题暂无解析。

答案:C。

4. 下图中的索具是_____。

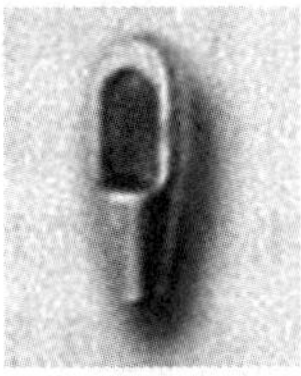

A. 心环　　　　　　　　　　　B. 索头环

C. 漏斗　　　　　　　　　　　D. 卸扣

解析:本题暂无解析。

答案:B。

5. 下图中的索具是_____。

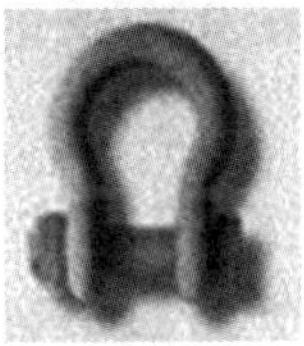

A. 卸扣　　　　　　　　　　　B. 心环

C. 索头环　　　　　　　　　　D. 锚链

解析:本题暂无解析。

答案:A。

6. 钩子的大小是以_____来衡量的。

A. 直径　　　　　　　　　　　B. 长度

C. 钩背直径　　　　　　　　　D. 钩背长度

解析:本题暂无解析。

答案:C。

7. 就各种结构索头环而言,其强度取决于_____。

①环部的强度;②横销的强度;③所配钢丝绳索的强度

A. ①或②　　　　　　　　　　B. ①或③

C. ②或③　　　　　　　　　　D. ①②③

解析:索头环的强度以环部或横销的强度来衡量。

答案:A。

8. 眼板的强度是根据_____来估算的。

　　A. 眼板的大小　　　　　　　B. 眼板外缘至眼孔外缘的距离

　　C. 眼孔直径　　　　　　　　D. 眼板厚度

　　解析:本题暂无解析。

　　答案:D。

9. 卸扣是船上最广泛使用的索具之一,可以用于_____之间的连接。

　　①绳索与绳索;②索具与索具;③绳索与索具

　　A. ①②　　　　　　　　　　B. ②③

　　C. ①③　　　　　　　　　　D. ①②③

　　解析:本题暂无解析。

　　答案:D。

10. 使用卸扣应注意_____。

　　①不可横向受力;②不许超负荷;③注重日常保养

　　A. ①②③　　　　　　　　　B. ②③

　　C. ①②　　　　　　　　　　D. ①③

　　解析:本题暂无解析。

　　答案:A。

11. 用于静索上的索具螺旋扣,应_____以防锈蚀和堵塞。

　　A. 先涂油,再用帆布包扎　　B. 先用帆布包扎,再涂油

　　C. 先涂油漆,再用帆布包扎　　D. 先用帆布包扎,再涂油漆

　　解析:本题暂无解析。

　　答案:A。

12. 花篮螺丝可用于收紧_____。

　　①钢丝绳;②船用缆绳;③链索;④与拉杆组成的系固系统

　　A. ①②③　　　　　　　　　B. ①②④

　　C. ①③④　　　　　　　　　D. ②③④

　　解析:本题暂无解析。

　　答案:C。

13. 钩子斜钩在甲板上、舷墙等处活动眼环上时,应使钩头_____才不易滑脱。

　　A. 朝上　　　　　　　　　　B. 朝下

　　C. 水平　　　　　　　　　　D. 垂直

　　解析:当钩斜钩在甲板、舷墙等处的活动眼环上时,应使钩尖朝上以防钩受力滑动使钩尖滑脱。

　　答案:A。

14. 确定绞辘的安全工作负荷时需要考虑_____。

①滑车和辘绳的强度;②固定滑车和吊挂重物的连接构件的强度;③以系统中最薄弱构件的安全工作负荷作为绞辘使用的强度标准,不允许超负荷使用

A. ①②
B. ①③
C. ②③
D. ①②③

解析:本题暂无解析。

答案:D。

15. 液压起重机的试验负荷,在任何情况下应不少于_____的安全工作负荷。

A. 1 倍
B. 2 倍
C. 1.1 倍
D. 2.1 倍

解析:本题暂无解析。

答案:C。

16. 吊货钩钩尖开口部分的间距超过原有尺寸的_____时,必须换新。

A. 5%
B. 10%
C. 15%
D. 20%

解析:当钩尖开口部分的间距超过原尺寸的 15% 时,应换新。

答案:C。

3.2　甲板起重设备

3.2.1　甲板起重机的种类、组成及特点

一、知识点梳理

1. 船用起重机按动力源分类

船用起重机按动力源的不同,可分为电动式和液压式。其中电动式起重机使用比较广泛。船用起重机按使用方式的不同,可分为回转式、悬臂式和组合式。

2. 回转式甲板起重机的操作主令

单主令:控制吊货索升降,手柄向前,吊钩降下;手柄向后,吊钩上升。

双主令:控制吊臂变幅和塔架旋转,手柄向前,幅度增大;手柄向后,幅度减小;手柄向左,塔架左转;手柄向右,则右转。

二、难点点拨

回转式甲板起重机旋转手柄在“零位”挡时,刹车合上,定子断电,电子转子为自由状态;“零位”挡左右位有一空挡,此时刹车松开,定子断电,电子转子为自由状态。

📝 **三、相关习题**

1. 按使用方式的不同,船用起重机可分为_____三种。
   A. 回转式、悬臂式、舷门式　　　　　B. 悬臂式、舷门式、滑轨式
   C. 舷门式、滑轨式、定柱式　　　　　D. 回转式、悬臂式、组合式
   解析:本题暂无解析。
   答案:D。

2. 按使用动力方式的不同,船用起重机分为_____。
   A. 回转式、悬臂式、舷门式　　　　　B. 电动式、液压式
   C. 舷门式、滑轨式、定柱式　　　　　D. 回转式、悬臂式、组合式
   解析:本题暂无解析。
   答案:B。

3. 克令吊的吊臂根部固定在回转塔架底部,其头部有_____两套滑车组。
   A. 千斤索和边稳索　　　　　　　　　B. 边稳索和吊货索
   C. 保险索和调整索　　　　　　　　　D. 千斤索和吊货索
   解析:本题暂无解析。
   答案:D。

4. 船用起重机按使用方式不同可分为_____。
   ①回转式;②悬臂式;③哈伦式;④组合式
   A. ①②③　　　　　　　　　　　　　B. ②③④
   C. ①③④　　　　　　　　　　　　　D. ①②④
   解析:船用起重机按使用方式的不同,又可分为回转式、悬臂式和组合式三种。
   答案:D。

5. 悬臂式甲板起重机起吊和移动货物是靠_____来进行的。
   A. 水平悬臂和吊杆　　　　　　　　　B. 塔架和滑车组
   C. 吊臂和塔架　　　　　　　　　　　D. 水平悬臂和滑车组
   解析:本题暂无解析。
   答案:D。

6. 行走式悬臂起重机可沿甲板上轨道_____移动,悬臂可向_____伸出。
   A. 左右;前后　　　　　　　　　　　B. 前后;前后
   C. 前后;两舷　　　　　　　　　　　D. 上下;首尾
   解析:本题暂无解析。
   答案:C。

7. 组合式起重机的结构与操作特点是_____。
   ①两台回转式起重机装于同一个转动平台上;②两台起重机可各自单独作业;③当需起吊重量较大的货物时,可将两台起重机并联在一起作业;④双吊位时回转角度为220°

A. ②③④　　　　　　　　　　　　　B. ①③④

C. ①②④　　　　　　　　　　　　　D. ①②③

解析:本题暂无解析。

答案:D。

8. 组合式起重机俗称_____。

　A. 多用途起重机　　　　　　　　　B. 多联式克令吊

　C. 双联回转式起重机　　　　　　　D. 双联悬臂式起重机

　解析:本题暂无解析。

　答案:C。

9. 关于组合式起重机结构特点,下列内容描述正确的为_____。

①两台起重机可各自单独作业;②单吊位回转角为 140°~220°;③两台回转式起重机装在一个公用平台上;④起吊重大件货物时,可将两台起重机并联作业

A. ①②③　　　　　　　　　　　　　B. ①②④

C. ①③④　　　　　　　　　　　　　D. ①②③④

解析:当两台起重机单独作业时,安装在公共大转盘上的两台起重机相互脱离,可分别绕各自的小转盘旋转,最大旋转角度为 220°左右(各自在相反的方向上起算)。

答案:C。

10. 起重机的操纵主令分单主令和双主令,双主令是控制_____。

　A. 吊钩的降升和吊臂的仰角　　　　B. 吊钩的降升和吊臂的旋转

　C. 吊臂的旋转和吊臂的变幅　　　　D. 吊钩的升降和吊臂的幅度

　解析:本题暂无解析。

　答案:C。

11. 克令吊的回转角度为_____。

　A. 150°　　　　　　　　　　　　　B. 180°

　C. 270°　　　　　　　　　　　　　D. 360°

　解析:本题暂无解析。

　答案:D。

12. 克令吊操纵室内座椅右侧的单主令控制手柄用于控制_____。

　A. 吊臂变幅　　　　　　　　　　　B. 塔架旋转

　C. 克令吊平动　　　　　　　　　　D. 吊货索起升

　解析:本题暂无解析。

　答案:D。

13. 克令吊操纵室内座椅左侧的双主令控制手柄用于控制_____。

　A. 吊臂变幅　　　　　　　　　　　B. 塔架旋转

　C. 吊货索升降　　　　　　　　　　D. 吊臂变幅和塔架旋转

　解析:本题暂无解析。

　答案:D。

14.克令吊单主令控制手柄的操作特点是_____。

　　A.手柄向前吊钩上升

　　B.手柄向后吊钩下降

　　C.手柄向前吊钩上升,手柄向后吊钩下降

　　D.手柄向前吊钩下降,手柄向后吊钩上升

　　解析:本题暂无解析。

　　答案:D。

15.组合式起重机在"双吊"位时,两台起重机一起绕公共大转盘旋转_____。

　　A.正反 360°有限制

　　B.正反 360°无限制

　　C.正反 220°无限制

　　D.各自向相反方向转 220°有限制

　　解析:组合式起重机在"双吊"位时,两台起重机相互联锁组合,共同绕公共大转盘一起转动,正反回转 360°无限制。

　　答案:B。

16.组合式起重机在"单吊"位时,两台起重机各自绕小转盘旋转_____。

　　A.正反 360°有限制

　　B.正反 360°无限制

　　C.正反 220°无限制

　　D.其中一台最大旋转角度可达 220°,另一台则被限制为不超过 140°

　　解析:本题暂无解析。

　　答案:D。

3.2.2　起重机的控制与限位装置

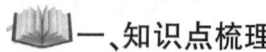一、知识点梳理

　　1.起重机的控制

　　起重机应设有起升、回转、变幅和行走机构(如适用时)的控制系统,能有效控制速度、运转方向与停止运转,确保作业安全。

　　2.起重机限位装置种类

　　起重机保险限位装置有起升高度限位器、最大与最小臂幅限位器、回转角度限位器、行程限位器。

　　3.起重机超负荷保护或负荷指示器

　　超负荷保护应调整到在不超过110%安全工作负荷时运作,并应在载荷达到95%安全工作负荷时发出报警,到达 110%安全工作负荷时能自动切断运转动力。

二、难点点拨

1. 吊臂最高、最低位置的限制由起升卷筒旁边的限位装置保证,同时防止钢丝绳松脱。吊钩放到最低位置时,卷筒上留有的钢丝绳不少于 3 圈;吊钩升到最高位置时,卷筒上流出的空槽约 1 圈。

2. 起重机工作幅度一般为 3.5~16 m,相应吊臂的仰角为 27°~79°,其角度的限制由装在塔架转台侧面,受吊臂脚接触的限位开关来保证。当吊臂的仰角大于 79° 时,塔架头上装有两个缓冲器顶住吊臂的横挡。吊臂需要放置于支架时,脚踏转换开关就能落下。

三、相关习题

1. 组合式起重机在"单吊"位时,在_____范围内设置相应极限开关(干涉区),避免两吊发生碰撞。

A. 100° 　　　　　　　　　　　B. 140°

C. 180° 　　　　　　　　　　　D. 220°

解析:本题暂无解析。

答案:B。

2. 组合式起重机在 140° 范围内(干涉区)设置相应极限开关的目的是_____。

A. 控制两塔架旋转不超出规定范围

B. 控制两吊臂旋转范围

C. 控制两吊臂的货物升高范围

D. 保证当一台起重机进入干涉区时,另一台吊旋转不能超越 140° 的范围

解析:本题暂无解析。

答案:D。

3. 克令吊起升卷筒旁的限位装置在限制吊臂最低、最高位置的同时也防止_____。

A. 卷筒转动 　　　　　　　　　B. 电机定子通断

C. 刹车开关通断 　　　　　　　D. 钢丝绳松脱

解析:本题暂无解析。

答案:D。

4. 不管起重机吊臂在什么位置,当吊钩组合向吊臂头部接近约剩_____时,吊钩的上升方向与吊臂的下降方向均会自动停止。

A. 1 m 　　　　　　　　　　　B. 2 m

C. 3 m 　　　　　　　　　　　D. 4 m

解析:不管吊臂在什么位置,当吊钩组合向吊臂头部接近约剩 2 m 时,起升的上升方向与变幅的下降方向自动停止,但吊钩能放下,吊臂能上仰。

答案:B。

5. 组合式起重机在 140°范围(干涉区)内设置相应极限开关的目的是_____。

    A. 控制两吊臂的货物升高范围

    B. 控制两吊臂旋转不超出规定范围

    C. 控制"单吊"位时公用大转盘的旋转范围

    D. 当一台吊进入干涉区时另一台吊旋转不超过 140°

    解析:本题暂无解析。

    答案:D。

6. 起重机应设有超负荷保护或负荷指示器,超负荷保护应调整在不超过_____安全工作负荷时动作。

    A. 100%   B. 110%

    C. 120%   D. 150%

    解析:本题暂无解析。

    答案:B。

7. 具有不同安全工作负荷相应不同臂幅的起重机,应设有在给定臂幅能自动显示最大安全工作负荷的载荷指示器,并应能在载荷达到安全工作负荷的_____时发出警报。

    A. 85%   B. 95%

    C. 105%   D. 110%

    解析:本题暂无解析。

    答案:B。

8. 克令吊起升卷筒旁的限位装置的作用是_____。

    ①限制吊臂最低位置;②限制吊臂最高位置;③防止钢丝绳松脱;④限制吊钩组合进入吊臂头部

    A. ①②④   B. ①②③

    C. ②③④   D. ①③④

    解析:本题暂无解析。

    答案:B。

9. 克令吊发生危急情况时,欲使各部动作停止,应立即_____。

    A. 停止操作单主令   B. 停止操作双主令

    C. 停止操作单主令和双主令   D. 按压紧急按钮

    解析:本题暂无解析。

    答案:D。

10. 使用克令吊时,船舶横倾一般不应超过_____。

    A. 2°   B. 8°

    C. 5°   D. 4°

    解析:本题暂无解析。

    答案:C。

11. 回转式起重机使用前须打开水密门以便通风,天气热时须_____。

A. 另加水管冷却　　　　　　　　　B. 另加风扇通风

C. 启动轴流风机　　　　　　　　　D. 间断停止作业

解析:本题暂无解析。

答案:C。

12. 操作起重机过程中如发生危急情况,可_____使各动作停止。

A. 将旋转手柄放在空挡　　　　　　B. 将旋转手柄放在"零位"

C. 脚踏紧急开关　　　　　　　　　D. 按紧急开关

解析:本题暂无解析。

答案:D。

13. 克令吊传动装置失灵时,应_____。

A. 立即关闭电源

B. 将旋转手柄置于"零位"

C. 将货物及吊臂放下,慢慢松开电机刹车

D. 将旋转手柄置于空挡

解析:传动失灵时,可将货物放在地上和将吊臂放下,将电机刹车小心、慢慢地松开。

答案:C。

14. 使用回转式起重机装卸货时,若船舶横倾接近5°或风大时,应_____。

A. 避免在最小幅度处旋转　　　　　B. 快速旋转

C. 避免在最大幅度处旋转　　　　　D. 待横倾矫正后再作业

解析:本题暂无解析。

答案:C。

15. 放置克令吊吊臂前,应先将吊臂转到支架上方,再把旋转手柄放在_____。

A. 旋转位置　　　　　　　　　　　B. 刹车位置

C. "零位"空挡位置　　　　　　　　D. 松开位置

解析:本题暂无解析。

答案:C。

16. 当将克令吊旋转手柄放在"零位"空挡位置时,具有的特点是_____。

A. 刹车刹紧　　　　　　　　　　　B. 刹车松开

C. 吊臂升降自由　　　　　　　　　D. 吊货索可自由松出

解析:本题暂无解析。

答案:A。

17. 克令吊吊臂放置时,首先将吊臂转到支架上方,后续的正确操作步骤应依次为_____。

①把旋转手柄放在空挡;②将旋转手柄回到"零位";③使用转换开关;④将吊臂落在支架上

A. ①②③④　　　　　　　　　　　B. ②①③④

C. ②④③①　　　　　　　　　　　D. ①③④②

解析:克令吊吊臂放置时,先将吊臂转到支架上方,再把旋转手柄放在空挡,然后脚踏转换开关,缓缓将吊臂落到支架上,再将旋转手柄回到"零位"。

答案:D。

3.2.3 起重机安全操作

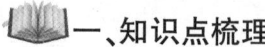**一、知识点梳理**

1. 使用前须打开水密门以便检查或通风,天热时,须启动轴流风机。
2. 禁止横向斜拉货物。
3. 平稳操作,避免急速起动和急速停止。
4. 注意吊钩位置,在吊钩着地后不得再松钢丝绳,也不得在地上拖吊钩。
5. 传动失灵时,可将货物放在地上和将吊臂放下,将电机的刹车小心、慢慢地松开。
6. 切记起升吊货索应避免在舱口摩擦,平时应加强检查。
7. 发生危急情况时,按紧急开关使各动作停止。
8. 船舶横倾角较大(接近5°)和刮大风时,应避免在最大幅度旋转。
9. 在吊着货物时,操作者不能离开。

二、难点点拨

装卸作业结束后,应先将吊臂转到支架上方,再把旋转手柄放在空挡位置,然后脚踏转换开关,将吊臂落到支架上,再将旋转手柄回到"零位"。

三、相关习题

1. 关于使用克令吊时应注意的事项,下列说法正确的是_____。
①允许有限度地横向斜拉货物;②吊钩不能在码头上拖拉,但可以在舱底拖动;③紧急开关在发生紧急情况时按压;④在船舶横倾角较大时避免在最大幅度旋转吊臂

A.①②
B.②③
C.③④
D.②③④

解析:使用克令吊时,禁止横向斜拉货物,注意吊钩位置,在吊钩着地后不得再松钢丝绳,也不得在地上拖吊钩。

答案:C。

2. 回转式甲板起重机由_____等组成。
①基座;②回转塔架;③吊臂;④操纵室;⑤起重柱

A.②③④⑤
B.①②③④⑤
C.①②③④
D.①②③⑤

解析:本题暂无解析。

答案:C。

3. 甲板起重设备的航次检查包括_____。

①吊杆头部的卸扣、滑车、环等外部检查;②对吊货与吊货导向滑车、卸扣、转环等加油润滑;③检查起货机与千斤索绞车制动的可靠性;④对千斤索进行清洁、除锈和加油

A. ②③④　　　　　　　　　　　B. ①②③④

C. ①③④　　　　　　　　　　　D. ①②③

解析:本题暂无解析。

答案:D。

4. 下列属于甲板起重设备航次检查内容的是_____。

A. 吊货与吊货导向滑车拆装,清洁加油,并记录滑车轴、衬套等磨损

B. 吊杆头部的卸扣、滑车、环等外部检查

C. 检查吊杆头部眼板和眼箍的磨损

D. 拆装千斤索导向滑车检查加油,记录滑车轴、衬套及转环等受力部分的磨损

解析:本题暂无解析。

答案:B。

3.3　轻型吊杆

一、知识点梳理

1. 轻型吊杆的组成及布置:

轻型吊杆主要由起重柱(桅)、吊杆装置、索具和起货机等部分组成。

2. 轻型吊杆的受力分析,两种方法:图解法、解析法。

二、难点点拨

双杆作业的注意事项:

(1)严禁"超关""拖关""急顿""摔关""游关"。

(2)货物不应吊太高(以过舱口围板和舷墙为准),防止两吊货索张角大于120°,以免吊货索张力剧增而导致严重后果。

(3)装卸货时应避免突然转向或急刹车。

(4)在作业中发现有异常情况或异常声响应立即停止工作,待检查并消除故障后再进行工作。

(5)吊杆的布置应由水手长或值班驾驶员负责,不能让装卸工人任意改变布置状态。

(6)在装卸货物过程中,吊杆下严禁站人。暂不工作时,吊货索应收绞起来,使货钩不碰到人头,吊货索不应盘在甲板上。

💬 三、相关习题

1. 船舶采用较多的两类起重设备是_____。

　A. V 形重吊和吊车

　B. 带式和链斗式运输机

　C. 吊杆式起重设备和起重机

　D. 普通型重吊和甲板起重机

　解析:本题暂无解析。

　答案:C。

2. 轻型吊杆是指安全工作负荷等于和小于_____的吊杆装置或吊杆式起重机。

　A. 49 kN　　　　　　　　　　　B. 98 kN

　C. 117.6 kN　　　　　　　　　D. 147 kN

　解析:轻型吊杆是指安全工作负荷等于和小于 98 kN 的吊杆装置或吊杆式起重机。

　答案:B。

3. 吊杆装置中最易磨损的绳索是_____。

　A. 边稳索　　　　　　　　　　B. 吊货索

　C. 千斤索　　　　　　　　　　D. 中稳索

　解析:吊货索动作频繁,是最易磨损的绳索。

　答案:B。

4. 轻型吊杆装置主要由_____几部分组成。

　①起重柱;②吊杆装置;③起货机械;④旋转塔架

　A. ②③④　　　　　　　　　　B. ①③④

　C. ①②④　　　　　　　　　　D. ①②③

　解析:本题暂无解析。

　答案:D。

5. 起落吊杆时,用于调整吊杆位置且其根部系结在舷墙眼板(或地令)上的绳索是_____。

　A. 保险索　　　　　　　　　　B. 中稳索

　C. 附加索　　　　　　　　　　D. 调整稳索

　解析:本题暂无解析。

　答案:D。

6. 下图中吊杆头上的滑车是_____。

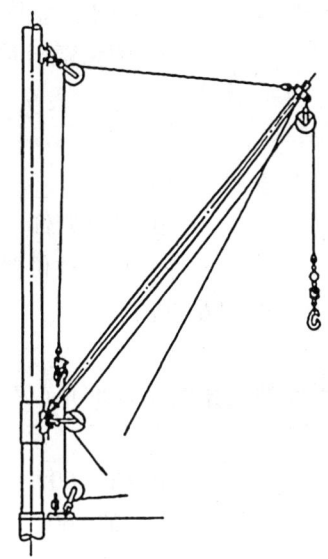

    A.吊货滑车　　　　　　　　　　　B.千斤滑车

    C.导向滑车　　　　　　　　　　　D.嵌入滑车

    解析:本题暂无解析。

    答案:A。

7.下图中起重柱上部的滑车是_____。

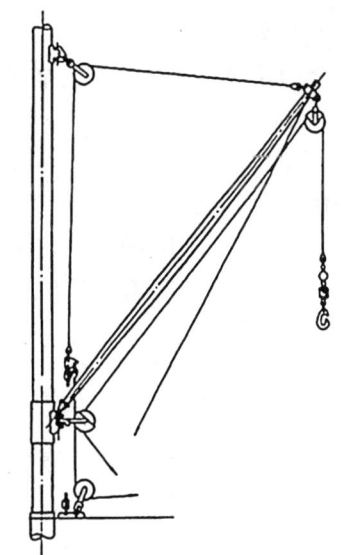

    A.吊货滑车　　　　　　　　　　　B.千斤索导向滑车

    C.吊货导向滑车　　　　　　　　　D.嵌入滑车

    解析:本题暂无解析。

    答案:B。

8.双千斤索轻型单吊杆回转是靠_____。

A.两千斤索同速一收一放   B.两千斤索同时收进或松出

C.两牵索一收一放   D.两牵索同时收或放

解析:本题暂无解析。

答案:A。

9.普通轻型(单千斤索)单吊杆的千斤索用于控制_____。

  A.吊杆左右回转   B.吊杆俯仰

  C.货物升降   D.起重柱位置

解析:单千斤索单吊杆的千斤索用于控制吊杆俯仰。

答案:B。

10.吊杆头端升起时,其轴线与水平面的夹角叫吊杆仰角(又称为吊举角),装卸作业时,轻型吊杆仰角应控制在_____。

  A.20°~75°   B.15°~60°

  C.15°~75°   D.20°~60°

解析:本题暂无解析。

答案:C。

11.起落吊杆时,指挥者应站在_____。

  A.吊杆下方

  B.吊杆前方

  C.吊杆后方

  D.操作人员能看清指挥动作的合适位置

解析:指挥者应站在适当而安全的位置,使作业人员能清楚地看到其指挥动作,以便正确执行。

答案:D。

12.普通轻型双吊杆的中稳索是控制_____。

  A.吊杆俯仰   B.吊杆左右摆动

  C.两吊杆头之间的距离   D.起重柱位置

解析:本题暂无解析。

答案:C。

13.轻型双吊杆之间的牵索为_____。

  A.千斤索   B.保险稳索

  C.调整稳索   D.中稳索

解析:本题暂无解析。

答案:D。

14.在双杆作业中,用于固定工作中吊杆的位置,并承受吊货时吊货索张力的稳索称为_____。

  A.摆动稳索   B.调整稳索(软盖)

  C.保险稳索(老盖)   D.中稳索(中盖)

解析:本题暂无解析。

答案:C。

15. 单千斤索轻型双吊杆,两吊杆头部至桅肩的引索称为_____。

    A. 桅杆稳索
    B. 调节牵索

    C. 千斤索
    D. 吊杆稳索

    解析:本题暂无解析。

    答案:C。

16. 单千斤索轻型双吊杆头部之间的牵索为_____。

    A. 千斤索
    B. 下稳索

    C. 中盖(中稳索)
    D. 上稳索

    解析:本题暂无解析。

    答案:C。

17. 双吊杆作业时,吊杆头伸出舷外的吊杆俗称_____。

    A. 大关
    B. 小关

    C. 卸货吊杆
    D. 起货吊杆

    解析:采用双杆联合操作时,布置在舷外的一根吊杆称舷外吊杆,俗称小关。

    答案:B。

18. 轻型双杆作业中,受力最大的稳索是_____。

    A. 中稳索
    B. 调节稳索

    C. 保险稳索
    D. 边稳索

    解析:保险稳索用于固定吊杆工作时的位置,并承受吊货时吊货索的水平张力,保险稳索是受力最大的绳索。

    答案:C。

19. 轻型双杆联合作业时,最易磨损的绳索是_____。

    A. 调节稳索
    B. 保险稳索

    C. 中稳索
    D. 吊货索

    解析:本题暂无解析。

    答案:D。

20. 双杆作业时,用于调节吊杆仰角的绳索是_____。

    A. 千斤索
    B. 中稳索

    C. 吊货索
    D. 边稳索

    解析:本题暂无解析。

    答案:A。

21. 双杆作业时,用于调整吊杆位置的绳索是_____。

    A. 调整稳索和吊货索
    B. 中稳索和吊货索

    C. 吊货索和千斤索
    D. 调整稳索和中稳索

    解析:吊杆左右位置的调整通过调整稳索(软盖)来完成;中稳索(内牵索或中盖)连接两根吊杆头部内侧,调两吊杆的张角。

答案:D。

22. 起落吊杆时,以下做法正确的是_____。

①人员不准站在吊杆底下;②作业人员应足够;③起落双吊杆时,如人员不足,应一根一根地起落;④双杆必须互相配合好

A. ①②③ B. ②③④
C. ①②④ D. ①②③④

解析:本题暂无解析。

答案:D。

23. 双杆作业中应注意避免_____。

①"超关";②"急顿";③"游关";④"摔关"

A. ①②③ B. ②③④
C. ①③④ D. ①②③④

解析:本题暂无解析。

答案:D。

24. 双吊杆作业时对起货机操作人员的操作要求有_____。

①严禁突然换向;②避免急刹车;③避免用吊钩拖拉货物;④避免吊货索与舱口摩擦;⑤出现异常情况时可边作业边检查

A. ②③④⑤ B. ①③④⑤
C. ①②④⑤ D. ①②③④

解析:作业中如发现有异常情况或异常声响时,应立即停止工作,待检查并消除故障后再继续工作。

答案:D。

25. 双杆作业中应注意避免_____。

①两吊货索之间的夹角超过120°;②"超关";③"游关";④"急顿""摔关"

A. ①②③ B. ②③④
C. ①③④ D. ①②③④

解析:双杆操作时,当两吊货索夹角达120°时,每根吊货索的张力将达到所吊货物的重量;两吊货索之间的夹角超过120°时,吊货索的水平分力、稳索与顶攀的受力剧增而导致严重后果。

答案:D。

26. 双杆作业时两根吊货索的夹角不得超过_____。

A. 90° B. 100°
C. 110° D. 120°

解析:本题暂无解析。

答案:D。

27. 双杆作业前,布置舷内吊杆位置时应重点注意_____。

A. 吊杆的仰角不应太大 B. 防止"八"字关
C. 防止超关 D. 防止拖关

解析:吊杆仰角:为避免千斤索张力降为零或负值,最大仰角应小于75°,以防翻关。

答案:A。

28. 布置双杆时,舷内吊杆的仰角不应过大,否则会_____。

    A. 发生后翻(千斤索所受的张力降至零)

    B. 增大千斤索所受的张力

    C. 增大稳索受力

    D. 使它在舷外的跨距减小

    解析:本题暂无解析。

    答案:A。

29. 布置双杆联合作业时,保险稳索的布置要点是:舷内吊杆稳索的布置应尽量使其水平投影与吊杆的水平投影成_____,舷外吊杆稳索的下端系结点应尽可能_____布置并高一些。

    A. 小角度;向后   B. 大角度;向前

    C. 90°;向后   D. 90°;向前

    解析:本题暂无解析。

    答案:C。

30. 布置轻型单千斤索双杆时,舷外吊杆的仰角不要过小,否则会_____。

    A. 发生后翻(千斤索受力为零或负值)   B. 增大千斤索受力

    C. 增大稳索受力   D. 减小舷外跨距

    解析:吊杆仰角应大于15°,一般45°左右,仰角太小会导致千斤索张力太大。

    答案:B。

31. 布置轻型单千斤索双杆时,"八字关"是指_____。

    A. 两根吊杆同时伸出各自的舷外成"八"字形,使吊货索受力大于所吊货物的重量

    B. 两根吊杆同时伸出同一舷的舷外成"八"字形,使吊货索受力大于所吊货物的重量

    C. 两根吊杆同时伸出各自的舷外成"八"字形,使吊货索受力小于所吊货物的重量

    D. 两根吊杆同时伸出同一舷的舷外成"八"字形,使吊货索受力小于所吊货物的重量

    解析:本题暂无解析。

    答案:A。

32. 布置轻型单千斤索双杆时,舷内吊杆稳索下端系结点应接近舱口_____。

    A. 中部或稍偏前   B. 后部或偏前

    C. 前端或偏后   D. 后端或偏后

    解析:本题暂无解析。

    答案:A。

33. 在双杆作业时的布置要领中,舷外吊杆的仰角_____。

    A. 应大于8°   B. 应大于15°

    C. 应大于25°   D. 应大于27°

    解析:吊杆仰角应大于15°,一般45°左右,仰角太小会导致千斤索张力太大。

    答案:B。

项目4　检查和报告货舱、舱盖及压载舱的缺陷与损坏

4.1　舱盖

4.1.1　滚动式舱盖的分类、组成与特点

一、知识点梳理

1. 滚动式

滚动式舱盖可分为滚翻式、滚移式、背载式和滚卷式等几种形式,船上较多采用的是滚翻式及滚移式舱盖。

2. 滚翻式舱盖的组成及特点

(1)滚翻式舱盖由盖板、水密装置、滚轮装置、导向曳行装置和压紧装置5部分组成,具体如下图所示。

(2)滚翻式舱盖的特点:具有结构简单,造价低廉,便于维修,在尺度、布置和用途上限制较少等优点,缺点是需要存放舱盖的空间较大,提升及压紧作业所需的时间较长,且该型老式舱盖在开启前和关闭后的偏心轮的翻转较费时,劳动强度大。

3. 滚移式舱盖的组成及特点

(1)通常由两块舱盖板组成,舱口较小的船则用一块盖板制成,舱口四周的盖板边缘设有规定数量的盖板压紧装置。每块盖板的四角都安装行走滚轮,用液压动力驱动。

(2)横移式舱盖具有结构简单,操作方便,便于维修,且不需要翻转或折叠的优点;但需要较大的存放空间,人员行走不便的缺点。

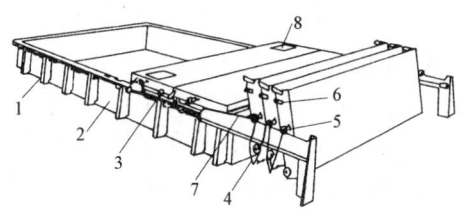

1—舱口围板支架(brackets);2—舱口围板(hatch coaming);3—偏心轮(eccentric wheel);4—盖板连接链(connecting chain);5—上滚轮(upper roller);6—压紧器(cleat halves);7—上升轨(wheel ramp);8—导向面板(leading panel)

4.背载式舱盖的组成及特点

背载式舱盖与滚移式舱盖相似,其特点是两块盖板中有一块带有动力滚轮。开舱时,先利用安装在舱口围板上的四个液压顶杆将不带动力的盖板顶到足够的高度,以便带有动力的盖板滚到其下面,将不带动力的盖板放置在带有动力的盖板上,两块板便可一起移向存放处。

二、难点点拨

滚翻式舱盖的开关注意事项:

1.开关舱的指挥者为水手长(如认为有必要,值班驾驶员也可亲自指挥),所有操作人员应听从指挥,精力集中。

2.开舱前必须确认所有压紧楔和压紧器全部打开,且压紧器放置到位,以免妨碍行走滚轮的正常滚动。

3.盖板之间的连接链条应保持两面对称,否则将因两侧拉力不对称而使舱盖板脱轨,严重的会使盖板掉入舱内。

4.起货机或克令吊开关手在操纵时,动作应缓、稳,要特别注意第一块盖板,曳行速度要慢,如操作不当,同样会使舱盖板脱轨,严重的会使盖板掉入舱内。

5.船舶有较大纵倾时关舱,要特别注意可能发生的盖板自由滑动现象。

6.当船舶有较大横倾时,应特别注意防止盖板脱轨,必要时可用压载水调整后再进行开关舱操作。

7.开舱后,必须用固定钩或链条将盖板固定,防止滑脱。

8.开关舱时,所有操作人员均要注意安全,规范操作,以防发生事故。

9.开关舱操作过程中如发生盖板脱轨事故,可利用起重设备或机械差动绞辘,将盖板吊起调整到位后,再继续操作。

三、相关习题

1.滚翻式舱盖开舱时,在盖板进入舱口端收藏坡道后盖板便_____。

　　A.顺序纵向叠加　　　　　　　　　　B.顺序横向并靠

　　C.自动水平堆积　　　　　　　　　　D.翻转成直立状态存放

　　解析:本题暂无解析。

　　答案:D。

2. 滚动式舱盖可分为_____。

①滚翻式;②滚移式;③滚卷式;④推提式

A.①②③ B.②③④

C.①③④ D.①②④

解析:滚动式舱盖主要有滚翻式、滚移式和滚卷式三种。

答案:A。

3. 滚动式舱盖又分为_____。

①滚翻式;②滚移式;③滚卷式;④吊移式

A.①②③ B.②③④

C.①③④ D.①②④

解析:本题暂无解析。

答案:A。

4. 滚翻式舱盖的主要优点有_____。

①结构简单;②价格低,维修简单;③在尺度、布置和用途上限制少;④所需存放空间小,作业时间短

A.①②③ B.②③④

C.①③④ D.①②③④

解析:滚翻式舱盖需要存放舱盖的空间较大,提升及压紧作业所需的时间较长。

答案:A。

5. 滚翻式舱盖各块盖板之间的连接方式是_____。

A. 铰接 B. 铆接

C. 焊接 D. 链条连接

解析:本题暂无解析。

答案:D。

6. 当滚翻式舱盖用于舱口较长的货舱时,开启后的盖板可存放于_____。

A. 舱口一端 B. 舱口两端

C. 舱口两旁 D. 桅楼上面

解析:本题暂无解析。

答案:B。

7. 对早期的滚翻式舱盖而言,关舱前首先应做的工作是_____。

A. 调整偏心滚轮 B. 上好压紧装置

C. 起动动力装置 D. 整理好索具

解析:本题暂无解析。

答案:A。

8. 下图所示的舱盖,属于_____。

A. 滚动式舱盖
B. 滑动式舱盖
C. 折叠式舱盖
D. 吊放式舱盖

解析:本题暂无解析。

答案:A。

9.舱盖按开/关动力的不同,主要分为_____。

①机械牵引开关式;②液压动力开关式;③手动开关式

A.①②
B.①③
C.②③
D.①②③

解析:本题暂无解析。

答案:A。

10.舱盖按开/关方式的不同,可分为_____。

A.滚动式和推拉式
B.折叠式、卷叠式和吊移式
C.吊移式和牵引式
D.滚动式、折叠式和吊移式

解析:本题暂无解析。

答案:D。

4.1.2 折叠式舱盖的分类、组成与特点

一、知识点梳理

1.折叠式舱盖的分类

折叠式舱盖按其驱动方式可分为液压驱动式、直接拉动式和钢索驱动式三种。现代船舶较多采用的是液压式铰链操纵。

2.液压驱动式折叠舱盖的组成

(1)液压折叠式舱盖由成对的互相铰接在一起的盖板、连接铰链、滚轮装置、水密装置、曳升机构、缓冲装置、制动装置和紧固装置等组成,如下图所示。

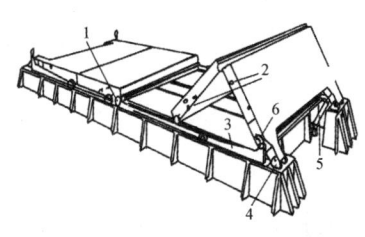
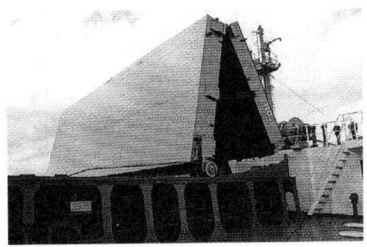

1—滚轮(wheel);2—压紧器(cleat halves);3—上升轨(wheel ramp);4—铰链(slotted hinges);5—液压千斤顶(hydraulic cylinder);6—固定钩(fixed hook)

3. 直接拉动式折叠舱盖的组成及特点

（1）组成：直接拉动式折叠舱盖由三块盖板组成，盖板之间用铰链连接，如下图所示。

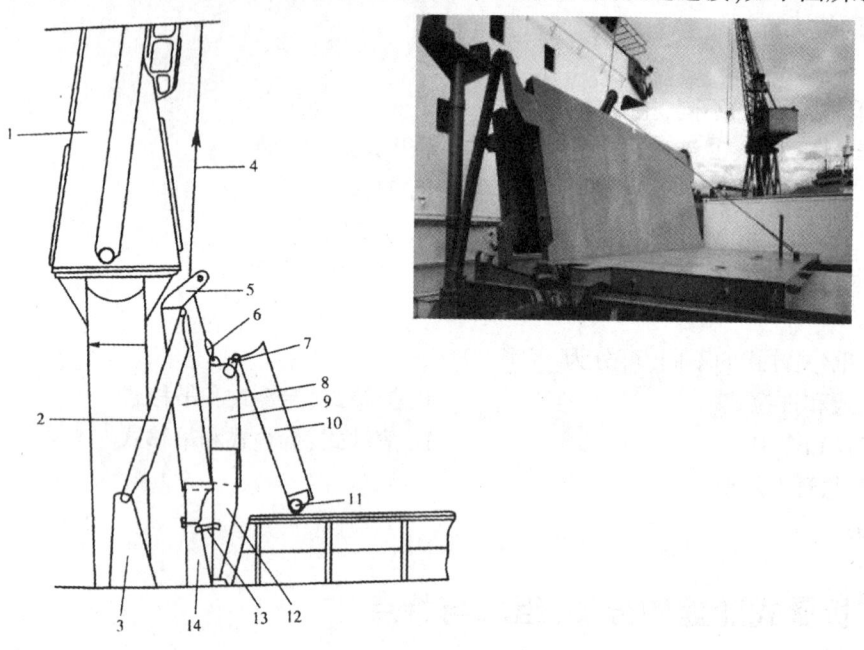

1—起重机（crane）；2—存放臂（stowing arm）；3—存放臂基座（stowing arm pedestal）；4—钢索（wire pendant）；5—铰接滑车（hinged sheave）；6—拖曳眼板（hauling eye-plate）；7—铰链（hinge）；8、9、10—盖板（panels）；11—滚轮（wheel）；12—关闭臂（closing arm）；13—固定钩（securing hook）；14—关闭基座（closing arm pedestal）

（2）特点：直接拉动式舱盖与液压式舱盖相比，具有造价低、维修保养方便等优点，而且便于采用自动压紧装置，关闭舱口与压紧固定的操作可同时进行。因为直接拉动式舱盖在开启和关闭时需使用船上的起货机械，所以开关舱的时间较液压式舱盖长。

二、难点点拨

注意区分折叠式舱盖的组成。

三、相关习题

1. 折叠式液压舱盖盖板的组成特点是_____。

　A. 成对相互铰接　　　　　　　　　　B. 成对相互焊接

　C. 成对相互铆接　　　　　　　　　　D. 由链条成对连接

　解析：本题暂无解析。

　答案：A。

2. 开/关较简便的折叠式舱盖是_____。

　A. 绞车式　　　　　　　　　　　　　B. 起重机式

　　C. 吊杆式　　　　　　　　　　　D. 液压式

解析:本题暂无解析。

答案:D。

3. 当四页液压铰链式舱盖开启到储存位置时_____。

　　A. 盖板翻转成直立状态

　　B. 盖板自由悬挂

　　C. 盖板由收藏钩自动落下扣住舱盖

　　D. 盖板平倒放置

解析:本题暂无解析。

答案:C。

4. 折叠式舱盖又称为_____。

　　A. 铰链式舱盖　　　　　　　　　B. 液压驱动式舱盖

　　C. 钢索驱动式舱盖　　　　　　　D. 吊杆绞车驱动式舱盖

解析:本题暂无解析。

答案:A。

5. 由三块铰接盖板组成的折叠舱盖,通常利用起货机将盖板_____。

　　A. 吊放在甲板上　　　　　　　　B. 收藏在舱口两侧面

　　C. 收藏在舱口一端　　　　　　　D. 收藏在桅楼上

解析:本题暂无解析。

答案:C。

6. 折叠式舱盖盖板间采用_____。

　　A. 链条连接　　　　　　　　　　B. 插销连接

　　C. 铰链连接　　　　　　　　　　D. 钢索连接

解析:本题暂无解析。

答案:C。

7. 四页液压铰链式舱盖,当开启到收藏位置时_____。

　　A. 盖板平置

　　B. 盖板呈悬挂状态

　　C. 盖板翻转成直立状态

　　D. 盖板呈竖立状态,盖板由收藏钩自动落下或人工挂上扣住

解析:本题暂无解析。

答案:D。

8. 在折叠式舱盖中,开闭较方便的方式应为_____。

　　A. 铰链式　　　　　　　　　　　B. 液压驱动式

　　C. 钢索驱动式　　　　　　　　　D. 直接拉动式

解析:本题暂无解析。

答案:B。

4.1.3 吊移式舱盖的特点

一、知识点梳理

　　吊移式舱盖又称为箱形舱盖。这种舱盖本身没有驱动装置,具有结构简单、操作简便等特点,如下图所示。开关舱时,它是通过船上或港口起货机械来实现的。开舱时可将舱盖放置在船的甲板上或是码头边。吊移式舱盖的尺度一般都比较大,可获得最大的甲板开口面积,适合在集装箱船上使用。

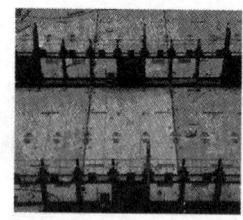

二、难点点拨

　　注意区分吊移式舱盖的特点。

三、相关习题

1. 吊移式舱盖又称为_____。
　　A. 滚动式舱盖　　　　　　　　B. 折叠式舱盖
　　C. 铰链式舱盖　　　　　　　　D. 箱形舱盖
　　解析:本题暂无解析。
　　答案:D。

2. 箱形舱盖盖板的上表面设有_____。
　　A. 偏心滚轮　　　　　　　　　B. 钢索导轮
　　C. 专用吊环、眼板或吊移底座　　D. 拖曳板眼
　　解析:本题暂无解析。
　　答案:C。

3. 箱形舱盖广泛采用的制造材料是_____。
　　A. 木质材料　　　　　　　　　B. 钢质材料
　　C. 铝质材料　　　　　　　　　D. 玻璃钢
　　解析:本题暂无解析。
　　答案:B。

4. 箱形舱盖开启后可存放于_____。

①甲板上;②码头上;③悬挂于吊杆上

A.①②
B.②③
C.①③
D.①②③

解析:本题暂无解析。

答案:A。

4.2　货舱、舱盖及压载舱的检查、报告与评估

一、知识点梳理

1. PSC 检查的一般过程。

2. 货舱、舱盖及压载舱的 PSC 检查现状分析。

3. 货舱、舱盖和压载舱的自我检查与报告。

二、相关习题

1. 杂货船及多用途船在货舱内铺设木铺板和护舷木条的作用是_____。

①保护货舱内的双层底顶板(内底板)和船壳板;②保护货物不致因船体出汗而造成货损;③使舱内显得更整齐、美观

A.①②
B.②③
C.①③
D.①②③

解析:本题暂无解析。

答案:A。

2. 对装运件杂货的船舶而言,其货舱内的护舷条可为_____。

①木质材料;②钢质材料;③玻璃钢

A.①②
B.②③
C.①③
D.①②③

解析:本题暂无解析。

答案:A。

3. 在装卸货物时,为了保护货舱内的内底板和船壳板不被碰撞,以及船舶在航行途中因船舶出汗时紧贴钢板的货物造成汗湿货损,一般在杂货船的货舱内采用_____。

①木铺板;②内底边板;③护舷木条;④舷肘板和梁肘板

A.①③
B.①④
C.②③
D.②④

解析:本题暂无解析。

答案:A。

4. 按规定,_____国际航行的所有散货船,均应在货舱、压载舱和干燥处所安装符合规定要求和型式认可的水位探测器。

A. 500 总吨及以上

B. 1 000 总吨及以上

C. 1 500 总吨及以上

D. 3 000 总吨及以上

解析:本题暂无解析。

答案:A。

5. 按规定,_____国际航行的所有散货船,均应在货舱、压载舱和干燥处所安装符合规定要求和型式认可的_____。

A. 500 总吨及以上;水位探测器

B. 500 总吨及以上;火灾探测器

C. 1 500 总吨及以上;水位探测器

D. 1 500 总吨及以上;火灾探测器

解析:本题暂无解析。

答案:A。

6. 按规定,500 总吨及以上的国际航行的散货船的货舱内安装的水位探测器,均应能在该舱水位达到或高出货舱内底_____时发出一个听觉和视觉警报。

A. 0. 3 m

B. 0. 5 m

C. 1. 0 m

D. 1. 2 m

解析:本题暂无解析。

答案:B。

7. 按规定,500 总吨及以上的国际航行的散货船应在货舱内安装的水位探测器均应能在该舱水位高度达到_____发出一个听觉和视觉警报。

A. 货舱深度 15%但不超过 2 m 时

B. 不小于货舱深度 15%但不超过 1. 8 m 时

C. 不小于货舱深度 15%但不超过 2. 0 m 时

D. 不小于货舱深度 15%但不超过 2. 5 m 时

解析:每一货舱内安装的水位探测器,均应能在该舱水位达到或高出货舱内底 0. 5 m 时发出一个听觉和视觉警报,在水位高度达到不小于货舱深度 15%但不超过 2. 0 m 时也应发出一个听觉和视觉警报。

答案:C。

8. 按规定,每一 500 总吨及以上的国际航行的散货船的每一货舱内安装的水位探测器,均应能在该舱水位达到或高出货舱内底_____时发出一个听觉和视觉警报,并在水位高度达到不小于货舱深度 15%但不超过_____时也应发出一个听觉和视觉警报。

A. 0. 3 m;1. 5 m

B. 0. 5 m;1. 5 m

C. 0. 5 m;2. 0 m

D. 0. 8 m;2. 0 m

解析:本题暂无解析。

答案:C。

9. 500 总吨及以上的国际航行的散货船,除_____外,任何干燥处所或空舱,延伸至艏货舱前方的任何部分,在水位高出甲板 0.1 m 时应发出一个听觉和视觉警报。

A. 锚链舱   B. 深舱

C. 干隔舱   D. 污油水舱

解析:本题暂无解析。

答案:A。

10. 关于散货船舱内水位探测器传感器的安装要求,下列描述正确的是_____。

①应安装在货舱后部尽可能靠近中心线的位置上;②或安装在货舱左、右舷有保护的位置上;③传感器测出的水位应能代表货舱的实际水位

A. ①②   B. ②③

C. ①③   D. ①②③

解析:本题暂无解析。

答案:D。

11. 一般在_____的货舱内设置舱底木铺板和舷侧护舷木条。

①杂货船;②舱内设计成可装载杂货的多用途船;③木材船

A. ①②   B. ②③

C. ①③   D. ①②③

解析:本题暂无解析。

答案:A。

12. 舱底木铺板和舷侧护舷木条的作用有_____。

①保护货舱舱底与船壳板不被碰撞;②避免船舶在航行途中因船体"出汗"而使紧贴钢板的货物造成湿损;③增强船体强度

A. ①②   B. ②③

C. ①③   D. ①②③

解析:本题暂无解析。

答案:A。

13. 有关舱底木铺板,下列描述正确的是_____。

①双层底的舭部污水沟处应铺设遮蔽板并设置局部的活动铺板;②活动铺板间及与舱底板之间的缝隙应塞严密;③货舱口下方木铺板下面所垫横向木条的厚度至少应为 30 mm

A. ①②   B. ②③

C. ①③   D. ①②③

解析:本题暂无解析。

答案:D。

14. 船舶抵港前针对货舱、舱盖与压载舱的 PSC 自查项目一般应包括_____。

①维护计划;②与载重线有关的结构与设备;③船体结构;④散货船舱内水位探测系统

A. ①②③   B. ②③④

C. ①③④   D. ①②③④

解析:本题暂无解析。

答案:D。

15. 船舶抵港前针对船体结构的 PSC 自查项目一般应包括_____。

①船壳板;②压载舱;③货舱;④水密门;⑤甲板

A. ①②③④   B. ②③④⑤

C. ①③④⑤   D. ①②③④⑤

解析:本题暂无解析。

答案:D。

16. 船舶抵港前针对与载重线有关的结构与设备的 PSC 自查项目一般应包括_____。

①通风筒;②空气管;③载重线标志;④货舱舱口;⑤干舷甲板上除货舱舱口外的各种开口

A. ①②③④   B. ②③④⑤

C. ①③④⑤   D. ①②③④⑤

解析:本题暂无解析。

答案:D。

17. 固体散货配载时货物的整体布局应满足_____。

A. 满载时应该各个货舱尽量装满,留一个部分装载舱

B. 满舱时不能使用压载水调整船舶性能以防止船舶超载

C. 中部货舱分配货物少,船首、尾货舱分配货物多

D. 根据船舶整体结构特点结合使用配载仪分配货物重量,使船舶总纵强度符合要求

解析:本题暂无解析。

答案:D。

18. 固体散货船货物纵向分配不均匀,容易造成的危害是_____。

A. 稳性不足

B. 由于货物的散落性造成货物大量移动,船舶稳性不足

C. 船体总纵强度不足,造成船体结构损坏

D. 货物流态化

解析:本题暂无解析。

答案:C。

19. 杂货船的货舱内为了保护船壳板和内底板不被碰撞而装设的设施有_____。

①护舷板;②挡板;③肋板;④舱底木铺板

A. ①②③④   B. ①②④

C. ①③④   D. ①④

解析:本题暂无解析。

答案:D。

20. 有关杂货船的货舱设施,以下说法正确的是_____。

A. 货舱底舱通常不铺设木铺板

B. 货舱的二层或三层舱通常不铺设木铺板

C. 货舱的舷侧无须增设护舷板

D. 铺设木铺板的双层底柜顶板外表面不需涂刷任何涂料或油漆

解析:本题暂无解析。

答案:B。

21. 进入货舱检查之前的安全操作是_____。

①确认货舱良好通风,测量货舱内的氧气含量;②下舱通道安全,保持足够的照明;③避免单人下舱检查;④携带相应的通信设备

A. ①③④   B. ②③④

C. ①②③   D. ①②③④

解析:本题暂无解析。

答案:D。

22. 为符合 PSC 检查要求,船舶抵港前自查货舱内部构件应_____。

①无明显锈蚀;②无洞穿;③无裂纹;④无严重变形

A. ②③   B. ①②③

C. ②③④   D. ①②③④

解析:本题暂无解析。

答案:D。

23. 船舶抵港前,根据 PSC 自查项目表的检查要求,货舱及其内部构件首先应进行_____。

A. 探伤检查   B. 射线检查

C. 目视检查   D. 灌水检查

解析:本题暂无解析。

答案:C。

24. 根据 PSC 自查项目表的检查要求,平时维护保养时对货舱内的结构因锈蚀或受损而造成的穿孔、裂口、裂缝等现象需进行_____。

①临时性修复;②永久性修复;③点焊修复

A. ①   B. ②

C. ③   D. ②③

解析:本题暂无解析。

答案:B。

25. 良好的船舶舱盖必须满足_____。

①保证船体水密;②具备足够的强度;③开启方便、安全

A. ①②   B. ②③

C. ①③   D. ①②③

解析:本题暂无解析。

答案:D。

26. 检查钢质风雨密舱盖应注意的是_____。

①舱盖上是否设有橡胶衬垫和排水槽,并确认状况是否良好;②舱盖是否存在明显的变形现象;③舱内是否存在漏光现象或对舱盖进行冲水试验,以便确定能否达到风雨密要求

A. ①
B. ②③

C. ①②
D. ①②③

解析:本题暂无解析。

答案:D。

27. 为保证船舶舱盖水密,有关水密压条说法错误的是_____。

　　A. 水密压条应保持完整
　　B. 水密压条表面应涂以油漆保护

　　C. 水密压条应无明显漏水痕迹
　　D. 水密压条应富有弹性

　　解析:水密胶条应完整且有弹性,表面无油漆,无明显漏水痕迹。

　　答案:B。

28. 为保证舱盖水密,以下说法正确的是_____。

　　①水密压条应保持完整且有弹性;②水密压条表面应涂以油漆保护;③水密压条应无明显漏水痕迹

　　A. ①②③
　　B. ①②

　　C. ①③
　　D. ③

　　解析:本题暂无解析。

　　答案:C。

29. 滚翻式舱盖关舱完毕且滚轮入位之后,为防止舱盖移动并保证舱口水密,应_____。

　　A. 盖好帆布并固定牢固
　　B. 打上所有压紧楔及压紧器

　　C. 在舱盖上用货物压实
　　D. 在舱口四周用填料压紧压实

　　解析:本题暂无解析。

　　答案:B。

30. 在 PSC 自查项目中,有关货舱舱口的检查要求的说法正确的是_____。

　　①舱盖应无明显锈蚀、无裂纹、无破损洞穿及变形;②舱口围板及附连的肘板应无明显锈蚀、无裂纹、无破损洞穿及变形;③货舱口开关装置的滚轮、导轨、铰链应无过度腐蚀

　　A. ①②
　　B. ①③

　　C. ②③
　　D. ①②③

　　解析:本题暂无解析。

　　答案:D。

31. 在 PSC 自查项目中,对于舱盖检查主要有_____。

　　①舱盖有无明显锈蚀;②舱盖有无裂纹;③舱盖有无变形

　　A. ①②③
　　B. ①③

　　C. ②③
　　D. ①②

　　解析:本题暂无解析。

　　答案:A。

32. 货舱舱口围及舱盖附近因构件较多,不易保养,主要锈蚀部位包括_____。

　　①舱口围衬板边缘;②舱口围与甲板连接处;③舱盖边缘;④舱盖胶条槽及边水槽

　　A. ①②③
　　B. ②③④

C.①②③④   D.②④

解析:本题暂无解析。

答案:C。

33. 舱盖操作系统在 PSC 自查时要注意的事项有_____。

①目视检查锁紧装置的腐蚀情况和变形,功能检查和验证操作灵活性;②目视检查止动装置的腐蚀情况和变形,检查止动装置及其下面的加强构件对位准确,焊接及腐蚀变形情况;③目视检查导向装置的腐蚀和变形情况,功能检查和验证操作灵活性;④目视检查液压系统,功能检查和验证

A.①②③④   B.②③④

C.①③④   D.①②③

解析:本题暂无解析。

答案:A。

34. 在对船舶舱盖锁紧装置进行检验时,程序应是_____。

①进行功能检查;②进行操作灵活性验证;③目视检查锁紧装置的腐蚀、变形情况

A.③①②   B.①③②

C.②①③   D.③②①

解析:本题暂无解析。

答案:A。

35. 船舶压载舱通过装载压载水以_____。

①调节吃水差;②调节纵横倾;③调节重心高度;④改善船舶操纵性能

A.①②   B.①②③

C.①②④   D.①②③④

解析:本题暂无解析。

答案:D。

36. 以下有关压载舱的作用的说法正确的是_____。

A.压载舱可用于装载压载水以调节船舶的吃水差、纵横倾及重心高度等

B.专用压载舱既可用来装载压载水,也可用来装载货物

C.清洁压载舱只能用来装载压载水,不能用来装货

D.专用压载舱和清洁压载舱都只能用于装载压载水

解析:本题暂无解析。

答案:A。

37. 有关压载舱的说法正确的是_____。

①压载舱可用于装载压载水以调节船舶的吃水差;②压载舱可用于装载压载水以调节纵横倾及重心高度;③清洁压载舱专门用来装载清洁压载水,不可以用来装货;④专用压载舱既可用来装载压载水,也可用来装载货物

A.①②③④   B.①②④

C.②③   D.①②

解析:本题暂无解析。

答案:D。

38. 在其他因素不变的情况下,船舶压载舱排出压载水肯定能_____。

    A. 提高重心高度   B. 增加初稳性高度

    C. 减小浮心距基线高度   D. 减小初稳性高度

    解析:本题暂无解析。

    答案:C。

39. 涉及船体结构方面的缺陷是_____。

    ①甲板、舱口围板及其加强结构的缺陷;②舷侧外板、舱壁板、肋骨及连接肘板的缺陷;③压载舱等的腐蚀、肋骨脱焊及顶边舱框架腐蚀渗漏

    A. ①②   B. ①③

    C. ①②③   D. ②③

    解析:本题暂无解析。

    答案:C。

40. 船舶抵港前涉及船体结构的检查项目包括_____。

    ①船壳板;②货舱;③压载舱;④甲板

    A. ①②   B. ②③

    C. ①③   D. ①②③④

    解析:本题暂无解析。

    答案:D。

41. 以下有关船舶压载舱内腐蚀的说法错误的是_____。

    A. 舱内涂料脱落导致钢板外露易锈蚀

    B. 舱内相关位置锌块缺失,加快钢板腐蚀速度

    C. 纵、横骨架等构件边缘锈蚀严重没有割换,导致局部强度降低

    D. 为了减少压载舱的腐蚀,通常船舶选用淡水压载

    解析:本题暂无解析。

    答案:D。

42. 压载舱内的涂料脱落,防腐保护不到位,易导致_____。

    A. 舱内结构发生重大变化   B. 舱内各种骨架强度迅速减弱

    C. 加快舱内钢板和框架的腐蚀速度   D. 压载水不能正常排出

    解析:本题暂无解析。

    答案:C。

43. 船舶压载舱内通过加锌块控制腐蚀的方法为_____。

    A. 牺牲阴极   B. 外加电流阴极保护

    C. 牺牲阳极   D. 外加电流阳极保护

    解析:本题暂无解析。

    答案:C。

44. 为了防止或减缓压载舱内的钢板与骨架等的腐蚀,船上的通常做法有_____。
①舱内相应位置设置一定数量的防腐保护材料;②舱内做好涂料处理;③增加钢板和骨材的支持构件
A. ①②③   B. ①②
C. ②③   D. ①③
解析:本题暂无解析。
答案:B。

45. 为了防范老旧船舶的艏尖舱、上边舱内的结构腐蚀严重而影响安全,通常船舶利用进厂机会进行_____。
①测厚;②更换超耗构件;③舱室涂料处理
A. ②③   B. ①③
C. ①②   D. ①②③
解析:本题暂无解析。
答案:D。

46. 检查官员检查老旧船舶时的重点通常有_____。
①船体结构的腐蚀程度;②压载舱及货舱的涂层状况;③甲板机械的状况
A. ②③   B. ①②
C. ①③   D. ①②③
解析:本题暂无解析。
答案:D。

47. 检查官员在检查压载舱的时候,通常必查的舱室是_____。
A. 双层底压载舱   B. 艏尖舱
C. 艉尖舱   D. 风暴压载舱
解析:本题暂无解析。
答案:D。

48. 货舱、舱盖与压载舱的检查报告应包括的内容是_____。
①检查项目;②检查结果;③缺陷说明
A. ①②   B. ②③
C. ①②③   D. ①③
解析:本题暂无解析。
答案:C。

49. 损坏报告需要被考虑的项目包括_____。
①损坏的区域;②可能的原因;③对损坏的描述
A. ①②   B. ①③
C. ①②③   D. ②③
解析:本题暂无解析。
答案:C。

50. 根据《SOLAS 公约》中加强海上安全的特别措施,_____应按规定进行加强检验。

①散货船;②滚装船;③油船;④客船

A. ②④   B. ①④

C. ①③   D. ②③

解析:本题暂无解析。

答案:C。

51. 根据《SOLAS 公约》,_____不需要安排加强检验。

A. 散粮船   B. 散矿船

C. 油船   D. 集装箱船

解析:本题暂无解析。

答案:D。

52. 为避免散装货船产生不必要的滞留缺陷,_____等船体结构部位应特别注意检查。

①横舱壁;②上边舱的纵桁、横框架及斜底板;③舱口围板

A. ①②③   B. ①②

C. ②③   D. ①③

解析:本题暂无解析。

答案:A。

53. 引起船舶被滞留的载重线方面的缺陷涉及的设备主要有_____。

①舱盖及水密压条;②风雨密门、通风筒、空气管等风雨密关闭装置;③舱口围板洞穿

A. ①②   B. ②③

C. ①③   D. ①②③

解析:本题暂无解析。

答案:D。

54. 与货舱、舱盖及压载舱有关的滞留缺陷主要涉及_____等方面。

①船体结构;②上层建筑;③载重线

A. ①②③   B. ①③

C. ②③   D. ①②

解析:本题暂无解析。

答案:B。

项目5 锚设备及其运用

5.1 锚设备的组成,锚的种类、特点及应用

一、知识点梳理

1.锚设备的组成

锚设备的组成有锚、锚链、锚链筒、制链器、锚机、锚链舱、锚链管和弃链器等。

2.锚的种类

(1)有杆锚(海军锚)。

(2)无杆锚(山字锚、转爪锚):常见霍尔锚、斯贝克锚(锚头重心在销轴下)、尾翼式锚。

(3)大抓力锚:①有杆大抓力锚有丹福斯锚(多用于工程船)、史蒂文锚(石油平台定位锚)。
②无杆大抓力锚有 AC-14 型(滚装船用)、波尔锚(挖泥船用)、DA-1 型锚。

(4)特种锚:伞形锚、螺旋锚、单爪锚等作为永久性系泊用锚。

二、相关习题

1.有关锚链管,下列说法不正确的是_____。

  A.应设防水盖   B.设在链轮的上方

  C.正对锚链舱中央   D.直径为 7~8 倍链径

  解析:锚链管设在链轮的下方。

  答案:B。

2.锚链舱内设置污水井和排水管系的目的是_____。

①排除积水;②防止锚链锈蚀;③冲洗锚链

A.①②   B.①③

C.②③   D.①②③

解析:排除锚链舱内的积水,防止锚链锈蚀。

答案:A。

3. 锚链筒上口处设置盖板的目的是_____。

①防止或减少海水从锚链筒涌上甲板;②保证人员安全;③增加锚链筒口的强度

A.①②   B.②③

C.①③   D.①②③

解析:锚链筒上口处的盖板,不能增加锚链筒口的强度。

答案:A。

4. 锚链筒内冲水装置的作用是_____。

A.抛锚时用于冲洗锚链   B.抛锚时用于冲洗锚

C.起锚时用于冲洗锚链和锚   D.起锚时用于冲洗锚

解析:锚链筒内冲水装置的作用是用于冲洗锚链和锚。

答案:C。

5. 锚链的作用是_____。

①连接锚和船体;②传递锚的抓力;③卧底链可增加抓力

A.①②   B.②③

C.①③   D.①②③

解析:连接锚和船体、传递锚的抓力、卧底链可增加抓力、将船舶限定在一定范围内。

答案:D。

6. 锚链的作用是_____。

①连接锚和船体;②传递锚的抓力;③可控制船在一定范围内的漂移

A.①②   B.①③

C.②③   D.①②③

解析:连接锚和船体、传递锚的抓力、卧底链可增加抓力、将船舶限定在一定范围内。

答案:D。

7. 图中的设备是_____。

A.卸扣   B.锚

C. 松紧螺旋扣　　　　　　　　　　　D. 制链器

解析:螺旋式制链器。

答案:D。

8. 制链器的主要作用是_____。

A. 使锚链平卧在链轮上

B. 紧急情况下使锚链末端迅速与船体脱开

C. 固定锚链并将锚和卧底链产生的拉力直接传递至船体

D. 为美观而设计

解析:制链器的主要作用有减轻锚机负荷、固定锚链并将锚和卧底链产生的拉力直接传递至船体。

答案:C。

9. 制链器的主要作用是_____。

A. 避免锚链跳动　　　　　　　　　　B. 减轻锚机负荷,保护锚机

C. 减轻锚链下垂曲度　　　　　　　　D. 便于迅速解脱锚链

解析:制链器的主要作用有减轻锚机负荷、固定锚链并将锚和卧底链产生的拉力直接传递至船体。

答案:B。

10. 锚设备中弃链器的作用是_____。

A. 固定末端锚链

B. 使末端锚链不乱

C. 保证在紧急情况下能迅速可靠地脱开锚链

D. 便于锚链拆修

解析:锚设备中弃链器的作用是紧急情况下能迅速弃锚。

答案:C。

11. 螺旋式弃链器的操作手轮设在锚链舱_____到达的地方,并能由其迅速_____锚链。

A. 内部不易;系固　　　　　　　　　B. 外部易于;解脱

C. 内部易于;解脱　　　　　　　　　D. 外部易于;系固

解析:弃链器手轮在锚链舱外部。

答案:B。

12. 螺旋式弃链器的特点是_____。

①结构较复杂;②使用安全可靠;③一般装设于锚链舱壁上

A. ①②　　　　　　　　　　　　　　B. ①③

C. ②③　　　　　　　　　　　　　　D. ①②③

解析:结构较复杂,使用安全可靠,其位置一般装设于锚链舱壁上。

答案:D。

13. 闸刀式制链器的特点是_____。

①结构简单,操作迅速;②尺寸大时显得笨重;③结构复杂,操作费时

A.①②③   B.①②
C.②③   D.①③

解析:闸刀式制链器主要优点是结构简单,操作迅速。

答案:B。

14. 货船上普遍使用的首锚是_____。

A. 有杆锚   B. 无杆锚

C. 大抓力锚   D. 丹福斯锚

解析:货船上普遍使用无杆锚。

答案:B。

15. 适合于工程作业船的锚是_____。

A. 无杆锚   B. 有杆锚

C. 大抓力锚   D. 特种锚

解析:工程作业船多用大抓力锚。

答案:C。

16. 锚的抓重比又称锚的抓力系数,它是指_____。

A. 锚的抓力与链重之比   B. 链的抓力与锚重之比

C. 锚的抓力与锚重之比   D. 锚重与锚的抓力之比

解析:锚的抓重比是指锚的抓力与锚重之比。

答案:C。

17. 图中的设备属于_____。

A. 无杆锚   B. 有杆锚
C. 霍尔锚   D. 斯贝克锚

解析:本题暂无解析。

答案:B。

18. 一只性能优良的锚应符合_____。

①在一定锚重下具有较大的抓力系数;②抛起方便;③抛锚时能迅速啮入土中,起锚时易于出土;④结构坚固

A.①②③④   B.①②③
C.②③④   D.①③④

解析:本题暂无解析。

答案:A。

19. 下列有关锚的描述正确的是_____。

　　A. 各类型锚应在一定重量下具有尽可能大的抓力

　　B. 有杆锚锚爪能顺利抓入土中且抓力大,船上都使用

　　C. 特种锚是特种船使用的,如大型船舶等

　　D. 山字锚收藏和抛起方便且不易走锚,故普遍使用

　　解析:本题暂无解析。

　　答案:A。

20. 锚在港内操纵时的应用不包括_____。

　　A. 控制船速,减小冲程　　　　　　B. 控制船身横向移动

　　C. 船舶漂滞时作海锚用　　　　　　D. 船舶后退时起稳首作用

　　解析:船舶漂滞时作海锚用为应急用锚。

　　答案:C。

21. 操纵用锚包括下列哪项? _____。

　　A. 控制余速、稳定船首、抛锚掉头、单锚泊

　　B. 控制余速、稳定船首、单锚泊、脱浅用锚

　　C. 控制余速、单锚泊、抛锚掉头、脱浅用锚

　　D. 控制余速、稳定船首、抛开锚、抛锚掉头

　　解析:控制余速、稳定船首、抛开锚、抛锚掉头、控制船身横向移动等。

　　答案:D。

22. 锚在港内操纵时的应用包括_____。

　　①船舶漂滞时作海锚用;②控制船速,减小冲程;③船舶后退时起稳首作用;④控制船身横向

　　移动

　　A. ①②③④　　　　　　　　　　　B. ①③

　　C. ②③④　　　　　　　　　　　　D. ②④

　　解析:船舶漂滞时作海锚用为应急用锚。

　　答案:C。

23. 在港内操纵时运用锚辅助操纵适用于_____。

　　A. 中小型船　　　　　　　　　　　B. 大型船

　　C. 超大型船　　　　　　　　　　　D. 任何船型

　　解析:在港内操纵时运用锚辅助操纵适用于中小型船,大船易于丢锚断链。

　　答案:A。

24. 在港内操纵时运用锚辅助操纵适用于_____。

　　A. 船速较高时的中小型船　　　　　B. 船速较高时的任何船型

　　C. 船速较低时的中小型船　　　　　D. 船速较低时的任何船型

　　解析:用锚辅助操纵不适用于大船和高速船。

　　答案:C。

25. 下列情况中,不属于港内操纵用锚的是_____。

　　A. 拖锚制动　　　　　　　　　　　　B. 拖锚掉头

　　C. 抛开锚　　　　　　　　　　　　　D. 港内狭水道航行时备锚

　　解析:港内狭水道航行时备锚为应急用锚。

　　答案:D。

26. 锚泊用锚包括_____。

　　①单锚泊;②用锚漂滞;③双锚泊;④锚链系浮筒

　　A.①②③④　　　　　　　　　　　　B.①②③

　　C.①③④　　　　　　　　　　　　　D.①③

　　解析:锚泊用锚只有单锚泊和双锚泊。

　　答案:D。

27. 下列情况属于锚泊用锚的是_____。

　　①控制余速用锚;②搁浅后固定船身;③单锚泊;④抛一字锚;⑤抛八字锚

　　A.①②⑤　　　　　　　　　　　　　B.①②④

　　C.②③④　　　　　　　　　　　　　D.③④⑤

　　解析:控制余速用锚为操纵用锚,搁浅后固定船身为应急用锚。

　　答案:D。

28. 锚在应急中的应用包括_____。

　　①协助掉头;②避免碰撞、触礁、上滩;③搁浅时固定船体和协助脱浅;④在海上大风浪中稳定船首

　　A.①②③④　　　　　　　　　　　　B.①②③

　　C.②③④　　　　　　　　　　　　　D.①②④

　　解析:协助掉头为操纵用锚。

　　答案:C。

5.2　锚链的种类、组成与标记

一、知识点梳理

　　1. 锚链种类

　　(1)按有无挡:有挡锚链、无挡锚链。

　　(2)制造方式:铸钢锚链、焊接锚链、锻造锚链。

　　(3)钢材种类:强度由小到大 AM1、AM2、AM3。

　　(4)按作用分:普通链环、末端链环、转环、连接链环、连接卸扣及末端卸扣。

　　2. 锚链组成

　　其基本单位是链节,一般为 27.5 m。锚链由锚端链节、中间链节、末端链节组成。转环环栓

朝向中间链节。

　　3. 锚链标记

　　连接链环涂红漆,前后数有挡环,第 N 个缠金属丝,之间的涂白漆,表示 N 与 $N+1$ 之间,第六节重复,最后两节涂醒目标志。

二、难点点拨

　　读取锚链节数时,首先找到连接链环(卸扣),表示节与节的分界。再往前后(起锚)或往后(抛锚)点数有挡环的个数至缠金属丝的环截止。有挡环的个数为 N 时,即表示刚才的连接链环是 N 与 $N+1$ 节之间(或出链 N 节);注意也可能表示的是 $N+5$ 与 $N+6$ 节之间,这在实际抛起锚时是不会混淆的。

三、相关习题

1. 锚链按其结构可分为_____。

　　A. 铸钢锚链和电焊锚链　　　　　　B. 有挡锚链和无挡锚链

　　C. 铸钢锚链和锻造锚链　　　　　　D. 电焊锚链和锻造锚链

　　解析:按有无挡分为有挡锚链和无挡锚链。

　　答案:B。

2. 图中的链环是锚链中的_____。

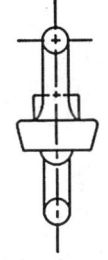
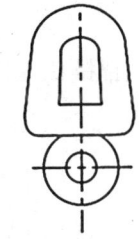

　　A. 普通链环　　　　　　　　　　　B. 加大链环

　　C. 末端链环　　　　　　　　　　　D. 转环

　　解析:本题暂无解析。

　　答案:D。

3. 下列物品用于锚链链节之间连接的是_____。

A. 　　　　　　　　　　B.

C. 　　　　　　　　　　D.

解析：用于锚链链节之间连接的是连接链环。

答案：B。

4. 组成一根锚链的链环类型一般有_____。

①普通链环；②加大链环；③末端链环；④转环；⑤末端卸扣；⑥连接链环

A. ①②③④⑤⑥　　　　　　　　B. ①②③④⑤

C. ①③④⑤⑥　　　　　　　　D. ②③④⑤⑥

解析：本题暂无解析。

答案：A。

5. 铸钢锚链的缺点是_____。

①制造工艺较复杂；②成本较高；③耐冲击负荷差

A. ①②　　　　　　　　　　B. ①③

C. ②③　　　　　　　　　　D. ①②③

解析：铸钢锚链强度较高，刚性好，撑挡不会松动，使用寿命较长。其缺点是制造成本较高，耐冲击负荷差。

答案：D。

6. 锚链中设置转环的作用是_____。

A. 连接各节锚链

B. 避免通过持链轮时产生跳动

C. 防止锚链过分扭绞

D. 标示锚链长度

解析：转环可以防止锚链过分扭绞。

答案：C。

7. 在尺寸、材质相同的情况下，有挡锚链比无挡锚链具有的优越性是_____。

①强度大；②变形小；③不易扭缠

A. ①②　　　　　　　　　　B. ②③

C. ①③　　　　　　　　　　D. ①②③

解析：有挡链的强度比无挡链的大，抗拉强度约大 20%，变形小，且堆放时不易扭缠，故海船上广泛采用。无挡链一般只用于小船。

答案：D。

8. 普通链环大小的表示方法为_____。

A. 每个链环的重量　　　　　　B. 每节锚链的重量

C. 链环的直径　　　　　　　D. 每节锚链的长度

解析：普通链环的直径是衡量锚链强度的标准。

答案：C。

9. 衡量锚链强度的标准链环是_____。

A. 加大链环　　　　　　　　B. 连接卸扣

C. 链端链环　　　　　　　　D. 普通链环

解析:普通链环的直径是衡量锚链强度的标准。

答案:D。

10. 我国规定每节锚链的标准长度为_____。

　　A. 25 m　　　　　　　　　　　　B. 26 m

　　C. 27 m　　　　　　　　　　　　D. 27.5 m

　　解析:我国规定每节锚链的标准长度为27.5 m,且每节锚链的链环数应为奇数。

　　答案:D。

11. 一般锚链的锚端链节和末端链节均应设一个转环,转环的环栓应朝向_____。

　　①中间链节;②锚端链节;③末端链节

　　A. ①　　　　　　　　　　　　　　B. ②

　　C. ③　　　　　　　　　　　　　　D. ①或③

　　解析:防止锚链扭结。

　　答案:A。

12. 锚链的转环装设在_____。

　　①锚端链节;②末端链节;③中间链节

　　A. ①②③　　　　　　　　　　　　B. ①②

　　C. ②③　　　　　　　　　　　　　D. ①③

　　解析:一般锚链的锚端链节和末端链节均应设一个转环。

　　答案:B。

13. 锚链中连接链环(或连接卸扣)的主要作用是_____。

　　A. 增加锚链的强度　　　　　　　　B. 便于锚链拆解

　　C. 便于节与节之间区别　　　　　　D. 抛锚后,制链器卡在连接卸扣(或连接链环)上

　　解析:连接链环的主要作用是便于锚链拆解。

　　答案:B。

14. 锚端链节中的末端卸扣和锚卸扣的圆弧部分朝向锚机,其作用是_____。

　　①增加链节连接强度;②减小起锚时的磨损;③防止卡在锚链筒的唇缘处;④便于拆解和保养

　　A. ①④　　　　　　　　　　　　　B. ②③

　　C. ①③④　　　　　　　　　　　　D. ②③④

　　解析:没有增加链节连接强度作用。

　　答案:B。

15. 将锚链连接链环涂红漆的目的是_____。

　　A. 防锈　　　　　　　　　　　　　B. 表明易损处

　　C. 指示锚链长度　　　　　　　　　D. 提醒有丢失锚链的危险

　　解析:最后1~2节可涂红或黄漆等醒目标记以作为预示锚链将至末端的危险警告,以警惕发生丢锚事故。

　　答案:C。

16. 最后1~2节锚链大都涂上红色或黄色等醒目油漆标记的目的是_____。

A. 防锈   B. 美观

C. 便于操作   D. 警惕有丢锚危险

解析:警惕发生丢锚事故。

答案:D。

17. 锚链标记的目的是_____。

①迅速识别松出的长度;②及时控制绞锚速度;③警告锚链舱内剩余链长

A. ①   B. ②

C. ③   D. ①②③

解析:本题暂无解析。

答案:D。

18. 下列哪项措施主要是为了及时掌握锚链松放长度所采取的? _____。

A. 在末端链节设置转环   B. 在连接链环及其附近进行标记

C. 采用有挡锚链   D. 查看锚地水深

解析:本题暂无解析。

答案:B。

19. 在每条锚链的连接链环前后的有挡链环上涂上白漆,主要目的是_____。

A. 防止锚链生锈   B. 指示锚链的长度

C. 提高锚链的自洁度   D. 增加锚链的美观

解析:为了在抛起锚时能迅速识别锚链松出的长度,在起锚时能掌握锚链在水中的长度,在各连接链环及其附近的有挡链环上做出标记。

答案:B。

20. 锚链标志的作用有_____。

①用以在抛锚时及时掌握出链长度;②用以在起锚时了解剩余锚链长度;③美观及锚链保养;④警惕丢锚的危险

A. ①②③④   B. ①②③

C. ①②④   D. ②③④

解析:本题暂无解析。

答案:C。

21. 在连接链环前后第四个有挡链环的撑挡上各绕以金属丝,并涂以白漆,连接链环涂红漆,这种标记应在_____。

A. 第 3~4 节之间   B. 第 4~5 节之间

C. 第 4 节   D. 第 5~6 节之间

解析:本题暂无解析。

答案:B。

22. 当你将锚抛下看到一个红色链环且其前后各有一个白色有挡链环,则表示出链长度为_____。

A. 2 节   B. 3 节

C. 5 节   D. 6 节

解析:本题暂无解析。

答案:D。

23. 锚链标记从第_____之间开始,重复第 1 节与第 2 节及其他相应各节之间同样的方法进行标记。

A. 5~6 节   B. 6~7 节

C. 7~8 节   D. 4~5 节

解析:本题暂无解析。

答案:B。

24. 抛锚时看到图示标记,表示出链长度为_____。

A. 1 节   B. 2 节

C. 4 节   D. 无法确定

解析:本题暂无解析。

答案:C。

25. 在连接链环前后第 3 个有挡链环的撑挡上各绕以金属丝,并涂白漆,连接链环涂红漆,这种标记应在第_____。

A. 3~4 节之间   B. 4~5 节之间

C. 2~3 节之间   D. 5~6 节之间

解析:本题暂无解析。

答案:A。

26. 如图所示的锚链的标记是_____锚链的标记。

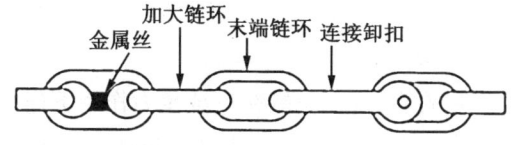

A. 第 2~3 节之间   B. 第 3~4 节之间

C. 第 1~2 节之间   D. 第 4~5 节之间

解析:本题暂无解析。

答案:A。

27. 下图所示的锚链标记是_____之间的锚链标记。

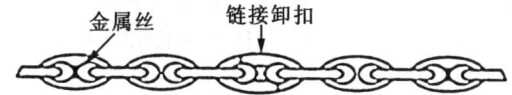

A. 第 2~3 节　　　　　　　　　　　B. 第 3~4 节

C. 第 4~5 节　　　　　　　　　　　D. 第 5~6 节

解析:本题暂无解析。

答案:C。

28.若锚链中间链接的链节间为连接卸扣,则连接卸扣的横栓应朝向_____。

　　A. 中间链节　　　　　　　　　　B. 弃链器

　　C. 锚　　　　　　　　　　　　　D. 两端

解析:本题暂无解析。

答案:B。

5.3　锚机的主要技术要求

一、知识点梳理

1. 分类

(1)按动力:电动锚机、液压锚机、蒸汽锚机。

(2)按布置:卧式锚机、立式锚机。

2. 技术要求

(1)独立驱动。

(2)足够的功率,不小于 9 m/min,将一只锚从水深 82.5 m 处拉起至深度 27.5 m 处。

(3)连续工作 30 min,1.5 倍额定拉力工作 2 min。

(4)可靠的制动器,应能承受锚链或钢索断裂负荷 45% 的静拉力,应装有离合器,能承受锚链破断负荷 80% 的拉力,能顺、倒转动。

(5)三点(锚链筒、制链器和链轮)成一线。

二、相关习题

1.锚机应有连续工作_____的能力;并应能在过载拉力作用下连续工作_____。

　　A. 30 min;2 min　　　　　　　　B. 20 min;1.5 min

　　C. 10 min;2 min　　　　　　　　D. 2 min;30 min

解析:本题暂无解析。

答案:A。

2.锚机应能在不小于_____额定拉力的过载拉力作用力下连续工作_____。

　　A. 2 倍;2 min　　　　　　　　　B. 2 倍;3 min

　　C. 1.5 倍;2 min　　　　　　　　D. 1.5 倍;3 min

解析:本题暂无解析。

答案:C。

3. 将 1 只锚从水下 82.5 m 深处拉起至深度 27.5 m,其平均速度不应小于_____。

   A. 5 m/min   B. 8 m/min

   C. 9 m/min   D. 7 m/min

   解析:本题暂无解析。

   答案:C。

4. 我国相关规范规定,锚机在使用额定拉力时绞单锚的平均速度应不小于_____。

   A. 12 m/min   B. 20 m/min

   C. 9 m/min   D. 13 m/min

   解析:本题暂无解析。

   答案:C。

5. 锚机在额定拉力的额定速度下,应能连续工作_____。

   A. 60 min   B. 45 min

   C. 30 min   D. 15 min

   解析:本题暂无解析。

   答案:C。

6. 锚机的过载拉力应不小于额定拉力的_____。

   A. 1.5 倍   B. 2 倍

   C. 1.1 倍   D. 3 倍

   解析:本题暂无解析。

   答案:A。

项目6 舵设备及其运用

6.1 舵设备组成及作用

一、知识点梳理

舵设备由舵、操舵装置、操舵装置控制系统及其他附属装置等组成。

二、难点点拨

1.舵设备主要包括舵装置(主要位于船尾)、操舵装置(主要位于舵机间)和操舵装置的控制装置(驾驶台至舵机间)。

2.能通过图片认识相关设备及其部位。

三、相关习题

1.舵设备由_____组成。

　　①舵;②操舵装置;③操舵装置控制系统;④其他附属装置

　　A.①②③　　　　　　　　　　　　　　B.②③④

　　C.①③④　　　　　　　　　　　　　　D.①②③④

　　解析:舵设备由舵、操舵装置、操舵装置控制系统及其他附属装置等组成。

　　答案:D。

2.舵设备的组成中包括_____。

①舵机及其传动机构;②舵角指示器;③舵及舵角限位器;④操舵装置控制系统

A.①②③　　　　　　　　　　　　B.②③④

C.①③④　　　　　　　　　　　　D.①②③④

解析:舵设备由舵、操舵装置、操舵装置控制系统及其他附属装置等组成。

答案:D。

3. 舵设备主要由_____组成。

①舵;②转舵装置;③舵机;④操舵装置控制系统

A.①②③④　　　　　　　　　　　B.②③④

C.①③④　　　　　　　　　　　　D.①②③

解析:舵设备由舵、操舵装置、操舵装置控制系统及其他附属装置等组成。

答案:A。

4. 舵杆是舵叶转动的轴,其下部与_____连接,上部与_____相连。

A.舵轴;操舵装置　　　　　　　　B.舵顶板;传动装置

C.舵叶;转舵装置　　　　　　　　D.上轴承;舵机

解析:舵杆是舵叶转动的轴,并用以承受和传递作用在舵叶上的力及舵给予转舵装置的力,其下部与舵叶连接,上部与转舵装置相连。

答案:C。

5. 舵叶上设置绳孔和凹槽的主要作用是_____。

A.用于舵叶内部密性试验　　　　　B.用于安装拆卸

C.灌放水和充填防腐沥青　　　　　D.方便维修保养

解析:为了便于舵叶的安装拆卸,在舵叶上开有由钢管构成的绳孔或在舵叶尾端上开有凹槽。

答案:B。

6. 在流线型舵叶的上部和下部都开有小孔并配有不锈金属栓塞的目的是_____。

A.便于舵叶安装或拆卸　　　　　　B.便于流水畅通,以减小阻力

C.便于密性试验及充填防腐沥青　　D.便于舵叶内部透气

解析:为了密性试验和充填沥青等防腐材料,在舵叶上部和下部开有小孔,并配有不锈金属(通常为黄铜)制成的栓塞,该栓塞称为舵底塞。

答案:C。

7. 常见商船上按舵杆的轴线位置分类的舵是_____。

①不平衡舵;②平衡舵;③悬挂舵;④半悬挂舵

A.①②　　　　　　　　　　　　　B.③④

C.①③　　　　　　　　　　　　　D.①④

解析:按舵杆轴线位置分不平衡舵、平衡舵和半平衡舵。

答案:A。

8. 常见商船上按舵叶的支承情况分类的舵是_____。

①不平衡舵;②平衡舵;③悬挂舵;④半悬挂舵

A.①②　　　　　　　　　　　　　B.③④

C.①③   D.①④

解析:按舵的支承方式分支承舵、悬挂舵和半悬挂舵。

答案:B。

9. 常见商船上按舵叶的剖面形状分类的舵是_____。

①不平衡舵;②平衡舵;③平板舵;④流线型舵

A.①②   B.③④

C.①③   D.①④

解析:按舵叶的剖面形状分平板舵和流线型舵。

答案:B。

10. 襟翼舵的特点是_____。

A. 有助于船舶获得较大的转船力矩,减小舵杆扭矩

B. 有助于船舶获得较小的转船力矩,减小舵杆扭矩

C. 有助于船舶获得较大的转船力矩,增加舵杆扭矩

D. 有助于船舶获得较小的转船力矩,增加舵杆扭矩

解析:本题暂无解析。

答案:A。

6.2 《SOLAS 公约》与我国《钢质船舶入级规范》对操舵装置的要求

一、知识点梳理

1. 一般要求

通常每艘船舶均应设置一套主操舵装置和一套辅助操舵装置。其布置应满足当其中一套发生故障时不致引起另一套也失效。

2. 主操舵装置基本性能要求

(1)具有足够的强度并能在船舶最大航海吃水和最大营运前进航速时进行操舵,使舵自任一舷 35°转至另一舷 35°,并且于相同条件下自一舷的 35°转至另一舷的 30°所需的时间不超过 28 s。

(2)舵杆直径大于 120 mm 时,为动力操作。

(3)设计成船舶最大后退速度时不致损坏。

3. 辅助操舵装置基本性能要求

(1)应能在船舶最大航海吃水和以最大营运前进航速的一半但不小于 7 kn 时进行操舵,使舵自一舷的 15°转至另一舷的 15°,且所需时间不超过 60 s。

(2)舵杆直径大于 230 mm 时,为动力操作。

(3)人力操舵装置只有当其操作力在正常情况下不超过 160 N,且确保其结构不致对操舵手轮产生破坏性的反冲作用时,方可装船使用。

◎ 二、难点点拨

现代海船一般都设有两套相同的动力转舵系统。

🗨 三、相关习题

1. 主操舵装置应能在船舶满载全速前进时,将舵自一舷_____转至另一舷_____,其时间不超过_____。

A. 30°;30°;30 s   B. 35°;30°;28 s

C. 15°;15°;60 s   D. 35°;30°;30 s

解析:本题暂无解析。

答案:B。

2. 主操舵装置应能在船舶最深航海吃水和以最大营运前进航速前进时,在不超过_____内将舵自一舷的 35°转至另一舷的 30°。

A. 28 s   B. 35 s

C. 30 s   D. 25 s

解析:本题暂无解析。

答案:A。

3. 主操舵装置和舵杆应_____。

①具有足够强度;②能在船舶最大航海吃水和最大营运前进航速时进行操舵;③设计成在最大后退航速时不致损坏

A. ①②   B. ②③

C. ①③   D. ①②③

解析:本题暂无解析。

答案:D。

4. 辅助操舵装置应能满足在最大营运前进航速的一半但不小于 7 kn 时进行操舵,使舵自一舷_____转至另一舷_____,所需时间不超过_____。

A. 30°;30°;30 s   B. 35°;35°;45 s

C. 20°;20°;50 s   D. 15°;15°;60 s

解析:本题暂无解析。

答案:D。

5. 主操舵装置和舵杆应有足够的强度,并能在最大营运航速前进时操舵,使舵自任一舷_____转至另一舷_____。

A. 30°;30°   B. 35°;35°

C. 40°;40°   D. 50°;50°

解析:本题暂无解析。

答案:B。

6. 船舶可不设置辅助操舵装置的基本条件是_____。
   A. 具有一套主操舵装置
   B. 具有两套主操舵装置
   C. 主操舵装置具有两台相同的动力设备
   D. 主操舵装置具有两台或两台以上相同的动力设备
   解析:本题暂无解析。
   答案:D。

7. 主、辅操舵装置动力设备的布置应能满足_____。
   ①当动力源发生故障失效后又恢复输送时,能自动再起动;②能从驾驶室使其投入工作;③任一台操舵装置动力设备的动力源发生故障时,应在驾驶室发出声光警报
   A. ①②   B. ①②③
   C. ②③   D. ①③
   解析:本题暂无解析。
   答案:B。

8. 主、辅操舵装置任一台动力设备在动力源发生故障时,应能在_____发出_____警报。
   A. 机舱;音响   B. 舵机间;灯光
   C. 驾驶室;声光   D. 餐厅和船长房间;液晶光
   解析:本题暂无解析。
   答案:C。

9. 主、辅操舵装置动力设备布置应满足能从_____使其投入工作。
   A. 机舱   B. 舵机间
   C. 应急操作室   D. 驾驶室
   解析:本题暂无解析。
   答案:D。

10. 主操舵装置应在_____和_____都设有控制器。
    A. 驾驶室;机舱   B. 驾驶室;船长室
    C. 驾驶室;机控室   D. 驾驶室;舵机间
    解析:本题暂无解析。
    答案:D。

11. 当船舶满足不设置辅助操舵装置条件时,则应设置两套独立的控制系统,且每套系统均应能在_____控制。
    A. 甲板室   B. 机控室
    C. 应急控制室   D. 驾驶室
    解析:本题暂无解析。
    答案:D。

12. 当辅助操舵装置是用动力操纵的,则应能在_____进行控制,并应独立于主操舵装置的控

制系统。

A. 机控室

B. 舵机间

C. 驾驶室

D. 舵机间、驾驶室

解析:本题暂无解析。

答案:D。

13. 舵角的显示装置应独立于_____。

A. 电路控制系统

B. 液压控制系统

C. 手柄控制系统

D. 操舵装置的控制系统

解析:本题暂无解析。

答案:D。

14. 舵角的位置信号应在_____和_____都有显示。

A. 机舱;驾驶室

B. 驾驶室;轮机长室

C. 机舱;舵机间

D. 驾驶室;舵机间

解析:本题暂无解析。

答案:D。

15. 电力操舵装置控制系统的两套独立操舵系统是_____。

A. 手柄操舵和应急操舵

B. 随动操舵和应急操舵

C. 手动操舵和自动操舵

D. 自动操舵和应急操舵

解析:本题暂无解析。

答案:B。

16. 主操舵装置的控制器设在_____。

A. 驾驶室

B. 舵机间

C. 机舱

D. 驾驶室和舵机间

解析:本题暂无解析。

答案:D。

17. 辅助操舵装置不应属于主操舵装置的任何部分,但可共用其中的_____。

A. 传动控制系统

B. 舵机装置动力设备

C. 舵柄、舵扇或作同样用途的部件

D. 电动液压操舵装置

解析:本题暂无解析。

答案:C。

18. 船舶可不设辅助操舵装置的条件是主操舵装置必须具有两台或两台以上_____。

A. 相同的液压控制系统

B. 相同的动力设备

C. 不同的动力设备

D. 相同的电力控制系统

解析:本题暂无解析。

答案:B。

19. 各种类型自动操舵仪都应和罗经组合,并具有_____三种操舵方式。
   A. 自动、液压、非随动
   B. 随动、辅助、撤钮
   C. 非随动、电动、机械
   D. 自动、随动、非随动
   解析:本题暂无解析。
   答案:D。

6.3 应急控制系统的结构特点与使用要领

一、知识点梳理

1. 结构特点

电源独立(由直流船电供电),操舵手柄、开关或按钮直接控制继电器或其他相应装置来起动舵机,无反馈装置,开关合上舵机转动,左开关合上左转,右开关合上右转,开关脱开舵机停止。

2. 使用要领

(1)按舵角操舵:舵角到及时松开手柄。

(2)按航向操舵:应结合改向大小,船舶的回转惯性,合理使用舵角,及时断电(将手柄掰回到中间位置),才能使船舶准确到达所需的航向。

3. 设置

在驾驶室和舵机间各设有一套应急操舵的开关或手柄。

二、难点点拨

1. 按规定至少每 3 个月进行一次应急操舵演习,包括在驾驶室和舵机间操舵。

2. 应急操舵一般是在随动操舵失灵时才使用,甚至包括临时制作的应急舵。

三、相关习题

1. 根据规定,船舶进行应急舵演习的时间间隔一般为_____。
   A. 1 个月
   B. 3 个月
   C. 6 个月
   D. 12 个月
   解析:按规定至少每 3 个月进行一次应急操舵演习。
   答案:B。

2. 船舶以自动舵在大洋航行过程中,自动舵突然失灵,下列关于此时操舵方式的转换正确的是_____。
   ①立即将操舵方式选择旋钮旋到手动方式;②如手动方式依然失灵,则立即转至舵机间进行远程操舵;③如驾驶台操舵方式均失灵,则立即转至舵机间进行操舵;④在舵机间操舵时,须断开

驾驶台对舵机的遥控电源

A.①②③④
B.①③④

C.①③
D.①②④

解析:如手动方式依然失灵,则转至手柄操舵。

答案:B。

3.按照《SOLAS 公约》规定,每次在船上举行的应急舵演习应包括下列_____内容。

①试验在操舵装置室内(舵机间)对舵机的直接控制;②进行转换动力供应的操作;③试验驾驶台与操舵装置室(舵机间)的通信程序

A.①②③
B.①

C.②
D.③

解析:本题暂无解析。

答案:A。

4.按照《SOLAS 公约》的规定,每 3 个月至少进行一次应急操舵演习(试验),每次在船上举行的应急舵演习包括下列_____内容。

①模拟舵机故障及模拟故障检查和排除;②在舵机间进行应急操舵;③在驾驶台与舵机间进行通信;④进行操舵装置的动力转换的演练

A.②③④
B.①②③④

C.①③④
D.①②③

解析:本题暂无解析。

答案:B。

5.按照《SOLAS 公约》的规定,每 3 个月至少进行一次应急操舵演习(试验),每次在船上举行的应急舵演习包括下列_____步骤。

①将选择扳钮由驾驶台切换到舵机间;②用直通电话与驾驶台联系,听从驾驶台指挥;③舵工利用舵角指示器和航向分罗经协助操舵

A.②③
B.①②③

C.①③
D.①②

解析:本题暂无解析。

答案:B。

6.应急操舵演习的内容应包括_____。

①在舵机间内的直接控制;②舵机间间与驾驶室的通信程序;③转换动力供应的操作

A.①
B.②③

C.①②③
D.①②

解析:本题暂无解析。

答案:C。

7.舵机间应急操舵的特点主要有_____。

①噪声大,舵令不易听清;②舵令传达不直接,易导致舵令执行不准确;③离舵机距离近,操控更直接、精准;④直接扳动液压杆操舵,操控准确性较差

A.①②③   B.①②④

C.①③④   D.①②③④

解析:本题暂无解析。

答案:B。

8.关于舵机间应急操舵,下列说法正确的是_____。

A.驾驶台应使用 VHF 与舵机间进行通信

B.驾驶台应使用直通电话与舵机间进行通信

C.驾驶台应直接向舵机间操舵舵工下达操舵指令

D.驾驶台应使用 VHF 或直接下达舵令与舵机间进行通信

解析:本题暂无解析。

答案:B。

9.应急操舵时,驾驶台与舵机间的通信方式为_____。

A.直接喊话   B.声力直通电话

C.VHF   D.内部电话

解析:本题暂无解析。

答案:B。

6.4 随动舵、自动舵、应急舵的转换及适用的场合

一、知识点梳理

1. 操舵方式

(1)随动操舵(又称为人工操舵):对应随动操舵系统,即正常操舵。

(2)自动操舵:对应自动舵系统。

(3)应急操舵:对应手柄控制系统,在自动和随动操舵系统发生故障时使用。

2. 转换注意事项

由"随动"调整到"自动",转换前应注意:

(1)把压舵与自动改向调节旋钮归零;

(2)确定航向;

(3)处于正舵状态。

3. 随动舵适用场合

随动舵适用场合有大风浪、船舶避让、改向、过转向点,航行于狭水道、渔区、礁区、航道复杂水域、进出港和靠离泊位、在能见度受限制的情况下以及在所有其他航行危险的情况下。

二、相关习题

1.在使用自动舵时,在下列哪些情况下应转换成人工操舵?_____。

①在避让时和雾航时;②大风浪航行时;③狭水道航行时;④航行于渔区、礁区等复杂海区时

A.①②③④   B.②③④

C.①②④   D.①②③

解析:本题暂无解析。

答案:A。

2. 在下列哪些情况下应将自动舵转为人工操舵? _____。

①避让和雾航时;②备车进出港航行时;③大风浪中;④过转向点时

A.①②③   B.②③④

C.①③④   D.①②③④

解析:本题暂无解析。

答案:D。

3. 从随动操舵转换为自动操舵前,应注意_____。

①先将压舵及自动改向调节旋钮置于"零位";②把船舶操稳在指定的航向上;③将灵敏度旋钮调低一些;④使舵处于正舵位置

A.①②③   B.②③④

C.①③④   D.①②④

解析:本题暂无解析。

答案:D。

4. 船舶进出港、狭水道航行、避让及大风浪天气航行时,一般都应使用_____。

A. 自动操舵   B. 手柄操舵

C. 应急操舵   D. 随动操舵

解析:本题暂无解析。

答案:D。

5. 自动舵一般在哪些情况下使用? _____。

①开阔水域;②受限水域;③雾航时;④不需经常改向时

A.①②   B.③④

C.②③   D.①④

解析:本题暂无解析。

答案:D。

6. 使用自动舵航行时应_____检查手操舵装置一次。

A. 至少每8 h   B. 每1 h

C. 每天   D. 每个航行班次

解析:本题暂无解析。

答案:D。

7. 使用自动舵应进行适当的设置,其中偏航报警设定值是_____。

A. 操舵舵角的最大值   B. 偏离航向的最大值

C. 船舶航速的最大值   D. 偏航角速度的最大值

解析:本题暂无解析。

答案:B。

8. 一般在哪些情况下不宜使用自动舵? _____。

　　①雾航时;②进出港时;③不需经常改向时;④船舶避碰时

　　A. ①②③④ 　　　　　　　　　　　B. ①②④

　　C. ①③④ 　　　　　　　　　　　D. ①④

　　解析:本题暂无解析。

　　答案:B。

项目 7 系泊设备

7.1 系船缆的种类和特点

一、知识点梳理

1. 种类:植物纤维绳(白棕、棉麻、油麻绳);化学纤维绳(尼龙绳、涤纶绳、丙纶绳和乙纶绳、维尼龙绳);钢丝绳(硬、半硬、软)。

2. 规格:长度 220 m,也有 500 m,编织绳 100 m;破断负荷=安全工作负荷×安全系数(一般取6)。

二、相关习题

1. 系船缆的性能应满足_____。
①强度大;②耐腐蚀、耐磨损;③密度小、弹性适中;④质地柔软和使用方便
A.①②③   B.②③④
C.①③④   D.①②③④
解析:本题暂无解析。
答案:D。

2. 钢丝绳的规格主要是以_____来表示的。
A. 最大直径   B. 最大周长
C. 每捆长度   D. 每捆重量
解析:本题暂无解析。

答案:A。

3. 纤维绳的规格主要是以_____来表示的。

　A. 最大直径　　　　　　　　　　　B. 最大半径

　C. 每捆长度　　　　　　　　　　　D. 每捆重量

　解析:本题暂无解析。

　答案:A。

4. 下列各项中_____是植物纤维绳的特点。

　①柔软;②质轻;③强度小;④不易腐烂

　A.①②③④　　　　　　　　　　　B.①②③

　C.①②④　　　　　　　　　　　　D.①③④

　解析:本题暂无解析。

　答案:B。

5. 下列各项中_____是尼龙绳缆绳的特点。

　①耐酸碱;②耐油;③弹性大;④不易疲劳

　A.①②③④　　　　　　　　　　　B.①②③

　C.②③④　　　　　　　　　　　　D.①③④

　解析:本题暂无解析。

　答案:A。

7.2　系缆的名称与作用

一、知识点梳理

　　1. 系泊用缆:艏缆(头缆)、艏横缆、艏倒缆、艉倒缆、艉横缆、艉缆。作用根据其出缆位置与方向而定,如艏缆在船首,缆绳斜向前方,其能控制船首外偏和船身后移。万吨级船靠码头,一般艏缆、艉缆各3根,艏、艉倒缆各1根。

　　2. 系浮用缆:单头缆、回头缆。

二、难点点拨

　　外档头缆也叫包头缆,里档头缆也叫领水缆。

三、相关习题

1. 船舶系泊时,艏缆的作用是_____。

　A. 防止船舶后移,防止船首向外舷移动

B. 防止船舶前移,防止船首向外舷移动

C. 防止船舶后移,防止船尾向外舷移动

D. 防止船舶前移,防止船首向外舷移动

解析:本题暂无解析。

答案:A。

2. 船舶系泊时,艉缆的作用是_____。

A. 防止船舶后移,防止船尾向外舷移动

B. 防止船舶前移,防止船尾向外舷移动

C. 防止船舶后移,防止船首向外舷移动

D. 防止船舶前移,防止船首向外舷移动

解析:本题暂无解析。

答案:B。

3. 船舶系泊时,艉倒缆的作用是_____。

A. 防止船舶前移,防止船首向外舷移动

B. 防止船舶后移,防止船首向外舷移动

C. 防止船舶前移,防止船尾向外舷移动

D. 防止船舶后移,防止船尾向外舷移动

解析:本题暂无解析。

答案:D。

4. 船舶系泊时,能防止船舶后移的缆绳包括_____。

A. 艉缆和艉倒缆　　　　　　　　B. 艉缆和艏倒缆

C. 艏缆和艉倒缆　　　　　　　　D. 艏缆和艏倒缆

解析:本题暂无解析。

答案:C。

5. 船舶系泊时,能防止船首向外舷移动的缆包括_____。

A. 艏缆、艏倒缆和艏横缆　　　　B. 艉缆、艏倒缆和艏横缆

C. 艉缆、艉倒缆和艏横缆　　　　D. 艏缆、艉倒缆和艉横缆

解析:本题暂无解析。

答案:A。

6. 船在系泊中,横缆的主要作用是_____。

A. 阻止船舶向前移动　　　　　　B. 阻止船舶离开码头

C. 阻止船舶向后移动　　　　　　D. 阻止船舶前后移动

解析:本题暂无解析。

答案:B。

7. 在船舶靠码头系缆图中 D 是_____。

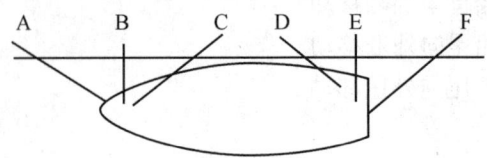

A. 艏缆   B. 艉缆

C. 横缆   D. 拖缆

解析:本题暂无解析。

答案:B。

8. 在船舶靠码头系缆图中 E 是_____。

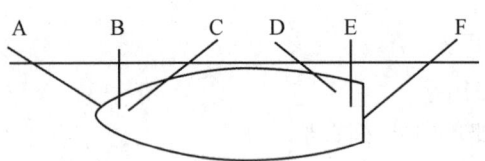

A. 艏缆   B. 艉倒缆

C. 艉横缆   D. 拖缆

解析:本题暂无解析。

答案:C。

9. 船舶系浮筒作业时,从艏、艉一舷送出,穿过浮筒环,再从另一舷回到船上的缆绳,称为_____。

A. 倒缆   B. 横缆

C. 回头缆   D. 单头缆

解析:本题暂无解析。

答案:C。

10. 船舶系浮筒时带回头缆的目的是_____。

A. 承受来自前方的风、流等外力的推压

B. 离浮筒便于自行解脱

C. 防止船位前移和外张

D. 协助船舶驶离泊位

解析:本题暂无解析。

答案:B。

11. 如图所示,箭头所指的系缆名称为_____。

A. 单头缆 B. 回头缆

C. 艏缆 D. 艉缆

解析:本题暂无解析。

答案:A。

7.3　系泊设备的组成与应用

一、知识点梳理

1. 挽缆装置:单柱、双柱缆桩,单十字、双十字缆桩,羊角桩。

2. 导缆装置:导缆孔、导缆钳(闭式、开式、单滚轮、双滚轮、三滚轮)、滚柱导缆器、滚轮导缆器、导向滚轮(设在甲板上,配合绞缆设备使用)。

二、难点点拨

万吨级船,备有艏、艉缆各 3~4 根,前后倒缆左右舷各 1 根,备用缆前后各 1~2 根,保险缆(兼作拖缆)前后各 1 根。

三、相关习题

1. 图中设备是_____。

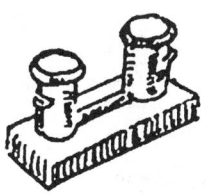

A. 缆桩 B. 桅杆

C. 滚筒 D. 导缆滚柱

解析:本题暂无解析。

答案:A。

2. 船上常用的导缆装置有_____。

①导缆孔;②导缆钳;③导向滚柱;④导向滚轮

A.①②④   B.①②③④

C.①③④   D.①②③

解析:本题暂无解析。

答案:B。

3. 图中设备是_____。

A. 导缆孔   B. 导缆桩

C. 卸扣   D. 眼环

解析:本题暂无解析。

答案:A。

4. 图中设备是_____。

A. 缆桩   B. 滚筒

C. 滚柱导缆器   D. 舷窗

解析:本题暂无解析。

答案:C。

5. 系泊设备的组成包括_____。

①系船缆;②导缆装置;③挽缆装置;④绞缆机械

A.①②③④   B.②③④

C.①②④   D.①③

解析:本题暂无解析。

答案:A。

6. 导缆装置的类型包括_____。

①导缆孔;②导缆钳;③导向滚轮;④绞缆机

A.①②③   B.①③④

C.②③④   D.①④

解析:本题暂无解析。

答案:A。

7. 近年来,有些船上配备了自动绞缆机,其目的是_____。

①可根据系缆的受力情况自动调整系缆的长度;②减少值班人员的操作和劳动强度;③防止缆绳拉断,保证系缆安全

A.①②

B.②③

C.①③

D.①②③

解析:本题暂无解析。

答案:D。

模块 2 船舶货运

船舶结构与货运同步辅导

项目 1　船舶货运基础

1.1　与船舶货运有关的船舶知识

1.1.1　船型系数

一、知识点梳理

1. 船形系数：表示船体水下面积或体积的肥瘦程度。

2. 水线面系数 C_w：水线面面积与其相应船长和型宽所围成的长方形面积的比，即 $C_w = \dfrac{A_w}{L_{BP} \cdot B}$，它的大小表示水线面的肥瘦程度。

3. 中横剖面系数 C_m：中横剖面在水线以下的面积 A_m 与由型宽 B、型吃水 d 所构成的矩形面积之比，即 $C_m = \dfrac{A_m}{B \cdot d}$，它的大小表示水线以下的中横剖面的肥瘦程度。

4. 方形系数 C_b 船体水线以下的型排水体积 ∇_m 与由船长 L_{BP}、型宽 B、型吃水 d 所构成的长方体体积之比，即 $C_b = \dfrac{\nabla_m}{L_{BP} \cdot B \cdot d}$，它的大小表示船体水下体积的肥瘦程度。

5. 棱形系数 C_p：船体水线以下的型排水体积 ∇_m 与由相对应的中横剖面面积 A_m、船长 L_{BP} 所构成的棱柱体体积之比，即 $C_p = \dfrac{\nabla_m}{A_m \cdot L_{BP}}$，它的大小表示排水体积沿船长方向的分布情况。

6. 垂向棱形系数 C_{vp}：船体水线以下的型排水体积 ∇_w 与由相对应的水线面面积 A_w、型吃水 d

所构成的棱柱体体积之比即 $C_{vp} = \dfrac{\nabla_m}{A_w \cdot d}$，它的大小表示排水体积沿吃水方向的分布情况。

二、相关习题

1. 某船的船长 $L_{BP} = 125.6$ m，型宽 $B = 22$ m，型吃水 $d = 8.32$ m，船体水线以下排水体积 $V = 12\,580$ m^3，则该船的方形系数为_____。

   A. 0.485　　　　　　　　　　　　　B. 0.547

   C. 0.613　　　　　　　　　　　　　D. 0.720

   解析：方形系数 C_b 是船体的型排水体积 ∇_m 与由船长 L_{BP}、型宽 B 和型吃水 d 确定的长方体体积之比。

   答案：B。

2. 某集装箱船的船长 $L_{BP} = 272.2$ m，型宽 $B = 32.2$ m，型吃水 $d = 12.5$ m，水线面系数 $C_w = 0.785$，则该船的水线面面积为_____ m^2。

   A. 6 533.2　　　　　　　　　　　　B. 7 360.5

   C. 7 850.7　　　　　　　　　　　　D. 6 880.4

   解析：水线面面积 A_w 为水线面系数 C_w 与船长 L_{BP} 和型宽 B 确定的矩形面积之积。

   答案：D。

3. 表征水线以下船体肥瘦程度的船型系数是_____。

   A. 方形系数　　　　　　　　　　　B. 中横剖面系数

   C. 水线面系数　　　　　　　　　　D. 棱形系数

   解析：方形系数表示水线下船体形状的肥瘦程度。

   答案：A。

4. 已知某船型吃水 $d = 2.05$ m，长宽比 $L_{BP}/B = 6.7$，宽度吃水比 $B/d = 2.46$，方形系数 $C_b = 0.53$，则船舶的型排水体积 ∇_m 是_____ m^3。

   A. 185.1　　　　　　　　　　　　　B. 267.2

   C. 33.8　　　　　　　　　　　　　　D. 83.1

   解析：型排水体积 $\nabla_m = 0.53 \times 33.79 \times 2.05 \times 5.043 = 185.1$ m^3。

   答案：A。

5. 某船 $L_{BP} = 78$ m，型吃水 $d = 4.80$ m，船宽 $B = 12.2$ m，排水体积 2 924 m^3。则其方形系数 C_b 为_____。

   A. 0.532　　　　　　　　　　　　　B. 0.640

   C. 0.737　　　　　　　　　　　　　D. 0.684

   解析：方形系数是船体的排水体积 V 与由船长 L_{BP}、型宽 B 和型吃水 d 确定的长方形体积之比。

   答案：B。

6. 船型系数是表示_____。

   A. 船体水下部分面积或体积肥瘦程度的无因次系数

B. 船体水上部分面积或体积肥瘦程度的无因次系数

C. 船体大小的无因次系数

D. 船体全部体积肥瘦程度的无因次系数

解析:船型系数是表示船体水下部分面积或体积肥瘦程度的无因次系数。

答案:A。

7. 计算船型系数时所使用的尺度为_____。

A. 船型尺度　　　　　　　　　　　　B. 最大尺度

C. 登记尺度　　　　　　　　　　　　D. 周界尺度

解析:计算船型系数时所使用的尺度为船型尺度。

答案:A。

8. _____是粗略表征船体形状的特征参数,随船舶吃水而变化。

A. 船型系数　　　　　　　　　　　　B. 每厘米吃水吨数

C. 每厘米纵倾力矩　　　　　　　　　D. 型线图

解析:船型系数是粗略表征船体形状的特征参数,随船舶吃水而变化。

答案:A。

1.1.2　船舶浮性

一、知识点梳理

1. 浮性:是指船舶在一定的装载状况下,具有漂浮在水面保持平衡位置的能力。

2. 船舶平衡的条件:

(1)船舶重力与浮力大小相等、方向相反。

(2)重心与浮心处于同一条铅垂线上。

3. 重心:船舶重力的作用中心,以 G 表示。

4. 浮心:船舶浮力的作用中心,以 B 表示,浮心实际上也是水线下船体排水体积的几何中心。

5. 船舶的浮态:

(1)正浮:船舶重心和浮心的纵坐标和横坐标均对应相同,艏、中、艉六面吃水相等。

(2)横倾:船舶重心与浮心的横坐标不同,左、右舷吃水不同。

(3)纵倾:船舶重心与浮心的纵坐标不同,艏、艉吃水不同。

(4)任意倾斜:船舶重心和浮心的纵坐标和横坐标均不相同,艏、中、艉六面吃水均不相等。

6. 船舶的漂心:是指船舶水线面的几何中心。

二、难点点拨

船舶平行沉浮的条件是少量增减的载荷位于初始漂心的垂线上。

📝 **三、相关习题**

1. 船舶的浮心 B 是指船舶_____。

    A. 总重量的中心   B. 受风面积的中心

    C. 水线面面积的中心   D. 水下排水体积的几何中心

    解析:浮心 B 是水线下船体排水体积的几何中心。

    答案:D。

2. 船舶的漂心 F 是指_____。

    A. 船舶排水体积的形心

    B. 船舶水线面面积的几何中心

    C. 船舶所受重力的作用中心

    D. 船舶倾斜前后两条浮力作用线的交点

    解析:船舶水线面的几何中心称为漂心 F。

    答案:B。

3. 船舶浮心距基线高度_____。

    A. 随吃水的增加而线性增加

    B. 吃水较小时随吃水的增加较快,吃水较大时随吃水的增加较慢

    C. 吃水较小时随吃水的增加较慢,吃水较大时随吃水的增加较快

    D. 随吃水的增加而增加,但增加的幅度在减小

    解析:考查浮心距基线高度随吃水的变化。

    答案:B。

4. 船舶平行沉浮的条件是少量载荷装卸于_____的垂直线上。

    A. 漂心   B. 稳心

    C. 浮心   D. 重心

    解析:船舶平行沉浮的条件是少量增减的载荷重心位于初始漂心 F 的垂线上。

    答案:A。

5. 船舶的浮心 B 是指_____。

    ①船舶排水体积的形心;②船舶排水体积的几何中心;③船舶所受浮力的作用中心

    A. ①   B. ②

    C. ③   D. ①②③

    解析:浮力的作用中心称为浮心,以 B 表示,B 实际上也是水线下船体排水体积的几何中心。

    答案:D。

6. 箱形驳船正浮时,对于漂心纵向和横向坐标 X_f、Y_f,_____成立。

    A. $X_f = 0$,$Y_f = 0$ B. 漂心在船中前后一定距离内

    C. $X_f \neq 0$,$Y_f = 0$ D. X_f 随吃水不同而变化

    解析:箱形驳船正浮时,漂心纵向和横向坐标 X_f、X_f 均为零。

答案:A。

7. 当船舶吃水增加时,船舶的_____一定增大。

　　A. 浮心距船中距离　　　　　　　　B. 漂心距船中距离

　　C. 横稳心距基线高度　　　　　　　D. 浮心距基线高度

　　解析:考查浮心距基线高度随吃水的变化。

　　答案:D。

8. 按我国规范建造的船舶,通常坐标系原点在_____。

　　A. 船首　　　　　　　　　　　　　　B. 船尾

　　C. 船中　　　　　　　　　　　　　　D. 任意点

　　解析:考查我国规范建造的船舶,通常坐标系原点的设置。

　　答案:C。

1.1.3　船舶重量

1.1.3.1　船舶重量性能衡量指标

一、知识点梳理

　　1. 船舶重量性能的某些指标是决定船舶装载货物重量能力的主要因素,表征其重量性能的指标主要有排水量和载重量。

　　2. 船舶排水量是指船舶在静水中自由漂浮并保持静态平衡后所排开同体积水的重量,也等于该吃水时船舶的总重量。排水量根据装载不同状态可分为空船排水量、满载排水量以及某一装载状态下的排水量。

　　(1)船舶的空船排水量等于空船重量,主要包括船体、机械及设备,锅炉中的燃料和水、冷凝器中的淡水等重量之和。

　　(2)满载排水量是指船舶吃水达到规定的满载水线(通常指夏季载重线)时的排水量。

　　(3)装载排水量是指船舶在空载吃水与满载吃水之间任一吃水时的排水量。

　　3. 船舶所能装载的载荷重量称为载重量。载重量分为总载重量和净载重量。

　　(1)总载重量 DW 是指船舶装载至某条装载水线时所装载载荷的重量。其值等于:该实际吃水状态下的装载排水量与空船排水量之差,即

$$DW = \Delta - \Delta_L(t)$$

　　(2)净载重量 NDW 是指船舶在某一具体航次所能装载货物的最大重量。其值等于:总载重量减去航次储备量和船舶常数,即

$$NDW = DW - \sum G - C(t)$$

二、难点点拨

1. 满载排水量是指船舶吃水达到规定的满载水线(通常指夏季载重线)时的排水量,对于具体船舶,其值为一定值。

2. 装载排水量是指船舶装载后吃水介于空船吃水与满载吃水之间的排水量,其值为该装载状态下空船、货物、航次储备量、压载水等重量之和。

三、相关习题

1. 船舶资料中列出的满载排水量通常是指_____。

    A. 冬季排水量   B. 夏季排水量

    C. 热带排水量   D. 淡水排水量

    解析:满载排水量是指船舶吃水达到规定的满载水线(通常指夏季载重线)时的排水量。

    答案:B。

2. 船舶装载排水量是指_____。

    A. 冬季排水量   B. 夏季排水量

    C. 热带排水量   D. 装载后实际排水量

    解析:装载排水量是指船舶装载后吃水介于空船吃水与满载吃水之间的排水量。

    答案:D。

3. 空船及船舶装载后货物、船存油水、压载水、船员行李及备品、船舶常数等重量之和称为_____。

    A. 装载排水量   B. 夏季排水量

    C. 热带排水量   D. 冬季排水量

    解析:装载排水量的值为该装载状态下空船、货物、航次储备、压载水、常数等重量之和。

    答案:A。

4. 船舶排水量通常被定义需满足_____条件下的值。

    A. 自由漂浮   B. 船速为零

    C. 无风浪   D. 自由漂浮、无风浪且船速为零

    解析:排水量是指自由漂浮于静止水面上的静态船舶所排开水的重量。

    答案:D。

5. 通常表示排水量的符号为_____。

    A. Δ B. H

    C. Ω D. ω

    解析:通常排水量用符号 Δ 表示。

    答案:A。

6. 通常表示船舶满载排水量的符号为_____。

A. Δ_S B. Δ_L

C. Δ D. Δ_F

解析:通常船舶满载排水量的符号为 Δ_S。

答案:A。

7. 船舶由海水进入半淡水,排水量将_____。

    A. 增大   B. 减小

    C. 不变   D. 无法确定

解析:排水量是指自由漂浮于静止水面上的静态船舶所排开水的重量,船舶由海水进入半淡水,排水量不变。

答案:C。

8. 舷外水密度改变时会影响船舶_____,不影响船舶_____。

    A. 吃水;排水量   B. 排水量;吃水

    C. 排水量;吃水差   D. 吃水差;吃水

解析:舷外水密度改变时会影响船舶的吃水大小,不影响船舶排开水的重量。

答案:A。

9. 船舶的空船重量包括_____。

    A. 船体、机器设备及船员行李的重量

    B. 锅炉中的燃料、冷凝器中水的重量及粮食

    C. 船体、机器设备及船舶舾装的重量

    D. 船上库存的破旧机件、器材和各种废旧物料

解析:空船重量,包括船体、机器及设备、可供试车用的但无航行所需的锅炉中的燃料和水、冷凝器中的淡水等重量之和。

答案:C。

10. 船舶的空船重量是指_____。

    A. 船上存留的备件、残件及废件,货舱内及甲板上存留的残余货物、废料及多余的垫料,燃料舱、淡水舱、压载舱、污水沟及其他液柜中的不能排出的残液及污泥,船底附着物

    B. 船舶备件,船员行李,航次应装载的粮食、蔬菜、水果、烟酒等

    C. 船体结构、动力装置、舾装、仪器设备、锅炉中燃料和水、冷凝器中的水等重量

    D. 船上的油水即燃油、柴油、滑油和淡水

解析:空船排水量是指船舶装备齐全但无载重时的排水量。空船排水量等于空船重量,包括船体、机器及设备、可供试车用的但无航行所需的锅炉中的燃料和水、冷凝器中的淡水等重量之和。

答案:C。

11. 船舶的空船重量是指_____。

    A. 船上存留的备件、残件及废件

    B. 船舶备件、船员行李

    C. 船体、机器、舾装、仪器设备、锅炉中燃料和水、冷凝器中的水等重量

D. 航次储备的燃油、柴油、滑油和淡水

解析:空船排水量指船舶装备齐全但无载重时的排水量。

答案:C。

12. 船舶的重量性能包括_____。

A. 排水量和总吨位

B. 排水量和载重量

C. 排水量、总载重量、总吨位和净吨位

D. 总吨位和净吨位

解析:在最大允许吃水范围内,反映吃水与船舶载重关系的性能,称为船舶重量性能。

答案:B。

13. 通常用重量来表示货船大小时,所指的都是_____。

A. 总载重量   B. 总吨位

C. 满载排水量   D. 总载货量

解析:DW 作为船舶载重能力大小的重要指标,通常用来表征船舶大小和统计船舶拥有量,作为签订租船合同及航线配船、定舱配载、船舶配载的依据。

答案:A。

14. 杂货船的航次净载重量 NDW 是指_____。

A. 船舶净吨位

B. 具体航次中船舶实际装载的货物重量

C. 具体航次中船舶所能装载货物的最大重量

D. 具体航次中船舶所能装载的最大限度的货物及旅客等的重量

解析:净载重量是指船舶具体航次中所能装载货物重量的最大能力。

答案:C。

15. 通常情况下,表征船舶载重能力大小的指标是_____。

A. 总吨位 GT B. 净载重量 NDW

C. 空船重量 Δ_L D. 船舶装载排水量 Δ

解析:船舶所能装载的载荷重量称为载重量。载重量分为总载重量和净载重量。

答案:B。

16. 船舶航次总载重量不包括_____。

A. 货物重量   B. 航次储备重量

C. 压载水重量   D. 空船重量

解析:总载重量是指船舶在任意吃水时所能装载的重量,其值为 $DW = \Delta - \Delta_L$。

答案:D。

17. 对一般干散货船而言,表征其重量性能的指标有_____。

A. 净吨   B. 总吨

C. 舱容系数   D. 载重量

解析:船舶所能装载的载荷重量称为载重量。

答案:D。

18.船舶的总载重量 *DW* 一定时,船舶的 *NDW* 与_____有关。

①航线长短;②油水消耗定额;③船舶常数

A.① B.②

C.③ D.①②③

解析:净载重量等于具体航次中所允许使用的总载重量 *DW* 与航次储备量及船舶常数的差值。

答案:D。

1.1.3.2　船舶重量性能衡量指标的用途及其相互关系

一、知识点梳理

1.总载重量 *DW* 可以用来:

(1)表征船舶的大小。

(2)国际上统计货船的拥有量。

(3)租船合同中表征船舶的装载能力。

(4)航线配船、租船订舱以及配积载的依据。

2.净载重量 *NDW* 可以用来:

(1)表征船舶的载货能力。

(2)作为船舶配积载、计算航次货运量的依据。

3.船舶排水量的组成:

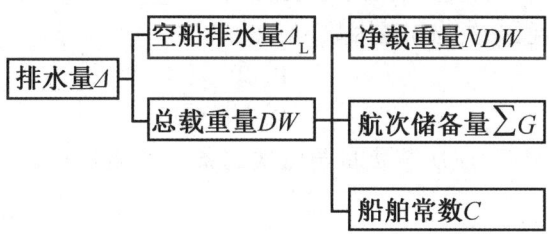

二、相关习题

1.总载重量 *DW* 的主要用途有_____。

①签订租船合同的依据;②收取运费的依据;③船舶配积载的依据;④统计船舶拥有量;⑤计算航次净载重量的依据

A.①②③ B.①②③④

C.①②③④⑤ D.①③④⑤

解析:总载重量 *DW* 通常用来表征船舶大小和统计船舶拥有量,作为签订租船合同及航线配船、定舱配载、船舶配载的依据。

答案:D。

2. 衡量船舶重量性能的指标中,_____常被用来表示货船的大小。

 A. 总载重量 DW B. 总吨位 GT

 C. 夏季满载排水量 Δ_S D. 净载重量 NDW

 解析:总载重量 DW 通常用来表征船舶大小。

 答案:A。

3. _____在营运管理中,常被用以作为航线配船、定舱配载、船舶配积载等的重要依据。

 A. 总载重量 DW B. 夏季满载排水量 Δ_S

 C. 船舶装载排水量 Δ D. 净载重量 NDW

 解析:考查船舶总载重量 DW 的用途。

 答案:A。

4. _____常被用来统计普通货船的重量拥有量。

 A. 装载排水量 Δ B. 热带满载排水量 Δ_T

 C. 总吨位 GT D. 总载重量 DW

 解析:总载重量 DW 通常用来统计船舶拥有量。

 答案:D。

5. 当航次吃水不受限时,船舶航次总载重量随舷外水密度的增大而_____。

 A. 增大   B. 减小

 C. 不变   D. 不能确定

 解析:当航次吃水不受限时,船舶航次总载重量不受舷外水密度变化的影响。

 答案:C。

6. 船舶的总载重量确定后,航次装货量通常会受航次中的_____因素限制。

 ①船舶常数;②油水消耗;③货物积载因数

 A. ①   B. ②

 C. ③   D. ①②③

 解析:船舶总载重量确定后,航次装货量与航次储备量及船舶常数有关,受货物积载因数的限制。

 答案:D。

6. 当船舶航次总载重量确定后,其 NDW 与_____无关。

 A. 载重线   B. 航次油水储备量

 C. 船舶常数   D. 航次储备天数

 解析:总载重量 DW 确定时净载重量与载重线无关。

 答案:A。

7. 杂货船的航次净载重量 NDW 等于_____。

 ①总载重量减去航次储备量及船舶常数;②排水量减去空船排水量;③排水量减去空船重量、航次储备量和船舶常数

 A. ①   B. ②

C. ③　　　　　　　　　　　　　D. ①③

解析:航次净载重量 NDW 等于具体航次中总载重量与航次储备量及船舶常数的差值,$NDW=DW-\sum G-C$;总载重量 $DW=\Delta-\Delta_L$。

答案:D。

8. 船舶总载重量一定时,船舶的净载重量 NDW 与_____无关。

　A. 空船排水量　　　　　　　　　　B. 航线长短

　C. 船舶常数　　　　　　　　　　　D. 油水储备量

解析:净载重量 NDW 大小受到船舶航经海区所允许使用的载重线、航线上的限制水深及航程长短、油水及其他储备品的装载及补给计划、压载水、船舶常数等因素的限制。

答案:A。

9. 在签订租船合同时,_____常被用来表征普通货船的装载能力。

　A. 空船排水量　　　　　　　　　　B. 净载重量 NDW

　C. 总载重量 DW　　　　　　　　　D. 夏季满载排水量 Δ_S

解析:DW 作为船舶载重能力大小的重要指标,通常用来作为签订租船合同的依据。

答案:C。

10. 船舶允许使用的总载重量减去航次储备量及船舶常数为_____。

　A. 航次净载重量　　　　　　　　　B. 排水量

　C. 空船排水量　　　　　　　　　　D. 净吨位

解析:航次净载重量 NDW 指在具体航次中船舶能够装运货物重量的最大限值,其计算 $NDW=DW-\sum G-C$。

答案:A。

1.1.3.3　船舶容量性能衡量指标

一、知识点梳理

1. 船舶舱室容积:

(1)干货舱容积:是指干货舱内能够被货物利用的最大空间体积。

①散装舱容:是指货舱能装载散装货的容积。其包括舱口围在内,由内底板或舱底板之上表面,舱顶板或舱盖板之下表面,两舷侧板之内表面,前后舱壁板内表面所围成的空间,扣除舱内骨架、支柱、货舱护板、通风筒等所占的体积后得到的船舶货舱容积。

②包装舱容:是指货舱内能装载包装件货的容积。其包括舱口围在内,由内底板或舱底板之上表面,横梁或甲板纵骨下缘所确定的水平连续表面,舷侧肋骨所确定的纵向连续表面或护板内表面,横舱壁骨架的自由翼缘确定的横向连续表面所围成的空间,扣除舱内支柱、通风筒等所占体积后得到的船舶货舱容积。一般货舱的包装容积约为散装容积的 90%~95%。

(2)液货舱舱容:是指船舶液货舱内所能容纳特定液体货物的最大容积。

(3)液舱柜舱容:船舶能够为燃料、润料、淡水、压载水所利用的专用舱柜的最大容积。

2. 舱容系数 μ：是指船舶的全船货舱总容积与船舶航次净载重量之比。

$$\mu = \frac{\sum V_{ch}}{NDW}(\text{m}^3/\text{t})$$

式中：$\sum V_{ch}$——全船货舱总容积；

NDW——船舶净载重量。

舱容系数较大的船舶，适于装轻货，即当装运大量轻泡货时，可充分利用船舶的载重能力；反之，舱容系数较小的船舶，则适于装重货，如果装载大量轻泡货，则其载重能力就不能得到充分利用。

3. 船舶登记吨位：以登记注册为目的由主管机关依据《国际船舶吨位丈量公约》丈量后核算确定的船舶容积。

(1)总吨位 GT：根据《国际船舶吨位丈量公约》，对船上所有围蔽处所进行丈量后确定的船舶总容积。

总吨用途：

①表示船舶建造规模的大小，同时也是商船拥有量的统计单位。

②计算造船、买卖船舶和定期租船、光船租船费用的依据。

③国际公约、船舶规范中划分船舶等级、技术管理和设备要求的基准。

④船舶登记、丈量和检验等收费的标准。

⑤确定海事索赔责任限制的基准。

⑥某些港口使费的计费依据。

⑦计算净吨位的基础；

⑧作为船公司向船东保赔协会交付保险费的依据。

⑨作为国际劳工组织关于各种尺度船舶人员配备要求的依据。

(2)净吨位 NT：

①定义：船舶净吨位是指根据有关国家主管机关制定的规范丈量确定的船舶有效容积，即扣除不能用来载货或载客的处所后得到的船舶可营运容积。

②用途：征收各种港口使费(船舶吨税、船舶港务费、引航费、码头费、系解缆费、船舶服务费)和税金的依据。

(3)运河吨位 CT：根据运河当局制定的吨位丈量规则丈量确定的船舶登记吨位。

二、难点点拨

1. 船舶登记吨是船舶为登记注册及便利海上运输的需要，按有关规范的规定丈量的容积吨。

2. 船舶的登记吨是以容积为丈量单位的专用吨位。

3. 船舶净吨 NT 与封闭货物处所容积、型吃水、型深及旅客数量等有关。

三、相关习题

1. 固体散货船载货能力中的容量能力是指_____。
   A. 舱柜容积　　　　　　　　　　　　B. 液舱舱容
   C. 散装舱容　　　　　　　　　　　　D. 包装舱容
   解析:对于固体散装货船,由于通常运载固体散装货物,因此载货容量能力一般是指船舶货舱的散装容积。
   答案:C。

2. 通常情况下,杂货船的包装舱容与散装舱容的关系是_____。
   A. 包装舱容大于散装舱容　　　　　　B. 包装舱容小于散装舱容
   C. 包装舱容等于散装舱容　　　　　　D. 不能确定
   解析:一般货舱的包装容积为散装容积的 90%~95%。
   答案:B。

3. 一般地,杂货船载货能力中的容量能力是指_____。
   A. 液舱舱容　　　　　　　　　　　　B. 包装舱容
   C. 散装舱容　　　　　　　　　　　　D. 舱柜容积
   解析:对于杂货船,在装载件杂货时载货容量能力一般是指船舶货舱的包装容积。
   答案:B。

4. 油船载货能力中的容量能力是指_____。
   A. 液舱舱容　　　　　　　　　　　　B. 包装舱容
   C. 散装舱容　　　　　　　　　　　　D. 舱柜容积
   解析:液体散装货船的载货容量能力应为适当扣减膨胀余量后的液舱容积。
   答案:A。

5. 普通杂货船的包装舱容为散装舱容的_____。
   A. 85%~90%　　　　　　　　　　　　B. 90%
   C. 90%~95%　　　　　　　　　　　　D. 95%~100%
   解析:本题暂无解析。
   答案:C。

6. 普通杂货船的散装舱容较包装舱容_____。
   A. 大 10%~15%　　　　　　　　　　　B. 大 5%~10%
   C. 小 10%~15%　　　　　　　　　　　D. 小 5%~10%
   解析:本题暂无解析。
   答案:B。

8. 货舱内所能容纳特定液体货物的最大容积称为_____。
   A. 货舱散装容积(Grain Capacity)　　　B. 货舱包装容积(Bale Capacity)
   C. 液货舱容积(Liquid Capacity)　　　 D. 液体舱柜容积(Tank Capacity)

解析:液货舱容积指货舱装载液体散装货物时可利用的最大空间容积。

答案:C。

9. 货舱内所能容纳无包装的小块状、颗粒状、粉末状的货物的最大体积称为_____。

   A. 货舱散装容积(Grain Capacity)   B. 货舱包装容积(Bale Capacity)

   C. 液货舱容积(Liquid Capacity)   D. 液体舱柜容积(Tank Capacity)

   解析:散装容积是指货舱内能够被无包装且呈颗粒、粉末、小块、球团等状的固体散货所利用的最大空间体积。

   答案:A。

10. 用以表征船舶容积性能的指标包括_____。

   A. 货舱容积   B. 总载重量

   C. 空船重量   D. 船舶装载排水量

   解析:表征船舶容积性能的指标包括舱室容积、舱容系数、登记吨位及甲板货位。

   答案:A。

11. 船舶载货能力中的容量能力对集装箱船而言,是指_____。

   A. 换算箱容量   B. 散装舱容

   C. 液舱舱容   D. 包装舱容

   解析:对于集装箱船,其载货容量能力一般以换算箱容量来衡量。

   答案:A。

12. 包装舱容主要作为衡量_____容积性能的指标。

   A. 液体散货船   B. 固体散货船

   C. 杂货船   D. 集装箱船

   解析:本题暂无解析。

   答案:C。

13. 由舱容系数的定义可知,舱容系数较大的船舶,适合装运_____。

   A. 轻货   B. 重货

   C. 袋装货   D. 中等货

   解析:船舶舱容系数是表征船舶适合装轻货还是重货的参数。舱容系数较大的船,适合于装载轻货。

   答案:A。

14. 当货物的积载因数大于船舶的舱容系数时,该货物为_____。

   A. 重货   B. 轻货

   C. 中等货   D. 危险货物

   解析:从船舶配载角度,货物轻重是根据货物积载因数与船舶舱容系数相对关系来确立的。货物积载因数小于船舶舱容系数时,该货物可视为重货;反之,视为轻货。

   答案:B。

15. 货船的舱容系数是指_____。

   ①全船货舱总容积与船舶净载重量之比;②每一净载重吨所占有的货舱容积;③船舶对每一

吨装在船上的货物所能提供的货舱容积

A. ①　　　　　　　　　　　　　　　　　B. ②

C. ③　　　　　　　　　　　　　　　　　D. ①②③

解析:舱容系数指全船货舱总容积与船舶净载重量之比,即每一净载重吨所占有的货舱容积。

答案:D。

16. 船舶资料中所记载的舱容系数是_____。

　A. 定值

　B. 变量

　C. 船舶刚开始营运时是定值,以后为变量

　D. 无法确定

　解析:船舶资料中的舱容系数是船舶在满载状态下保持最大续航能力时的数值。

　答案:A。

17. 船舶的舱容系数是指_____。

　A. 每吨货物所占舱容

　B. 每一总载重吨所占的货舱容积

　C. 每立方米货舱容积所能装载货物的重量

　D. 对每一净载重吨货物船舶所能提供的货舱容积

　解析:本题暂无解析。

　答案:D。

18. 在货源充足且船舶吃水不受限制的条件下,当船舶的舱容系数大于货物的平均积载因数时,可达到_____。

　A. 满舱满载　　　　　　　　　　　　B. 满舱不满载

　C. 既不满舱又不满载　　　　　　　　D. 满载不满舱

　解析:货物积载因数小于船舶舱容系数,该货物为重货,船舶装载满载不满舱。

　答案:D。

19. 船舶的舱容系数是指船舶的_____。

　A. 货舱舱容与船舶净载重量之比　　　B. 货舱舱容与实际装货重量之比

　C. 散货舱容与排水量之比　　　　　　D. 包装舱容与总载重量之比

　解析:本题暂无解析。

　答案:A。

20. 固体散货船的舱容系数是指_____。

　A. 散装舱容与净载重量之比　　　　　B. 散装舱容与总吨位之比

　C. 包装舱容与总载重量之比　　　　　D. 液舱舱容与船舶净载重量之比

　解析:本题暂无解析。

　答案:A。

21. 舱容系数较大的船舶,装运密度_____的货物易达到满舱满载。

　A. 大　　　　　　　　　　　　　　　　B. 小

C. 中等　　　　　　　　　　　　　　　　D. 无法确定

解析:舱容系数较大的船舶,装运积载因数较大(密度较小)的货物易达到满舱满载。

答案:B。

22. 舱容系数较小的船舶,装运密度_____的货物易达到满舱满载。

A. 大　　　　　　　　　　　　　　　　B. 中等

C. 小　　　　　　　　　　　　　　　　D. 无法确定

解析:舱容系数较小的船舶,装运积载因数较小(密度较大)的货物易达到满舱满载。

答案:A。

23. 按照国际航运惯例,一个尺码吨(容积吨)等于_____。

A. 40 ft^3　　　　　　　　　　　　　　B. 2 m^3

C. 1 m^3　　　　　　　　　　　　　　D. 20 ft^3

解析:1 容积吨(尺码吨)为 40 ft^3(1.132 8 m^3)。

答案:A。

24. 船舶的燃料、润料舱柜,淡水舱柜,压载水舱内所能容纳相应液体载荷的最大容积称为_____。

A. 货舱散装容积(Grain Capacity)　　　　B. 货舱包装容积(Bale Capacity)

C. 液货舱容积(Liquid Capacity)　　　　　D. 液体舱柜容积(Tank Capacity)

解析:本题暂无解析。

答案:D。

25. 以下有关货舱包装舱容的定义,说法正确的是_____。

①两舷外板内侧、舱底板顶面至甲板横梁下端之间的容积加舱口围容积;②两舷舱壁肋骨内侧、舱底板顶面至甲板横梁下端之间的容积加舱口围容积;③两舷舱壁护板内表面、舱底板顶面至甲板横梁下端之间的容积加舱口围容积

A. ①　　　　　　　　　　　　　　　　B. ②

C. ③　　　　　　　　　　　　　　　　D. ②③

解析:包装容积指货舱内能为包装货物或具有一定尺度的裸装货物所利用的最大空间体积。

答案:D。

26. 在货源充足且船舶吃水不受限制的条件下,当船舶的舱容系数小于货物的平均积载因数时,可达到_____。

A. 满舱满载　　　　　　　　　　　　　B. 满舱不满载

C. 既不满舱又不满载　　　　　　　　　D. 满载不满舱

解析:货物积载因数大于船舶舱容系数,该货物为轻货,船舶装载满舱不满载。

答案:B。

1.1.4 船舶吃水

1.1.4.1 船舶平均吃水及其计算

一、知识点梳理

1. 船舶实际吃水:是指在观察处自船舶平板龙骨下缘至水线面间的距离,可直接从船舶水尺标志上读取。

2. 公制水尺标志以阿拉伯数字标出,其数字高度及两数字间距均为 10 cm;英制水尺标志以罗马数字或阿拉伯数字标出,其数字高度及两数字间距为 6 in。

3. 船舶平均吃水:是指船舶正浮时的吃水。当船舶有小角度横倾和(或)纵倾时,平均吃水等于该倾斜状态下的船舶假定保持正浮并与原倾斜状态下的船舶保持等容排水体积所对应的吃水。

4. (1)船舶处于正浮状态,无纵、横倾,此时船舶任何位置处的吃水都可以视为平均吃水。

(2)仅纵倾。

船舶小角度纵倾时,平均吃水可按以下公式计算:

$$d_{m} = \frac{d_{F} + d_{A}}{2} + \frac{t}{L_{BP}} \cdot X_{f}$$

(3)仅横倾。

船舶只有横倾而无纵倾时,左右舷吃水不相等,其平均吃水为:

$$d_{m} = \frac{d_{FP} + d_{FS}}{2} = \frac{d_{AP} + d_{AS}}{2} = \frac{d_{\boxtimes P} + d_{\boxtimes S}}{2}$$

(4)任意倾斜。

当船舶同时存在纵倾和横倾时,六面吃水均不相等,该浮态下的平均吃水可按下式算出:

$$d_{m} = \frac{d_{FP} + d_{FS} + d_{\boxtimes P} + d_{\boxtimes S} + d_{AP} + d_{AS}}{6} + \frac{t}{L_{BP}} \cdot X_{f}$$

(5)船体拱垂变形时,平均吃水可按以下公式计算:

$$d_{m} = \frac{d_{F} + 6d_{\boxtimes} + d_{A}}{8} + \frac{t}{L_{BP}} \cdot X_{f}$$

式中:d_{F}——艏吃水(m);

d_{A}——艉吃水(m);

X_{f}——漂心距船中距离(m),船中前取正(+),船中后取负(-);

L_{BP}——垂线间长(m);

t——吃水差,$t = d_{F} - d_{A}$。

二、难点点拨

1. 当艉倾且漂心在船中后、艏倾且漂心在船中前时,艏艉平均吃水小于等容吃水。
2. 当艏倾且漂心在船中前、艉倾且漂心在船中后时,艏艉平均吃水大于等容吃水。

三、相关习题

1. 船舶水尺读数表示_____。

A. 水面至海底表面之间的深度

B. 水面至船底平板龙骨外表面之间的深度

C. 海底表面至船底板之间的深度

D. 水面到甲板之间的高度

解析:考查水尺读数含义。

答案:B。

2. 下图为某一时刻实际水线所在的水尺位置,此时的吃水为_____。

$$\frac{21}{\overline{20}}$$
$$19$$

A. 19.90 m   B. 20 ft

C. 20 in   D. 20 m

解析:平静水面中,当水面与吃水标志数字下端相切时,吃水的值以该数字为准。

答案:B。

3. 下图所示为某船船首右舷吃水水面,其实际吃水可读取为_____m。

A. 5.80   B. 5.70

C. 4.75   D. 4.60

解析:吃水的读取方法是以水面与吃水标志相切处按比例读取吃水,公制吃水标志用阿拉伯数字表示,其数字的高度规定为 10 cm,上下相邻两数字间的间隔距离也是 10 cm。

答案:C。

4. 下图所示为某船船尾右舷吃水水面,其实际吃水可读取为_____m。

A. 6.00   B. 6.71

C. 7.60   D. 7.00

解析:本题暂无解析。

答案:B。

5. 平静水面看水尺时,如读得整数,则以水线在_____。

  A. 数字的上缘为准   B. 数字的中间为准

  C. 数字的下缘为准   D. 两相邻数字的中间为准

  解析:本题暂无解析。

  答案:C。

6. 平静水面中,当水面与吃水标志数字下端相切时,吃水的正确读取方法是_____。

  A. 以该数字为准

  B. 相切处按比例读取

  C. 以相切处相邻两数字的平均值为准

  D. 以水面下第一数字为准

  解析:本题暂无解析。

  答案:A。

7. 有波浪时看水尺,应以水线在_____。

  A. 波浪的最高点为准

  B. 波浪的最低点为准

  C. 波浪高、低点的平均值为准

  D. 估算为准

  解析:吃水的读取:在有波浪时应至少分别读取波峰和波谷面与吃水标志相切处的读数各三次,以所求得的平均值为该船当时的吃水。

  答案:C。

8. 如平静水面看水尺为8.5 m,其水线位于_____。

  A. 数字8的下缘   B. 数字8的上缘

  C. 数字6的下缘   D. 数字4的上缘

  解析:公制吃水标志用阿拉伯数字表示,其数字的高度规定为10 cm,上下相邻两数字间的间隔距离也是10 cm。

  答案:D。

9.某船在某装载状态下的某处水尺标志如下图所示,则该处吃水为_____ m。

10 M

8

6

A.8.50 B.9.95

C.8.75 D.9.50

解析:本题暂无解析。

答案:B。

10.某船观测得艏、艉吃水为 7.30 m、8.70 m 且船中拱,则可以判断其船中平均吃水_____
8.00 m。

A.大于 B.小于

C.等于 D.不能确定

解析:观测的艏艉平均吃水为 8.00 m,船舶处于中拱状态,则其船中平均吃水小于 8.00 m。

答案:B。

11.船舶平均吃水等于(艏吃水+艉吃水)/2 成立的条件是_____。

A.漂心与稳心重合 B.浮心与重心重合

C.稳心和重心重合 D.漂心在船中

解析:漂心在船中时,船舶平均吃水无须纵倾修正。

答案:D。

12.当_____时,艏艉平均吃水大于等容吃水。

①艉倾且漂心在船中前;②艉倾且漂心在船中后;③艏倾且漂心在船中后

A.① B.②

C.③ D.①或③

解析:当纵倾修正为负值,即 X_f 与 t 异号时,艏艉平均吃水大于等容吃水。

答案:D。

13.当船舶有纵倾和横倾时,平均吃水为_____。

A.船舶首中尾的平均吃水加漂心修正

B.艏艉的平均吃水加漂心修正

C.左右舷的六面平均吃水加漂心修正

D.中部两舷的平均吃水加漂心修正

解析:当船舶有纵倾和横倾时,平均吃水为左、右舷的六面平均吃水加漂心修正。

答案:C。

14.当漂心位于船中但有拱垂时,按 $d_m = (d_F + d_A)/2$ 计算的平均吃水的精度_____。

A.与吃水大小有关 B.与拱垂大小有关

C.与水密度有关 D.与吃水差大小有关

解析:当船舶既存在纵、横倾又存在船体纵向变形时,通常采用下述计算公式: $d_m =$

$\dfrac{d_{\mathrm{F}}+6d_{\text{⊠}}+d_{\mathrm{A}}}{8}+\dfrac{X_{\mathrm{f}}}{L_{\mathrm{BP}}}\cdot t$，本题中漂心位于船中，可以不考虑漂心修正，按 $d_{\mathrm{m}}=(d_{\mathrm{F}}+d_{\mathrm{A}})/2$ 计算的平均吃水的精度与拱垂大小有关。

答案：B。

15. 当漂心位于船中且船体无拱垂变形时，按 $d_{\mathrm{m}}=(d_{\mathrm{F}}+d_{\mathrm{A}})/2$ 计算的平均吃水为_____。

　　A. 近似值　　　　　　　　　　　B. 准确值

　　C. 经验值　　　　　　　　　　　D. 视吃水差的大小而定

　　解析：本题暂无解析。

　　答案：B。

16. 某船装载后漂心在船中且船体无拱垂变形，则船舶的船中平均吃水_____船舶等容吃水。

　　A. 大于　　　　　　　　　　　　B. 小于

　　C. 等于　　　　　　　　　　　　D. 两者的关系取决于船舶的纵倾状态

　　解析：本题暂无解析。

　　答案：C。

17. 某船漂心在船中前，且无拱垂，则船舶的船中吃水_____船舶等容吃水。

　　A. 大于　　　　　　　　　　　　B. 小于

　　C. 等于　　　　　　　　　　　　D. 两者的关系取决于船舶的纵倾状态

　　解析：两者的关系取决于吃水的纵倾修正，在漂心确定的情况下，即取决于船舶的纵倾状态。

　　答案：D。

18. 某船装载后艉倾，且无拱垂，则船舶的等容吃水_____船舶的船中吃水。

　　A. 大于　　　　　　　　　　　　B. 小于

　　C. 等于　　　　　　　　　　　　D. 两者关系取决于船舶漂心相对于船中的位置

　　解析：两者的关系取决于吃水的纵倾修正，在纵倾状态确定的情况下，即取决于船舶漂心相对于船中的位置。

　　答案：D。

19. 船舶仅存在纵倾，当漂心位于船中时，按 $d_{\mathrm{m}}=(d_{\mathrm{F}}+d_{\mathrm{A}})/2$ 计算的平均吃水为_____。

　　A. 近似值　　　　　　　　　　　B. 准确值

　　C. 经验值　　　　　　　　　　　D. 视吃水差的大小而定

　　解析：当船舶处于纵倾状态时，船舶平均吃水的计算可表示为：$d_{\mathrm{m}}=\dfrac{d_{\mathrm{F}}+d_{\mathrm{A}}}{2}+\dfrac{X_{\mathrm{f}}}{L_{\mathrm{BP}}}\cdot t$，本题中漂心位于船中，则按 $d_{\mathrm{m}}=(d_{\mathrm{F}}+d_{\mathrm{A}})/2$ 计算的平均吃水为准确值。

　　答案：B。

20. 当船舶仅有横倾时，平均吃水为_____。

　　A. 船舶首中尾的左舷平均吃水　　　B. 船舶首中尾的右舷平均吃水

　　C. 船舶首尾的右舷平均吃水　　　　D. 中部两舷的平均吃水

　　解析：当船舶仅处于横倾状态时，其平均吃水为船首左、右舷平均吃水，或船中左、右舷平均吃水，或船尾左、右舷平均吃水。

答案:D。

21. 某船漂心在船中前,则艏艉平均吃水大于船舶等容吃水的条件是_____。

    A. 艏倾

    B. 艉倾

    C. 船舶平吃水

    D. 两者关系与船舶的纵倾状态无关

    解析:艏艉平均吃水大于船舶等容吃水,亦即吃水纵倾修正为负值。

    答案:B。

22. 某船漂心在船中前,则船首尾平均吃水小于船舶等容吃水的条件是_____。

    A. 艏倾

    B. 艉倾

    C. 船舶平吃水

    D. 两者关系与船舶的纵倾状态无关

    解析:艏艉平均吃水小于船舶等容吃水,亦即吃水纵倾修正为正值。

    答案:A。

23. 当_____时,艏艉平均吃水等于等容吃水。

    ①艏倾且漂心在船中;②船舶平吃水;③艉倾且漂心在船中

    A.①

    B.②

    C.③

    D.①②③

    解析:船舶漂心在船中,吃水纵倾修正为零。

    答案:D。

24. 当船舶处于纵倾状态时,其平均吃水的计算式为_____。

    A. $d_m = (d_F + d_A)/2$

    B. $d_m = (d_F + d_A)/2 + t \times X_f/L_{BP}$

    C. $d_m = (d_F + d_A)/2 + (d_F - d_A) \times X_f/2$

    D. $d_m = (d_F + d_A)/2 + (L_{BP} \times X_f) \times X_f/(d_F - d_A)$

    解析:本题暂无解析。

    答案:B。

25. 船舶发生微小纵倾时,其纵倾轴是过_____。

    A. 漂心的纵轴

    B. 初始水线面漂心的纵轴

    C. 初始水线面漂心的垂向轴

    D. 初始水线面漂心的横轴

    解析:本题暂无解析。

    答案:D。

26. 某船装载后还需加载少量货物,要求加载后吃水差不变,则该货物应加载在_____。

    A. 通过船中的垂直线上

    B. 通过漂心的垂直线上

    C. 通过浮心的垂直线上

    D. 通过重心的垂直线上

    解析:少量载荷装在初始漂心的垂线上,船舶平行沉浮。

    答案:B。

27. 船舶由淡水水域驶入海水水域时,船舶所受浮力_____。

    A. 减小

    B. 增大

    C. 不变

    D. 变化不定

解析:浮力等于船体所排开同体积水的重量,和重力大小相等。船舶航行时若不计油水等变化,重力大小不变,相应的船舶所受浮力不变。

答案:C。

28. 船舶由半淡水水域驶入淡水水域时,船舶所受浮力_____。

　　A. 减小　　　　　　　　　　　　B. 增大

　　C. 不变　　　　　　　　　　　　D. 变化不定

　　解析:本题暂无解析。

　　答案:C。

29. 船舶由半淡水水域驶入海水水域时,若不计油水消耗,则船舶所受浮力_____。

　　A. 减小　　　　　　　　　　　　B. 增大

　　C. 不变　　　　　　　　　　　　D. 变化不定

　　解析:本题暂无解析。

　　答案:C。

30. 当船舶由海水水域进入淡水水域时_____。

　　A. 平均吃水增大　　　　　　　　B. 平均吃水减小

　　C. 艉吃水增大,艏吃水减小　　　　D. 艉吃水减小,艏吃水增大

　　解析:船舶进入新水域近似平均吃水为: $d_2 = \dfrac{\rho_1}{\rho_2} d_1$,船舶由海水水域进入淡水水域时,平均吃水增加。

　　答案:A。

31. 当船舶从淡水水域驶入海水水域时_____。

　　A. 吃水增大　　　　　　　　　　B. 吃水减小

　　C. 吃水不变　　　　　　　　　　D. 变化趋势不定

　　解析:本题暂无解析。

　　答案:B。

32. 船舶在淡水中吃水为 7.0 m,则驶入海水水域后吃水最有可能是_____。

　　A. 6.90 m　　　　　　　　　　　B. 7.00 m

　　C. 7.10 m　　　　　　　　　　　D. 6.38 m

　　解析:根据船舶进入新水域近似平均吃水为: $d_2 = \dfrac{\rho_1}{\rho_2} d_1$,可计算出船舶驶入标准海水水域后近似吃水,从而得出最有可能的吃水。

　　答案:A。

33. 当船舶舷外水密度减小时,船舶所受浮力_____。

　　A. 减小　　　　　　　　　　　　B. 增大

　　C. 不变　　　　　　　　　　　　D. 变化不定

　　解析:本题暂无解析。

　　答案:C。

34. 船舶由海水水域驶入淡水水域时,若不计其油水消耗,则船舶所受浮力_____。

    A. 减小
    B. 增大
    C. 不变
    D. 变化不定

    解析:本题暂无解析。

    答案:C。

35. 船舶由淡水水域驶入海水水域时,若不计其油水消耗,则船舶所受浮力_____。

    A. 减大
    B. 增大
    C. 不变
    D. 变化不定

    解析:本题暂无解析。

    答案:C。

36. 某船船长 100 m,$X_f = -1.5$ m,$d_F = 8.65$ m,$d_A = 9.2$ m,则其平均吃水为_____ m。

    A. 8.917
    B. 8.925
    C. 8.933
    D. 9.107

    解析:根据船舶处于纵倾状态时船舶平均吃水的计算公式进行计算:$d_m = \dfrac{d_F + d_A}{2} + \dfrac{X_f}{L_{BP}} \times t$。

    答案:C。

37. 某船的艏艉平均吃水为 8.80 m,吃水差为 -1.25 m,两柱间长为 145 m,漂心在船中后部 3.72 m,则该船经纵倾修正后的平均吃水为_____ m。

    A. 8.93
    B. 8.77
    C. 8.83
    D. 8.87

    解析:本题暂无解析。

    答案:C。

38. 某船 $L_{BP} = 76$ m,$d_F = 4.61$ m,$d_A = 5.27$ m,$X_f = -1.83$ m,则船舶平均吃水为_____ m。

    A. 4.92
    B. 4.94
    C. 4.96
    D. 5.11

    解析:本题暂无解析。

    答案:C。

39. 某船 $L_{BP} = 146$ m,装载后测得艏、艉吃水分别为 7.5 m 和 8.4 m,船舶漂心纵坐标 $X_f = -5.0$ m,则船舶平均吃水为_____ m。

    A. 7.98
    B. 8.05
    C. 8.25
    D. 8.30

    解析:本题暂无解析。

    答案:A。

40. 某船 $L_{BP} = 68.8$ m,$X_f = -1.4$ m,$d_F = 5.48$ m,$d_A = 6.02$ m,则该船经漂心修正后的平均吃水为_____ m。

    A. 5.70
    B. 5.76
    C. 5.80
    D. 5.86

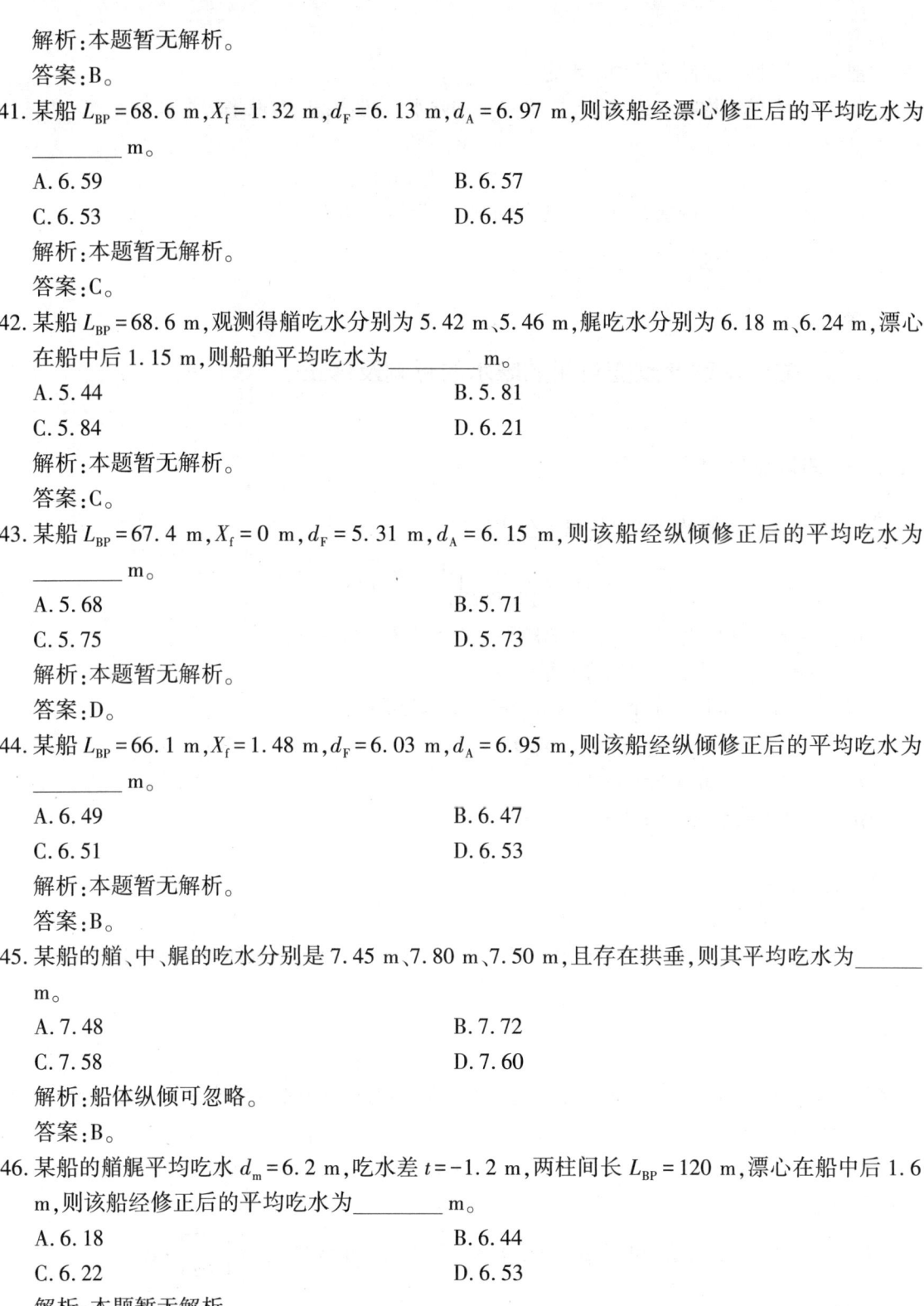

解析:本题暂无解析。

答案:B。

41. 某船 $L_{BP}=68.6$ m, $X_f=1.32$ m, $d_F=6.13$ m, $d_A=6.97$ m,则该船经漂心修正后的平均吃水为_____ m。

A. 6.59　　　　　　　　　　　B. 6.57

C. 6.53　　　　　　　　　　　D. 6.45

解析:本题暂无解析。

答案:C。

42. 某船 $L_{BP}=68.6$ m,观测得艏吃水分别为 5.42 m、5.46 m,艉吃水分别为 6.18 m、6.24 m,漂心在船中后 1.15 m,则船舶平均吃水为_____ m。

A. 5.44　　　　　　　　　　　B. 5.81

C. 5.84　　　　　　　　　　　D. 6.21

解析:本题暂无解析。

答案:C。

43. 某船 $L_{BP}=67.4$ m, $X_f=0$ m, $d_F=5.31$ m, $d_A=6.15$ m,则该船经纵倾修正后的平均吃水为_____ m。

A. 5.68　　　　　　　　　　　B. 5.71

C. 5.75　　　　　　　　　　　D. 5.73

解析:本题暂无解析。

答案:D。

44. 某船 $L_{BP}=66.1$ m, $X_f=1.48$ m, $d_F=6.03$ m, $d_A=6.95$ m,则该船经纵倾修正后的平均吃水为_____ m。

A. 6.49　　　　　　　　　　　B. 6.47

C. 6.51　　　　　　　　　　　D. 6.53

解析:本题暂无解析。

答案:B。

45. 某船的艏、中、艉的吃水分别是 7.45 m、7.80 m、7.50 m,且存在拱垂,则其平均吃水为_____ m。

A. 7.48　　　　　　　　　　　B. 7.72

C. 7.58　　　　　　　　　　　D. 7.60

解析:船体纵倾可忽略。

答案:B。

46. 某船的艏艉平均吃水 $d_m=6.2$ m,吃水差 $t=-1.2$ m,两柱间长 $L_{BP}=120$ m,漂心在船中后 1.6 m,则该船经修正后的平均吃水为_____ m。

A. 6.18　　　　　　　　　　　B. 6.44

C. 6.22　　　　　　　　　　　D. 6.53

解析:本题暂无解析。

答案:C。

47.当船舶仅横倾时,船舶的平均吃水为_____。

①船首左、右舷平均吃水;②船中左、右舷平均吃水;③船尾左、右舷平均吃水

A.①②   B.②③

C.②   D.①②③

解析:当船舶处于横倾状态时,左右舷吃水不相等,其平均吃水为:

$$d_m = \frac{d_{FP}+d_{FS}}{2} = \frac{d_{\boxtimes P}+d_{\boxtimes S}}{2} = \frac{d_{AP}+d_{AS}}{2}$$

答案:D。

1.1.4.2 舷外水密度改变对船舶吃水的影响及修正

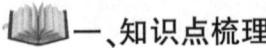一、知识点梳理

水密度对船舶吃水的影响可按以下公式计算:

$$\delta d_\rho = \frac{\Delta}{100TPC}\left(\frac{\rho_s}{\rho_2} - \frac{\rho_s}{\rho_1}\right)(\text{m})$$

式中:δd_ρ——舷外水密度变化引起的船舶平均吃水的改变量(m);

Δ——进入新水域前的船舶排水量(t);

TPC——该排水量状态下标准海水每厘米吃水吨数(t/cm);

ρ_s——标准海水密度(1.025 g/cm³);

ρ_1——原水域水密度(g/cm³);

ρ_2——新水域水密度(g/cm³)。

二、难点点拨

当船舶排水量一定时,由较大密度水域驶入较小密度水域时,排水体积增大,相应吃水增加。

三、相关习题

1.某船在密度为 1.015 g/cm 的水域中吃水为 9.5 m,在海水表中查得排水量为 21 875.2 t,则其实际的排水量为_____t。

A.21 661   B.21 551

C.21 341   D.22 091

解析:设实际测得的海水密度为 ρ',则经水密度修正后的排水量 $\Delta_d = \frac{1.015}{1.025} \cdot \Delta$。

答案:A。

2. 某船排水量 $\Delta = 10\,000$ t,$d = 9.0$ m,$TPC = 20$ t/cm,此时若由标准淡水区域进入标准海水区域,则吃水_____。

①增加 0.125 m;②减小 0.125 m;③变为 8.875 m

A.①   B.②

C.③   D.②③

解析:根据淡水水尺超额量计算公式 $FWA = \dfrac{\Delta}{4\,000TPC}$ 进行计算。

答案:D。

3. 某船排水量为 12 000 t,$TPC = 15$ t/cm,由标准淡水水域驶进标准海水水域,则船舶的平均吃水将_____。

A. 减小 0.2 m   B. 增大 0.2 m

C. 不变   D. 无法计算

解析:本题暂无解析。

答案:A。

4. 某船由密度为 $\rho_1 = 1.021$ g/cm³ 的水域驶入密度为 $\rho_2 = 1.004$ g/cm 的水域,船舶排水量 $\Delta = 12\,015$ t,每厘米吃水吨数 $TPC = 16.82$ t/cm,则船舶平均吃水改变量 $\delta d = $_____ cm。

A. 10   B. 12

C. 14   D. 8

解析:船舶进出不同水密度水域时平均吃水变化量为:$\delta d_\rho = \dfrac{\Delta}{100TPC}\left(\dfrac{\rho_s}{\rho_2} - \dfrac{\rho_s}{\rho_1}\right)$。

答案:B。

5. 船舶由水密度 $\rho = 1.010$ g/cm³ 的水域驶入标准海水水域,吃水约减小_____。

A.1.5%   B.3.0%

C.4.5%   D.6.0%

解析:根据船舶进入新水域近似平均吃水计算公式 $d_2 = \dfrac{\rho_1}{\rho_2}d_1$ 进行计算。

答案:A。

6. 某船标准海水中吃水为 5.51 m 时排水量 $\Delta = 5\,484$ t,$TPC = 12.4$ t/cm,现该船从标准海水区域驶入标准淡水区域中,则船舶吃水变为_____ m。

A.5.51   B.5.62

C.5.57   D.5.64

解析:本题暂无解析。

答案:B。

7. 某万吨船在标准密度淡水中满载吃水为 7.00 m,进入标准密度海水水域后船舶吃水为_____ m。

A.6.65   B.6.83

C.7.10   D.7.28

解析:本题暂无解析。

答案:B。

8. 某船在海水中的排水量 $\Delta = 10\,000$ t,吃水为 8 m,$TPC = 25$ t/cm,现该船从标准海水区域驶入标准淡水区域中,则船舶吃水变为_____ m。

    A. 8. 10   B. 8. 13

    C. 8. 15   D. 8. 18

解析:本题暂无解析。

答案:A。

9. 某船从水密度 1.002 g/cm³ 的水域驶入水密度 1.023 g/cm³ 的水域,吃水约减小_____。

    A. 1. 0%   B. 1. 6%

    C. 2. 1%   D. 1. 3%

解析:本题暂无解析。

答案:C。

10. 某船从水密度 1.005 g/cm³ 的水域驶入水密度 1.023 g/cm³ 的水域,吃水约_____。

    A. 增大 1. 0%   B. 减小 1. 8%

    C. 减小 2. 2%   D. 减小 1. 3%

解析:本题暂无解析。

答案:B。

11. 船舶在水密度 $\rho = 1.023$ g/cm³ 的水域中的吃水为 5.6 m,则当驶入水密度 $\rho = 1.004$ g/cm³ 的水域时,船舶吃水约为_____ m。

    A. 5. 50   B. 5. 63

    C. 5. 71   D. 5. 80

解析:本题暂无解析。

答案:C。

12. 某船排水量 $\Delta = 20\,342$ t,$TPC = 25.4$ t/cm,从标准海水港口装货驶往 $\rho = 1.007$ g/cm³ 的目的港,抵港时平均吃水为 8.5 m,途中共消耗油水 304 t,出发时该船平均吃水为_____ m。

    A. 8. 50   B. 8. 48

    C. 8. 52   D. 8. 43

解析:由船舶进出不同水密度水域时平均吃水变化量 $\delta d_\rho = \dfrac{\Delta}{100TPC}\left(\dfrac{\rho_s}{\rho_2} - \dfrac{\rho_s}{\rho_1}\right)$ 得出装港与目的港之间的吃水密度变化量,根据抵港平均吃水及途中油水消耗得出出发时该船平均吃水。

答案:B。

13. 某船装货后根据其平均吃水 $d_m = 4.20$ m,查得 $\Delta = 6\,830$ t,实测舷外水密度 $\rho = 1.023$ g/cm³,查得 $TPC = 11.7$ t/cm,驶往 $\rho = 1.005$ g/cm³ 的目的港,途中油水消耗共 171 t,抵港时船舶平均吃水为_____ m。

    A. 4. 20   B. 4. 16

    C. 4. 23   D. 4. 26

解析:本题暂无解析。

答案:B。

14. 某船根据平均吃水 $d_m = 5.84$ m 查得排水量 $\Delta = 6\,871$ t,当时舷外 $\rho = 1.020$ g/cm^3, $TPC = 12.8$ t/cm,现该船驶往 $\rho = 1.005$ g/cm^3 的目的港,途中油水消耗共 219 t,抵港时船舶平均吃水为_____ m。

A. 5.79　　　　　　　　　　B. 5.87

C. 5.75　　　　　　　　　　D. 5.89

解析:本题暂无解析。

答案:C。

15. 某船从密度为 $\rho_1 = 1.024$ g/cm^3 的水域驶入密度为 $\rho_2 = 1.005$ g/cm^3 的水域,船舶排水量 $\Delta = 7\,234$ t,每厘米吃水吨数 $TPC = 12.4$ t/cm,则船舶平均吃水改变量 $\delta d =$ _____ cm。

A. 20　　　　　　　　　　B. 11

C. 13　　　　　　　　　　D. 9

解析:本题暂无解析。

答案:B。

16. 船舶的半淡水水尺超额量是指船舶由_____时,其平均吃水的增加量(ρ 单位:g/cm^3)。

A. $1.000 < \rho < 1.025$ 的水域进入 $\rho = 1.000$ 的水域

B. $\rho = 1.000$ 的水域进入 $1.000 < \rho < 1.025$ 的水域

C. $\rho = 1.025$ 的水域进入 $1.000 < \rho < 1.025$ 的水域

D. $1.000 < \rho < 1.025$ 的水域进入 $\rho = 1.025$ 的水域

解析:船舶由标准密度海水水域进入水密度为 1.000 g/cm$^3 < \rho_2 < 1.025$ g/cm^3 的水域时平均吃水增加量称为半淡水水尺超额量。

答案:C。

17. 船舶的淡水水尺超额量 FWA 是指船舶_____。

A. 由海水进入半淡水时平均吃水的增大量

B. 由淡水进入海水时平均吃水的增大量

C. 由标准海水进入标准淡水时平均吃水的增大量

D. 由标准淡水进入标准海水时平均吃水的减小量

解析:船舶由标准密度海水($\rho_1 = 1.025$ g/cm^3)水域进入标准密度淡水($\rho_2 = 1.000$ g/cm^3)水域时平均吃水的增加量称为淡水水尺超额量 FWA。

答案:C。

18. 其他条件相同,船舶的半淡水水尺超额量随舷外水密度的增大而_____。

A. 减小　　　　　　　　　　B. 增大

C. 无关　　　　　　　　　　D. 视具体条件而定

解析:半淡水水尺超额量,可按: $\delta d = (41 - 40\rho_2)FWA$ 或 $\delta d = 40FWA(1.025 - \rho_2)$ 求取。

答案:A。

19. FWA 的含义为_____。

A. 淡水超额量　　　　　　　　B. 半淡水超额量

C. 每厘米吃水吨数　　　　　　D. 每厘米纵倾力矩

解析:FWA(Fresh Water Allowance),指淡水水尺超额量。

答案:A。

20. 船舶淡水水尺超额量的计算公式为_____(单位:m)。

A.$\Delta/(36TPC)$　　　　　　　B.$\Delta/(4\ 000TPC)$

C.$\Delta/(40TPC)$　　　　　　　D.$\Delta/(48TPC)$

解析:淡水水尺超额量FWA,$FWA=\Delta/(4\ 000TPC)$。

答案:B。

21. 船舶的淡水超额量是指船舶由_____时,其平均吃水的增加量。

A. 1.000<ρ<1.025 的水域进入 ρ=1.000 的水域

B. 标准密度淡水的水域进入标准密度海水的水域

C. 标准密度海水的水域进入标准密度淡水的水域

D. 1.000<ρ<1.025 的水域进入 ρ=1.025 的水域

解析:船舶由标准海水密度水域进入标准淡水密度水域时,平均吃水的增加量称为淡水水尺超额量。

答案:C。

1.1.5　船舶静水力资料及应用

1.1.5.1　静水力曲线图

一、知识点梳理

1.静水力曲线图:船舶静止正浮时船舶特性要素随平均型吃水变化的关系曲线。

2.静水力曲线图的组成。

(1)纵坐标:平均吃水(m)。

(2)横坐标:计量长度(cm)。

(3)静水力曲线:7 条浮性要素曲线、3 条稳性要素曲线、5 条船型系数曲线。

3.部分船舶性能数据的含义:

(1)排水体积∇曲线。

排水体积包括船壳板及附体在内的船舶水下排水体积。

$$\nabla=k\nabla_{m}。$$

式中:k——船壳系数,取 1.006~1.030。

∇_{m}——型排水体积(m^3)。

(2)水线面面积 A_w 和 TPC。

TPC 为平均吃水变化 1 cm 时,船舶排水量的变化值(t/cm),$TPC=A_w\cdot\rho/100$。

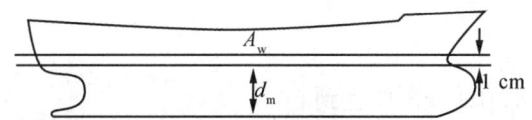

当船舶有少量载荷 P 变化时,其平均吃水的变化量 d 为:

$$\delta d = \frac{P}{100TPC}$$

式中:P——改变的载荷重量(t),加载时取"+",减载时取"−"。

(3)浮心距船中距离 X_b 和漂心距船中距离 X_f。

漂心:水线面面积中心。

我国《钢质海船入级规范》规定,X_b 和 X_f 值均以船中为坐标原点,船中前取"+",船中后取"−"。

(4)厘米纵倾力矩 MTC。

MTC 为船舶吃水差变化 1 cm 所需纵倾力矩(tm/cm)。

除上述曲线外,静水力曲线图中还有方形系数、水线面面积系数、中横剖面系数、菱形系数等船型系数曲线。值得注意的是,船形系数曲线的横坐标是独立的。

二、难点点拨

1. 对于箱形驳船,其水线面积不随吃水而变化,所以每厘米吃水吨数为一定值。

2. 对于普通船舶,由于吃水不同时水线面积也不同,每厘米吃水吨数通常随吃水增大而增大。

三、相关习题

1. 船舶的静水力曲线图是表示船舶正浮状态下的_____与吃水的关系曲线的总称。

①船型系数;②静稳性要素;③浮性要素、初稳性要素

A.①　　　　　　　　　　　　B.②

C.③　　　　　　　　　　　　D.①③

解析:静水力曲线图表示船舶在静止正浮时的浮性参数、稳性参数和船型系数与吃水关系的一组曲线。

答案:D。

2. 船舶静水力曲线图表示船舶在静止、正浮状态下其_____。

A. 船体受力情况的曲线

B. 吃水与浮性、稳性等各特性参数的关系曲线

C. 吃水与载荷弯矩的关系曲线

D. 静稳性力臂与船舶横倾角的关系曲线

解析:船舶静水力曲线图是表示船舶在静止、正浮状态下其吃水与浮性、稳性等各特性参数的

关系曲线。

答案:B。

3. _____可以在船舶静水力曲线图中查到。

　　A. 沿船长方向的浮力分布曲线及重量分布曲线

　　B. 甲板浸水角、极限静倾角及初稳性高度曲线

　　C. 横摇角、受风面积及进水角曲线

　　D. 漂心距船中距离曲线、每厘米纵倾力矩及横稳心距基线高度曲线

　　解析:漂心距船中距离曲线属于船舶静水力曲线图中的浮性参数曲线,每厘米纵倾力矩及横稳心距基线高度曲线属于船舶静水力曲线图中的稳性参数曲线。

　　答案:D。

4. 表征船舶在静止正浮状态下其平均吃水与船舶若干性能参数的一组关系曲线称为_____。

　　A. 静水力特性参数表　　　　　　　　B. 静稳性曲线图

　　C. 静水力曲线图　　　　　　　　　　D. 动稳性曲线图

　　解析:考察静稳性曲线图定义。

　　答案:C。

5. 根据我国的规定,在使用静水力曲线图查取漂心距船中距离 X_f 时,以下说法正确的是_____。

　　A. 不论漂心 F 在船中的前或后,X_f 均为负(−)

　　B. 不论漂心 F 在船中的前或后,X_f 均为正(+)

　　C. 漂心 F 在船中后,X_f 为负(−);在船中前为正(+)

　　D. 漂心 F 在船中后,X_f 为正(+);在船中前为负(−)

　　解析:在船中坐标系中,我国规定:漂心在船中前,X_f 为"+";漂心在船中后,X_f 为"−"。

　　答案:C。

6. 在对某杂货船作舱底、甲板及舱盖结构的加强改造后将其改装成集装箱船,原有船舶资料中哪些可以继续使用? _____。

　　A. 稳性报告书　　　　　　　　　　　B. 静水力性能资料

　　C. 总纵强度资料　　　　　　　　　　D. 局部强度资料

　　解析:静水力性能资料未发生变化。

　　答案:B。

7. 按我国的相关规定,静水力曲线图中,关于浮心的曲线有_____曲线。

　　①浮心距船中;②浮心距基线;③浮心距船首

　　A. ①　　　　　　　　　　　　　　　B. ②

　　C. ③　　　　　　　　　　　　　　　D. ①②

　　解析:静水力曲线图中,无浮心距船首的曲线。

　　答案:D。

8. 静水力曲线图中的垂向坐标为_____,坐标原点在船中的有_____。

　　A. 实际吃水;漂心、浮心纵坐标　　　　B. 型吃水;漂心、浮心纵坐标

C. 型吃水;浮心、稳心纵坐标　　　　　　　D. 实际吃水;漂心、稳心纵坐标

解析:静水力曲线图的垂向坐标代表船舶平均型吃水,横坐标代表船舶不同参数,以厘米数表示。

答案:B。

9. 静水力曲线图中包括_____。

　A. 重量沿船长方向的分布曲线

　B. 甲板浸水角和初稳性高度曲线

　C. 横摇角及进水角曲线

　D. 漂心距船中距离曲线和横稳心距基线高度曲线

解析:漂心距船中距离曲线和横稳心距基线高度曲线分属于船舶静水力曲线图中的浮性参数曲线及稳性参数曲线。

答案:D。

10. 静水力曲线图中,由型排水体积计算船舶排水量时,应进行_____修正。

　A. 漂心　　　　　　　　　　　　　　　　B. 艏、艉垂线

　C. 纵倾　　　　　　　　　　　　　　　　D. 船壳系数

解析:设船壳系数为 k,型排水体积为 ∇_{m},则实际排水体积 $\nabla = k\nabla_{\mathrm{m}}$。

答案:D。

11. 船壳系数是指_____,因此,其值_____。

　A. 型排水体积与实际排水体积之比;大于 1

　B. 实际排水体积与型排水体积之比;大于 1

　C. 船底厚度与舷侧厚度的比值;大于 1

　D. 舷侧厚度与船底厚度的比值;小于 1

解析:为方便计算,一般是将型排水体积乘以一个大于 1 的系数,该系数称为船壳系数。

答案:B。

12. 船舶静水力资料一般包括_____。

　①干舷;②静水力曲线;③静水力参数表;④载重表尺;⑤空船重量

　A. ①②⑤　　　　　　　　　　　　　　　B. ②③④

　C. ①③④　　　　　　　　　　　　　　　D. ②③⑤

解析:船舶静水力资料包括静水力曲线图、载重表和静水力参数表。

答案:B。

13. 某船的船壳系数 $k = 1.005$,在某一吃水时其实际排水体积 $\nabla = 18\ 000\ \mathrm{m}^3$,则其型排水体积为_____ m^3。

　A. 18 090　　　　　　　　　　　　　　　B. 17 910

　C. 18 180　　　　　　　　　　　　　　　D. 17 820

解析:型排水体积等于实际排水体积除以船壳系数。

答案:B。

14. 船舶正浮,漂心 F 在某吃水的位置可以用两个坐标来表示,其中 X_{f} 通常不为零,而 Y_{f} 为

_____。

A. 0　　　　　　　　　　　　　　B. 负值

C. 正值　　　　　　　　　　　　D. $d/2$

解析:漂心位置以 X_f 和 Y_f 表示。由于水线面形状左右对称于中纵剖面,故 $Y_f=0$。水线面形状一般都不对称于中横剖面,故 X_f 通常为不为零,而在船中附近。

答案:A。

15. 每厘米吃水吨数 TPC 的值通常随船舶吃水的变化而变化,但_____除外。

A. 客船　　　　　　　　　　　　B. 散货船

C. 集装箱船　　　　　　　　　　D. 箱形船

解析:对于箱形驳船,其水线面积不随吃水而变化,故每厘米吃水吨数 TPC 为一确定值。

答案:D。

16. 船舶每厘米吃水吨数 TPC 曲线的主要作用是计算船舶_____。

①吃水差的变化量;②初稳性高度的变化量;③平均吃水变化量;④装载量的变化量;⑤重心高度的变化量

A. ①②　　　　　　　　　　　　B. ②③

C. ③④　　　　　　　　　　　　D. ④⑤

解析:考查船舶每厘米吃水吨数 TPC 曲线的应用。

答案:C。

17. 把某油船的纵舱壁和甲板等进行结构改造后成为杂货船,原有船舶资料中_____还可以继续使用。

A. 稳性报告书　　　　　　　　　B. 静水力资料

C. 总纵强度资料　　　　　　　　D. 基本结构图

解析:静水力资料没有变化。

答案:B。

18. 在船舶静水力曲线图上可以查到_____的值。

①干舷;②每厘米纵倾力矩;③浮心垂向坐标;④方形系数;⑤载重量;⑥稳心距基线高

A. ①②③④　　　　　　　　　　B. ①②③⑥

C. ②③④⑤　　　　　　　　　　D. ②③④⑥

解析:干舷及载重量无法从船舶静水力曲线图上查到。

答案:D。

19. 我国船舶静水力曲线图上各曲线的起算点可分为三种情况,其中以船中为起算点的曲线主要有_____。

A. Z_b 和 X_f　　　　　　　　　B. X_b 和 C_b

C. X_f 和 C_b　　　　　　　　　D. X_b 和 X_f

解析:浮心距船中距离曲线,简称 X_b 曲线;漂心距船中距离曲线,简称 X_f 曲线。

答案:D。

20. 静水力曲线图中提供了标准海水和标准淡水下的_____曲线值。

A. 浮心纵坐标   B. 每厘米吃水吨数

C. 排水量   D. 每厘米纵倾力矩

解析:静水力曲线图中提供的排水量曲线表示船舶排水量随吃水变化而变化的关系曲线,通常包括标准海水排水量和标准淡水排水量两条曲线。

答案:C。

21. 在船舶静水力曲线图中,水线面积 A_w 曲线是_____钢质船壳板厚度在内的水线面面积随吃水变化而变化的曲线,A_w 可用于计算_____。

A. 不包括;每厘米吃水吨数 TPC B. 不包括;每厘米纵倾力矩 MTC

C. 包括;每厘米吃水吨数 TPC D. 包括;每厘米纵倾力矩 MTC

解析:水线面积曲线,简称 A_w 曲线,反映未包括船壳板厚度在内的水线面面积随吃水变化而变化的关系曲线。由水线面积可计算出船舶在不同水密度水域中每厘米吃水吨数 TPC 值。

答案:A。

1.1.5.2　载重表尺

一、知识点梳理

1. 载重表尺:是指船舶在静止正浮时常用浮性和稳性参数随吃水变化的关系图表。

2. 组成:实际平均吃水、水密度修正栏以及船舶常用的特性要素(船舶海淡水排水量、海淡水总载重量、海淡水每厘米吃水吨数、每厘米纵倾力矩、横稳心距基线高度等)。

二、难点点拨

实际工作中,实船使用的载重表尺,所列参数也不尽相同。

三、相关习题

1. 船舶驾驶员在载重表尺中可查到_____。

①海水排水量;②淡水排水量;③总载重量;④TPC;⑤MTC;⑥KM

A. ①④⑤⑥   B. ①③④⑤⑥

C. ①②④⑤   D. ①②③④⑤⑥

解析:载重表尺中给出了不同吃水时的海水中和淡水中的排水量 Δ、总载重量 DW、每厘米吃水吨数 TPC 以及每厘米纵倾力矩 MTC、横稳心距基线高度 KM、浮心距船中 X_f 等值。

答案:D。

2. 以数值图表形式给出船舶浮性参数、稳性参数与平均实际吃水的关系表称为_____。

A. 静稳性曲线图   B. 动稳性曲线图

C. 静水力曲线图   D. 载重表尺

解析:载重表尺是指船舶在静止、正浮状态时常用浮性和稳性参数随吃水变化而变化的关系图表。

答案:D。

3.船舶载重表尺是表示船舶在_____下的浮性参数、稳性参数与吃水的关系图表。

A.空载状态　　　　　　　　　　B.夏季满载状态

C.静止正浮状态　　　　　　　　D.装载航行状态

解析:本题暂无解析。

答案:C。

4.船舶资料中,载重表尺的查表引数是_____。

A.型平均吃水　　　　　　　　　B.实际平均吃水

C.空载吃水　　　　　　　　　　D.满载吃水

解析:根据装载状态下的实际平均吃水作一水平线,该线与所查参数栏刻度相交,直接读出刻度对应数值即为所查参数值。

答案:B。

5.载重表尺的查取方法:根据装载状态下的_____作一水平线,该线与所查参数栏刻度相交,直接读出刻度对应数值即为所查参数值。

A.实际平均吃水　　　　　　　　B.平均型吃水

C.船中实际吃水　　　　　　　　D.空船平均吃水

解析:考查载重表的使用方法。

答案:A。

6.根据静水力参数表,查到吃水为 8.4 m 时的 TPC 为 25.32 t/cm,吃水为 8.6 m 时的 TPC 为 25.45 t/cm,则吃水为 8.45 m 时的 TPC 为_____t/cm。

A.25.29　　　　　　　　　　　　B.25.49

C.25.42　　　　　　　　　　　　D.25.35

解析:通过内插求取,$(8.45-8.4)/(8.6-8.4)=TPC/(25.45-25.32)$。

答案:D。

7.某船在 $\rho=1.018$ g/cm³ 的水域中实际观测船舶吃水 $d=10.0$ m,则利用静水力图表查取船舶排水量时,_____。

A.不能使用船舶静水力曲线图

B.仅能使用载重表尺,因为载重表尺提供了半淡水水密度对应的排水量

C.不能使用静水力参数表

D.可使用任意一种静水力图表,按吃水 $d=10.00$ m 查取海水排水量,然后利用公式 $\Delta_\rho=\Delta_{1.025}\times1.018/1.025$

解析:考查通过静水力图表查取船舶排水量。

答案:D。

8.某船在 $\rho=1.015$ g/cm³ 的水域中实际观测船舶吃水 $d=8.00$ m,利用静水力参数表查得海水排水量为 20 000 t,则船舶的实际排水量为_____t。

A. 19 804. 9　　　　　　　　　　B. 20 000. 0

C. 20 197. 0　　　　　　　　　　D. 19 700. 8

解析:船舶的实际排水量 $\Delta_\rho = \Delta_{1.025} \times 1.015/1.025 = (20\ 000/1.025) \times 1.015 = 19\ 804.9$ t。

答案:A。

9. 某水域的水密度 $\rho = 1.015$ g/cm^3,K 船此时查静水力参数表得海水排水量 $\Delta = 18\ 334$ t,则修正后的排水量为_____t。

A. 18 155　　　　　　　　　　B. 19 251

C. 17 035　　　　　　　　　　D. 17 461

解析:$\Delta_\rho = \Delta_{1.025} \times 1.015/1.025 = (18\ 334/1.025) \times 1.015 = 18\ 155$ t。

答案:A。

10. 下表为某船静水力参数表的一部分,若该船平均吃水 $d_m = 7.83$ m,水密度 $\rho = 1.008$ t/m^3,则其排水量为_____t。

d_m/m	标准海水密度排水量Δ/t
7.80	16 180.0
7.90	16 660.0

A. 16 324. 0　　　　　　　　　　B. 15 925. 9

C. 16 053. 3　　　　　　　　　　D. 16 532. 8

解析:根据平均吃水,通过内插求取标准海水密度排水量,再进行密度修正。

$(\Delta_{1.025} - 16\ 180)/(7.83 - 7.8) = (16\ 660 - 16\ 180)/(17.9 - 7.8)$,$\Delta_{1.025} = 16\ 324$ t;则其排水量 $= 16\ 324 \times 1.008/1.025 = 16\ 053$ t。

答案:C。

11. 某船载重表如下图所示,若船舶总载重量 $DW = 53\ 000$ t,水密度 $\rho = 1.015$ t/m^3,则其吃水 d 为_____m。

A. 12. 50　　　　　　　　　　　　B. 12. 45

C. 12. 62　　　　　　　　　　　　D. 12. 72

解析:考查载重表的使用,表中 53 000 对应 12.5,可列等式 53 000/12. 5 = 53 522/d,d = 12.62。

答案:C。

12. 根据我国《钢质海船入级规范》规定,在使用静水力曲线图查取浮心距船中距离 X_b 时,以下说法正确的是_____。

A. 不论浮心 B 在船中的前或后,X_b 均为负(−)

B. 不论浮心 B 在船中的前或后,X_b 均为正(+)

C. 浮心 B 在船中后,X_b 为负(−);在船中前为正(+)

D. 浮心 B 在船中后,X_b 为正(+);在船中前为负(−)

解析:在船中坐标系中,规定:浮心在船中前,X_b 为(+);浮心在船中后,X_b 为(−)。

答案:C。

13. 船舶静水力曲线中各条曲线是指船舶在_____时的特性要素和平均吃水的函数关系。

A. 任何漂浮状态　　　　　　　　B. 静止正浮

C. 等容倾斜　　　　　　　　　　D. 有纵倾但无横倾

解析:静水力曲线图是表示船舶在静止正浮时的浮性参数、稳性参数和船型系数与吃水关系的一组曲线。

答案:B。

14. 某船的船壳系数 k = 1.006,在某一吃水时其总排水体积 V = 12 500 m³,则其型排水体积为_____ m³。

A. 12 425　　　　　　　　　　　B. 12 450

C. 12 500　　　　　　　　　　　D. 12 575

解析:$V_型$ = $V_实$/k = 12 500/1.006 = 12 425。

答案:A。

15. 某船的船壳系数 k = 1.006,在某一吃水时其型排水体积 V = 15 000 m³,则其水下外板及附体的排水体积之和为_____ m³。

A. 90　　　　　　　　　　　　　B. 180

C. 15 090　　　　　　　　　　　D. 14 910

解析:水下外板及附体的排水体积之和为型排水体积与实际排水体积之差。15 000×1.006 − 15 000 = 90。

答案:A。

16. 船舶的每厘米吃水吨数 TPC 曲线的用途主要是计算船舶的_____。

A. 吃水差的改变量　　　　　　　B. 初稳性高度的变化量

C. 平均吃水及装载量的变化值　　D. 重心高度的变化量

解析:TPC 曲线表示船舶在不同吃水时每厘米吃水吨数变化规律的曲线。

答案:C。

17. 船舶的每厘米吃水吨数与船舶_____有关。

    A. 初稳性　　　　　　　　　　　　B. 纵稳性

    C. 水线面面积　　　　　　　　　　D. 水线下船体形状

    解析:每厘米吃水吨数 $TPC = 0.01\rho A_{\mathrm{w}}$。

    答案:C。

18. 通常情况下,每厘米吃水吨数 TPC 随船舶吃水的增大而_____。

    A. 增大　　　　　　　　　　　　　B. 减小

    C. 不变　　　　　　　　　　　　　D. 变化趋势不定

    解析:对于普通船舶,通常水线面积随吃水增大而增大,每厘米吃水吨数 TPC 和水线面积随吃水变化的趋势是一致的。

    答案:A。

19. 船舶的每厘米吃水吨数 TPC 在数值上等于_____。

    ①船舶平均吃水变化 1 cm 时,船舶浮力的改变量;②船舶平均吃水变化 1 cm 时,其排水量的改变量;③正浮时,船舶排水量变化 1 t,其吃水变化的厘米数

    A. ①　　　　　　　　　　　　　　B. ②

    C. ③　　　　　　　　　　　　　　D. ①②

    解析:每厘米吃水吨数等于船舶平均吃水变化 1 cm 时对应排水量的改变量。

    答案:D。

20. 对于箱形驳船而言,船舶的每厘米吃水吨数 TPC 随船舶吃水的增加而_____。

    A. 增大　　　　　　　　　　　　　B. 不变

    C. 减小　　　　　　　　　　　　　D. 变化不定

    解析:对于箱形驳船,其水线面积不随吃水而变化,故每厘米吃水吨数 TPC 为一确定值。

    答案:B。

21. 船舶少量装载时,可用_____计算吃水改变量。

    A. 每厘米纵倾力矩　　　　　　　　B. 每厘米吃水吨数

    C. 初稳性高度　　　　　　　　　　D. 静稳性力臂

    解析:考查每厘米吃水吨数在船舶少量装载时计算吃水改变量上的应用。

    答案:B。

22. 箱形驳船,其_____。

    A. 水线面积不随吃水而变化,TPC 为确定值

    B. 水线面积不随吃水而变化,TPC 为变量

    C. 水线面积随吃水而变化,TPC 为确定值

    D. 水线面积随吃水而变化,TPC 为变量

    解析:对于箱形驳船,其水线面积不随吃水而变化,TPC 为一确定值。

    答案:A。

23. 某船排水量为 2 000 t,则下列可利用 TPC 计算平均吃水改变量并且误差较小的是_____。

    A. 加载 350 t 货物　　　　　　　　B. 卸载 160 t 货物

C. 加载 250 t 货物 　　　　　　　　　　D. 加载 300 t 货物

解析:载荷少量增减,即载荷增减量小于 10% 船舶装载排水量时,利用 TPC 计算平均吃水改变量误差较小。

答案:B。

24. 杂货船的排水量为 2 000 t,则应用 TPC 曲线可以较准确地计算下述哪种情况下平均吃水的改变量? _____。

①加载 300 t 货物;②卸载 160 t 货物;③加载 90 t 货物

A. ① 　　　　　　　　　　B. ②

C. ③ 　　　　　　　　　　D. ②③

解析:考查载荷少量增减时 $(P<10\%\Delta)$ 利用 TPC 计算平均吃水改变量较精确。

答案:D。

25. 某船排水量为 8 000 t,为了减小计算误差,则下列可利用 TPC 计算平均吃水改变量的状态是 _____。

A. 装 950 t 货物 　　　　　　　　　　B. 卸 900 t 货物

C. 装 850 t 货物 　　　　　　　　　　D. 卸 700 t 货物

解析:考查载荷少量增减时 $(P<10\%\Delta)$ 利用 TPC 计算平均吃水改变量。

答案:D。

26. 某船吃水 $d = 9.0$ m,水线面面积 $A_w = 1\ 800$ m^2,则此时船舶的海水每厘米吃水吨数为 _____ t/cm。

A. 16.0 　　　　　　　　　　B. 18.1

C. 18.45 　　　　　　　　　　D. 16.4

解析:每厘米吃水吨数 $TPC = 0.01\rho A_w = 0.01 \times 1\ 800 \times 1.025 = 18.45$ t/cm。

答案:C。

27. 某船装货前测得平均吃水为 6.12 m,$TPC = 20$ t/cm,8 h 后测得平均吃水为 6.98 m,$TPC = 21.8$ t/cm,若假定该段时间内船上油水等重量不变,则装货量估计为 _____ t。

A. 1 797 　　　　　　　　　　B. 1 720

C. 1 874 　　　　　　　　　　D. 1 726

解析:估计装货量为吃水改变量与每厘米吃水吨数均值的乘积。载荷增减而引起吃水改变时,若给出两个 TPC 值,应取平均值,因此 $TPC = (TPC_1 + TPC_2)/2 = (20 + 21.8)/2 = 20.9$,装货期间吃水变化量 $\delta d = d_2 - d_1 = 6.98 - 6.12 = 0.86$,装货量 $P = 100 \times \delta d \times TPC = 100 \times 0.86 \times 20.9 = 1\ 797.4$ t。

答案:A。

28. 某船装货前测得艏吃水 6.12 m,艉吃水 6.40 m,漂心在船中,$TPC = 20$ t/cm。10 h 后测得平均吃水为 6.52 m,装货期间内船上油水消耗量为 30 t,设 TPC 不变,则装货量估计为 _____ t。

A. 600 　　　　　　　　　　B. 490

C. 550 　　　　　　　　　　D. 710

解析:估计装货量为吃水改变量与每厘米吃水吨数的乘积,加上油水消耗量。装货前船舶平

均吃水为 $d_m = (d_F + d_A)/2 + t \times x_f/L_{BP} = (6.12 + 6.4)/2 = 6.26$ m,装货期间货物和油水变化量引起的吃水变化 $= 6.52 - 6.26 = 0.26$ m,装货量计算公式为 $(P-30)/20 \times 100 = 0.26$ m,$P = 550$ t。

答案:C。

29. 某船原平均吃水为 6.10 m,加载 100 t 货物后平均吃水变为 6.18 m,此时的 TPC 为_____ t/cm。

A. 8.0 　　　　　　　　　　　B. 10.0

C. 12.0 　　　　　　　　　　　D. 12.5

解析:TPC 为加载货物除以吃水改变量,$TPC = 100/[(6.18 - 6.10) \times 100] = 12.5$ t/cm。

答案:D。

30. 某杂货船在某一装载状态下的平均吃水为 5.00 m($TPC = 24.0$ t/cm),因装货,平均吃水为 5.60 m($TPC = 25.0$ t/cm),则装货量为_____ t。

A. 2 000 　　　　　　　　　　B. 1 500

C. 1 470 　　　　　　　　　　D. 1 440

解析:估计装货量为吃水改变量与每厘米吃水吨数均值的乘积。

答案:C。

31. 某船平均吃水为 4.7 m($TPC = 8.5$ t/cm),因卸货,平均吃水变为 4.2 m($TPC = 7.9$ t/cm),则卸货量为_____ t。

A. 735 　　　　　　　　　　　B. 624

C. 569 　　　　　　　　　　　D. 410

解析:估计卸货量为吃水改变量与每厘米吃水吨数均值的乘积。

答案:D。

32. 某船吃水 $d = 7.00$ m,水线面面积 $A_w = 1\ 200$ m^2,则此时船舶的淡水每厘米吃水吨数为_____ t/cm。

A. 12.0 　　　　　　　　　　　B. 12.3

C. 13.0 　　　　　　　　　　　D. 13.5

解析:$TPC = 0.01\rho A_w = 0.01 \times 1\ 200 \times 1.000 = 12.0$ t/cm。

答案:A。

33. 某船装货前测得的平均吃水为 7.10 m,$TPC = 22$ t/cm;装货后测得的平均吃水为 7.55 m,$TPC = 23.5$ t/cm;若假定装货期间船上的油水等重量不变,则装货量估计为_____ t。

A. 990 　　　　　　　　　　　B. 1 058

C. 1 024 　　　　　　　　　　D. 1 048

解析:载荷增减引起吃水改变,给出两个吃水对应的 TPC 的值时,应取平均值,$P = (7.55 - 7.1) \times [100 \times (22 + 23.5)/2] = 1\ 024$ t。

答案:C。

34. 某船在始发港开航时吃水 $d = 9.80$ m,$TPC = 20.0$ t/cm,至中途港消耗油水 300 t,中途港卸货 1 000 t 后又加装货物 600 t,其他重量不变,则该船从中途港开出时吃水为_____ m。

A. 9.65 　　　　　　　　　　　B. 9.45

C. 9.60   D. 9.30

解析:中途港开出时吃水为始发港开航时吃水加上中途港吃水改变量,中途港吃水改变量为中途港载重变化除以 TPC。载荷增减引起吃水改变 $=(-300-1\,000+600)/20×100=-0.35$,中途港吃水 $=9.8-0.35=9.45$ m。

答案:B。

35. 某船始发港开航时平均吃水 $d_m=5.9$ m,$TPC=9.7$ t/cm,航行及停泊中油水消耗140 t,并计划在中途港卸下635 t后又加装416 t货物,则该船驶离中途港时的船舶平均吃水为_____ m。

A. 5.82   B. 5.39

C. 5.53   D. 5.41

解析:载荷增减而且引起吃水改变量 $=(-140-635+416)/100×9.7=-0.37$,平均吃水 $=5.9+(-0.37)=5.53$ m。

答案:C。

36. 某船在始发港开航时平均吃水 $d_m=10.00$ m,$TPC=20.0$ t/cm,途中耗油水300 t,中途港卸货1 000 t后又加装货物500 t,其他因素不计,则该船从中途港开出后吃水为_____ m。

A. 9.6   B. 9.9

C. 10.1   D. 10.4

解析:吃水改变量 $=P/100TPC=(-300-1\,000+500)/100×20=-0.4$ m,则中途港开出后 $d=10-0.4=9.6$ m。

答案:A。

37. 已知某船卸货前平均吃水为11.62 m,每厘米吃水吨数为27.5 t/cm,卸货重量为898 t,则该船新的平均吃水为_____ m。

A. 11.29   B. 13.95

C. 15.11   D. 12.79

解析:平均吃水 $=11.62-898/2\,750=11.29$ m。

答案:A。

38. 某船装货前平均吃水为12.63 m,每厘米吃水吨数为26.7 t/cm,则该船装载562 t货物后平均吃水为_____ m。

A. 8.84   B. 12.90

C. 12.87   D. 12.84

解析:载荷增减而引起吃水改变量 $=P/100TPC=562/(100×26.7)=0.21$ m,$d=12.63+0.21=12.84$ m。

答案:D。

39. 已知某船卸货前平均吃水为7.62 m,每厘米吃水吨数为22.5 t/cm,卸货重量为735 t,卸货期间油水消耗25 t,则该船卸货后的平均吃水为_____ m。

A. 7.52   B. 7.83

C. 7.96   D. 7.28

解析:卸货而引起吃水的改变量为 = 0.34 m,卸货后吃水为 = 7.62-0.34 = 7.28 m。

答案:D。

40.下表为某船静水力参数表的一部分,若该船从初始平均吃水 d_{m0} = 8.88 m 随卸货减小为 d_{m1} = 8.78 m,则其卸货重量约为_____ t。

d_m/m	$TCPA$/(t/cm)
8.80	24.46
8.90	24.87

A. 287. 4

B. 246. 7

C. 284. 0

D. 213. 4

解析:TPC = (24.46+24.87)/2 = 24.665,卸货重量 = 100×24. 665×(8.78-8.88) = -246. 65 t。

答案:B。

1.1.6　船舶干舷和载重线标志

1.1.6.1　船舶储备浮力和干舷

一、知识点梳理

1.储备浮力:满载水线以上船体水密空间所提供的浮力。

2.储备浮力的影响因素:船的大小、用途、结构、航行的区域和季节。

3.干舷:船中处从甲板线上边缘(上甲板舷边上表面延伸线)向下至有关载重线上边缘的垂直距离。

船舶干舷 F 与型深 D、型吃水 d 的关系为:

$$F = D - d + \varepsilon$$

式中:ε——干舷甲板边板的厚度。

4.船舶干舷的大小可以作为衡量储备浮力大小的依据。船舶干舷越大,船舶储备浮力越大,其航海安全性也就越高。

5.干舷和储备浮力的比较:

(1)国内航行船舶的储备浮力和干舷高度比同级别的国际航行船舶的干舷小一些。

(2)木材船的干舷比同级别的普通干散货船的干舷小一些。

(3)散装液体货船的干舷较其他同级别的普通货船的干舷小一些。

(4)客船的干舷比同级别的货船的干舷要大一些。

二、相关习题

1. 船舶的储备浮力是指_____。

　　A. 水密空间的大小

　　B. 保留的排水体积

　　C. 所保留的干舷高度值

　　D. 设计水线以上船体水密空间所提供的浮力

　　解析:船舶储备浮力是指船舶满载水线以上主体水密部分的体积所能提供的浮力。

　　答案:D。

2. 船舶干舷越大,表示船舶的_____越大。

　　A. 纵强度　　　　　　　　　　B. 设计吃水

　　C. 吃水差　　　　　　　　　　D. 储备浮力

　　解析:干舷可用于直观地反映船舶储备浮力的大小。干舷越大,储备浮力也越大。

　　答案:D。

3. 根据经验,海船的储备浮力为其满载排水量的_____。

　　A. 10%~15%　　　　　　　　B. 20%~30%

　　C. 25%~40%　　　　　　　　D. 40%~60%

　　解析:储备浮力的大小与船舶尺度、类型、航区和航行季节等因素有关,海船的储备浮力为排水量的 25%~40%。

　　答案:C。

4. 储备浮力的大小常以_____。

　　A. 满载排水量的百分数表示　　　B. 空船排水量的百分数表示

　　C. 装载排水量的百分数表示　　　D. 排水体积的百分数表示

　　解析:储备浮力通常用满载排水量的百分数来表示。

　　答案:A。

5. 同一船舶装货越多,其干舷越_____,储备浮力就越_____。

　　A. 小;小　　　　　　　　　　B. 小;大

　　C. 大;小　　　　　　　　　　D. 大;大

　　解析:干舷可用于直观地反映船舶储备浮力的大小。吃水越大,干舷越小,储备浮力也越小。

　　答案:A。

6. 一般用_____表示船舶储备浮力的大小。

　　A. 稳性　　　　　　　　　　　B. 纵向强度

　　C. 干舷　　　　　　　　　　　D. 吃水差

　　解析:干舷可用于直观地反映船舶储备浮力的大小。

　　答案:C。

7. 影响船舶储备浮力大小的因素包括_____。

①船舶的结构;②船舶的航行区域;③船舶的用途

A. ①   B. ②

C. ③   D. ①②③

解析:储备浮力大小根据船舶的用途、结构、航行区域等因素确定。

答案:D。

8. 在相同条件下,通常海船储备浮力_____河船储备浮力。

A. 大于   B. 小于

C. 等于   D. 小于等于

解析:海船的储备浮力为排水量的 25%~40%,河船的储备浮力为排水量的 10%~15%。

答案:A。

9. F 表示干舷,d 表示型吃水,D 表示型深,则它们之间的近似表达式是_____。

A. $D+F+d=0$ B. $d=F-D$

C. $F=d-D$ D. $F=D-d$

解析:船舶干舷 F 是指在船中处从干舷甲板上边缘向下量到载重线上边缘(或满载水线)的垂直距离。船舶干舷 F 与型深 D、型吃水 d 的近似关系为 $F=D-d$。

答案:D。

10. 船舶的干舷是根据_____勘定的。

A. 建造规范   B. 稳性规范

C. 载重线公约   D. 抗沉性规范

解析:船舶的干舷是根据载重线公约勘定的。

答案:C。

11. 船舶干舷的计算公式为:$F=D-d+\varepsilon$,其中 ε 是指_____。

A. 船舶平板龙骨的厚度   B. 船舶干舷甲板的厚度

C. 船舶横梁的厚度   D. 船舶吃水的修正量

解析:船舶干舷 F 与型深 D、型吃水 d 的关系为 $F=D-d+\varepsilon$,式中:ε 为干舷甲板边板厚度(m)。

答案:B。

1.1.6.2 各种船舶载重线标志的组成及各条载重线之间的相互关系

一、知识点梳理

1. 载重线标志的组成:

(1)甲板线。

(2)载重线圈及横线。

(3)各载重线。

2. 国际航行非木材甲板货物的船舶载重线标志:

（1）热带载重线,以标有"T"的水平线段表示,勘绘在夏季载重线的上方,较夏季载重线高 $d_S/48$。

（2）夏季载重线,以标有"S"的水平线段表示,该水平线的上边缘通过载重线圈中心。

（3）冬季载重线,以标有"W"的水平线段表示,勘绘在夏季载重线的下方,较夏季载重线低 $d_S/48$。

（4）冬季北大西洋载重线,以标有"WNA"的水平线段表示,勘绘在冬季载重线的下方,较冬季载重线低 50 mm。

（5）夏季淡水载重线,以标有"F"的水平线段表示,勘绘在垂直线的后方,较夏季载重线高 $\Delta_S/40TPC$ 或 $d_S/48$。

（6）热带淡水载重线,以标有"TF"的水平线段表示,勘绘在夏季淡水载重线的上方,较热带载重线高 $\Delta_S/40TPC$ 或 $d_S/48$。

其中,Δ_S、d_S、TPC 分别为夏季满载排水量以及该排水量所对应的型吃水和海水每厘米吃水吨数。

3.国际航行承运木材甲板货物的船舶载重线标志。

（1）"木材甲板货物"是指在干舷甲板或上层建筑甲板的露天部分运载的木材及其加工品,但不包括纸浆或类似货物。

（2）木材载重线应在通常载重线以外勘绘,位于载重线圈的后方各木材载重线分别在相应的载重线标注前加上英文字母"L",如用标有"LS"英文字母的水平线段来表示夏季木材载重线。

（3）除北大西洋冬季木材最小干舷和北大西洋冬季最小干舷一样以外,各木材载重线最小干舷比相应的载重线最小干舷要小。

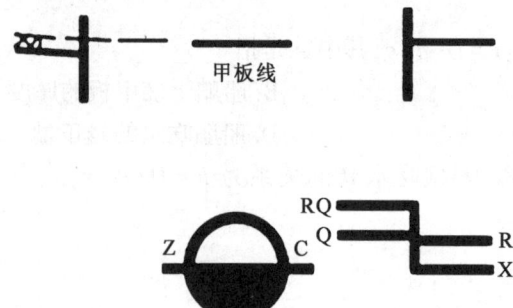

4.非国际航行海船载重线标志:

（1）国内航行船舶的最小干舷要比国际航行船舶相应载重线的最小干舷要小。

（2）不勘绘冬季及北大西洋冬季载重线。

（3）圆环水平线以下半圆部分与标志均为一色。

（4）勘定干舷机构简称、各载重线名称缩写均为相应汉字拼音首字母。

二、相关习题

1.船舶的夏季最小干舷是确定其他最小干舷的基准,而夏季最小干舷由_____等因素决定。

①船舶主尺度;②船舶丰满度;③船舶类型;④上层建筑;⑤舷弧

A.①②③④⑤　　　　　　　　　　　　　B.①②③④

C.①②③　　　　　　　　　　　　　　　D.①②

解析:夏季最小干舷是由船舶主尺度、船舶丰满度、船舶类型、上层建筑、舷弧等因素所决定的。

答案:A。

2. 根据规定,杂货船的夏季淡水干舷等于_____。

A.夏季海水干舷-1/36 夏季吃水　　　　　B.热带海水干舷-1/36 热带吃水

C.夏季海水干舷-1/48 夏季吃水　　　　　D.热带海水干舷-1/48 热带吃水

解析:夏季淡水载重线较夏季载重线高 1/48 的夏季吃水。

答案:C。

3. 根据规定,散装液体货船的热带干舷等于_____。

A.夏季海水干舷-1/48 夏季吃水　　　　　B.夏季海水干舷+1/48 夏季吃水

C.夏季海水干舷-1/36 夏季吃水　　　　　D.夏季海水干舷+1/36 夏季吃水

解析:热带最小干舷较夏季最小干舷小 1/48 的夏季吃水。

答案:A。

4. 杂货船的热带淡水干舷等于_____。

①热带海水干舷$-\Delta_S/40TPC$;②热带海水干舷-1/48 夏季吃水;③热带海水干舷-1/48 热带吃水

A.①　　　　　　　　　　　　　　　　　B.②

C.③　　　　　　　　　　　　　　　　　D.①或②

解析:热带淡水载重线较热带载重线高 $\Delta_S/40TPC$(cm)或 1/48 的夏季吃水。

答案:D。

5. 杂货船的夏季淡水干舷等于_____。

①夏季海水干舷减去夏季吃水的 1/48;②夏季海水干舷加上夏季吃水的 1/36;③夏季海水干舷减去 $\Delta_S/40TPC$

A.①　　　　　　　　　　　　　　　　　B.②

C.③　　　　　　　　　　　　　　　　　D.①或③

解析:夏季淡水载重线较夏季载重线高 $\Delta_S/40TPC$(cm)或 1/48 的夏季吃水。

答案:D。

6. 木材船的冬季木材干舷等于夏季木材干舷加上_____吃水的 1/36。

A.夏季　　　　　　　　　　　　　　　　B.冬季

C.夏季木材　　　　　　　　　　　　　　D.冬季木材

解析:LW 载重线对应的干舷较 LS 载重线对应的干舷大 1/36 的夏季木材吃水。

答案:C。

7. 木材船的热带木材干舷等于夏季木材干舷减去_____吃水的 1/48。

A.夏季　　　　　　　　　　　　　　　　B.热带

C.夏季木材　　　　　　　　　　　　　　D.热带木材

解析:LT 载重线对应的干舷较 LS 载重线对应的干舷小 1/48 的夏季木材吃水。

答案:C。

8. 由甲板线的上边缘向下量至_____载重线上边缘的垂直距离称为夏季最小干舷。

    A. 热带   B. 夏季

    C. 夏季淡水   D. 热带淡水

    解析:考查夏季最小干舷的定义。

    答案:B。

9. 干舷大小是衡量船舶_____的重要标志。

    A. 纵倾大小   B. 储备浮力大小

    C. 稳性大小   D. 强度大小

    解析:干舷可以作为衡量储备浮力大小的尺度。

    答案:B。

10. 根据载重线公约的规定,北大西洋冬季干舷等于_____。

    A. 冬季干舷加上 50 mm

    B. 夏季干舷加上 50 mm

    C. 冬季干舷加上冬季吃水的 1/36

    D. 夏季干舷加上夏季吃水的 1/48

    解析:北大西洋冬季载重线较冬季干舷高 50 mm。

    答案:A。

11. 根据载重线公约的规定,夏季干舷等于_____。

    A. 夏季载重线上边缘至甲板线上边缘的垂直距离

    B. 夏季载重线下边缘至甲板线上边缘的垂直距离

    C. 夏季载重线下边缘至甲板线下边缘的垂直距离

    D. 夏季载重线上边缘至甲板线下边缘的垂直距离

    解析:考查夏季干舷的定义。

    答案:A。

12. 一般地,干散货船的干舷比同级别木材专用船的干舷_____。

    A. 小   B. 相等

    C. 大   D. 无法比较

    解析:木材甲板货给船舶提供了一定的附加浮力,增加了抗御海浪的能力,因而木材最小干舷比相应的其他船舶最小干舷小些。

    答案:C。

13. 根据规定,固体散货船的热带淡水干舷等于_____。

    A. 热带海水干舷-1/36 热带吃水   B. 热带海水干舷-1/36 夏季吃水

    C. 夏季海水干舷-1/48 热带吃水   D. 热带海水干舷-1/48 夏季吃水

    解析:热带淡水载重线较热带载重线高 $\Delta_S/40TPC$(cm)或 1/48 的夏季吃水。

    答案:D。

14. 远洋杂货船的载重线标志上的最低一条载重线是_____。

①热带淡水载重线;②冬季载重线;③北大西洋冬季载重线

A. ①   B. ②

C. ③   D. ②或③

解析:船长不大于100 m需要勘绘北大西洋冬季载重线。所以最低一条载重线是冬季载重线($L>100$ m)或北大西洋冬季载重线($L \geq 100$ m)。

答案:D。

15. 远洋油船的载重线标志上最高一条载重线是_____。

A. 热带载重线   B. 夏季载重线

C. 热带淡水载重线   D. 冬季载重线

解析:热带淡水载重线为船舶载重线标志上最高的一条载重线。

答案:C。

16. 载重线的作用是_____。

A. 规定船在不同航区的最小干舷

B. 规定船在不同航区的最小吃水

C. 规定船在不同航区的最大干舷

D. 表示船在不同航区的最小载重量

解析:为确定船舶最大允许的满载水线以保证船舶安全,每艘船勘定了船舶在不同航行区带、区域和季节期应具备的最小干舷,并用载重线标志的形式勘绘在船中的两舷外侧。

答案:A。

17. 在国际航行木材船载重线标志中勘绘于垂直线的船首方向的缀以"L"的载重线有_____。

①夏季木材淡水载重线;②热带木材淡水载重线;③夏季木材载重线

A. ①②③   B. ①③

C. ②③   D. ①②

解析:船首方向的缀以"L"的载重线为淡水载重线。

答案:D。

18. 我国沿海航行干散货船的载重线标志不同于远洋船舶的载重线标志的地方是_____。

①载重线圈的横线以上部分涂没;②不勘绘冬季载重线、北大西洋冬季载重线及热带淡水载重线

A. ①   B. ②

C. ①②都是   D. ①②都不是

解析:国内航行船舶载重线下半圈与标志同色,共有夏季、热带、淡水和热带淡水4条载重线。

答案:D。

19. 在国际航行木材船载重线标志中勘绘于垂直线的船尾方向的缀以"L"的载重线有_____。

①夏季木材淡水载重线;②冬季北大西洋木材载重线;③冬季木材载重线

A. ①   B. ②

C. ③   D. ②③

解析:国际航行木材船垂直线的船尾方向的缀以"L"的载重线有 LT、LS、LW、LWNA。
答案:D。

20. 在国际航行木材船载重线标志中勘绘于垂直线的船尾方向的缀以"L"的载重线有_____。
①夏季木材载重线;②热带木材载重线;③冬季木材载重线

    A. ①   B. ②

    C. ③   D. ①②③

解析:国际航行木材船垂直线的船尾方向的缀以"L"的载重线有 LT、LS、LW、LWNA。
答案:D。

21. 我国国内航行木材船热带载重线按规定表示为_____。

    A. LR   B. LT

    C. MBDD   D. MR

解析:我国国内航行木材船热带载重线按规定表示为 MR。
答案:D。

22. 我国国内航行木材船夏季载重线按规定表示为_____。

    A. MX   B. MS

    C. MQ   D. LS

解析:我国国内航行木材船夏季载重线按规定表示为 MX。
答案:A。

23. 我国国内航行木材船夏季淡水载重线按规定表示为_____。

    A. MF   B. MQ

    C. LF   D. MR

解析:我国国内航行木材船夏季淡水载重线按规定表示为 MQ。
答案:B。

24. 我国国际航行木材船夏季木材载重线按《船舶与海上设施法定检验规则》规定表示为_____。

    A. MS   B. LS

    C. LX   D. MX

解析:我国国际航行木材船夏季木材载重线与国际航行的木材船船舶载重线一致,木材各载重线在规定字母前加标"L"。
答案:B。

25. 我国国际航行木材船夏季淡水木材载重线按《船舶与海上设施法定检验规则》规定表示为_____。

    A. LF   B. MQ

    C. MF   D. LQ

解析:国际航行木材船载重线:LTF 为热带木材淡水载重线,LF 为夏季木材淡水载重线,LT 为热带木材载重线,LS 为夏季木材载重线,LW 为冬季木材载重线,LWNA 为北大西洋冬季木材载重线。国内航行木材船载重线:MRQ 为热带木材淡水载重线,MQ 为夏季木材淡水载重线,

MR 为热带木材载重线,MX 为夏季木材载重线。

答案:A。

26. 我国国际航行木材船热带淡水木材载重线按《船舶与海上设施法定检验规则》规定表示为_____。

　　A. TF
　　B. LTF
　　C. MRQ
　　D. MTF

解析:参见 25 题解析。

答案:B。

27. 我国国际航行木材船热带木材载重线按《船舶与海上设施法定检验规则》规定表示为_____。

　　A. LR
　　B. MR
　　C. LT
　　D. MT

解析:参见 25 题解析。

答案:C。

28. 我国国际航行木材船冬季木材载重线按《船舶与海上设施法定检验规则》规定表示为_____。

　　A. LW
　　B. MD
　　C. LD
　　D. MW

解析:参见 25 题解析。

答案:A。

29. 我国沿海航行船舶载重线标志中,夏季淡水载重线是用标有_____的水平线段表示的。

　　A. F
　　B. Q
　　C. MQ
　　D. S

解析:国内航行海船载重线标志,R 是“热带”、Q 是“清水”即淡水、X 是“夏季”的第一个拼音字母。

答案:B。

30. 根据《SOLAS 公约》的规定,当船舶_____才可以勘绘木材船载重线标志。

①在甲板上适合于装运木材时;②在舱内装运木材时;③其结构和设备满足公约要求时

　　A. ①
　　B. ②
　　C. ③
　　D. ①③

解析:《SOLAS 公约》和《船舶与海上设施法定检验规则》规定,对于在干舷甲板或上层建筑的露天部分装载木材货物,且船舶结构、设备和装载均满足公约和规则要求的木材船,可勘绘和使用木材载重线。

答案:D。

31. 某国际航行固体散货船,船长 100 m,则其载重线标志中勘绘于垂直线的船首方向的载重线有_____。

①冬季载重线;②北大西洋冬季载重线;③夏季淡水载重线

A. ①   B. ②

C. ③   D. ①②

解析:载重线标志中淡水载重线勘绘于垂直线的船尾方向。

答案:D。

32. 国际航行杂货船,船长 120 m,则其载重线标志中勘绘于垂直线的船尾方向的载重线有_____。

A. 冬季载重线   B. 热带载重线

C. 热带淡水载重线   D. 北大西洋冬季载重线

解析:船长 120 m,可以免绘北大西洋冬季载重线。朝向船首方向的载重线有热带载重线、夏季载重线、冬季载重线。朝向船尾方向的载重线有热带淡水载重线、夏季淡水载重线。

答案:C。

33. 固体散货船的载重线标志中,夏季载重线的_____通过载重线圈圆环的中心。

A. 线中央   B. 上边缘

C. 下边缘   D. 线中央上 5 mm

解析:从甲板线上边缘至圆环中心垂直距离称为夏季最小干舷。

答案:B。

34. 木材船的夏季木材载重线_____其夏季载重线。

A. 稍低于   B. 稍高于

C. 等于   D. 不能确定

解析:木材最小干舷比相应的其他船舶最小干舷小些。

答案:B。

35. 船长_____者应勘绘北大西洋冬季载重线。

①小于 100 m;②大于 100 m;③等于 100 m

A. ①   B. ②

C. ③   D. ①③

解析:对于船长不大于 100 m 的船舶,还应加绘北大西洋冬季载重线。

答案:D。

36. 国际航行船舶的载重线标志中,北大西洋冬季载重线,是用标有_____的水平线段表示的。

A. DBD   B. WNA

C. BDD   D. TF

解析:北大西洋冬季载重线较冬季干舷大 50 mm,标有字母"WNA"。

答案:B。

37. 各类船舶勘绘载重线的目的是规定在各种不同条件下航行时船舶的_____。

A. 最小干舷及最小吃水   B. 最小干舷及最大吃水

C. 最大干舷及最小吃水   D. 最大干舷及最大吃水

解析:船舶勘绘载重线的目的是规定在各种不同条件下航行时船舶的最小干舷及最大吃水,从而保证船舶具有足够的储备浮力,确保航行安全。

答案:B。

38. 载重线线圈中的横线与_____的高度一致。
　　A. 夏季载重线　　　　　　　　B. 冬季载重线
　　C. 热带载重线　　　　　　　　D. 热带淡水载重线
　　解析:水平线的上边缘通过载重线圈中心,从甲板线上边缘至圆环中心垂直距离为夏季最小干舷。
　　答案:A。

39. 国际航行船舶载重线标志中的夏季载重线是用标有_____的水平线段表示的。
　　A. F　　　　　　　　　　　　　B. X
　　C. S　　　　　　　　　　　　　D. T
　　解析:载重线标志中所用字母含义:S 为夏季载重线。
　　答案:C。

40. 木材船的北大西洋冬季木材载重线_____其北大西洋冬季载重线。
　　A. 稍高于　　　　　　　　　　　B. 等于
　　C. 稍低于　　　　　　　　　　　D. 不能确定
　　解析:LWNA 载重线对应的干舷与 WNA 载重线对应的干舷相同。
　　答案:B。

41. 某国际航行干货船,船长 130 m,则船舶应勘绘的载重线共有_____。
　　A. 6 条　　　　　　　　　　　　B. 5 条
　　C. 4 条　　　　　　　　　　　　D. 3 条
　　解析:勘绘的载重线有 TF、T、F、S、W。
　　答案:B。

42. 木材载重线标志通常勘绘于_____。
　　A. 船中后　　　　　　　　　　　B. 船舶通常载重线标志的上方
　　C. 船中前　　　　　　　　　　　D. 船首
　　解析:木材载重线勘绘在载重线圈及横线的船尾一侧。
　　答案:A。

43. 国内航行的船舶无须勘绘_____。
　　A. 夏季载重线　　　　　　　　　B. 冬季载重线
　　C. 热带淡水载重线　　　　　　　D. 夏季淡水载重线
　　解析:我国规定,我国沿海海域划分为两个热带季节区域。
　　答案:B。

44. 自甲板线_____量至_____为最小夏季干舷。
　　①上缘;载重线圈中心;②下缘;载重线圈中心;③上缘;夏季载重线上缘
　　A. ①②　　　　　　　　　　　　B. ②③
　　C. ③①　　　　　　　　　　　　D. ①③
　　解析:圆环的中心至甲板线上边缘的垂直距离为夏季干舷。

答案:D。

45. 木材船的夏季木材载重线_____其载非木材货所使用的夏季载重线。

    A. 稍低于   B. 稍高于

    C. 等于   D. 不能确定

    解析:木材最小干舷比相应的其他船舶最小干舷小些。

    答案:B。

46. 某国际航行非木材甲板货船船长为 120 m,则其勘绘于船尾方向的载重线包括_____。

    A. 冬季载重线   B. 热带载重线

    C. 热带淡水载重线   D. 北大西洋冬季载重线

    解析:勘绘于船尾方向的载重线为 F、TF。

    答案:C。

47. 我国国内航行木材船热带淡水载重线按规定表示为_____。

    A. LTF   B. MRQ

    C. MBDD   D. LRQ

    解析:“L”是国际航行木材甲板货船用。

    答案:B。

48. 固体散货船的载重线标志中,夏季载重线的_____与载重线圈的中心水平。

    A. 线中央   B. 上边缘

    C. 下边缘   D. 线中央上 5 mm

    解析:从甲板线上边缘至圆环中心垂直距离称为夏季最小干舷。

    答案:B。

49. 某远洋船船长 180 m,其对应干舷最大的载重线应为_____。

    A. W 载重线   B. T 载重线

    C. S 载重线   D. WNA 载重线

    解析:船长 180 m 无 WNA 载重线,其对应干舷最大的载重线应为 W 载重线。

    答案:A。

50. 普通货船的热带载重线_____同级别木材船的热带木材载重线。

    A. 稍高于   B. 稍低于

    C. 等于   D. 不能确定

    解析:木材最小干舷比相应的其他船舶最小干舷小些。

    答案:B。

51. 普通货船的冬季载重线_____同级别木材船的冬季木材载重线。

    A. 稍高于   B. 等于

    C. 稍低于   D. 不能确定

    解析:木材甲板货可以被认为是给船舶以一定的附加浮力从而增加船舶抗御海浪能力,所以除木材冬季北大西洋载重线外的其余载重线均高于一般货船相对应的载重线。

    答案:C。

52. 由于_____,国内航行船舶载重线标志中无冬季载重线。

A. 冬季风浪较小

B. 南方冬季气温较高

C. 冬季沿海海域不结冰

D. 我国沿海海域属热带季节区域

解析:我国规定,我国沿海海域划分为两个热带季节区域。

答案:D。

53. 我国沿海航行干散货船的载重线标志不同于远洋船舶的载重线标志的地方是_____。

A. 载重线圈的横线以上部分涂没

B. 我国沿海船不勘绘冬季载重线、北大西洋冬季载重线

C. 我国沿海船无热带载重线

D. 我国沿海船无冬季淡水载重线

解析:我国沿海船不勘绘冬季载重线、北大西洋冬季载重线。

答案:B。

54. 载重线标志中 TF 水平线段表示_____。

A. 夏季载重线　　　　　　　　B. 热带载重线

C. 热带淡水载重线　　　　　　D. 淡水载重线

解析:载重线标志中所用字母含义:TF,热带淡水载重线。

答案:C。

55. 载重线标志的作用有_____。

①确定船舶干舷;②限制船舶的装载量;③确定船舶的总吨位;④保证船舶具有足够的储备浮力

A.①③④　　　　　　　　　　B.①②③

C.①②④　　　　　　　　　　D.①②③④

解析:考查载重线标志的作用。

答案:C。

56. 下列有关下图中各载重线线段含义的表述正确的是_____。

①CS,中国船级社;②TF,热带淡水载重线;③F,夏季淡水载重线

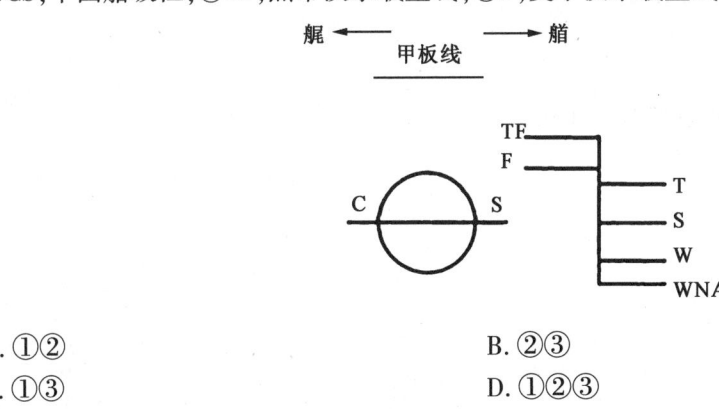

A.①②　　　　　　　　　　　B.②③

C.①③　　　　　　　　　　　D.①②③

解析:载重线标志中所用字母含义:CS,标志由中国船级社勘绘;TF,热带淡水载重线;F,夏季淡水载重线。

答案:D。

57. 下列有关下图中各载重线线段含义的表述正确的是_____。

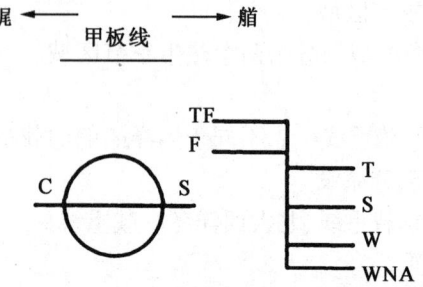

A. F,夏季淡水载重线

B. T,夏季载重线

C. S,热带载重线

D. W,北大西洋冬季载重线

解析:载重线标志中所用字母含义:T,热带载重线;S,夏季载重线;W,冬季载重线。

答案:A。

58. 下图中的载重线标志是_____。

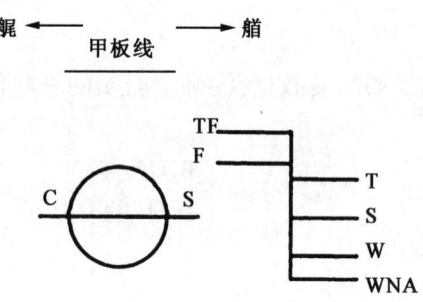

A. 不装载木材甲板货船舶的载重线标志

B. 装载木材甲板货船舶的载重线标志

C. 客货船载重线标志

D. 客船分舱载重线标志

解析:国际航行非木材甲板货船载重线标志。

答案:A。

59. 下图中的载重线标志是_____。

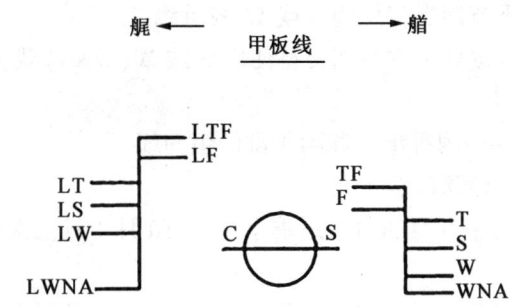

A. 不装载木材甲板货船舶的载重线标志

B. 装载木材甲板货船舶的载重线标志

C. 客货船载重线标志

D. 客船分舱载重线标志

解析:国际航行木材甲板货船载重线标志。

答案:B。

60. 杂货船的载重线标志中,勘绘在船中两舷,表示干舷甲板位置的一条水平线段称为_____。

A. 分舱标志线　　　　　　　　　B. 干舷线

C. 甲板线　　　　　　　　　　　D. 安全线

解析:甲板线勘绘于船中两舷,其上边缘一般应经过干舷甲板上表面向外延伸与船壳板外表面的交点。

答案:C。

1.1.6.3　载重线海图

一、知识点梳理

1. 世界海区划分的标准

划分依据:风浪的频率和大小。

夏季:8 级及 8 级以上的风力不超过 10%。

热带:蒲福风级 8 级(34 kn)或者 8 级以上的风力不超过全年统计风力的 1%,且 10 年内任一单独日历月份中在 5°平方区域上的热带风暴不多于 1 次。

冬季:其他区域。

2. 载重线海区的划分

(1)区带:一般在该海区内一年各季风浪变化不大,因此,终年均可采用同一载重线。

热带区带:全年使用热带载重线。

夏季区带:全年使用夏季载重线。

(2)季节区域(带):一般在该季节区域内一年各季风浪变化较大,所以在该区域内航行的船舶于不同的季节期内应采用不同的载重线。

热带季节区:按规定季节期交替使用 T 或 S 载重线。

冬季季节区:按规定季节期交替使用 S 或 W 载重线。

北大西洋冬季季节区:按规定季节期交替使用 S 或 W(WNA)载重线。

3. 我国沿海海区的划分

(1)国际航行船舶——中国香港至苏阿尔港的恒向线。

以北至鸭绿江口中国沿海海域:

热带季节期:4 月 16 日至 9 月 30 日;夏季季节期:10 月 1 日至次年 4 月 15 日。

以南中国沿海海域:

热带季节期:1 月 21 日至 9 月 30 日;夏季季节期:10 月 1 日至次年 1 月 20 日。

悬挂缔约国国旗的外国籍船舶仍应执行《1966 年国际船舶载重线公约》的规定。

(2)国内航行船舶——汕头。

以北的中国海域:

热带:4 月 16 日至 10 月 31 日;夏季:11 月 1 日至次年 4 月 15 日。

以南的中国海域:

热带:2 月 16 日至 10 月 31 日;夏季:11 月 1 日至次年 2 月 15 日。

二、难点点拨

《载重线海图》对船舶装载水尺的限制与开航日期、航经海域、船舶尺度有关。

三、相关习题

1. 载重线海图中的海区和季节期是根据_____划分的。

　　A. 水温　　　　　　　　　　　　B. 气温

　　C. 季节　　　　　　　　　　　　D. 风浪频率和大小

解析:根据世界各海区在不同季节期的风浪状况,《SOLAS 公约》和《船舶与海上设施法定检验规则》中的《商船用区带、区域和季节期海图》将其划分成不同的区带和季节区域。

答案:D。

2. 载重线海图中区带是指该海区一年内各季风浪情况_____。

　　A. 变化不大　　　　　　　　　　B. 变化较大

　　C. 没有变化　　　　　　　　　　D. 变化没有规律

解析:区带指一年各季节中风浪变化不大,允许船舶全年使用同一载重线的海区。

答案:A。

3. 载重线海图的淡水区域或区带中的水密度是指_____水密度。

　　A. 标准淡水的　　　　　　　　　B. 混合水的

　　C. 河道入海口处的　　　　　　　D. 与海不相通水域中的

解析:淡水即为标准淡水。

答案:A。

4. 载重线海图中的区带或区域是指其间风浪_____。
   A. 较小　　　　　　　　　　　　B. 较大
   C. 在指定期间不发生变化　　　　D. 在一确定的频率之内
   解析:根据长期观测和积累的全球各海区在不同季节期内风浪大小及其频率,将世界海区进行划分并绘制成载重线海图。
   答案:D。

5. 载重线海图对船舶装载水尺的限制与_____无关。
   A. 总吨位　　　　　　　　　　　B. 开航日期
   C. 船舶尺度　　　　　　　　　　D. 航经海区
   解析:船舶装载水尺与总吨位无关。
   答案:A。

6. 我国沿海海区属于_____。
   A. 热带季节性区带　　　　　　　B. 热带区带
   C. 冬季季节性区域　　　　　　　D. 夏季季节性区域
   解析:我国规定,我国沿海海区分为南、北两热带季节区域。
   答案:A。

7. 根据《1966 年国际船舶载重线公约》的规定,我国香港地区以南的沿海属于_____。
   A. 热带季节区域　　　　　　　　B. 冬季季节区域
   C. 夏季区带　　　　　　　　　　D. 热带区带
   解析:《1966 年国际船舶载重线公约》将我国东部沿海(包括台湾海峡、东海、黄海、渤海)划分为夏季区带,南部沿海划分为热带季节区域。
   答案:A。

8. 根据《1966 年国际船舶载重线公约》的规定,我国香港地区以北的沿海属于_____。
   A. 冬季季节区域　　　　　　　　B. 热带季节区域
   C. 夏季区带　　　　　　　　　　D. 热季区带
   解析:根据《1966 年国际船舶载重线公约》的规定,我国香港地区以北的沿海属于夏季区带。
   答案:C。

9. 按我国规定,我国沿海海区被划分为_____。
   A. 一个热带季节区域　　　　　　B. 两个热带季节区域
   C. 两个冬季季节区域　　　　　　D. 一个夏季区带
   解析:我国政府认为我国海区属于热带季节区域。
   答案:B。

10. 按我国规定,对于国际航行船舶,以_____为界将我国沿海海区划分为两个热带季节区域。
    A. 上海　　　　　　　　　　　　B. 汕头
    C. 香港地区　　　　　　　　　　D. 广州
    解析:我国国际航行船舶的海区及季节期划分以我国香港—苏阿尔恒向线为界划分为两个热带季节区域。

答案:C。

11. 按我国规定,对于国内航行船舶,以_____为界将我国沿海海区划分为两个热带季节区域。

  A. 上海   B. 汕头

  C. 香港地区   D. 广州

  解析:我国国内航行船舶的海区及季节期以汕头为界划分为两个热带季节区域。

  答案:B。

12. 按我国规定,对于国际航行船舶,以我国香港地区为界将我国沿海海区划分为两个热带季节区域,其中我国香港地区以南的海区适用热带载重线的时间比适用夏季载重线的时间_____。

  A. 长   B. 短

  C. 相等   D. 视船舶吨位而定

  解析:按我国规定,对于国际航行船舶,以我国香港为界将我国沿海海区划分为两个热带季节区域,其中我国香港以南的海区适用热带载重线的时间比适用夏季载重线的时间长。

  答案:A。

13. 按《1966 年国际船舶载重线公约》的规定,香港地区以北的我国沿海属于_____。

  A. 热带季节区域   B. 热带区带

  C. 冬季季节区域   D. 夏季区带

  解析:考查《1966 年国际船舶载重线公约》对我国沿海海区的划分。

  答案:D。

14. 下图为载重线海图一部分——我国沿海海域图。若某中国籍国际航行船于 4 月 14 日从厦门港起航驶往越南河内,则该船离港时最多只能装载至_____。

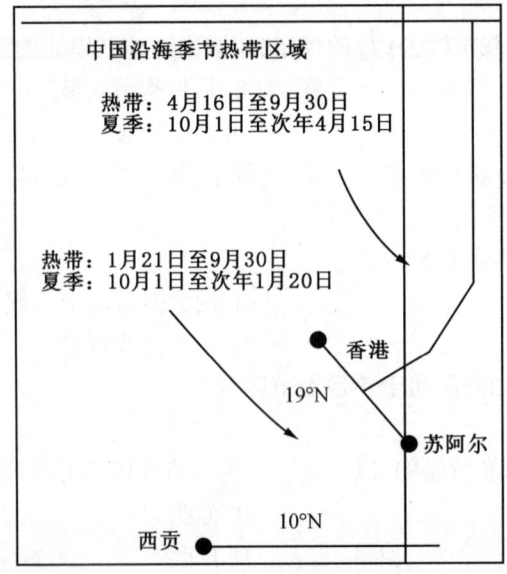

  A. 夏季载重线   B. 热带载重线

  C. 介于夏季和热带载重线之间   D. 介于夏季和冬季载重线之间

解析:厦门位于香港以北热带季节区域。

答案:A。

15.下图为载重线海图一部分——我国沿海海域图。若某中国籍国际航行船于 9 月 25 日从上海港起航驶往广西北海港,则该船离港时最多只能装载至_____。

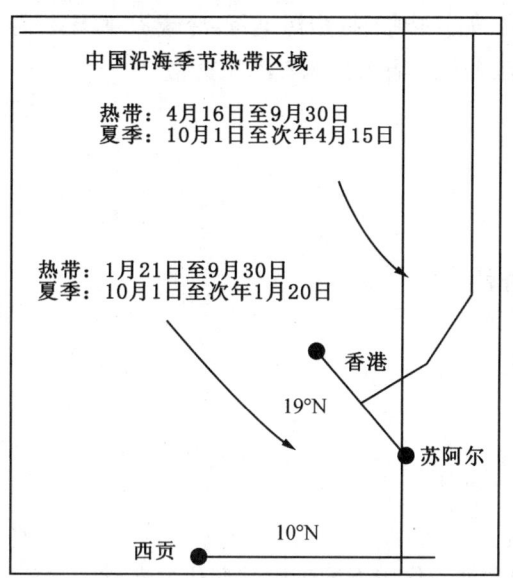

```
中国沿海季节热带区域

热带:4月16日至9月30日
夏季:10月1日至次年4月15日


热带:1月21日至9月30日
夏季:10月1日至次年1月20日

                                香港●
                                      19°N
                                          ●苏阿尔
                      10°N
              西贡●
```

A.介于夏季和热带载重线之间　　　　　B.夏季载重线

C.介于夏季和冬季载重线之间　　　　　D.热带载重线

解析:上海位于香港以北热带季节区域。

答案:D。

1.2　与船舶货运有关的货物知识

1.2.1　货物的分类、性质及其对货物安全运输的影响

一、知识点梳理

1.海运货物按照货物形态和装运方式分类:

(1)杂货:

①普通杂货,捆装或者袋装货物等。

②特殊杂货,货物单元、重大件、活动物等。

(2)固体散装货物,矿石、谷物和煤炭等。

(3)液体散装货物,石油、液化气等。

(4)集装箱货物。

2. 海运货物按照货物特性和运输要求分类：

（1）危险货物指具有燃烧、爆炸、腐蚀、毒害、放射性等性质，在装卸、贮存或运输过程中如处理不当，可能会引起人身伤亡、财产毁损或造成海洋污染的货物。

（2）特殊货物指除危险货物外的那些性质特殊、在运输过程中易影响其他货物或易被其他货物及环境所影响的货物，如气味货、扬尘污染货、冷藏货、吸湿货等。

（3）一般货物：指其性质对运输无特殊要求的货物。

3. 货物性质：

（1）货物的物理性质：

①吸湿性和散湿性。

②冻结性和熔化性。

③膨胀性和物理爆炸性。

④放射性。

（2）货物的化学性质：

①氧化性。

②腐蚀性。

③燃烧与化学爆炸。

（3）货物的机械性质：

①货物的形态、结构在外力作用下发生机械变化的性质。

②货物发生机械性质主要形式有破碎、变形、渗漏、结块等。

（4）货物的生物性质：

有生命的有机货物及寄生在货物上的生物体，为维持生命而发生生物变化的性质。

二、难点点拨

1. 放射性物质放出的射线，根据其穿透力的大小依次为 $\alpha < \gamma < \beta$。

2. 货物的机械性质取决于货物的质量、形态和包装强度。

三、相关习题

1. 海运货物在配积载时一般应按_____将其分类。

  A. 货物包装   B. 货物特性和运输要求

  C. 货物重量   D. 货物体积

  解析：本题暂无解析。

  答案：B。

2. 海运货物分成杂货、固体散货、液体散货、集装化货物的分类方法是按_____划分的。

  A. 货物形态和运输方式   B. 货物特性和运输要求

  C. 货物重量   D. 运抵方式

解析:按货物形态和装运方式,海运货物分为杂货、固体散货、液体散货、集装化货物。

答案:A。

3.有关海运货物的分类方法,危险货物是按_____划分的。

　　A.货物形态和运输方式　　　　　　　　B.货物形态和运输条件

　　C.货物特性和运输要求　　　　　　　　D.货物特性和装卸要求

解析:《国际海运危险货物运输规则》将危险货物按其主要特性和运输要求分为九个大类。

答案:C。

4.按照货物特性及运输要求分类的货物是_____。

　　A.杂货　　　　　　　　　　　　　　　　B.固体散装货物

　　C.危险货物　　　　　　　　　　　　　　D.液体散装货物

解析:本题暂无解析。

答案:C。

5._____属于货物的物理特性。

　　A.氧化性　　　　　　　　　　　　　　　B.易燃性

　　C.放射性　　　　　　　　　　　　　　　D.腐蚀性

解析:货物的物理性质是指货物受外界因素影响而发生物理变化的性质,主要包括吸湿、散湿、冻结、熔化、吸附、胀缩、挥发、物理爆炸、放射射线等。

答案:C。

6.货物的耐压强度属于货物的_____。

　　A.物理特性　　　　　　　　　　　　　　B.化学特性

　　C.机械特性　　　　　　　　　　　　　　D.生物特性

解析:在运中,货物所受外力大致分为堆码压力、振动冲击力、翻倒冲击力及跌落冲击力,货物和包装的耐压强度是最常用的机械性指标。

答案:C。

7.货物的有氧呼吸属于货物的_____。

　　A.物理特性　　　　　　　　　　　　　　B.化学特性

　　C.机械特性　　　　　　　　　　　　　　D.生物特性

解析:货物的生物性质是指有生命的有机体货物及寄生在货物上的生物体,在外界条件影响下为维持生命而发生生物变化的性质。生物变化的表现形式有酶、呼吸、微生物及虫害作用。

答案:D。

8.货物的热变性与_____有关。

　　①含水量;②熔点;③外界温度

　　A.①　　　　　　　　　　　　　　　　　B.②

　　C.③　　　　　　　　　　　　　　　　　D.①②③

解析:货物热变性是指货物因温度变化后引起形态变化的性质。货物热变与含水量、熔点、外界温度等因素有关。

答案:D。

9. 橡胶的老化是由货物的_____引起的。

    A. 物理特性   B. 化学特性

    C. 机械特性   D. 生物特性

    解析:橡胶的老化是在氧化作用下产生的现象。

    答案:B。

10. 茶叶的陈化是由货物的_____引起的。

    A. 物理特性   B. 化学特性

    C. 机械特性   D. 生物特性

    解析:茶叶的陈化是在氧化作用下产生的现象。

    答案:B。

11. 金属锈蚀是由_____引起的。

    A. 腐蚀性   B. 热变性

    C. 挥发性   D. 氧化性

    解析:金属锈蚀也是一种氧化现象。金属及其制品表面在接触水、空气或酸、碱、盐时发生氧化反应而生成氧化物。

    答案:D。

12. 液体货物挥发可能造成货物_____。

    ①质量下降;②数量减少;③放出有害气体

    A. ①   B. ②

    C. ③   D. ①②③

    解析:在运输中,货物的挥发使货物重量减少,质量降低,还会产生有毒、腐蚀、易燃等危险性气体,使船舶处于潜在危险状态。

    答案:D。

13. 货物损耗、发脆、开裂等是由货物的_____造成的。

    A. 散湿   B. 腐蚀

    C. 热变   D. 挥发

    解析:在货物运输中,散湿性使货物含水量过少,会发生损耗、发脆、开裂等。

    答案:A。

14. 控制液体货物挥发的主要措施是_____。

    A. 降低货物温度   B. 控制货物含水量

    C. 控制有氧呼吸   D. 增加膨胀余量

    解析:控制液体货物挥发的主要措施是降低货物温度,使用坚固完好和封口严密的包装。

    答案:A。

15. 油船运输石油制品时,由于受液体货物性质的影响,货舱内应保留一定的空当而不装满。该性质属于_____。

    A. 化学性质   B. 物理性质

    C. 机械性质   D. 生物性质

解析:液体货物具有热胀冷缩的特性,如处置不当,当温度上升后会引起体积膨胀而溢出舱内,导致水域污染。

答案:B。

16. 船运箱装橡胶、松香之类货物时,考虑到受货物性质的影响,所选舱位应远离热源。该性质属于_____。

　　A. 物理性质　　　　　　　　　　　B. 化学性质

　　C. 生物性质　　　　　　　　　　　D. 机械性质

解析:箱装橡胶、松香之类货物时具有热变性,所选舱位应远离热源。

答案:A。

17. 某些液体散货在船运过程中会由于其性质的影响而导致货物自然损耗,因此应控制温度,减小影响。该性质属于_____。

　　A. 化学性质　　　　　　　　　　　B. 物理性质

　　C. 机械性质　　　　　　　　　　　D. 生物性质

解析:本题暂无解析。

答案:B。

18. 固体散货船运输某些煤炭时,考虑到煤炭的性质,装货完毕后应马上封闭舱盖。该性质属于_____。

　　A. 化学性质　　　　　　　　　　　B. 物理性质

　　C. 机械性质　　　　　　　　　　　D. 生物性质

解析:氧化性属于货物的化学性质。

答案:A。

19. 船运谷物、橡胶、纸张、丝织品等货物时,应适当通风,保持货舱内干燥,以防止霉菌作用而发生霉变。该性质属于_____。

　　A. 化学性质　　　　　　　　　　　B. 物理性质

　　C. 机械性质　　　　　　　　　　　D. 生物性质

解析:谷物、纸张、丝棉织品、橡胶等货物因内部含有淀粉、糖分、纤维素及少量蛋白质等而易受霉菌作用。微生物作用属于货物的生物性质。

答案:D。

20. 玻璃、瓷器等货物应配装在基础平稳、不受挤压、易于装卸的舱位。主要考虑该类货物的_____影响。

　　A. 化学性质　　　　　　　　　　　B. 物理性质

　　C. 机械性质　　　　　　　　　　　D. 生物性质

解析:玻璃、瓷器等主要考虑该类货物的机械性质。

答案:C。

21. 由于碳化钙(电石)的性质影响,其在船运过程中必须保证货舱内干燥,以防止产生易燃易爆气体。该性质属于_____。

　　A. 生物性质　　　　　　　　　　　B. 机械性质

C. 物理性质　　　　　　　　　　　D. 化学性质

解析:碳化钙(电石)与水反应为其化学性质。

答案:D。

22. 根据《国际海运危险货物运输规则》,放射性物质放出的射线,会杀伤或破坏人体组织细胞,危害人体安全。该种性质属于放射性物质的_____。

A. 生物性质　　　　　　　　　　　B. 机械性质

C. 化学性质　　　　　　　　　　　D. 物理性质

解析:本题暂无解析。

答案:D。

23. 白磷在外界温度达到40 ℃以上时,即使在无氧条件下也会自行燃烧,因此船运时应特别注意防护。该性质属于_____。

A. 化学性质　　　　　　　　　　　B. 物理性质

C. 生物性质　　　　　　　　　　　D. 机械性质

解析:白磷在外界温度达到40 ℃以上时,即使在无氧条件下也会自行燃烧,属于其化学性质。

答案:A。

24. 船运散装谷物时,舱内会出现缺氧现象,因此下舱前应采取相应措施,防止事故发生。该缺氧现象主要是由散装谷物的_____造成的。

A. 化学性质　　　　　　　　　　　B. 物理性质

C. 生物性质　　　　　　　　　　　D. 机械性质

解析:散装谷物的呼吸作用属于货物的生物性质。

答案:C。

25. 橡胶制品和某些石油产品在配装时至少应不相邻,主要考虑货物_____的影响。

A. 物理性质　　　　　　　　　　　B. 化学性质

C. 生物性质　　　　　　　　　　　D. 机械性质

解析:本题暂无解析。

答案:B。

26. 货物发生机械变化的形式主要有_____等。

A. 破碎、腐蚀、渗漏、结块　　　　B. 破碎、变形、渗漏、结块

C. 破碎、变形、渗漏、变味　　　　D. 破碎、变形、渗漏、散捆

解析:货物发生机械变化的形式主要有破碎、变形、渗漏、结块、散捆等。

答案:D。

1.2.2 货物包装:货物包装的定义、作用及分类

一、知识点梳理

1. 货物包装:根据货物的性质,为便于货物的运输和保管而给货物设置的容器、包皮或外

226

壳筒。

　　2. 货物包装的作用:

　　(1)防止货物水湿、破损、污染、机械损伤等,保证货物运输质量。

　　(2)防止货物撒漏、脱落、丢失、短缺等,保持货物数量完整。

　　(3)防止货物本身的危害及危险性的扩散,保证人身、财产及环境安全。

　　(4)便于货物搬运、堆垛、装卸及理货。

　　3. 按包装的作用可分为外包装和内包装:

　　(1)外包装又称运输包装,主要用来防止货物因碰撞、挤压或跌落而受损以及防止货物的散落,同时坚固的外包装便于货物的装卸。外包装一般是硬包装。

　　(2)内包装又称商品包装,主要用来防潮、防振、防异味污染、防气味散失等。内包装一般是软包装。

二、相关习题

1. 货物包装中能够起防潮、防振、防异味污染、防气味散失等作用的是_____。

　　A. 外包装　　　　　　　　　　　B. 内包装

　　C. 单一包装　　　　　　　　　　D. 复合包装

　　解析:内包装的作用是防止货物受外部环境变化而受损、污染和变质,具有防潮、防振、防异味感染和防气味散失等作用。

　　答案:B。

2. _____不是包装的作用。

　　A. 保护货物质量不变和数量完整

　　B. 便于货物的衬垫、隔票

　　C. 防止危险扩散,保证人身、财产及环境的安全

　　D. 便于货物的搬运、堆码、装卸及理货

　　解析:货物包装的作用主要体现在:(1)防止货物水湿、破损、污染、机械损伤等,保证货物运输质量;(2)防止货物撒漏、脱落、丢失、短缺等,保持货物数量完整;(3)防止货物本身的危害及危险性的扩散,保证人身、财产及环境安全;(4)便于货物搬运、堆垛、装卸及理货。

　　答案:B。

3. 按_____将包装分为外包装、内包装。

　　A. 包装形式　　　　　　　　　　B. 包装规格

　　C. 包装作用　　　　　　　　　　D. 包装材料

　　解析:外包装的作用主要是防止货物受外界机械力量的冲、挤压或跌落等造成破损或残缺、防止货物散落、撒漏及便于装卸。内包装的作用是防止货物因受外部环境变化而受损、污染和变质,具有防潮、防振、防异味感染和气味散失等作用。

　　答案:C。

4. 货物内包装又称为_____。

A. 商品包装   B. 运输包装

C. 逐个包装   D. 危险货物包装

解析:本题暂无解析。

答案:A。

1.2.3 常见包装形式缩写

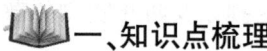一、知识点梳理

常见包装形式及缩写见下表。

包装名称	缩写		备注
	单数	复数	
木箱(Case)	C/-	C/S,Cs	箱的总称
木箱(Box)	Bx	Bxs	小箱,如五金器材等
亮格箱(Crate)	Crt	Crts	自行车、玻璃、机械等
纸箱(Carton)	Ctn	Ctns	易碎品、香烟、鞋类等
包、捆(Bale)	B/Bl	B/S,Bls	纺织品、棉织品等
袋(Bag)	Bg	Bgs	袋的总称
布袋(Sack)	Sk,Sx	Sks,Sxs	麻布袋
鼓形桶、琵琶桶(Barrel)	Brl	Brls	油、肠衣、油类、松脂等
桶(Keg)	Kg	Kgs	小五金、钉子、油漆等
桶(Drum)	Drm	Drms	酒类、染料、药品等
瓶(Bottle)	Botl	Botls	酒类、化学药品等
盘(Coil)	Cl	Cls	盘圆、铁丝、绳类等
卷(Roll)	Rl	Rls	卷席、桶纸、油毡等
捆、扎(Bundle)	Bdl	Bdls	铜棒、钢筋、藤条等

二、相关习题

1.装货清单上"Bkt"所表示的包装形式为_____。

  A. 箱装   B. 篓或筐装

  C. 袋装   D. 坛装

  解析:篓、篮(BASKET):Bkt。

答案:B。

2.装货清单上 Sht 缩写符号表示_____。

    A.块   B.张

    C.个   D.对

    解析:张(SHEET):Sht。

    答案:B。

3.装货清单上 Bl 缩写符号表示_____包装形式。

    A.布包装   B.包或捆

    C.罐头桶装   D.钢瓶装

    解析:包、捆(BALE):B,Bl。

    答案:B。

4.装货清单上 Bgs 缩写符号表示_____包装形式。

    A.包装   B.卷

    C.听装   D.袋装

    解析:袋(BAG):Bg。

    答案:D。

5.装货清单上 Bx 缩写符号表示的包装形式是_____。

    A.罐装   B.聚乙烯袋装

    C.木箱装   D.柳筐瓶装

    解析:木箱(BOX):Bx。

    答案:C。

6.装货清单上 Bdl 缩写符号表示_____包装形式。

    A.箱装   B.袋装

    C.桶装   D.捆或扎

    解析:捆、扎(BUNDLE):Bdl。

    答案:D。

7.装货清单上 Botl 缩写符号表示_____包装形式。

    A.箱装   B.袋装

    C.桶装   D.瓶装

    解析:瓶(BOTTLE):Botl。

    答案:D。

8.将货物包装分为箱、袋、桶、捆、罐等是按照_____划分的。

    A.包装形式   B.包装规格

    C.包装作用   D.包装材料

    解析:根据包装形式,货物包装可分为箱、袋、桶、捆、罐等。

    答案:A。

9.根据货物的性质,为保证货物完整和便于货物的运输和保管,给货物加以包裹和捆扎所用的容器、包皮或捆扎物称为_____。

A. 货物的隔票   B. 货物的衬垫

C. 货物的包装   D. 货物的标志

解析:考查包装的定义。

答案:C。

1.2.4 货物标志的作用、分类及内容

一、知识点梳理

1. 货物标志:为便于货物的运输和识别,由发货人涂刷(或拴挂或粘贴)在货件两端的文字、符号和图案。

2. 主标志:是货物运输中识别同批货物的基本标志。通常用文字或代号表示,其内容有收货人名称、贸易合同编号或信用证编号和发货符号等。

3. 副标志:主标志的补充,其内容包括货名、目的港、件号、重量和尺码等。

4. 件号:它是将同一主标志中的货物分成若干组,再将每组按顺序在货物或外包装上编印顺序号。件号用来辅助主标志区分货组和计算包件数量。货物件号的编制形式通常有以下几种:

(1)按顺序号逐件编排,如 No.1、No.2……

(2)按货组编制统号。对货件品质、规格相同的大批量货物,可以分组,每组均使用相同的批组编号,如 No.201/300 或 No.201-300 表示品质、规格完全相同序号自 201 至 300 一组货件中的某一件。

(3)按货组编制组合号。为了方便运输过程中的理货和交接,可将件号、总件号和批号组合编制,如 No.8/20-5 表示该票货物系第 5 批,该批货物共有 20 件,此件为第 8 件。

(4)成套设备可编制套号,如 SET. C/No. (2)-2/3,表示第 2 套成套设备共有 3 箱,此箱为第 2 箱。

5. 主标志和副标志是为货物收发、交接和运输提供必要的方便条件,故又统称为运输标志。

二、相关习题

1. 海运货物的副标志是货物主标志的补充,其内容包括_____。

A. 收货人   B. 发货符号

C. 信用证编号   D. 目的港

解析:副标志是主标志的补充,其内容一般包括:(1)货名;(2)目的港;(3)件号;(4)重量和尺码。

答案:D。

2. 远洋货物的标志是由_____涂刷或粘贴在货件两端的文字、代号和图案。

A. 收货人   B. 发货人

C. 船员　　　　　　　　　　　　　　　D. 海关

解析:在按件托运的货物上或包装上,为了便于货物的运输,由发货人涂刷、印染、拴挂、粘贴一定的文字、代号和图案,它们统称为货物标志。

答案:B。

3. 海运货物的主标志是货物标志的主体,它是_____的代号。

A. 装货港　　　　　　　　　　　　　　B. 货物

C. 货主　　　　　　　　　　　　　　　D. 目的港

解析:本题暂无解析。

答案:C。

4. 货物的注意标志包括_____。

A. 主标志和副标志　　　　　　　　　　B. 主标志和指示标志

C. 指示标志和危险货物标志　　　　　　D. 原产国标志和指示标志

解析:本题暂无解析。

答案:C。

5. 在货物的标志中,图案形象醒目、色彩鲜艳的标志是_____。

A. 主标志　　　　　　　　　　　　　　B. 副标志

C. 指示标志　　　　　　　　　　　　　D. 警戒标志

解析:本题暂无解析。

答案:D。

6. 货物标志中,专门用于危险货物,表示其类别及特性的标志是_____。

①危险货物标志;②保护标志;③警戒标志

A. ①　　　　　　　　　　　　　　　　B. ②

C. ③　　　　　　　　　　　　　　　　D. ①③

解析:本题暂无解析。

答案:D。

7. 如果货物的标志不当或不清,则_____。

A. 承运人对由此引起的混票、毁坏、错交等损不负责任

B. 承运人对由此引起的混票、毁坏、错交等损失负责任

C. 承运人对由此引起的混票、毁坏、错交等损失所负的责任由运输合同确定

D. 承运人对由此引起的混票、毁坏、错交等损失所负的责任由托运国法律确定

解析:托运人托运货物时,应当妥善包装,并向承运人保证货物装船时所提供的货物品名、标志、包数或件数、重量或体积的正确性。

答案:A。

8. 件号标志 SETⅡ-3/8 表示_____。

A. 该件货物共八件中的第三件应装载在第二舱

B. 该件货物共八套,此为第Ⅱ-3 件

C. 该件货物为第二套、共八件中的第三件

D. 该件货物为第八套、共三件中的第二件

解析:成套设备可编制套号。

答案:C。

9. 海运货物的副标志是主标志的补充,其主要作用是区分同一大批货物中的_____货物。

①不同的几个小批;②不同包装;③不同品质等级

A. ①　　　　　　　　　　　　　B. ②

C. ③　　　　　　　　　　　　　D. ①③

解析:本题暂无解析。

答案:D。

10. 某货物标志中有 No. 9/20-6,表示该件货物是该批货物中的第_____件。

A. 9　　　　　　　　　　　　　B. 20

C. 6　　　　　　　　　　　　　D. 206

解析:按货组编制组合号。为了方便运输过程中的理货和交接,可将件号、总件号和批号组合编制。

答案:A。

11. 某货物标志中有 No. 3/8-5,表示该批货物共有_____件。

A. 3　　　　　　　　　　　　　B. 5

C. 8　　　　　　　　　　　　　D. 13

解析:本题暂无解析。

答案:C。

12. 下列属于货物副标志的是_____。

A. 信用证编号　　　　　　　　　B. 货物品名

C. 贸易合同编号　　　　　　　　D. 收货人名称

解析:收货人名称、贸易合同编号、信用证编号为主标志内容。

答案:B。

13. 件号标志 No. 81/120 表示_____。

A. 该件货物共 120 件,该件货物为第 39 件

B. 该件货物共 120 件,该件货物为第 81 件

C. 该件货物共 201 件,该件货物为第 120 件

D. 该件货物为 81~120 一组货物的某一件

解析:按货组编制统号。对货件品质、规格相同的大批量货物,可以分组,每组均使用相同的批组编号。

答案:D。

14. 在装货单、提单、舱单上必须记录其内容的标志是_____。

A. 主标志　　　　　　　　　　　B. 副标志

C. 注意标志　　　　　　　　　　D. 指示标志

解析:货物主标志在有关货运单证如装货单、提单、舱单(载货清单)等均应全部记载它的

内容。

答案：A。

15. 货物标志中，用以显示货物的性质以及有关装卸、搬运和运输保管的注意事项的标志是 _____。

A. 运输标志   B. 主标志

C. 注意标志   D. 副标志

解析：本题暂无解析。

答案：C。

16. 远洋运输中，货物主标志的内容包括贸易合同编号、信用证编号和 _____。

A. 发货人的名称   B. 目的地的全称

C. 收货人的名称   D. 卸货港的名称

解析：考查货物主标志的内容。

答案：C。

1.2.5　货物自然减量及自然损耗率

一、知识点梳理

1. 货物自然减量：货物在运输保管过程中，因其自身性质、自然条件以及运输技术限制等因素的影响，造成货物在重量上不可避免地减少。

2. 主要形式：干耗和挥发、飞扬与散失、渗漏和沾染等。

3. 自然损耗率：这种非人为的货物重量的减少量占运输货物原来总重量的百分比。

4. 影响自然损耗率因素：货物性质、状态、包装、装卸方式、装卸次数、气候条件、运输时间的长短等因素有关。

二、相关习题

1. 运价表中用"W/M"标记的货物表示 _____。

A. 按重量吨计算运费

B. 按容积吨计算运费

C. 重量吨和容积吨中按高者计算运费

D. 重量吨和容积吨中按低者计算运费

解析：在运价表中标注有"W/M"，表示重量吨和容积吨中按较高者计收运费。

答案：C。

2. 货物计量时，尺码吨是指 _____。

A. 按货物重量计算运费时所使用的计量单位

B. 按货物量尺体积计算运费时所使用的计量单位

C.按货物的重量或体积计算运费时所使用的计量单位

D.按船舶总吨位计算运费时所使用的计量单位

解析:容积货物按货物量尺体积计算运费的货物。在运价表中以符号"M"标注,其运费计费单位为容积吨或称尺码吨。

答案:B。

3.货物计量时的容积吨是为_____而引入的。

A.合理计算容积货物的运费　　　　　B.合理计算重量货物的运费

C.合理计算货物的体积　　　　　　　D.合理计算货物的重量

解析:按货物量尺体积计算运费的货物,其运费计费单位为容积吨或称尺码吨。

答案:A。

4.按照海运惯例,货件的丈量通常是按货件的_____体积进行计算的。

A.最小方形　　　　　　　　　　　　B.最大外形的方形

C.圆形　　　　　　　　　　　　　　D.实际

解析:本题暂无解析。

答案:B。

5.货物重量的计量方法主要有_____。

A.定量包装法、衡重法、液货计量法、满尺丈量法

B.定量包装法、衡重法、液货计量法、计件法

C.定量包装法、衡重法、液货计量法、最大外形方形体积计算法

D.定量包装法、衡重法、液货计量法、水尺检量法

解析:考查货物重量的计量方法。

答案:D。

6.海运货物的自然损耗是指在运输过程中因_____因素的影响而产生的货物重量上不可避免的减少量。

①货物本身的性质;②自然条件;③运输技术

A.①　　　　　　　　　　　　　　　B.②

C.③　　　　　　　　　　　　　　　D.①②③

解析:货物在运输保管过程中,因其自身性质、自然条件和运输技术条件的限制产生的重量上不可避免的减少量称为自然减量或自然损耗。

答案:D。

7.海运货物在运输途中因其本身的理化性质等因素的影响,产生的货物重量的不可避免的减少量占原来运输货物总重量的百分比,称为_____。

A.自然耗损　　　　　　　　　　　　B.自然耗损率

C.亏舱率　　　　　　　　　　　　　D.亏舱

解析:自然耗损率是指货物自然减量与接收货物时总重量之比。

答案:B。

8.某运矿粉的散货船的自然减量产生的主要原因是_____。

A. 蒸发与挥发　　　　　　　　　B. 飞扬与撒落

C. 溢渗与漏失　　　　　　　　　D. 自然损耗

解析:粉末、颗粒状货物(如矿粉、水泥、粮谷)在装卸运输中因飞扬及通过包装缝隙的撒落而引起重量减少。

答案:B。

9.＿＿＿＿＿＿＿不是自然损耗的产生原因。

A. 货物自身性质　　　　　　　　B. 自然灾害

C. 自然条件　　　　　　　　　　D. 运输技术条件

解析:不能认为自然灾害是自然损耗的产生原因。

答案:B。

10.＿＿＿＿＿＿＿不是自然损耗产生的形式。

A. 干耗　　　　　　　　　　　　B. 散失

C. 流失　　　　　　　　　　　　D. 压损

解析:引起自然减量的基本形式主要有干耗、散失及流失。

答案:D。

11. 海运货物在运输途中因其本身的理化性质、自然条件或运输技术条件等因素的影响,产生的货物重量的不可避免地减少,称为＿＿＿＿＿＿＿。

A. 散失　　　　　　　　　　　　B. 货差

C. 自然损耗　　　　　　　　　　D. 短缺

解析:本题暂无解析。

答案:C。

12. 某杂货船在其深舱内装载一批散装矿物油,运抵目的港时算得其自然损耗率为 0.15%,造成的原因可能是＿＿＿＿＿＿＿。

①干耗和挥发;②渗透和沾染;③飞扬和散失

A. ①　　　　　　　　　　　　　B. ②

C. ③　　　　　　　　　　　　　D. ①②

解析:飞扬和散失不是散装矿物油自然损耗的原因。

答案:D。

13. 影响自然损耗率的因素有＿＿＿＿＿＿＿。

①货物种类与包装形式;②装卸方式与次数;③气候条件与航程长短

A. ①　　　　　　　　　　　　　B. ②

C. ③　　　　　　　　　　　　　D. ①②③

解析:货物自然损耗率与货物种类、装卸方式和次数、包装形式、气候条件和运输时间等因素有关。

答案:D。

14. 影响海运货物在运输途中自然损耗率大小的因素包括＿＿＿＿＿＿＿。

A. 货物种类　　　　　　　　　　B. 货物积载因数

C.货物计费方式　　　　　　　　　　D.货物重量

解析:本题暂无解析。

答案:A。

15.某运煤的散货船其自然减量产生的主要原因是_____。

①蒸发与挥发;②飞扬与撒落;③溢渗与漏失

A.①②③　　　　　　　　　　　　B.①③

C.②③　　　　　　　　　　　　　D.②

解析:本题暂无解析。

答案:D。

16.自然减量的数值不受_____影响。

A.航行及装卸过程中的温度、湿度、风力、雨雪等

B.货舱位置及大小

C.装卸方法、装卸工具、操作次数等

D.计量方法及工具、计量人员的技术水平等

解析:本题暂无解析。

答案:B。

17.下列不是产生货物自然减量原因的是_____。

A.货物自身性质　　　　　　　　　B.不可抗力

C.自然条件　　　　　　　　　　　D.运输技术条件

解析:不可抗力不是产生货物自然减量的原因。

答案:B。

1.2.6　货物亏舱及亏舱率

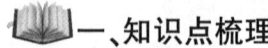 一、知识点梳理

1.亏舱舱容 V_{ch}

由于货物堆装技术不完善和货物包装与货舱不相适应等而造成的舱容损失。

$$V_{\mathrm{ch}} = V_{\mathrm{ch}} - V_{\mathrm{c}}$$

2.亏舱率 C_{bs}

亏舱舱容与货物所占舱容的百分比。

$$C_{\mathrm{bs}} = \frac{V_{\mathrm{ch}} - V_{\mathrm{c}}}{V_{\mathrm{ch}}} \times 100\%$$

3.SF 与 C_{bs} 的关系

$$C_{\mathrm{bs}} = \frac{SF - SF_0}{SF}$$

二、相关习题

1. 亏舱是指_____。

　　A. 满载而不满舱的空间

　　B. 货物所占舱容与货物量尺体积的差值

　　C. 装载选港货的空间

　　D. 包装舱容与散装舱容的差值

　　解析:货物在舱内所占体积与量尺体积的差值称为亏舱。

　　答案:B。

2. 影响货物亏舱率大小的因素有_____。

　　①货物的种类及包装形式;②堆装方式及质量;③货物装舱部位

　　A. ①②　　　　　　　　　　　　　B. ②③

　　C. ①③　　　　　　　　　　　　　D. ①②③

　　解析:亏舱率大小与许多因素有关,如货物种类和性质,包装大小和形状,货舱大小、形状和舱内设备布置,货物堆垛方式和质量,配载技术等。

　　答案:D。

3. _____不是亏舱的原因。

　　A. 货物与货物之间存在间隙　　　　　B. 货物与舱壁、横梁等存在间隙

　　C. 衬垫及通风道　　　　　　　　　　D. 装载重货造成满载不满舱

　　解析:船舶装载满载不满舱不是亏舱的原因。

　　答案:D。

4. 包装相同的同一种货物,其装载亏舱率_____。

　　①相同;②不同;③取决于货物积载因数

　　A. ①　　　　　　　　　　　　　　B. ②

　　C. ③　　　　　　　　　　　　　　D. ①或②

　　解析:本题暂无解析。

　　答案:D。

5. 船舶装运亏舱率大的货物,则_____。

　　A. 舱位利用率高　　　　　　　　　B. 该航次装货数量多

　　C. 航次净载重量大　　　　　　　　D. 航次亏舱大

　　解析:本题暂无解析。

　　答案:D。

6. 装于同一船上的同一种包装货物,其亏舱率_____。

　　A. 一样　　　　　　　　　　　　　B. 装于首尾部舱室的大

　　C. 装于中部舱室的大　　　　　　　D. 装于首尾部舱室的小

　　解析:首尾部舱室舱容狭小、形状不够规则,包装货物装载亏舱率相对其他舱室较大。

答案:B。

7. 某种重量为 304 t 的货物,其量尺体积为 307 m³,装船后所占舱容为 369 m³,则该货物的亏舱率为_____。

A. 15%   B. 17%

C. 21%   D. 24%

解析:亏舱率是指货物装载亏舱与所占货舱容积之比,用 C_{bs} 表示,即 $C_{bs} = \dfrac{\delta V}{V_{ch}} = \dfrac{V_{ch} - V_c}{V_{ch}}$。

答案:B。

8. 某船上 No.5 货舱二层舱的舱容为 1 030 m³,配装量尺体积为 926 m³ 货物后已将该舱装满,则其亏舱率为_____。

A. 12%   B. 11.2%

C. 10%   D. 9.2%

解析:本题暂无解析。

答案:C。

1.2.7 货物积载因数及其应用

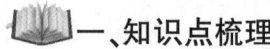 一、知识点梳理

1. 货物积载因数

货物积载因数指每一吨货物所占舱容(包括亏舱)或体积(不包括亏舱)。

2. 包括亏舱 SF

$$SF = \frac{V_{ch}}{Q} (\text{m}^3/\text{t})$$

式中:Q——货物重量(t)。

V_{ch}——货物所占舱容(m³)。

3. 不包括亏舱 SF_0

$$SF_0 = \frac{V_c}{Q} (\text{m}^3/\text{t})$$

式中:V_c——货物的量尺体积(m³)。

二、相关习题

1. 某件杂货不包括亏舱的积载因数 $SF = 1.2$ m³/t,按国际海运惯例,该货应为_____。

A. 容积货物

B. 计重货物

C. 容积货物或计重货物

D. 既非容积货物又非计重货物

解析:国际上通常把将每公吨货物体积大于 40 ft^3(1.132 8 m^3)者列入容积货物。

答案:A。

2. 某件杂货不包括亏舱的积载因数 SF = 1.12 m^3/t,按国际海运惯例,该货应为_____。

　　A. 容积货物

　　B. 计重货物

　　C. 容积货物或计重货物

　　D. 既非容积货物又非计重货物

解析:国际上通常把将每公吨货物体积小于 40 ft^3(1.132 8 m^3)者列为计重货物。

答案:B。

3. 远洋货物不包括亏舱的积载因数是指每吨货物所占的_____。

　　A. 量尺体积　　　　　　　　　　　B. 占地面积

　　C. 舱容　　　　　　　　　　　　　D. 舱室高度

解析:不包括亏舱(量尺)积载因数是指每吨货物的量尺体积。

答案:A。

4. 货物的积载因数越大,说明_____。

　　A. 每吨货物所占舱容越大

　　B. 每立方米容积所能装载的货物越多

　　C. 排水量利用率越大

　　D. 每吨货物所需容积越小

解析:货物的积载因数是指每吨货物的量尺体积或所占舱容。

答案:A。

5. 货物不包括亏舱的积载因数是指每吨货物所占的_____。

　　①货舱容积;②量尺体积;③实际体积

　　A. ①　　　　　　　　　　　　　　B. ②

　　C. ③　　　　　　　　　　　　　　D. ①②③

解析:本题暂无解析。

答案:B。

6. 货物包括亏舱的积载因数是指每吨货物所占的_____。

　　①货舱容积;②量尺体积;③实际体积

　　A. ①　　　　　　　　　　　　　　B. ②

　　C. ③　　　　　　　　　　　　　　D. ①②③都不对

解析:包括亏舱(装舱)积载因数是指每吨货物所占货舱容积。

答案:A。

7. 一般地,件杂货不包括亏舱的积载因数_____包括亏舱的积载因数。

　　A. 大于　　　　　　　　　　　　　B. 小于

　　C. 等于　　　　　　　　　　　　　D. 不确定

解析:不包括亏舱的积载因数与包括亏舱的积载因数的关系为: $SF = \dfrac{SF_0}{1 - C_{bs}}$。

答案:B。

8. 当货物的积载因数小于船舶的舱容系数时,该货应为_____。

    A. 重货   B. 轻货

    C. 中等货   D. 危险货物

    解析:本题暂无解析。

    答案:A。

9. 货物的积载因数是_____的重要资料。

    ①区分货物轻重;②核算货物应占的舱容;③计算货物重量

    A. ①   B. ②

    C. ③   D. ①②③

    解析:积载因数主要用于船舶配载计划制订时区分货物轻重、确定舱内配货重量或计算货物舱容占有量及对船舶装载状态的判别。

    答案:D。

10. 货物积载因数是指每吨货物所占的_____。

    ①量尺体积;②舱容;③货舱总容积

    A. ①   B. ②

    C. ③   D. ①或②

    解析:本题暂无解析。

    答案:D。

11. 在货源充足且船舶吃水不受限制的条件下,当船舶的舱容系数等于货物的平均积载因数时,可达到_____。

    A. 满舱满载   B. 满舱不满载

    C. 既不满舱又不满载   D. 满载不满舱

    解析:当船舶的舱容系数等于货物的平均积载因数时,则可达到满舱满载。

    答案:A。

12. 货物积载因数的应用包括_____。

    ①从配载角度区分货物的轻重;②计算舱内配货的重量;③计算货物所需的舱容;④判断船舶是否超载;⑤判断船舶是否满舱满载

    A. ①②③   B. ①②③⑤

    C. ②③④⑤   D. ①②③④

    解析:本题暂无解析。

    答案:B。

13. 在货源充足的条件下,舱容系数为 1.30 m³/t 的杂货船装运积载因数为 1.50 m³/t 的包装货物,则船舶会_____。

    A. 满舱不满载   B. 满载不满舱

　　C. 满舱满载　　　　　　　　　　　　　D. 既不满舱也不满载

　　解析:舱容系数 1.30 m³/t 小于积载因数 1.50 m³/t,货物满舱不满载。

　　答案:A。

14. 在货源充足的条件下,舱容系数为 1.30 m³/t 的杂货船装运积载因数为 0.8 m³/t(包括亏舱)的包装货物,则船舶会_____。

　　A. 满舱不满载　　　　　　　　　　　　B. 满载不满舱

　　C. 满舱满载　　　　　　　　　　　　　D. 既不满舱也不满载

　　解析:舱容系数 1.30 m³/t 大于积载因数 0.8 m³/t,货物满载不满舱。

　　答案:B。

15. 在货源充足的条件下,舱容系数为 1.30 m³/t 的杂货船装运积载因数为 1.30 m³/t(积载因数不包括亏舱,亏舱率为 12%)的包装货物,则船舶会_____。

　　A. 满舱不满载　　　　　　　　　　　　B. 满载不满舱

　　C. 满舱满载　　　　　　　　　　　　　D. 既不满舱也不满载

　　解析:舱容系数 1.30 m³/t 小于包括亏舱的积载因数,货物满舱不满载。

　　答案:A。

16. 在货源充足的条件下,舱容系数为 1.28 m³/t 的杂货船装运积载因数为 1.28 m³/t(积载因数包括亏舱)的包装货物,则船舶会_____。

　　A. 满舱不满载　　　　　　　　　　　　B. 满载不满舱

　　C. 满舱满载　　　　　　　　　　　　　D. 既不满舱也不满载

　　解析:舱容系数等于包括亏舱的积载因数,货物满舱满载。

　　答案:C。

17. 某种货物包括亏舱的积载因数为 2.14 m³/t,不包括亏舱的积载因数为 1.92 m³/t,则其亏舱率为_____。

　　A. 8%　　　　　　　　　　　　　　　　B. 12%

　　C. 10%　　　　　　　　　　　　　　　D. 15%

　　解析:包括亏舱的积载因数与不包括亏舱的积载因数之间存在的关系为: $SF = \dfrac{SF_0}{1 - C_{bs}}$。

　　答案:C。

18. 某票货物包括亏舱积载因数 $SF = 2.0$ m³/t,亏舱率 $C_{bs} = 10\%$,则不包括亏舱的积载因数为_____ m³/t。

　　A. 2.5　　　　　　　　　　　　　　　　B. 2.0

　　C. 1.8　　　　　　　　　　　　　　　　D. 1.5

　　解析:本题暂无解析。

　　答案:C。

19. 某船配装一票箱装货,重量为 210 t,不包括亏舱的积载因数 $SF = 1.86$ m³/t,亏舱率估计为 8%,则装载该票货物所需舱容为_____ m³。

　　A. 421.8　　　　　　　　　　　　　　B. 424.6

C. 390. 6   D. 407. 4

解析:由公式 $SF = \dfrac{SF_0}{1-C_{bs}}$ 求得货物包括亏舱的积载因数,根据 $SF = \dfrac{V_{ch}}{p}$ 求得装载该票货物所需舱容。

答案:B。

20. 某票货物重量为 1 500 t,量尺体积为 1 050 m³,亏舱系数 $C_{bs} = 12\%$,则该货物包括亏舱的积载因数为_____ m³/t。

A. 0. 795   B. 0. 700

C. 0. 840   D. 0. 954

解析:由公式 $SF_0 = \dfrac{V_c}{p}$ 求得货物不包括亏舱的积载因数,根据公式 $SF = \dfrac{SF_0}{1-C_{bs}}$ 求得该货物包括亏舱的积载因数。

答案:A。

21. 某票货物重量为 200 t,不包括亏舱积载因数 $SF = 1. 8$ m³/t,亏舱率 $C_{bs} = 10\%$,则该货物所占舱容为_____ m³。

A. 400   B. 396

C. 324   D. 425

解析:本题暂无解析。

答案:A。

22. 某票货物重量为 1 500 t,包括亏舱的积载因数 $SF = 0. 795$ m³/t,亏舱系数 $C_{bs} = 12\%$,则该货物不包括亏舱的积载因数为_____ m³/t。

A. 0. 8   B. 0. 56

C. 0. 7   D. 0. 65

解析:本题暂无解析。

答案:C。

23. 某票货物重量为 1 500 t,包括亏舱的积载因数 $SF = 0. 795$ m³/t,亏舱率为 $C_{bs} = 12\%$,则该货物的量尺体积为_____ m³。

A. 800   B. 980

C. 1 049   D. 1 200

解析:本题暂无解析。

答案:C。

24. 某船上 No. 2 货舱底舱的容积为 3 260 m³,已配 A、B 两票货物占舱容 1 800 m³,为使该舱达到满舱,还可配载 C 货为_____ t。(C 货不包括亏舱的积载因数 $SF = 2. 28$ m³/t,亏舱率 $C_{bs} = 8. 5\%$。)

A. 640   B. 586

C. 436   D. 260

解析:本题暂无解析。

答案:B。

25. 某杂货船 No.3 舱舱容为 3 200 m³,拟装运积载因数为 1.0 m³/t 的包装货物(积载因数不包括亏舱,亏舱率为 15%),若不考虑其他因素,则该舱可装货为_____ t。

A. 3 200
B. 2 783
C. 2 720
D. 3 678

解析:本题暂无解析。

答案:C。

26. 某杂货船 No.3 舱舱容为 3 200 m³,拟装运积载因数为 1.0 m³/t 的包装货物 1 000 t(积载因数不包括亏舱,亏舱率为 15%),若不考虑其他因素,则该舱还空余_____ m³ 舱容可供装货。

A. 2 200
B. 2 024
C. 1 176
D. 2 050

解析:本题暂无解析。

答案:B。

27. 某杂货船总包装舱容为 20 000 m³,经计算某航次船舶 NDW 为 12 000 t,拟装运积载因数为 1.30 m³/t(包括亏舱)的包装货物,则在货源充足的条件下,船舶航次最大装货量为_____ t。

A. 12 000
B. 15 385
C. 10 976
D. 9 231

解析:根据 $SF = \dfrac{V_{ch}}{p}$ 求得货舱所能装载的最大载重量为 15 385 t,大于航次船舶 NDW 12 000 t,所以船舶航次最大装货量为 12 000 t。

答案:A。

28. 某杂货船总包装舱容为 20 000 m³,经计算某航次船舶 NDW 为 12000 t,拟装运积载因数为 1.80 m³/t(包括亏舱)的包装货物,则在货源充足的条件下,船舶航次最大装货量为_____ t。

A. 12 000
B. 11 111
C. 11 976
D. 9231

解析:根据 $SF = \dfrac{V_{ch}}{p}$ 求得货舱所能装载的最大载重量为 11 111 t,小于航次船舶 NDW 12 000 t,所以船舶航次最大装货量为 11 111 t。

答案:B。

项目2　船舶载货能力

2.1　船舶载货能力的定义及内容

一、知识点梳理

1. 船舶载货能力:指船舶在具体航次中所能承运的货物数量的最大限额以及承运特殊货物或忌装货物的可能条件和数量限额,包括:船舶的载重能力、容积能力和其他载货能力。

2. 载重能力:指船舶在具体航次中所能装运货物重量的最大限度,即船舶的航次净载重量。

3. 容积能力:指船舶所能容纳货物体积的最大限额,即船舶货舱的总容积。

(1)杂货船——包装舱容,部分船舶计及上甲板载货空间。

(2)固体散货船——散装舱容。

(3)液体散货船——适当扣减膨胀系量后的液舱容积。

(4)木材甲板货运输船——货舱容积+上甲板空间容积。

(5)集装箱船——箱容量(通常指 TEU 容量)。

4. 特殊载货能力:船舶结构和设备所具有的装载某些特殊货物的能力。

二、难点点拨

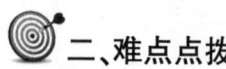

船舶能否装载诸如重大件、冷藏货、液体货、危险货等,取决于船舶是否具有承运这些特殊货物的其他载货能力。

三、相关习题

1. 船舶的特殊载货能力是指_____。

A. 船舶载重量大的能力

B. 船舶结构和设备所具有的装载某些特殊货物的能力

C. 船舶舱容大的能力

D. 船舶能通过狭水道的能力

解析:考查船舶的特殊载货能力定义。

答案:B。

2. 当航线水深受限制时,船舶的航次载货重量能力与_____有关。

①空船重量;②开航日期;③浅区水密度;④油水储备;⑤富余水深

A.①②③④　　　　　　　　　　　B.②③④⑤

C.①③④⑤　　　　　　　　　　　D.①②③⑤

解析:航线水深受限制时,船舶的航次载货重量能力与开航日期无关。

答案:C。

3. 当航线水深受限制时,船舶的航次载货重量能力与_____无关。

A. 空船重量　　　　　　　　　　　B. 开航日期

C. 舷外水密度　　　　　　　　　　D. 船舶常数

解析:航次载货重量能力与受限制水深相关,与载重线和开航日期无关。

答案:B。

4. _____对船舶载重能力不产生影响。

A. 空船重量　　　　　　　　　　　B. 船舶总吨

C. 航区水密度　　　　　　　　　　D. 航次储备

解析:船舶总吨是容积单位。

答案:B。

5. 船舶的载货能力由以下哪几项组成? _____。

①载货重量能力;②总载重量能力;③载货容量能力;④总吨位;⑤特殊载货能力

A.①②③　　　　　　　　　　　　B.②③⑤

C.①③⑤　　　　　　　　　　　　D.②③④

解析:船舶的载货能力包括载货重量能力、载货容量能力和特殊载货能力。

答案:C。

6. 船舶的载货能力包括_____。

A. 载重能力及容量能力

B. 净载重量、净吨位及货舱容积

C. 总载重量、净载重量及货舱容积

D. 载货重量能力、载货容量能力及特殊载货能力解析:船舶的载货能力由载货重量能力、载货容量能力、特殊载货能力三部分构成。

答案:D。

7. 以下有关船舶载货能力的说法,正确的是_____。

①船舶载货能力是指具体航次所能装载货物重量的最大限额;②船舶载货能力是指在具体航次所能承担运输货物的品种和数量;③船舶载货能力是指具体航次装载货物的可能条件和数量的最大限额

A. ①   B. ②

C. ③   D. ②或③

解析:船舶的载货能力是指在具体航次中船舶所能装运货物的种类和数量的最大限值。

答案:D。

8. 以下有关船舶载货能力中载重能力的说法,正确的是_____。

A. 载重能力是指具体航次所能装运载荷的最大重量

B. 载重能力是指具体航次所能装运货物的最大重量

C. 载重能力是指具体航次所能装运的最大限度旅客及油水等的重量

D. 载重能力是指具体航次所能装运的最大限度油水及压载水等的总重量

解析:载货重量能力是指在具体航次中船舶能够装运货物重量的最大限值。

答案:B。

9. 船舶满舱满载(Full and Down)是指_____。

A. 船舶的重量性能和容积性能均得到了充分利用

B. 船舶装载了足量货物

C. 运费吨达到了最大值

D. 船舶运输效益最大

解析:船舶满舱满载,即航次货运量等于航次的净载重量,航次货载的总体积等于船舶的总舱容。

答案:A。

10. 通常情况下,表示船舶载货重量能力大小的指标是_____。

A. 净载重量 NDW   B. 满载排水量

C. 总吨 GT   D. 总载重量 DW

解析:船舶的载货重量能力以航次净载重量来表征其大小。

答案:A。

11. 对于集装箱船,其载货容量能力一般以_____来衡量。

A. 20 ft 箱容量   B. 40 ft 箱容量

C. TEU   D. 货舱容积

解析:对于集装箱船,其载货容量能力一般以换算箱容量来衡量。换算箱容量是指能够承载集装箱的最大限额,通常是指标准箱 TEU 的容量。

答案:C。

12. 船舶的载货能力是指_____。

A. 载货重量的多少

B. 载货容积的多少

C. 特殊货物的装载能力

D. 具体航次中船舶所能装运货物的种类和数量的最大限值

解析:船舶的载货能力是指在具体航次中船舶所能装运货物的种类和数量的最大限值。货物数量指货物的重量、体积或件数。

答案:D。

13. 对于不同种类船舶载货能力的描述,正确的是_____。

A. 对于杂货船,在整船装运散装固体货物时,其载货能力指船舶的散装舱容

B. 对于液体散装货船,其载货容量能力指船舶货舱的包装容积

C. 对于集装箱船,其载货的容量能力指船舶的包装容积和散装容积

D. 对于固体散装货船,在运输件杂货时,其载货容量能力指船舶货舱的包装容积

解析:对于固体散装货船,由于通常运载固体散装货物,因此,载货容量能力一般是指船舶货舱的散装容积。但在运输件杂货时,应使用包装容积。

答案:D。

14. 标准箱容量 TEU 表示的是集装箱船的_____。

A. 载货能力　　　　　　　　　B. 容量能力

C. 载重能力　　　　　　　　　D. 特殊载货能力

解析:换算箱容量又称为标准箱容量,系指船舶所能承运各类国际标准集装箱的最大换算箱容量(TEU)。标准箱容量是衡量集装箱船大小、规模的主要指标是船舶建造、租赁和营运管理计费的重要依据,是集装箱及集装箱船拥有量的统计单位。

答案:B。

15. 刈"船舶载货能力"这一概念,表述准确的是_____。

A. 船舶所能装运货物的最大数量,与具体航次无关

B. 载货能力中的载重能力指的就是船舶航次净载重量

C. 包括载重能力和容量能力

D. 定义中的货物数量包括货物的重量、体积、件数和品种

解析:考查船舶载货能力的概念。

答案:B。

16. 杂货船深舱所具有装载散装液体动、植物油的能力属于船舶的_____。

A. 载货容量能力　　　　　　　B. 特殊载货能力

C. 载货容积能力　　　　　　　D. 载货重量能力

解析:某些杂货船具有深舱容量或冷藏舱大小和制冷压缩机性能,决定了该船装载某些动植物油或冷藏货物的特殊载货能力。

答案:B。

17. 下列对船舶载货的容量能力的叙述正确的是_____。

①杂货船装载件杂货时的容量能力一般指船舶货舱的包装舱容;②固体散装货船载运固体散

货时的容量能力一般指货舱的散装舱容;③液体散装货船的载货容量能力应为液体舱柜容积;④木材船的载货容量能力指所能装载甲板木材的上甲板空间容积

A.①②   B.③④

C.①②③   D.①②③④

解析:考查船舶载货的容量能力知识。

答案:A。

18.木材船具体航次的载货能力包括_____。

①航次净载重量;②航次总载重量;③货舱舱容;④所能装载甲板木材的上甲板空间容积

A.①②③④   B.①③④

C.①②③   D.②③④

解析:考查木材船具体航次的载货能力。

答案:B。

19.船舶载货能力包括_____。

①载货重量能力;②载货容量能力;③储备品装载能力;④特殊载货能力

A.①②③   B.②③④

C.①②④   D.①②③④

解析:本题暂无解析。

答案:C。

20.对于木材船,其载货容量能力体现为_____。

①液舱容积;②货舱容积;③上甲板允许装载容积

A.①   B.②

C.③   D.②③

解析:木材甲板货运输船的载货容量能力包括货舱容积和所能装载甲板木材的上甲板空间容积。

答案:D。

2.2 船舶载货能力核算

2.2.1 载货能力核算的目的和方法

一、知识点梳理

1.载货能力核算的目的:是要比较船舶的装载能力与航次货运任务是否相适应。

2.载货能力核算的方法:

$$\sum Q \leqslant NDW$$

$$\sum V_c{}' \leqslant \sum V_{ch} + \sum V_d$$

如有特殊货物,船舶还需具有相应的特殊载货能力。

二、相关习题

1. 核算船舶载货能力的目的是_____。

①确定具体航次船舶是否亏载;②确定具体航次船舶是否亏舱;③确定具体航次货物能否被装下

A. ①　　　　　　　　　　　　　　　B. ②

C. ③　　　　　　　　　　　　　　　D. ①②③

解析:载货能力的核算目的是比较航次货运任务与船舶载货能力是否相适应,以便判明船舶能否接受该航次装货清单中所列的货物品种和数量。

答案:D。

2. 衡量船舶载货能力大小的指标有_____。

A. NDW 和 $\sum V_{ch}$　　　　　　　　B. DW 和 $\sum V_{ch}$

C. DW 和 NT　　　　　　　　　　　D. Δ 和 GT

解析:NDW 和 $\sum V_{ch}$ 是船舶载货重量能力和容量能力的指标。

答案:A。

3. 核算船舶载货能力的目的是判明航次货运任务与_____是否相适应。

①载货重量能力;②载货容量能力;③船舶压载能力;④船舶承运特殊货物的能力

A. ①②③④　　　　　　　　　　　　B. ①②③

C. ①②④　　　　　　　　　　　　　D. ①③④

解析:本题暂无解析。

答案:C。

4. 船舶载货能力核算的目的包括_____。

①确定船舶是否亏载;②确定船舶是否亏舱;③确定货物能否被装下;④确定船舶运行成本

A. ①②③　　　　　　　　　　　　　B. ②③④

C. ①②④　　　　　　　　　　　　　D. ①③④

解析:本题暂无解析。

答案:A。

5. 当船舶载货重量能力未得到充分利用时,以下说法正确的是_____。

①船舶亏载;②船舶亏舱;③应及时联系,尽量追加货载;④应及早退掉部分货载,以免影响货主备货

A. ①③　　　　　　　　　　　　　　B. ①④

C. ②③　　　　　　　　　　　　　　D. ②④

解析:船舶亏舱属于船舶载货容量能力未得到充分利用。

答案:A。

2.2.2 载货重量能力的计算

2.2.2.1 船舶总载重量的确定

一、知识点梳理

1. 当航线(港口及航路)上的水深对船舶吃水有限制时:
$$d = D_d + H_w + \delta d_g \pm \delta d_\rho - D_a - \delta d_t (\text{m})$$
式中:D_d——港口或航道最浅点处的海图基准水深(m)。

H_w——计划过最浅点时的潮高(m),可通过查潮汐资料获得。

δd_g——由装货港至最浅点处船舶燃料、淡水等消耗量对船舶吃水的影响值(m)。

δd_ρ——计划航线上最浅点处水的密度对船舶装载吃水的影响值(m)。

D_a——船舶过最浅点时应留出的富余水深(m)。

δd_t——船舶过浅时,最大吃水与平均吃水的差值(m)。通常,在始发港配货时,使船舶到达浅点时尽量处于平吃水状态,此时,该值为0。

2. 当吃水不受航线上水深限制时,受载重线海图限制:

(1)若船舶整个航次在使用同一条载重线的海区航行时,船舶的总载重量应根据所使用的载重线求得。

(2)若船舶是由使用较低载重线的海区航行至使用较高载重线的海区时,船舶的总载重量应根据较低的载重线求得。

(3)若船舶是由使用较高载重线的海区航行至使用较低载重线的海区时,见下表。

航次航行情况	在较高载重线海区航行时储备品消耗与各载重线对应的排水量差值比较(t)	总载重量计算公式
热带载重线　夏季载重线 A.——B.——C.	① $\sum G_{AB} > \delta\Delta_{T-S}$	$DW = \Delta_T - \Delta_L$
	② $\sum G_{AB} < \delta\Delta_{T-S}$	$DW = \Delta_S - \Delta_L + \sum G_{AB}$
夏季载重线　冬季载重线 A.——B.——C.	① $\sum G_{AB} > \delta\Delta_{S-W}$	$DW = \Delta_S - \Delta_L$
	② $\sum G_{AB} < \delta\Delta_{S-W}$	$DW = \Delta_W - \Delta_L + \sum G_{AB}$

二、难点点拨

1. 某船计划航经海区允许使用的载重线依次为:热带→夏季→冬季→夏季,则允许使用的总载重量应视相应航段油水消耗量而定。

2. 当航线水深不受限制时,船舶的航次净载重量与航区水密度、始发港最大水深等因素无关。

📝 三、相关习题

1. 以下有关提高船舶载重能力的措施,说法正确的是_____。

　A. 正确使用载重线,货源充足时,将货物装到航次净载重量

　B. 每航次清理货舱残留货物和垫舱物料等杂物,确保货舱适货

　C. 督促电机员保证冷藏箱插座全部立即可用

　D. 充分利用容量能力

　解析:根据航线上的限制水深或航次所应使用的载重线正确确定船舶的最大装载吃水。

　答案:A。

2. 某船满载排水量 $\Delta = 20\,890$ t,燃油和淡水总量为 2 053 t,常数为 154 t,空船排水量为 6 887 t,则船舶航次净载重量为_____t。

　A. 8 257　　　　　　　　　　B. 9 437

　C. 10 616　　　　　　　　　D. 11 796

　解析:航次净载重量应按 $NDW = DW_{max} - \sum G - C$ 计算,其中总载重量等于总排水量减去空船排水量。

　答案:D。

3. 某船于某吃水受限港装货,该港限制吃水为 8.5 m,查得相应的 $DW = 14\,129$ t,若船舶本航次需装油水等共 1 100 t,船舶常数 172 t,则本航次最多载货_____t。

　A. 12 857　　　　　　　　　B. 13 029

　C. 13 957　　　　　　　　　D. 14 129

　解析:本题暂无解析。

　答案:A。

4. 某船排水量 $\Delta = 34\,360$ t,燃油和淡水总量为 1 861 t,常数为 126 t,空船排水量为 9 715 t,则船舶的净载重量为_____t。

　A. 15 161　　　　　　　　　B. 17 326

　C. 19 492　　　　　　　　　D. 22 658

　解析:本题暂无解析。

　答案:D。

5. 某船经核算本航次允许使用的最大总载重量为 4 703 t,燃油和淡水总量为 614 t,常数为 54 t,空船排水量为 1 349 t,则船舶的净载重量为_____t。

　A. 4 035　　　　　　　　　　B. 4 903

　C. 4 849　　　　　　　　　　D. 2 606

　解析:本题暂无解析。

　答案:A。

6. 某船某航次按载重线计算的排水量为 6 530 t,燃油和淡水总量为 571 t,常数为 48 t,空船排水量为 2 103 t,从 $\rho = 1.002 \ g/cm^3$ 水域启航时船舶净载重量为_____t。

A. 3 723　　　　　　　　　　　　　　B. 3 808

C. 3 895　　　　　　　　　　　　　　D. 3 449

解析:本题暂无解析。

答案:B。

2.2.2.2　航次储备量

一、知识点梳理

1. 船舶航次总储备量可以分为固定值 G_1 和可变量 G_2 两类。

2. 粮食和供应品、船员和行李以及船用物料和备品等储备量 G_1

$$G_1 = G_P + G_{CE} + G_S(t)$$

式中:G_P——粮食和供应品的重量(t)。

G_{CE}——船员和船员行李、物品的重量(t)。

G_S——船用物料和备品的重量(t)。

3. 燃润料和淡水等储备量 G_2。

(1)在始发港油水全满。

$$G_2 = G_O + G_{FW}$$

式中:G_O——燃料、润料等的重量(t)。

G_{FW}——淡水的重量(t)。

(2)在中途港或目的港补给燃料、淡水。

$$G_2 = (t_s + t_{rs}) \cdot g_s + t_b \cdot g_b$$

式中:t_s——航行时间(d)。

t_{rs}——航行储备时间,近海近洋3~5天,远洋5~7天(d)。在没有可预见风险的情况下,在东南亚各国间航线上取 3 天,在印度洋和大洋洲航线上取 5 天,在非洲、欧洲及美洲航线上取 7 天。

g_s——航行每天油水消耗量(t/d)。

t_b——到下次补给前总的停泊时间(d)。

g_b——停泊每天油水消耗量(t/d)。

二、相关习题

1. 船舶应根据航行天数确定航次储备量。其中,航行天数是指_____。

①始发港至目的港的航行天数;②始发港至油水补给港的航行天数;③油水补给港至目的港的航行天数

A. ①　　　　　　　　　　　　　　　　B. ②

C. ③　　　　　　　　　　　　　　　　D. ①②③都有可能

解析:本题暂无解析。

答案:D。

2. 某船某航次航程为 3 600 n mile,平均航速为 15 kn,航行时每天耗油水 35 t,航次储备天数 3 天,则可变航次储备量为_____ t。

A. 105　　　　　　　　　　　　　　　B. 350

C. 455　　　　　　　　　　　　　　　D. 500

解析:航次可变储备量包括燃润料、淡水,其大小按航行时间、补给方案及航次储备天数确定。

答案:C。

3. 某船某航次航程 1 800 n mile,平均航速 15 kn,航行时每天耗油水 30 t,航次储备天数 2 天,预计等待加油水的停泊时间 2 天,停泊时每天油水消耗 10 t,则可变航次储备量为_____ t。

A. 210　　　　　　　　　　　　　　　B. 230

C. 270　　　　　　　　　　　　　　　D. 190

解析:按航次需要及补给方案可由 $G_2 = (t_s + t_r) \cdot g_s + t_b \cdot g_b$ 确定可变储备量,式中:t_r 为船舶航行储备天数(d);t_s 为船舶航行天数(d);t_b 为船舶预计停泊天数(d);g_s 为航行中每天油水消耗量(t/d);g_b 为停泊时每天油水消耗量(t/d)。

答案:B。

4. 普通干散货船的航次储备量 $\sum G$ 包括_____。

①燃润料和淡水;②供应品;③船员和行李及备品

A. ①②　　　　　　　　　　　　　　　B. ①③

C. ②③　　　　　　　　　　　　　　　D. ①②③

解析:航次储备量按其构成可分为固定储备量和可变储备量两类。固定储备量 G_1 包括船员和行李、粮食和供应品及船用备品;可变储备量 G_2 包括燃料、润料和淡水等,包括为了改善船舶性能所需注入的压载水重量。

答案:D。

5. 在实际营运中,船舶航次储备量中的可变储备量包括_____。

A. 船用备品　　　　　　　　　　　　　B. 粮食和供应品

C. 燃润料和淡水　　　　　　　　　　　D. 冷凝器中的水

解析:可变储备量包括燃料、润料和淡水等。

答案:C。

6. 油船航次储备量包括_____。

①航行所需的油水;②粮食和供应品,船员和行李及船舶备品;③油舱积存的油脚或残水;④货油加温所需的燃油等

A. ①②③④　　　　　　　　　　　　　B. ①②③

C. ①②④　　　　　　　　　　　　　　D. ①②

解析:本题暂无解析。

答案:C。

7. 考虑船舶航次储备量的大小时,不考虑_____。

A. 空船排水量
B. 航线长短
C. 锚泊时间长短
D. 船舶消耗定额

解析:考虑船舶航次储备量的大小时应考虑航次储备天数、停泊天数、油水消耗定额等因素。
答案:A。

8. 以下关于船舶固定储备量的说法正确的是_____。

A. 固定储备量包括船员行李、粮食供应品和淡水

B. 实际工作中,通常将固定储备量作为定值处理

C. 由于航次长短不同,船员的粮食备品数量不尽相同,因此实际工作中我们将其当作变量处理

D. 固定储备量在航次储备中所占比例大,因此应按照航次时间长短具体计算其大小

解析:固定储备量包括船员和行李、粮食和供应品及船舶备品等,由于构成的各部分在航次储备中所占比例很小,因此在计算航次净载重量时可将固定储备量视为定值。
答案:B。

9. 船舶航次储备量包括固定储备量和可变储备量,固定储备量又包括_____。

①船员和行李;②粮食和供应品;③燃油和淡水;④船舶备品

A.①②
B.②③
C.①②④
D.②③④

解析:固定储备量包括船员和行李、粮食和供应品及船舶备品等。
答案:C。

10. 以下内容属于船舶航次储备量的是_____;其值越大,航次的净载重量_____。

A. 新船出厂时锅炉中的水;越小

B. 具体航次燃油舱的燃油;越小

C. 船底附着的海生物;越大

D. 压载水和淡水;越大

解析:本题暂无解析。
答案:B。

11. 影响航次储备量的因素中,不包括_____。

A. 航次航线长短

B. 航次船舶日油水消耗量

C. 船舶大修后空船重量的变化

D. 航次拟订的油水加载方案

解析:船舶大修后空船重量的变化归于船舶常数。
答案:C。

12. 一般情况下船舶航行应配备的航次储备品按正常消耗应有_____的富余量。

A. 10%
B. 20%
C. 50%
D. 100%

解析:一般情况下装载的航次储备品按正常消耗应有 20%的富余量。

答案:B。

2.2.2.3　船舶常数的定义及产生原因

一、知识点梳理

1. 船舶常数是指船舶在营运过程中任何时候测定的空船重量与船舶资料中载明的空船重量的差值。

2. 船舶常数产生的原因:

(1)船体、舾装设备的修理和局部改装。

(2)留船的垫舱物料以及废旧但未及时处理的破损机件、器材、物料等。

(3)液体舱柜、管系中残留并且无法及时清除的污油、残液、沉淀物等。

(4)船体附着物(如海藻、贝壳等)增加的重量。

二、难点点拨

1. 测定船舶常数时排水量越小越有利。

2. 船舶常数的重心位置不明确时,可取在空船重量的重心处。

三、相关习题

1. _____属于船舶常数。

①测常数时抛下的锚和锚链;②营运中加装的新型雷达;③集装箱船的便携式绑扎设备;④杂货船没及时清理的垫舱物料

A.①②③④　　　　　　　　　　　B.③④

C.②③　　　　　　　　　　　　　D.②③④

解析:锚和锚链属于空船重量。

答案:D。

2. 减小船舶常数的目的是_____。

A. 增大船舶吃水　　　　　　　　B. 提高船舶载货重量能力

C. 增大船舶总载重量　　　　　　D. 增大船舶总舱容

解析:航次净载重量应按下式计算:$NDW = DW_{max} - \sum G - C$。

答案:B。

3. 船舶常数 C 是指船舶_____。

A. 测定时的空船重量

B. 测定时的空船重量减去新船的空船重量

C. 测定时的空船重量减去航次储备量

D. 测定时的空船重量减去修船后的空船重量

解析:船舶参加营运后的空船重量与新船出厂时的空船重量之差称为船舶常数。

答案:B。

4._____不属于船舶常数的内容。

A. 供应品和备品　　　　　　　　B. 船体改装所增重量

C. 货舱内的残留货物　　　　　　D. 库存破旧器材

解析:供应品和备品属于航次储备量。

答案:A。

5.船舶常数的大小与_____的数量有关。

A. 船上燃油、柴油、滑油和淡水

B. 船舶备件、船员行李、航次应装载的粮食、蔬菜、水果、烟酒等

C. 船体结构、动力装置、舾装、仪器设备、锅炉中燃料和水、冷凝器中的水等重量

D. 船体和机械的修理或改装后的重量改变量

解析:本题暂无解析。

答案:D。

6.船舶常数是_____,其值越_____,船上装货量越少。

A. 变量;大　　　　　　　　　　B. 定值;大

C. 定值;小　　　　　　　　　　D. 变量;小

解析:船舶常数是一变量。

答案:A。

7._____属于集装箱船的船舶常数。

①油柜内的残渣;②压载舱内的积水或沉淀物;③库存废旧物料;④船体附着的海生物;⑤所有非固定系固设备的重量

A.①②③　　　　　　　　　　B.①②③④

C.①②③④⑤　　　　　　　　D.②③⑤

解析:考查集装箱船的船舶常数。

答案:C。

8.船舶常数包括_____。

①船体外壳所附的海生物;②船舶备品;③货舱内的残留货物;④船体和机械的修理或改装后的质量改变量

A.①②③④　　　　　　　　　　B.①②③

C.①③④　　　　　　　　　　　D.②③④

解析:船舶备品属于航次储备量。

答案:C。

9.船舶常数不包括_____。

A. 货舱内难以卸载的残留物重量

B. 集装箱船上活动系固件重量

C. 压载水舱底层残留的污泥重量

D. 集装箱船上固定系固件重量

解析:集装箱船上固定系固件重量属于空船重量。

答案:D。

10. _____不是船舶常数 C 产生的原因。

A. 燃油舱中的油渣　　　　　　　B. 未清除的垫舱物料

C. 压载水舱中的污泥和杂物　　　D. 滑油舱中的少量滑油

解析:本题暂无解析。

答案:D。

11. 船舶常数包括_____。

①船用备品;②船体重量的变化量;③扭锁;④燃料舱内的残留;⑤绑扎桥

A. ②③④　　　　　　　　　　　B. ①②④

C. ②③④⑤　　　　　　　　　　D. ①②③④

解析:考查集装箱船的船舶常数。

答案:A。

2.3　提高并充分利用载货能力的途径及措施

一、知识点梳理

1. 努力提高船舶的载重能力

(1)正确选用载重线或正确计算船舶允许的最大装载吃水。

(2)合理地计划并确定航次所需要携带的燃润料和淡水的数量,尽可能减少航次储备量。

(3)设法减小船舶常数。

(4)合理确定各类载荷的纵向与垂向分布,避免采用打入压载水的方法来调整船舶的稳性、强度、吃水差。

(5)油船装货前尽量清除舱内积留的油脚和垫水等。

2. 充分利用船舶的容量能力

(1)使所有的载货处所处于可用状态。

(2)对于杂货船,对不同包装的件杂货选择合适的舱位。

(3)固体散货装载时做好平舱工作,最大限度地提高舱容利用率。

(4)对于集装箱船,应充分利用所有的箱位。

(5)对于液体散货,应根据油温变化合理确定膨胀余量。

(6)轻重货物合理搭配。

3.充分利用船舶的特殊载货能力

(1)保证与承运特殊货物有关的船舶结构和设备处于完好状态。

(2)对于危险品集装箱,通过合理配载,使较多的忌装货物或危险货物集装箱配装在船上。

二、相关习题

1._____是充分利用船舶特殊载货能力的途径。

　　A.装货前做好货舱准备工作,尽量使所有货舱适货

　　B.尽量减小船舶常数

　　C.若有冷藏舱,应保证其处于良好状态,以便于承运冷藏货物

　　D.空船压载时,若有处于中区的深舱,应注满压载水

　　解析:保证与承运特殊货物有关的船舶结构和设备处于完好状态是充分利用船舶特殊载货能力的途径之一。

　　答案:C。

2.船舶的特殊装载能力包括_____。

　　①普通货船装载集装箱的能力;②普通货船装载危险货物的能力;③普通货船装载冷藏货物的能力;④货物的重量能力;⑤货物的容量能力

　　A.①②③④⑤　　　　　　　　　　B.②④

　　C.②③　　　　　　　　　　　　　D.①②③

　　解析:特殊载货能力是指船舶结构和设备所具有的装载某些特殊货物的能力。

　　答案:D。

3.实际营运中,提高船舶载货能力的具体措施是_____。

　　①轻重货物合理搭配;②合理确定货位,减少亏舱;③合理确定和使用船舶的载重线

　　A.①②　　　　　　　　　　　　　B.②③

　　C.①③　　　　　　　　　　　　　D.①②③

　　解析:本题暂无解析。

　　答案:D。

4.充分利用船舶载货容量能力的方法有_____。

　　①轻重货物合理搭配;②合理确定货位;③紧密堆装

　　A.①②　　　　　　　　　　　　　B.①③

　　C.②③　　　　　　　　　　　　　D.①②③

　　解析:本题暂无解析。

　　答案:D。

5.当航线水深对船舶吃水有限制时,为提高船舶的载重能力,船过浅水区时应保持_____状态。

　　A.平吃水　　　　　　　　　　　　B.适度艏倾

　　C.适度艉倾　　　　　　　　　　　D.较大的艉倾

解析:吃水受限时,各舱货物的重量分配应保证过浅时平吃水。

答案:A。

6.实际营运中,充分利用船舶载货能力的基本途径之一是_____。

    A.正确进行船舶强度计算   B.正确绘制积载图

    C.保证船舶具有适度的吃水差   D.轻重货物的合理搭配

    解析:对于杂货船,如果货源充足且航次货载有较大的选择余地,应使船舶的载重能力与容量能力能同时得到充分利用,达到满舱满载。

    答案:D。

7.充分利用船舶净载重量和舱容的方法是_____。

    A.品质相同的货物同装一舱   B.种类相同的货物同装一舱

    C.轻重货物在各舱合理搭配   D.积载因数相近的货物同配一舱

    解析:轻重货物在各舱合理搭配,达到满舱满载。

    答案:C。

8._____是货物装卸中船员值班应做的工作。

    ①监督工人正确操作;②严格执行装卸计划;③确保来货质量和数量;④及时调整缆绳和舷梯

    A.①②③④   B.①②③

    C.②③④   D.①②④

    解析:本题暂无解析。

    答案:A。

9.为防止造成货损,船员在货物装卸值班工作中对_____现象应予以制止。

    ①不合理使用手钩;②从舱口向舱内拖曳货物;③货物自一处远距离摔向另一处;④使用撬杠搬运大桶货;⑤未穿足以防寒的衣物

    A.①②③④⑤   B.①②③④

    C.②③④⑤   D.①③④⑤

    解析:本题暂无解析。

    答案:B。

10.为防止吊装不当造成货损,船员在货物装卸值班工作中对_____现象应予以制止。

    ①使用手钩操作袋装水泥;②单吊超重;③舱内货物的堆装存在很大空隙

    A.①②   B.②③

    C.①③   D.①②③

    解析:本题暂无解析。

    答案:D。

11.为防止造成货损,船员在货物装卸值班工作中对工人的_____应予以制止。

    ①不合理使用手钩;②将袋装货物从舱口向舱内拖曳;③大幅度摆动吊货钢丝,将所吊货物甩向舱的一角;④采用挖"深坑"方式装卸货物

    A.①②③   B.①③④

    C.②③④   D.①②③④

解析:本题暂无解析。

答案:D。

12. 装货期间船员应做好的监督工作有_____。

　　A. 通常装卸工人应按操作规程和配载图进行作业,如有必要也可以根据实际情况调整配载计划

　　B. 理货人员如果正确理货、检残,能分清原残、工残,那么船员就无须监督签认

　　C. 遇到装卸工人不按配载图或违反操作规程操作时,应立即纠正

　　D. 装货结束之后,大副检查货舱装货正常即可封舱

　　解析:本题暂无解析。

　　答案:C。

13. 装卸货期间关于船员与码头之间的沟通,以下错误的是_____。

　　A. 在港口装卸工人休息吃饭或暂停工作期间,船员应及时切断起货机和不用的照明电源,以确保货舱安全

　　B. 船员应督促装卸工人按操作规程和配载图的要求进行装货

　　C. 装货结束之后,大副应会同有关人员检查货舱,确认一切正常后及时封舱

　　D. 因装卸工人操作不当而造成的事故,船方应即刻做好现场记录,无须码头人员参与

　　解析:本题暂无解析。

　　答案:D。

14. 关于装卸货期间船员与码头之间的沟通,以下说法正确的是_____。

　　①理货人员如果正确理货、检残,能分清原残、工残,那么船员就无须监督签认;②船员应督促装卸工人按操作规程和配载图的要求进行装货;③卸货结束后,大副应即刻会同码头相关人员检查有无漏卸货物

　　A. ①②③　　　　　　　　　　　　B. ②③

　　C. ①②　　　　　　　　　　　　　D. ①③

　　解析:本题暂无解析。

　　答案:B。

15. 装货期间船舶与码头应做好有效沟通,以下说法正确的是_____。

　　①在港口装卸工人休息吃饭或暂停工作期间,船员应及时切断起货机和不用的照明电源,以确保货舱安全;②船员应督促装卸工人按操作规程和配载图的要求进行装货;③遇到装卸工人不按配载图装货或违规操作,应立即进行纠正;④当值班船员无法及时纠正装卸工人的错误行为时,应立即报告值班驾驶员,值班驾驶员与码头进行交涉并采取必要措施

　　A. ①②③④　　　　　　　　　　　B. ②③④

　　C. ①②③　　　　　　　　　　　　D. ①②④

　　解析:本题暂无解析。

　　答案:A。

项目 3　船舶稳性

3.1　稳性的定义和分类

一、知识点梳理

1. 稳性:船舶在外力作用下偏离其平衡位置而倾斜,当外力消失后,能自行回复到原来平衡位置的能力。

2. 稳性的分类:

(1)按倾斜方向。

横稳性:在横倾力矩作用下船舶的稳性。

纵稳性:在纵倾力矩作用下船舶的稳性。

(2)按倾斜角度大小。

初稳性:倾斜角度小于 10°~15°或上甲板边缘开始入水前的稳性。

大倾角稳性:倾斜角度大于 10°~15°或上甲板边缘开始入水后的稳性。

(3)按外力性质。

静稳性:在静态力矩作用下,不计及倾斜角加速度和惯性矩的稳性。

动稳性:在动态力矩作用下,计及倾斜角加速度和惯性矩的稳性。

(4)按是否进水。

完整稳性:船舶在完整状态时的稳性。

破舱稳性:船舶破舱进水后所具有的稳性。

二、难点点拨

船舶具有稳性的原因是船舶倾斜后,在重力和浮力作用下产生一稳性力矩的作用。

三、相关习题

1. 按作用于船上外力矩的性质,将船舶稳性划分为_____。
   A. 静稳性和动稳性　　　　　　　B. 横稳性和纵稳性
   C. 大倾角稳性和初稳性　　　　　D. 破舱稳性和完整稳性
   解析:船舶稳性按其所受作用力矩的性质可分为静稳性和动稳性。
   答案:A。

2. 按船舶横倾角的大小,将船舶稳性划分为_____。
   A. 横稳性和纵稳性
   B. 破舱稳性和完整稳性
   C. 大倾角稳性和初稳性
   D. 静稳性和动稳性
   解析:按船舶横倾角的大小,稳性可分为大倾角稳性和初稳性。
   答案:C。

3. 按船舶的倾斜方向,将船舶稳性划分为_____。
   A. 横稳性和纵稳性
   B. 破舱稳性和完整稳性
   C. 大倾角稳性和初稳性
   D. 静稳性和动稳性
   解析:按船舶不同的倾斜方向,稳性可分为横稳性和纵稳性。
   答案:A。

4. 船舶在静水中横倾的原因是_____。
   A. 船舶重心不在纵中剖面上
   B. 船舶重力和浮力不相等
   C. 船舶重力和浮力作用在同一垂线上
   D. 重心和浮心距基线距离不相等
   解析:船舶重心偏离其中纵剖面时,出现横倾角。
   答案:A。

5. 船舶稳性从不同的角度可分为_____。
   ①破舱稳性和完整稳性;②大倾角稳性和初稳性;③静稳性和动稳性
   A. ①　　　　　　　　　　　　　B. ②
   C. ③　　　　　　　　　　　　　D. ①②③

解析:本题暂无解析。

答案:D。

6.船舶倾斜前后,重力和浮力_____。

A.大小不等,浮心位置不变　　　　　　B.大小不等,浮心位置改变

C.大小相等,浮心位置不变　　　　　　D.大小相等,浮心位置改变

解析:船舶漂浮于水面上,在某一性质的外力矩作用下船舶发生倾斜,由于倾斜后水线下排水体积的几何形状改变,浮心由 B 点移至 B_1 点;排水量一定时,倾斜前后重力和浮力大小相等。

答案:D。

7.船舶受外力作用发生等容微倾时,其_____会发生较明显变化。

A.重心　　　　　　　　　　　　　　B.浮心

C.稳心　　　　　　　　　　　　　　D.漂心

解析:船舶漂浮于水面上,在某一性质的外力矩作用下船舶发生微倾,由于微倾后水线下排水体积的几何形状改变,浮心会发生较明显变化。

答案:B。

8.静稳性是指船舶在倾斜过程中_____的稳性。

A.不计及角加速度和惯性矩

B.计及角加速度和惯性矩

C.只计及角加速度,不计及惯性矩

D.只计及惯性矩,不计及角加速度

解析:静稳性指船舶在倾斜过程中不计及角加速度和惯性矩时的稳性。

答案:A。

9.在平静海面当船舱内货物向一侧移位使船舶发生10°横倾后_____。

A.船舶稳性降低　　　　　　　　　　B.船舶稳性提高

C.船舶稳性不变　　　　　　　　　　D.船舶稳性变化趋势不定

解析:船舶出现较大初始横倾时,船舶稳性降低。

答案:A。

10.人们不研究纵向大倾角倾斜问题的原因是_____。

A.船员对这一问题不感兴趣

B.国际上对这方面没有明确的规定

C.目前尚无研究这一问题的技术手段

D.船舶通常纵稳性很大,船舶不会因纵稳性不足而纵向倾覆

解析:由于纵稳性力矩远大于横稳性力矩,故实际营运中不可能因纵稳性不足而导致船舶倾覆。

答案:D。

11.船舶具有稳性的原因是_____。

A.船舶所受浮力的作用

B.船舶所受重力的作用

C. 船舶自身具备的惯性作用

D. 船舶所受重力和浮力产生的复原力矩作用

解析:在外力矩作用下船舶偏离初始平衡位置而倾斜,当外力矩消失后受重力和浮力产生的复原力矩作用自行回复到初始平衡状态。

答案:D。

12. 在船舶重心处装载部分货物,则_____将不变。

A. 稳心高度   B. 重心高度

C. 漂心坐标   D. 船舶排水量

解析:本题暂无解析。

答案:B。

13. 船舶倾斜前后,船舶浮力_____。

A. 大小不等,作用点不变   B. 大小不等,作用点改变

C. 大小相等,作用点不变   D. 大小相等,作用点改变

解析:本题暂无解析。

答案:D。

3.2 船舶的三种平衡状态

一、知识点梳理

1. 稳定平衡:重心 G 在稳心 M 之下,M_R 为正值。

2. 不稳定平衡:重心 G 在稳心 M 之上,M_R 为负值。

3. 中性平衡:重心 G 与稳心 M 重合,M_R 为零。

二、相关习题

1. 当船舶重心在稳心之下时,船舶处于_____状态。

A. 稳定平衡   B. 不稳定平衡

C. 随遇平衡   D. 中性平衡

解析:本题暂无解析。

答案:A。

2. 为了保证安全,船舶营运中允许处于_____。

①稳定平衡状态;②不稳定平衡状态;③随遇平衡状态

A. ①   B. ②

C. ③   D. ①③

解析:本题暂无解析。

答案:A。

3. 船舶随遇平衡的主要特征是_____。

　　A.稳心与重心重合,复原力矩为零　　　　　B.重心与漂心重合,复原力矩为零

　　C.重心与浮心重合,复原力矩为零　　　　　D.稳心与浮心重合,复原力矩为零

解析:船舶倾斜后,重心 G 与初稳心 M 重合,重力 W 和浮力 Δ 虽然作用在同一垂线上但不产生力矩,因而船舶不能恢复到初始平衡位置,所以称为随遇平衡。

答案:A。

4. 船舶稳定平衡的主要特征是_____。

　　A.稳心在浮心之上,复原力矩大于零　　　　B.重心在稳心之上,复原力矩大于零

　　C.重心在漂心之上,复原力矩大于零　　　　D.稳心在重心之上,复原力矩大于零

解析:船舶倾斜后,重心 G 在初稳心 M 之下,重力 W 和浮力 Δ 产生一恢复力矩,方向与倾斜方向相反,在此力矩作用下,船舶将会恢复到初始平衡位置,所以称为稳定平衡。

答案:D。

5. 船舶不稳定平衡的主要特征是_____。

　　A.漂心在重心之下,复原力矩小于零

　　B.稳心在重心之下,复原力矩小于零

　　C.重心在稳心之下,复原力矩大于零

　　D.浮心在稳心之下,复原力矩大于零

解析:船舶倾斜后,重心 G 在初稳心 M 之上,重力 W 和浮力 Δ 产生一倾覆力矩,方向与倾斜方向相同,在此力矩作用下船舶将继续倾斜,所以称为不稳定平衡。

答案:B。

6. 船舶处于中性平衡状态的条件是_____。

　　A. $GM>0$　　　　　　　　　　　　　　B. $GM<0$

　　C. $GM=0$　　　　　　　　　　　　　　D. $GM \geqslant 0$

解析:中性平衡或随遇平衡中,船舶倾斜后重心 G 与初稳心 M 重合, $GM=0$ 。

答案:C。

7. 当船舶处于稳定平衡状态时_____。

　　A.船舶重心在初稳心之上

　　B.船舶重心和初稳心重合

　　C.船舶重心在初稳心之下

　　D.船舶重心和初稳心相对位置不定

解析:本题暂无解析。

答案:C。

8. 以下有关船舶的平衡状态的说法正确的是_____。

　　A.当外力矩消失后重心在稳心之上,恢复力矩与倾斜方向相同,船舶处于安全状态

　　B.当外力矩消失后重心与稳心重合,船舶不继续倾斜,船舶处于安全状态

　　C.当外力矩消失后船舶能否回复到初始平衡位置,取决于复原力矩与船舶倾斜方向的关系

D. 当外力矩消失后船舶能否回复到初始平衡位置,取决于外力矩大小与船舶倾斜方向的关系

解析:本题暂无解析。

答案:C。

9. 以下平衡状态中,船舶处于安全状态的是_____。

①稳定平衡;②随遇平衡;③不稳定平衡;④静平衡;⑤动平衡

A. ①②③④⑤　　　　　　　　　　B. ①②④⑤

C. ①②④　　　　　　　　　　　　D. ①④⑤

解析:本题暂无解析。

答案:D。

3.3　初稳性

3.3.1　初稳性的衡量指标

一、知识点梳理

1. 初稳性假定条件:

(1)船舶微倾前后水线面的交线过原水线面的漂心 F。

(2)浮心移动轨迹为圆弧段,圆心为定点 M(稳心),半径为 BM(稳心半径)。

2. 初稳性公式:

复原力矩:$M_R = \Delta \cdot GZ$(9.81 kN · m)。

满足假定条件时:$M_R = \Delta \cdot GM \cdot \sin\theta$ (9.81 kN · m)。

3. 初稳性高度 GM 值是衡量船舶初稳性大小的尺度。

二、难点点拨

研究船舶初稳性的假设前提条件包括船舶等容微倾、横倾轴始终通过初始水线面的漂心、排水量一定时,横稳心的位置不变。

三、相关习题

1. 稳性力矩大小是_____。

A. 船舶倾斜前后两浮力作用点距离与排水量之积

B. 船舶倾斜前后两重力作用点距离与排水量之积

C. 船舶自身具备的惯性力矩

D. 船舶重力与浮力作用线之间垂直距离与排水量之积

解析:稳性力矩大小为 $M_R = \Delta \cdot GZ$。

答案:D。

2.船舶重力与浮力作用线之间的垂直距离称为_____。

　　A.横稳心高度　　　　　　　　　　　B.初稳性高度

　　C.静稳性力臂　　　　　　　　　　　D.重心高度

解析:船舶重心 G 至倾斜后浮力作用线的垂直距离,通常称作稳性力臂。

答案:C。

3.船舶装载后重心不在中纵剖面上,船舶必然存在_____。

　　A.横倾　　　　　　　　　　　　　　B.纵倾

　　C.横倾和纵倾　　　　　　　　　　　D.船体变形

解析:本题暂无解析。

答案:A。

4.要使船舶不发生倾覆,船舶重心必须处于_____之下。

　　A.浮心　　　　　　　　　　　　　　B.漂心

　　C.稳心　　　　　　　　　　　　　　D.水线

解析:船舶倾斜后,重心 G 在初稳心 M 之下,重力 W 和浮力 Δ 产生一恢复力矩,方向与倾斜方向相反,在此力矩作用下,船舶将会恢复到初始平衡位置。

答案:C。

5.初稳性是指_____。

　　A.船舶在未装货前的稳性

　　B.船舶在小角度倾斜时的稳性

　　C.船舶在开始倾斜时的稳性

　　D.船舶在平衡状态时的稳性

解析:初稳性指船舶微倾时所具有的稳性(小倾角稳性),微倾在实际营运中将倾斜角扩大至 $10° \sim 15°$ 且甲板边缘入水角前。

答案:B。

6.船舶小倾角横倾时,倾斜轴为_____。

　　A.过初始漂心的横轴　　　　　　　　B.过初始漂心的纵轴

　　C.过初始浮心　　　　　　　　　　　D.过初始稳心

解析:船舶小倾角横倾时倾斜轴过初始水线面漂心。

答案:B。

7.在研究初稳性时,船舶受外力作用发生小角度倾斜,则_____。

　　A.船舶的横稳心发生变化　　　　　　B.船舶的纵稳心发生变化

　　C.船舶的重心发生变化　　　　　　　D.船舶的浮心发生变化

解析:本题暂无解析。

答案:D。

8.下列关于大倾角稳性和初稳性的关系,描述正确的是_____。

A. 初稳性好坏可用复原力臂衡量,大倾角稳性不可以

B. 初稳性好坏可用复原力矩衡量,大倾角稳性不可以

C. 初稳性好坏可用初稳性高度衡量,大倾角稳性不可以

D. 初稳性和大倾角稳性的好坏均可用初稳性高度衡量

解析:船舶大倾角稳性不能用 GM 作为标志来衡量。由于稳心 M 不为定点,在不同倾角下稳心 M 具有不同位置,因而不能以 GM 来衡量大倾角静稳性的大小。

答案:C。

9. 衡量船舶初稳性大小的指标是_____。

A. 复原力矩所做的功　　　　　　　　B. 静稳性力臂 GZ

C. 初稳性高度 GM　　　　　　　　　D. 形状稳性力臂 KN

解析:GM 可以作为衡量船舶初稳性大小的标志。

答案:C。

10. 研究船舶初稳性的假设前提有_____。

①船舶等容微倾;②横倾轴始终通过初始水线面的漂心;③在排水量不变时,横稳心的位置不变

A. ①　　　　　　　　　　　　　　　B. ②

C. ③　　　　　　　　　　　　　　　D. ①②③

解析:本题暂无解析。

答案:D。

3.3.2　初稳性高度 GM 计算

3.3.2.1　横稳心距基线高度 KM 求取

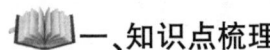一、知识点梳理

1. 初稳性高度 GM 计算

$$GM = KM - KG$$

式中:KM——横稳心距基线高度(m),$KM = f(d_m)$。

　　　KG——船舶重心距基线高度(m)。

2. KM 的计算

$$KM = KB + BM$$

式中:KB——浮心距基线高度(m),简称浮心高度。

　　　BM——横稳心半径(m)。

$$BM = \frac{I_x}{\nabla}(m)$$

式中:I_x——水线面面积对横倾轴的惯性矩(m⁴)。

▽——船舶的型排水体积(m^3)。

其中，$I_x = K \cdot L_{BP} \cdot B^3 (m^4)$。

二、难点点拨

1. 船舶在排水量较小时，横稳心距基线高度 KM 随排水量的增大而减小。

2. 船舶横稳心距基线高度 KM 最大值通常发生在排水量较大时。

三、相关习题

1. 船舶装卸少量货物后重心高度增大，假定横稳心距基线高度不变，则_____。

　A. 船舶初稳性减小

　B. 船舶初稳性增大

　C. 船舶初稳性不变

　D. 船舶初稳性变化趋势不定

　解析：初稳性高度可表示为 $GM = KM - KG$。

　答案：A。

2. 船舶初稳性高度值的大小与_____无关。

　A. 船舶总吨　　　　　　　　　　B. 船舶重心高度

　C. 船舶排水量　　　　　　　　　D. 横稳心距基线高度

　解析：船舶总吨与船舶初稳性高度值的大小无关。

　答案：A。

3. 当吃水不变时，_____随船舶重心高度增大而减小。

　A. 初稳性　　　　　　　　　　　B. 破舱稳性

　C. 浮性　　　　　　　　　　　　D. 浮心高度

　解析：本题暂无解析。

　答案：A。

4. 有关船舶初稳性的特征，以下说法正确的是_____。

　①排水量一定时，横稳心点 M 可视作固定不变；②在等容微倾过程中，船舶横倾轴通过初始漂心 F；③浮心移动轨迹是圆弧的一段，其圆心为 M，半径为 BM

　A. ①　　　　　　　　　　　　　B. ②

　C. ③　　　　　　　　　　　　　D. ①②③

　解析：本题暂无解析。

　答案：D。

5. 在船舶稳性力矩表达式 $M_R = 9.81 \cdot \Delta \cdot GZ$ 中，在小倾角条件下，以下叙述正确的是_____。

　A. GZ 的大小与横倾角 θ 成正比

　B. GZ 的大小与横倾角 θ 成反比

C. GZ 的大小与横倾角 θ 的正弦成正比

D. GZ 的大小与横倾角 θ 的余弦成正比

解析:在小倾角条件下,GZ 可以用 $GM\sin\theta$ 表示其大小。

答案:C。

6. 若船舶排水量一定,则初稳性高度 GM 的大小取决于_____。

A. 船舶浮心高度

B. 船舶横稳心距基线高度

C. 船舶载荷在垂向上的具体分布

D. 船舶吃水

解析:初稳性高度 $GM = KM - KG$,若船舶排水量一定,GM 的大小取决于船舶载荷在垂向上的具体分布。

答案:C。

7. GM 值作为船舶初稳性衡量指标,其根据是_____。

A. 船舶重心点不变,则 GM 值为一定值

B. 船舶小角度横倾前后,浮力作用线的交点为一定点

C. 船舶横倾前后,KM 值为一定值

D. 船舶小角度横倾前后,浮心为一定点

解析:船舶漂浮于水面上,在某一性质的外力矩作用下船舶发生微倾,倾斜前后浮力的作用线交于点 M;排水量一定时,可假定 M 点为一定点,称为横稳心或初稳心。

答案:B。

8. 船舶初稳性高度是指_____。

A. 漂心点到稳心点的距离　　　　　　B. 重心点到稳心点的距离

C. 浮心点到重心点的距离　　　　　　D. 稳心点到浮心点的距离

解析:GM 是指船舶重心与稳心间的垂直距离,称为初稳性高度。

答案:B。

9. 下列可作为初稳性衡量标志的是_____。

A. 船舶横倾角　　　　　　　　　　　B. 船舶重心与稳心间的垂直距离

C. 船舶的横摇周期　　　　　　　　　D. 船舶形状稳性力臂

解析:本题暂无解析。

答案:B。

10. 在研究船舶初稳性时的假设条件中,以下说法正确的是_____。

A. 船舶受外力矩横倾,稳心点移动轨迹是一条渐近线

B. 船舶受外力矩横倾,浮心点移动轨迹是一段圆弧

C. 船舶受外力矩横倾,漂心点移动轨迹是一段圆弧

D. 船舶受外力矩横倾,重心点移动轨迹是一条渐进线

解析:在微倾条件下船舶浮心移动的轨迹是以 M 为圆心、r 为半径的一段圆弧。

答案:B。

11. 如果客船的重心位置偏低,那么船舶的_____。

①稳性大;②稳性差;③舒适性好;④舒适性差;⑤方向性差

A. ①④

B. ②③⑤

C. ①④⑤

D. ②④⑤

解析:船舶的重心位置偏低,稳性过大时,船舶摇摆剧烈,船员工作生活不适,船用仪器使用不便,船舶结构受力过大,货物因剧烈摇摆而易于移动或翻倒,从而使船舶出现较大初始横倾,船舶稳性降低。

答案:A。

12. 对普通干散货船而言,其排水量在半载以下时,横稳心距基线高度 KM _____。

A. 固定不变

B. 随排水量的增大而增大

C. 随排水量的增大而减小

D. 与排水量的关系不能确定

解析:本题暂无解析。

答案:C。

13. 船舶小角度横倾时,稳心点_____。

A. 固定不动

B. 移动幅度很小而可以忽略

C. 移动幅度很大

D. 是否会发生移动不明确

解析:排水量一定时,可假定横稳心为一定点。

答案:B。

14. 船舶做小角度横向摇摆时,浮心的运动轨迹是_____。

A. 圆弧线

B. 直线

C. 不规则

D. 波浪线

解析:浮心移动轨迹是圆弧段,圆心为定点稳心 M,半径为稳心半径 BM。

答案:A。

15. 对一般箱形船而言,稳心半径随吃水的增加而逐渐_____。

A. 减小

B. 增大

C. 无关

D. 不确定

解析:船舶稳心半径 BM 的计算公式是: $BM = \dfrac{I_\mathrm{T}}{\nabla} = f(d_\mathrm{m})$, I_T 为水线面面积横向惯性矩(m^4)。

答案:A。

16. 在初稳性高度计算公式 $GM = KM - KG$ 中, KM 表示_____。

A. 稳心半径

B. 横稳心距船中距离

C. 横稳心距基线高度

D. 纵稳心距基线高度

解析:本题暂无解析。

答案:C。

17. 船舶的横稳心距基线高度 KM 可由_____公式确定。

A. $KM = KB - BM$

B. $KM = KB + BM$

C. $KM = GM - KG$

D. $KM = GM + KB$

解析:本题暂无解析。

答案:B。

18. 箱形驳船的横稳心半径随船舶吃水的增加而_____。

    A. 增大   B. 减小

    C. 不变   D. 变化趋势视水密度而定

    解析:本题暂无解析。

    答案:B。

19. 对一般船舶而言,排水量较大时初稳心半径随吃水的增加而逐渐_____。

    A. 减小   B. 增大

    C. 无关   D. 不确定

    解析:本题暂无解析。

    答案:A。

20. 在研究初稳性时,船舶 KM 随船舶吃水的增大而_____。

    A. 增大   B. 减小

    C. 不变   D. 变化趋势不定

    解析:随船舶吃水的增大,KM 值先减小后增大。

    答案:D。

21. 在估算各类货物的重心高度时,对于船首尾部的货舱,货物的重心可取为货堆高度的_____。

    A. 40%   B. 50%

    C. 54%~58%   D. 75%~80%

    解析:本题暂无解析。

    答案:C。

22. 在实际航运中,某船某两个航次 No.1 货舱分别装满货物 A、B,积载因数分别为 SF_A、SF_B,该舱的重心高度分别为 Z_A、Z_B,则_____。

    A. $Z_A < Z_B$ B. $Z_A > Z_B$

    C. $Z_A = Z_B$ D. 关系无法确定

    解析:两航次满舱装载,重心高度 $Z_A = Z_B$。

    答案:C。

23. 在_____少量装载货物会使船舶重心高度减小。

    A. 船舶重心处   B. 船舶重心之上

    C. 船舶重心之下   D. 船舶浮心之上

    解析:本题暂无解析。

    答案:C。

24. 船舶配载后,计算表明船舶重心与浮心的纵向坐标相同,则船舶的 GM 值_____。

    A. 为正   B. 为负

    C. 为零   D. 无法确定

解析:本题暂无解析。

答案:D。

25. 一般地,货物尽量装满整个货舱时,按货物实际重心求得的 GM 比按舱容中心求得的 GM _____。

A. 大   B. 小

C. 相等   D. 不能确定

解析:货物重心位置取在货舱的舱容中心处,确定的货物重心高度要大于其实际重心高度,计算结果偏于安全。

答案:A。

26. 一般地,货物尽量装满整个货舱时,货物实际重心距基线高度比舱容中心距基线高度 _____。

A. 大   B. 小

C. 相等   D. 不能确定

解析:本题暂无解析。

答案:B。

3.3.2.2 船舶重心距基线高度 KG 求取

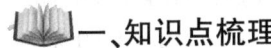 一、知识点梳理

1. KG 计算

$$KG = \frac{\sum P_i \cdot Z_i}{\Delta}$$

式中:P_i——组成船舶总重的第 i 项载荷重量。

Z_i——P_i 载荷的重心距基线的高度(m)。

2. 估算法确定 Z_i

$$Z_i = \varepsilon h_{ci} + h_b$$

式中:ε——船中部货舱,取 0.5;艏艉部货舱,取 0.54~0.58。

h_b——双层底高。

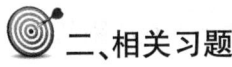 二、相关习题

1. 以下所述初稳性高度一定为正值的是_____。

A. 船舶重心距基线高度比浮心距基线高度大

B. 船舶重心距基线高度比浮心距基线高度低

C. 船舶重心距基线高度比漂心距基线高度大

D. 船舶重心距基线高度比漂心距基线高度低

解析:初稳性高度 $GM=KB+BM-KG$,KG 小于 KB,GM 大于零。

答案:B。

2. 某船有一票重为 300 t 的货物由 No.3 底舱移至 No.2 二层舱(纵向移动距离为 20 m,垂向移动距离 $Z=10$ m),船舶排水量 15 000 t,则此票货物移动对船舶初稳性高度值的影响为_____ m。

    A. +0.20   B. -0.20

    C. +0.40   D. -0.40

解析:载荷垂移引起的初稳性高度改变量 δGM 在数值上等于船舶重心的垂移量 GG_1,即

$$\delta GM = \mp \frac{pZ}{\Delta}。$$

答案:B。

3. 某船排水量为 15 000 t,垂向总力矩 $M_z = 910\ 006.0$ kN·m,船舶稳心距基线高度 $KM=7.68$ m,则其初稳性高度为_____ m。

    A.1.0   B.1.2

    C.1.5   D.1.76

解析:KG 可按 $KG = \dfrac{\sum P_i Z_i}{\Delta}$ 求得,$GM = KM - KG$。

答案:C。

4. 某船装载后的排水量为 17 500 t,经计算,纵向重量力矩船中前为 $9.81 \times 158\ 200$ kN·m,船中后为 $9.81 \times 174\ 000$ kN·m,装载后全船垂向总力矩为 $9.81 \times 145\ 255$ kN·m,$KM=9.80$ m,装货后船舶的合重心高度值为_____ m。

    A.1.50   B.8.30

    C. -0.90   D.8.90

解析:本题暂无解析。

答案:B。

5. 某船 No.3 底舱的舱容为 2 800 m³,舱高为 8.4 m,舱底距基线的高度为 1.8 m,舱内装载五金,堆高 2 m 且表面水平,则根据估算法,五金的重心距基线的高度为_____ m。

    A.2   B.1

    C.3.8   D.2.8

解析:本题暂无解析。

答案:D。

6. 船舶初始排水量为 Δ,重心距基线高为 KG,现装一票重为 P 的货物,其在船上的重心距基线高 KP,则装货后船舶重心距基线高为_____。

    A. $(\Delta \cdot KG + P \cdot KP)/(\Delta + P)$ B. $(\Delta \cdot KG + P \cdot KP)/\Delta$

    C. $KG + P \cdot KP/\Delta$ D. $KG + KP$

解析:本题暂无解析。

答案:A。

7. 船舶空船重量为 5 000 t,其垂向力矩为 52 000 t·m,其他载荷重量为 12 000 t,重心距基线高

为 6 m,则船舶重心距基线高为_____。

A. 7. 29 m
B. 7. 35 m
C. 7. 39 m
D. 7. 45 m

解析:本题暂无解析。

答案:A。

8. 船舶排水量为 16 000 t,该船船中前的垂向力矩总和为 60 800 t·m,船中后的垂向力矩总和为 28 800 t·m,则该船的重心距基线高为_____。

A. 5. 6 m
B. 3. 8 m
C. 2. 0 m
D. 1. 8 m

解析:本题暂无解析。

答案:A。

3.3.3　影响初稳性的因素及相关计算

3.3.3.1　自由液面对初稳性高度 GM 的影响及修正计算

1. 船舶存在自由液面会使_____。

A. 复原力矩减小
B. 复原力矩增大
C. 稳性高度增大
D. 最小倾覆力矩增大

解析:自由液面随船舶倾斜流向一舷将对船舶产生倾侧力矩,使船舶稳性降低。

答案:A。

2. 自由液面对 GM 的影响值与_____成正相关。

①自由液面对其中心轴的面积惯性矩;②液舱内液体密度;③自由液面尺度

A. ①
B. ②
C. ③
D. ①②③

解析:液体舱内自由液面对船舶初稳性高度的影响值可按 $\delta GM_f = \dfrac{\rho i_x}{\Delta}$ 计算。

答案:D。

3. 某船在航行中有压载舱、燃油舱及淡水舱各一个,均存在自由液面,则整个航次_____。

A. 自由液面对稳性的影响不变

B. 自由液面对稳性的影响无法判断

C. 自由液面对稳性的影响随排水量的变化而改变

D. 自由液面对稳性的影响随液体密度的变化而改变

解析:自由液面对稳性的影响和船舶排水量有关, $\delta GM_f = \dfrac{\rho i_x}{\Delta}$ 。

答案:C。

4. 某船有两个液舱,形状大小完全相同,甲舱位于左舷,乙舱位于右舷。当两舱装载相同数量的同种液体,从自由液面对船舶稳性的影响考虑_____。

A. 甲大于乙   B. 甲小于乙

C. 甲乙相同   D. 不能确定

解析:本题暂无解析。

答案:C。

5. 排水量一定的前提下,同一液舱内的自由液面越大,对船舶稳性的影响将_____。

A. 越大   B. 越小

C. 不变   D. 变化趋势不定

解析:本题暂无解析。

答案:A。

6. 自由液面对船舶稳性的影响,相当于船舶的_____提高。

A. 重心   B. 稳性

C. 复原力臂   D. 初稳性高度

解析:将自由液面对初稳性高度的减小值视为船舶重心高度的增大,从而使静稳性力矩和静稳性力臂相应减小。

答案:A。

7. 船上存在自由液面将使船舶_____。

A. 稳性降低   B. 初稳性高度提高

C. 重心高度减小   D. 复原力臂增大

解析:本题暂无解析。

答案:A。

8. 自由液面对 GM 的影响值计算公式为 $\delta GM_f = \dfrac{\rho i_x}{\Delta}$,式中的 i_x 表示_____。

A. 某自由液面的面积对船舶的惯性矩

B. 某水线面的面积对其横倾轴的惯性矩

C. 某自由液面的面积对其横倾轴的惯性矩

D. 某自由液面的面积对船舶水线面的惯性矩

解析:本题暂无解析。

答案:C。

9. 为了减小自由液面的影响,可以通过在液舱内_____的办法来减小其面积惯性矩值。

A. 增加液体   B. 减少液体

C. 设置若干水密纵舱壁   D. 设置若干水密横舱壁

解析:对于矩形液舱,若等间距加 n 道纵隔壁,则自由液面对 GM 的影响值减小到原来的 $\dfrac{1}{(n+1)^2}$。

答案:C。

10. 液舱内因存在自由液面而使船舶_____的影响称为自由液面影响。

A. 横摇加剧   B. 复原力臂增大

C. 稳性降低   D. 重心高度降低

解析:本题暂无解析。

答案:C。

11. 计算船舶稳性时,应进行_____修正,其影响是使 GM 值_____。

A. 自由液面;增加   B. 自由液面;减小

C. 漂心;增加   D. 漂心;减小

解析:自由液面使船舶 GM 值减小。

答案:B。

12. 自由液面对 GM 的影响值与_____无关。

A. 液体密度   B. 液舱位置

C. 自由液面尺度   D. 自由液面形状

解析:本题暂无解析。

答案:B。

13. 为了减小自由液面对稳性的影响,以下做法恰当的是_____。

A. 应将油水集中配置并左右均衡使用

B. 将大舱柜的油水驳到小舱柜后再使用

C. 使用油水时,应先用一侧舱柜,再用另一侧舱柜

D. 设置水密横舱壁

解析:对于普通货船的油水舱,应逐舱装载和左、右舷舱对称使用,这样可保持在航行中船舶未满液柜数最少。

答案:A。

14. 加压载水可使船舶的 GM 值_____。

A. 增加   B. 减小

C. 不变   D. 变化趋势不定

解析:加压载水对船舶 GM 值的影响因具体舱室及压载情况而不同。

答案:D。

15. 两液舱的自由液面惯性矩相同,则它们对船舶稳性的影响_____。

A. 不同

B. 相同

C. 自由液面对稳性的影响与惯性矩无关

D. 可能相同也可能不同

解析:自由液面对稳性的影响除与自由液面惯性矩相关外,还与舱柜内液体密度有关。

答案:D。

16. 矩形液体舱内中间设置一道纵舱壁可以减小自由液面对 GM 影响值的_____。

A. 1/4   B. 3/4

C. 1/9   D. 8/9

解析:对于矩形液舱,若等间距加 n 道纵隔壁,则自由液面对 GM 的影响值减小到原来的

$$\frac{1}{(n+1)^2}°$$

答案:B。

17. 等间距设置一道纵向水密隔壁的矩形液体舱,自由液面对稳性的影响值降至_____。

A. 1/4

B. 1/9

C. 1/16

D. 3/4

解析:本题暂无解析。

答案:A。

18. 对于矩形液面,自由液面对GM的影响值与_____呈正相关。

①排水量;②液舱内液体密度;③液面宽度的 3 次方

A. ①

B. ②

C. ③

D. ②③

解析:矩形自由液面对 GM 值的影响 $\delta GM_{\mathrm{f}} = \dfrac{\rho i_x}{\Delta}$,$i_x = \dfrac{1}{12}lb^3$。

答案:D。

19. 船舶压载后舱内存在自由液面,则压载后的稳性将_____。

A. 增大

B. 减小

C. 不变

D. 变化趋势不定

解析:压载对船舶稳性的影响根据压载具体情况而定。

答案:D。

20. 矩形液舱内加一道水密横舱壁,其自由液面修正值是原来修正值的_____。

A. 1 倍

B. 1/4

C. 1/9

D. 1/16

解析:本题暂无解析。

答案:A。

21. 矩形液舱内等间距加两道水密纵舱壁,自由液面修正值降低_____。

A. 1/4

B. 3/4

C. 1/9

D. 8/9

解析:本题暂无解析。

答案:D。

22. 船舶航行过程中,随着双层底内的油水消耗,船舶的重心会_____。

A. 升高

B. 下降

C. 不变

D. 变化趋势不定

解析:本题暂无解析。

答案:A。

23. 油船在大风浪中航行,如果存在自由液面,则自由液面会使船舶 GM 值_____。

A. 增大

B. 减小

C. 不变   D. 变化趋势不定

解析:本题暂无解析。

答案:B。

24. 已知船舶装载后 $\Delta = 6\,631$ t,有一液舱未满,其自由液面倾侧力矩和液体密度分别为:796×9.81 kN·m 和 0.92 g/cm³,则自由液面对 GM 的影响值为_____m。

A. 0. 11   B. 0. 12

C. 0. 23   D. 0. 16

解析:自由液面对 GM 的影响值为 $\delta GM_f = \dfrac{\rho i_x}{\Delta}$。

答案:B。

25. 某矩形压载舱存在自由液面($\rho = 1.021$ g/cm³),其液面纵向长度、横向长度分别为 11.5 m 和 9.6 m,若排水量为 $6\,824$ t,则自由液面修正量 $\delta GM_f = $_____m。

A. 0. 13   B. 0. 09

C. 0. 16   D. 0. 07

解析:矩形自由液面的惯性矩 $i_x = \dfrac{1}{12}lb^3$。

答案:A。

26. 某船一矩形液面的液舱存有自由液面,该舱长为 25 m、宽为 15 m,舱内液体的密度为 0.78 g/cm³,船舶排水量为 $26\,439$ t,则该液舱的自由液面对稳性的减小值为_____m。

A. 0. 21   B. 0. 25

C. 0. 27   D. 0. 23

解析:本题暂无解析。

答案:A。

27. 某船排水量 $\Delta = 4\,653$ t,有一矩形液面液舱未满,该舱长 14 m,宽 7.8 m,液体密度为 0.97 g/cm³,则该液舱液面对稳性减小_____m。

A. 0. 05   B. 0. 07

C. 0. 09   D. 0. 12

解析:本题暂无解析。

答案:D。

28. 某船排水量为 $6\,184$ t,有边长为 9.4 m 的正方形液舱存有自由液面,舱内液体的密度为 0.92 g/cm³,则该液舱的液面对稳性的减小值为_____m。

A. 0. 12   B. 0. 10

C. 0. 15   D. 0. 06

解析:本题暂无解析。

答案:B。

29. 某船 $\Delta = 6\,237$ t,船内一长 12.4 m、宽 7.8 m 的矩形油舱存在自由液面,舱内 $\rho = 0.87$ g/cm³,则该液舱使船舶 GM 降低_____m。

A. 0.07   B. 0.04

C. 0.06   D. 0.08

解析:本题暂无解析。

答案:A。

3.3.3.2　船内载荷移动对初稳性高度 GM 的影响

📖 一、知识点梳理

1. 船内重物水平横移将使船舶产生横倾角。

2. 船内重物垂向移动,船舶重心将发生变化,重物上移,重心上移,GM 减小;重物下移,重心下移,GM 增大。

3. 垂向移动距离 Z 为:

$$Z = |Z_2 - Z_1|$$

4. 初稳性高度 GM 改变量 δGM:$\delta GM = \mp \dfrac{PZ}{\Delta}$。

5. 重物移动后的初稳性高度 G_1M 可表示为:

$$G_1M = GM \pm \delta GM$$

🎯 二、相关习题

1. 装谷物船在风浪中航行导致谷物在舱内移动,船舶重心会_____。

A. 大幅升高   B. 大幅降低

C. 既水平移动又略有升高   D. 不变

解析:本题暂无解析。

答案:C。

2. 某船将某舱重 100 t 的货物由二层舱 $z=12$ m 移至底舱 $z=6$ m,船舶排水量 $\Delta=15\,000$ t,由此货物移动对船舶重心高度值的影响为_____。

A. 减小 0.04 m   B. 增加 0.04 m

C. 减小 0.02 m   D. 增加 0.02 m

解析:载荷垂移引起的初稳性高度改变量在数值上等于船舶重心的垂移量,即 $\delta GM = \mp \dfrac{PZ}{\Delta}$。

答案:A。

3.3.3.3　悬挂物及载荷变动对初稳性高度的影响

一、知识点梳理

1. 悬挂物对稳性的影响相当于将货物重心上移到悬挂点处。
2. 若船舶初始排水量为 Δ，重量增减量为 P，则一般认为当 $P \leqslant 10\%\Delta$ 时为重量的少量增减。
3. 在少量装卸货后，船舶初稳性高度值的改变量与装卸的货物重心高度、装卸货物前船舶的排水量、装卸货物前船舶的重心高度有关。

二、难点点拨

如果悬挂点不变，悬挂重物重量不变，悬挂长度变化，则对船舶稳性无影响。

三、相关习题

1. 用船上克令吊将甲板重大件货物移至二层舱舱口，则移动过程中，KM _____，GM _____，船舶重心_____。

A. 变大；减小；下移　　　　　　　B. 不变；增大；上移

C. 不变；减小；上移　　　　　　　D. 变小；增大；上移

解析：用船上克令吊移货过程中船舶排水量不变，KM 不变，重心上移，GM 减小。

答案：C。

2. 当装载悬挂货物时，若悬挂长度越长，则对稳性的影响_____。

A. 越大　　　　　　　　　　　　　B. 越小

C. 不变　　　　　　　　　　　　　D. 不定

解析：悬挂长度大小对船舶稳性无影响。

答案：C。

3. 卸载悬挂货物对稳性的影响相当于_____。

A. 将悬挂货物移到悬挂点处

B. 将悬挂货物由悬挂点处卸出

C. 将悬挂货物移到船舶重心处

D. 将悬挂货物移到船舶浮心处

解析：悬挂货物对初稳性的影响相当于把货物重心垂直上移到悬挂点，从而使船舶重心点上移，致使初稳性高度减小。

答案：B。

4. 悬挂物对稳性的影响相当于将货物重心_____。

A. 下移到龙骨处　　　　　　　　　B. 上移到上甲板

C. 上移到悬挂点处　　　　　　　　　D. 移到悬索长度 1/2 处

解析:本题暂无解析。

答案:C。

3.3.3.3　悬挂物及少量载荷变动对初稳性高度的影响计算

一、知识点梳理

1. 悬挂载荷对 GM 的影响。

设悬挂物重 $P(\mathrm{t})$,其初始重心至悬挂点的垂直距离 l,船舶的横倾角 θ,则:

$$M_\mathrm{R} = \Delta \cdot GM_0 \cdot \sin\theta - l \cdot P \cdot \sin\theta$$

$$= \Delta \cdot \left(GM_0 - \frac{l \cdot P}{\Delta}\right) \cdot \sin\theta$$

即悬挂载荷对 GM 影响值为:

$$\delta GM = -\frac{l \cdot P}{\Delta}$$

2. 少量载荷($\sum P_i \leqslant 10\%\Delta$) 变动后 GM 计算。

若设 $\sum P_i$ 变动前后 $KM = 0$,则:

$$GM_2 = GM_1 + \frac{\sum P_i \cdot (KG_1 - Z_{Pi})}{\Delta + \sum P_i}$$

式中:GM_1、GM_2——载荷变动前、后船舶的初稳性高度(m)。

二、难点点拨

1. 装载悬挂货物对稳性的影响相当于将悬挂货物装于悬挂点处。

2. 卸载悬挂货物对稳性的影响相当于将悬挂货物由悬挂点处卸出。

三、相关习题

1. 某船排水量 25 870.0 t 装载状态下,重心距基线高度 12.5 m,航行中需要考虑结冰影响,结冰重量 270.8 t,重心距基线高度 20.7 m,则该船考虑结冰影响后对 GM 的影响值是_____ m。

A. 0.08　　　　　　　　　　　　　　B. -0.18

C. -0.08　　　　　　　　　　　　　　D. 0.18

解析:结冰后对 GM 的影响为 $\delta GM = \dfrac{P \cdot (KG - KP)}{\Delta + p}$。

答案:C。

3.4　大倾角稳性

3.4.1　大倾角稳性衡量指标

一、知识点梳理

1. 大倾角稳性和初稳性的区别：

(1)横倾角的范围不同。

(2)船舶在大倾角横倾时,横稳心点 M 不再是定点。M 点变为浮心 B 的渐近线,随横倾角的变化而变化。

(3)船舶大倾角横倾时倾斜轴不再过初始水线面漂心 F。

(4)大倾角稳性不能用 GM 做衡量标志。

2. 船舶静稳性力臂 GZ 可作为大倾角稳性衡量标志。

3. 大倾角稳性的表示方法: $M_R = \Delta \cdot GZ (9.81\ \text{kN} \cdot \text{m})$。

二、相关习题

1. 船舶大倾角倾斜时,_____不变。

　A. 浮心位置　　　　　　　　　　　　B. 漂心位置

　C. 排水体积　　　　　　　　　　　　D. 横稳心位置

　解析:船舶大倾角倾斜时,浮心位置、漂心位置及横稳心位置均改变。

　答案:C。

2. 船舶大倾角稳性可用_____来表示。

　A. 横摇周期　　　　　　　　　　　　B. 初稳性高度

　C. 动稳性力矩　　　　　　　　　　　D. 静稳性力臂

　解析:船舶在排水量一定的条件下,稳性力矩大小取决于静稳性力臂 GZ,并与 GZ 成正比,因此,静稳性力臂 GZ 可以作为衡量大倾角静稳性的基本标志。

　答案:D。

3. 船舶大角度横倾时,其复原力矩的表达式为_____。

　A. $M_R = \Delta \cdot GZ$　　　　　　　　B. $M_R = \Delta \cdot GZ\sin\theta$

　C. $M_R = \Delta \cdot GM\sin\theta$　　　　　D. $M_R = \Delta \cdot GM\cos\theta$

　解析:本题暂无解析。

　答案:A。

4. 船舶在大角度横倾时,稳心位置_____。

　A. 保持不变　　　　　　　　　　　　B. 做直线运动

C. 做圆弧运动   D. 做曲线运动

解析:船舶在大倾角横倾时相邻两浮力作用线交点不再为定点。

答案:D。

5. 大倾角稳性不能用 GM 值来表示其大小,主要原因是_____。

①在同一排水量时,横稳心点 M 不再是定点;②船舶水下部分形状发生明显变化;③船舶倾斜前后水线面惯性矩数值发生变化,因而稳心半径发生变化

A. ①②   B. ②③

C. ①③   D. ①②③

解析:本题暂无解析。

答案:D。

6. 船舶大倾角倾斜时,_____不变。

A. 浮心位置   B. 漂心位置

C. 排水量   D. 横稳心位置

解析:本题暂无解析。

答案:C。

7. 船舶大倾角稳性和初稳性相比较,其主要特征是_____。

①大倾角稳性可用 GZ 表示;②船舶横倾前后漂心位置保持不变;③排水量一定时稳心点变化大,不能用 GM 作为标志

A. ①②   B. ②③

C. ①③   D. ①②③

解析:对于船舶大倾角稳性,船舶横倾前后漂心位置改变。

答案:C。

8. 船舶大倾角静稳性的大小可用_____来表示。

A. 横摇周期   B. 初稳性高度

C. 静稳性力臂   D. 动稳性力臂

解析:本题暂无解析。

答案:C。

9. 有关静稳性力臂 GZ 的说法,正确的是_____。

A. GZ 是指倾斜前后浮心间的距离

B. GZ 是指船舶重心到船舶漂心的距离

C. GZ 是指倾斜前船舶重心到船舶浮心的距离

D. GZ 是指船舶重心至倾斜后浮力作用线间的垂直距离

解析:本题暂无解析。

答案:D。

3.4.2　静稳性曲线

📖 一、知识点梳理

1. 静稳性曲线:静稳性力矩 M_R 或静稳性力臂 GZ 与船舶横倾角 θ 的关系曲线图。

(1) $M_R \sim \theta$ 的关系曲线图称为静稳性力矩曲线。

(2) $GZ \sim \theta$ 的关系曲线图称为静稳性力臂曲线。

2. 静稳性曲线的绘制:

(1)根据公式分别计算出船舶不同横倾角 θ 时的 GZ(或 M_R)。

(2)在以 GZ(或 M_R)为纵坐标、θ 为横坐标的坐标系中标出相应点 (θ_i, GZ_i) 或 (θ_i, M_{Ri})。

(3)将各点连成一光滑曲线即为船舶的静稳性曲线。

3. 静稳性曲线的特征值。

(1)曲线在原点处的斜率 GM。

(2)横倾 30° 处的复原力臂 $GZ|_{\theta=30}$。

(3)最大复原力臂对应的横倾角 θ_{smax}(极限静倾角)。

曲线最高点所对应的横坐标值。

(4)稳性消失角 θ_v。

其为在 $\theta > \theta_{smax}$ 且 $M_R = 0$ 所对应的横倾角。

(5)曲线上反曲点对应角 θ_{im}。

其通常为甲板浸水角。

(6)静稳性曲线下面积 $A_{\theta_2-\theta_1}$。

其表示复原力矩 M_R 所做的功 A_R(倾斜后船舶所具有的位能)。

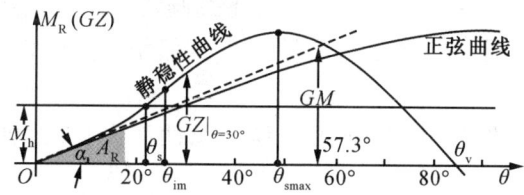

🎯 二、相关习题

1. 在船舶静稳性曲线图上,外力矩和复原力矩相等时对应的横倾角是_____。

　A. 静倾角　　　　　　　　　　　　B. 动倾角

　C. 极限动倾角　　　　　　　　　　D. 极限静倾角

　解析:外力矩和复原力矩相等时,所对应的横倾角即为静平衡角或称静倾角 θ_s。

　答案:A。

2. 静稳性力臂与横倾角的关系曲线称为_____。

A. 静稳性力矩曲线   B. 静稳性力臂曲线

C. 重量稳性力臂曲线   D. 形状稳性力臂曲线

解析:为完整反映静稳性力矩或静稳性力臂 GZ 随横倾角的变化规律,将或 GZ 与关系绘制成一条曲线,该曲线称为静稳性曲线。

答案:B。

3. 静稳性力矩与横倾角的关系曲线称为_____。

A. 静稳性力矩曲线   B. 静稳性力臂曲线

C. 重量稳性力臂曲线   D. 形状稳性力臂曲线

解析:本题暂无解析。

答案:A。

4. 在静稳性曲线图上可以求得_____。

①极限静倾角;②最小倾覆力矩;③船舶的甲板浸水角

A. ①   B. ②

C. ③   D. ①②③

解析:本题暂无解析。

答案:D。

5. 船舶处于静止正浮,当静横倾力矩大于船舶最大静稳性力矩时,_____。

A. 船舶不至于倾覆   B. 船舶一定倾覆

C. 船舶是否倾覆不能确定   D. 船舶会发生横摇

解析:当静态外力矩 $M_h > M_{Rm}$ 时,船舶将不能保持静平衡,而使船体继续倾斜直至倾覆。

答案:B。

6. 当船舶横倾角略大于稳性消失角时,如果此时外力矩消失,船舶将_____。

A. 回摇   B. 左右摆动

C. 静止不动   D. 继续倾斜

解析:船舶横倾角超过 θ_v 时,M_R(或 GZ)出现负值,即船舶产生倾覆力矩。

答案:D。

7. 当船舶受静外力矩作用发生倾斜,横倾角等于稳性消失角时,如果外力矩消失,船舶将_____。

A. 回摇   B. 左右摆动

C. 静止不动   D. 继续倾斜

解析:当横倾角等于稳性消失角时,稳性消失。

答案:C。

8. 当船舶受静外力矩作用发生倾斜,横倾角小于稳性消失角时,如果外力矩消失,船舶将_____。

A. 回摇   B. 左右摆动

C. 静止不动   D. 继续倾斜

解析:本题暂无解析。

答案:A。

9.在静稳性曲线图上,当船舶横倾角大于极限静倾角时,GZ 曲线与横轴的交点对应的横倾角为_____。

A.静倾角 　　　　　　　　　B.极限静倾角

C.稳性消失角 　　　　　　　D.甲板浸水角

解析:静稳性曲线过极值点后呈下降趋势,当横倾角达到某一角度时,M_R 或 GZ 等于零,此时稳性消失,表现在静稳性曲线图上则为曲线第二次与横坐标轴的交点即为稳性消失点,对应的横倾角称为稳性消失角 θ_v。

答案:C。

10.静稳性曲线图上,曲线斜率为零的点所对应的船舶横倾角为_____。

A.稳性消失角 　　　　　　　B.甲板浸水角

C.极限静倾角 　　　　　　　D.船舶进水角

解析:本题暂无解析。

答案:C。

11.船舶静稳性力臂曲线在_____处切线的斜率为初稳性高度。

A.原点 　　　　　　　　　　B.稳性消失角

C.进水角 　　　　　　　　　D.最大稳性力臂对应角

解析:静稳性曲线在原点处的斜率等于初稳性高度。

答案:A。

12.最大静稳性力臂可以方便地在_____中求得。

A.动稳性曲线图 　　　　　　B.静稳性曲线图

C.静水力曲线图 　　　　　　D.稳性交叉曲线图

解析:本题暂无解析。

答案:B。

13.静稳性曲线图是表示静稳性力臂(矩)与船舶_____关系的一条曲线。

A.载重量 　　　　　　　　　B.横倾角

C.排水量 　　　　　　　　　D.平均吃水

解析:本题暂无解析。

答案:B。

14.在静稳性曲线图上最高点所对应的纵坐标是_____。

①最大静稳性力矩;②最大静稳性力臂;③极限静倾角

A.① 　　　　　　　　　　　B.②

C.③ 　　　　　　　　　　　D.①或②

解析:当横倾角增大至某一角度,静稳性曲线取得极值点,它标明了曲线最高点的位置,反映出船舶在横倾中所具有的最大静稳性力矩(臂)$M_{Rm}(GZ_{max})$。

答案:D。

15.在静稳性曲线图上可以求得_____。

A. 横稳心距基线高度   B. 浮心距基线高度

C. 30°时的静稳性力臂   D. 漂心坐标

解析:本题暂无解析。

答案:C。

16. 在船舶静稳性曲线图上,GZ 在横倾角_____时为负值。

A. 小于甲板浸水角   B. 小于稳性消失角

C. 大于稳性消失角   D. 大于甲板浸水角

解析:船舶横倾角超过 θ_v 时,M_R(或 GZ)出现负值。

答案:C。

17. 具体船舶的进水角通常_____甲板浸水角。

A. 等于   B. 小于

C. 大于   D. 关系不能确定

解析:进水角 θ_f 是指船舶横倾至最低非水密开口开始入水时的横倾角。

答案:C。

3.5 动稳性

一、知识点梳理

1. 动稳性概念:指船舶在动态外力矩作用下计及横倾角加速度和惯性矩的稳性。

2. 船舶动平衡条件:指复原力矩做的功和横倾力矩做的功相等。

3. 动稳性力矩:静稳性力矩做的功称作动稳性力矩(用 M_d 表示)。

4. 动稳性力臂:静稳性力臂 GZ 曲线下的面积为动稳性力臂(用 l_d 表示)。

5. 动稳性力臂 l_d 可以作为船舶动稳性大小的基本标志。

6. 动稳性力矩与动稳性力臂之间的关系为:$M_d = \Delta \cdot l_d$。

二、难点点拨

与静稳性的区别:

	静稳性	动稳性
受力性质	静态外力作用	动态外力作用
表征	复原力矩 M_R(力臂 GZ)$M_R = \Delta \cdot GZ$	M_R 所做功 M_d(力臂 l_d)$M_d = \Delta \cdot l_d$
平衡条件	当 $M_R = M_h$ 时,船舶平衡于静倾角 θ_s	当 $A_R = M_d$ 时,船舶平衡于动倾角 θ_d

(1)静倾角 θ_s:船舶在静力作用下的最大横倾角。

（2）动倾角 θ_d：船舶在动力作用下的最大横倾角。

三、相关习题

1. 船舶动稳性力臂与_____无关。

　A. 横倾角大小　　　　　　　　　　B. 货物的重心距基线高度

　C. 排水量　　　　　　　　　　　　D. 货物积载因数

　解析：本题暂无解析。

　答案：D。

2. 船舶动稳性的大小可用_____来衡量。

　A. 横倾角　　　　　　　　　　　　B. 复原力臂

　C. 复原力矩　　　　　　　　　　　D. 动稳性力矩

　解析：本题暂无解析。

　答案：D。

3. 在动力矩作用下，船舶的平衡条件是_____。

　A. 复原力等于外力　　　　　　　　B. 复原力矩等于外力矩

　C. 复原力臂等于外力臂　　　　　　D. 复原力矩所做的功等于外力所做的功

　解析：外力矩所做的功等于稳性力矩所做的功时，船舶达到动平衡。

　答案：D。

4. 保证船舶受突加外力作用而快速倾斜时不致翻沉的条件是_____。

　A. 复原力矩大于横倾力矩

　B. 要有足够的航速

　C. 复原力矩所做的功人于横倾力矩所做的功

　D. 要有足够大的 GM

　解析：本题暂无解析。

　答案：C。

5. 在排水量一定的条件下，船舶动稳性的大小可用_____来衡量。

　A. 动稳性力臂　　　　　　　　　　B. 复原力臂

　C. 复原力矩　　　　　　　　　　　D. 极限横倾角

　解析：动稳性力臂 l_d 可以作为船舶动稳性大小的基本标志。

　答案：A。

6. 船舶的动稳性力臂值是静稳性力臂曲线图上_____。

　A. 一条过原点的直线　　　　　　　B. 曲线上的点

　C. 一个长方形的面积　　　　　　　D. 曲线下的面积

　解析：静稳性力臂 GZ 曲线下的面积为动稳性力臂 l_d。

　答案：D。

7. 有关船舶动稳性的说法正确的是_____。

A. 动稳性力矩在数值上等于最小倾覆力矩值

B. 动稳性力矩在数值上等于最大复原力矩值

C. 动稳性力矩在数值上等于外力矩所做的功

D. 动稳性力矩在数值上等于复原力矩所做的功

解析:稳性力矩所做的功 W_R 亦称动稳性力矩,以 M_d 表示。

答案:D。

8. 在研究船舶动稳性时,当船舶受到一个大于最小倾覆力矩的风压力矩作用时,船舶将_____。

A. 逐渐倾斜直至倾覆

B. 在动平衡角的左右摇摆

C. 逐渐倾斜至极限静倾角后回摇

D. 左右摇摆,最后平衡于静横倾角处

解析:本题暂无解析。

答案:A。

9. 有关船舶动稳性力臂的说法正确的是_____。

A. 动稳性力臂在数值上等于最小倾覆力臂值

B. 动稳性力臂在数值上等于最大复原力臂值

C. 动稳性力臂在数值上等于外力臂所做的功

D. 动稳性力臂在数值上等于复原力矩所做的功与排水量之比

解析:动稳性力矩 M_d 为: $M_d = \Delta \cdot l_d$。

答案:D。

10. 在不同性质但同样大小的横倾力矩作用下,动倾角比静倾角_____。

A. 大   B. 小

C. 一样大   D. 无法确定

解析:本题暂无解析。

答案:A。

11. 当_____时船舶达到动平衡。

①外力矩等于稳性力矩;②外力臂曲线下的面积等于复原力臂曲线下的面积;③外力矩所做的功等于复原力矩所做的功

A. ①   B. ②

C. ③   D. ②③

解析:船舶在动态外力矩作用下达到动平衡的条件为 $W_h = W_R$,即外力矩所做的功等于稳性力矩所做的功时,船舶达到动平衡。在静稳性曲线图上,表现为外力臂曲线下的面积等于复原力臂曲线下的面积。

答案:D。

12. 船舶在最小倾覆力矩作用下所对应的动倾角称为_____。

A. 稳性消失角   B. 静倾角

C.甲板浸水角　　　　　　　　　　　D. 极限动倾角

解析:船舶在最小倾覆力矩作用下所对应的动倾角称为极限动倾角。

答案:D。

3.6　规则对船舶稳性的要求

3.6.1　国际海事组织(IMO)稳性规则对普通货船的完整稳性基本衡准要求

📖一、知识点梳理

1. 对于船长 L 大于等于 24 m 的船舶,国际海事组织(IMO)《2008 年国际完整稳性规则》规定了国际航行货船应满足规则中相应完整稳性衡准要求。

2. 国际海事组织(IMO)完整稳性衡准(7 项):

(1) $GM \geqslant 0.15$ m。

(2) 复原力臂曲线在横倾角 0°~30°之间所围面积应不小于 0.055 m·rad。

(3) 复原力臂曲线在横倾角 0°~40°或进水角中较小者之间所围面积应不小于 0.090 m·rad。

(4) 复原力臂曲线在横倾角 30°~40°或进水角中较小者之间所围面积应不小于 0.030 m·rad。

(5) $GZ|_{\theta=30} \geqslant 0.20$ m。

(6) $\theta_{smax} \geqslant 25°$。

(7) 满足天气衡准要求。

3. 满足天气衡准要求。

(1) 船舶受到垂直于其中心线的一个稳定风压的作用,产生一个稳定风压力臂 l_{w1},在该稳定风压作用下,船舶的静平衡角为 θ_0(横倾角 θ_0 不应超过 16°或甲板边缘浸水角的 80%,取小者)。

(2) 假定由于波浪作用,船由静平衡角 θ_0 向上风摇至一个横摇角 θ_1。

(3) 船舶受到一个突风风压,产生风压力臂 l_{w2},其中 l_{w1} 和 l_{w2} 不随横倾角的变化而变化;在此种情况下,面积 b 应不小于面积 a。

4. 稳定风压力臂的计算:

$$l_{w1} = \frac{P_w \cdot A_w \cdot Z_w}{1\,000 \cdot g \cdot \Delta}(\text{m})$$

式中: P_w——单位计算风压,取值 504 Pa。

A_w——水线以上船舶和甲板货物的侧投影面积(m^2)。

Z_w——从 A_w 的中心到水下侧面积中心或近似地到吃水一半处的垂直距离(m)。

l_{w2}——突风风压力臂(m), $l_{w2} = 1.5 l_{w1}$。

θ_2——进水角(θ_f)或 50°或 θ_c,取其中小者。

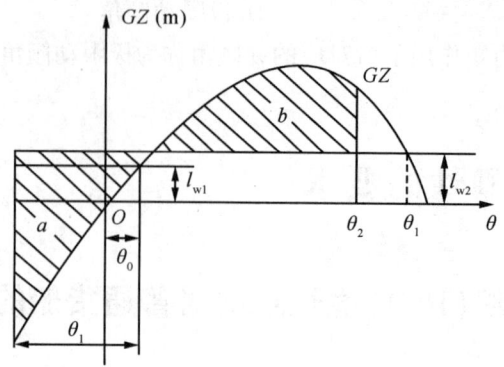

二、相关习题

1. 国际海事组织(IMO)《2008 年国际完整稳性规则》中规定:船舶受稳定横风作用时的风压倾侧力矩可用公式 $M_w = P_w \cdot A_w \cdot Z_w$ 来计算,其中 Z_w 是指_____。

①A_w 的中心至水下侧面积中心的垂直距离;②A_w 的中心至船舶水线的垂直距离;③A_w 的中心至船舶吃水的一半处的垂直距离

A. ①

B. ②

C. ③

D. ①或③

解析:Z_w 是指 A_w 的中心到水线下船体侧面积中心或近似地到吃水一半处的垂直距离(m)。

答案:D。

2. 国际海事组织(IMO)对普通货船的完整稳性基本要求中规定,_____的船舶应满足规则规定的天气衡准要求。

A. $L_{BP} \geqslant 24$ m

B. $L_{BP} \geqslant 90$ m

C. $L_{BP} \geqslant 100$ m

D. $L_{BP} \geqslant 150$ m

解析:国际海事组织(IMO)《2008 年国际完整稳性规则》规定,船长大于或等于 24 m 的国际航行货船应满足规则中的相应完整稳性衡准要求。

答案:A。

3. 根据国际海事组织(IMO)对船舶完整稳性的要求,无限航区航行的普通货船,横倾角等于 30°处所对应的复原力臂值应不小于_____ m。

A. 0.15

B. 0.20

C. 0.30

D. 0.35

解析:船舶各装载状态下经自由液面修正后的完整稳性应满足横倾角 30°处的复原力臂应不小于 0.20 m。

答案:B。

4. 根据国际海事组织(IMO)对船舶稳性的要求,无限航区航行的普通货船,在静稳性曲线图上其最大静稳性力臂对应角应_____。

A. 不大于 30°

B. 不小于 25°

C. 不大于 55°　　　　　　　　　　　　D. 不小于 55°

解析:船舶各装载状态下经自由液面修正后的完整稳性应满足最大复原力臂对应角(极限静倾角)不小于 25°。

答案:B。

5. 国际海事组织(IMO)完整稳性建议的天气衡准中面积 b 的右边界对应横倾角为 50°、进水角和_____。

A. 40°较大者

B. 57.3°较小者

C. 突风风压倾侧力臂曲线与 GZ 曲线第二个交点对应角中最小者

D. 90°较大者

解析:计算面积时右边界角 θ_2 的确定:$\theta_2 = \min\{\theta_f, \theta_c, 50°\}$。

答案:C。

6. 某远洋船舶某航次已经满足国际海事组织(IMO)《2008 年国际完整稳性规则》对船舶稳性的全部要求,_____。

A. 还应满足我国相关法定规则对船舶稳性的要求

B. 还应核算船舶的到港稳性

C. 还应核算船舶在本航次中最不利状态的稳性

D. 还应注意装载、气象及海况等情况,谨慎驾驶

解析:本题暂无解析。

答案:D。

7. 以下有关国际海事组织(IMO)《2008 年国际完整稳性规则》对普通货船的稳性要求中,说法正确的是_____。

①规则适用于船长大于或等于 24 m 的国际航行货船;②规则分为 A、B 两部分,均为强制性要求;③规则规定了正常装载状况下船舶抵抗横风和横摇联合作用应具有的能力

A. ①②③　　　　　　　　　　　　B. ①③

C. ②③　　　　　　　　　　　　　D. ①②

解析:国际海事组织(IMO)《2008 年国际完整稳性规则》分为 A、B 两部分,其中 A 部分为强制性要求,B 部分为建议性要求。

答案:B。

8. 风压倾侧力矩(臂)随吃水的增大而_____。

A. 增大　　　　　　　　　　　　B. 不变

C. 减小　　　　　　　　　　　　D. 变化趋势不定

解析:风压倾侧力矩(臂) $l_w = \dfrac{M_w}{9.81\Delta}$。

答案:C。

9. 船舶排水量增加时,其所受到的风压倾侧力矩将_____。

A. 减小　　　　　　　　　　　　B. 保持不变

C. 增大   D. 变化趋势不定

解析:对于一般货船,在不考虑甲板货装载条件下,M_w 或 l_w 仅与船舶吃水(或排水量)有关,风压倾侧力矩 M_w 应按 $M_w = P_w \cdot A_w \cdot Z_w$ 求得。

答案:A。

10. 船舶受风面积越大,则_____。

A. 稳性力矩越大   B. 所受横倾力矩越大

C. 所受阻力越小   D. 储备浮力越大

解析:本题暂无解析。

答案:B。

11. 船舶在动力作用下,不致倾覆的条件是风压倾侧力矩必须_____。

A. 小于最小倾覆力矩   B. 小于最大复原力矩

C. 大于最大复原力矩   D. 大于最小倾覆力矩

解析:最小倾覆力矩为船舶能够承受外力矩的最大能力,该外力矩是使船舶倾覆所需要的最小值。当实际外力矩大于该值时,船舶因动平衡不复存在而导致倾覆。

答案:A。

12. 船舶的稳性衡准数 K 是指_____。

①最小倾覆力矩与风压倾侧力矩的比值;②最大复原力矩与风压倾侧力矩的比值;③最小倾覆力臂与风压倾侧力臂的比值

A. ①   B. ②

C. ③   D. ①③

解析:稳性衡准数 K 是指船舶最小倾覆力矩(臂)与风压倾侧力矩(臂)之比,即 $K = \dfrac{M_{hmin}}{M_w} = \dfrac{l_{hmin}}{l_w}$。

答案:D。

3.6.2 我国法定规则对普通货船的完整稳性基本衡准要求

一、知识点梳理

1. 对国内航行普通货船稳性的基本要求:

(1)初稳性高度 GM 应不小于 0.15 m。

(2)横倾角等于或大于 30° 时的复原力臂 GZ_{30} 应不小于 0.2 m,若船舶进水角小于 30° 时,则进水角处的复原力臂应不小于该规定值。

(3)船舶最大复原力臂对应角 θ_{smax} 应不小于 30°;且进水角 θ_f 应不小于最大静稳性力臂对应角 θ_{smax}。

(4)稳性衡准数 K 应不小于 1。

2. 稳性衡准数 K 的求取：

稳性衡准数 K 是指船舶最小倾覆力矩（臂）与风压倾侧力矩（臂）之比，即：

$$K = \frac{M_{\text{hmin}}}{M_{\text{w}}}$$

式中：$M_{\text{hmin}}(l_{\text{hmin}})$——最小倾覆力矩（臂）。

$M_{\text{w}}(l_{\text{w}})$——风压倾侧力矩（臂）。

二、难点点拨

当船宽与型深比 $\frac{B}{D} > 2$ 时，最大复原力臂对应角 θ_{smax} 可以减小 $\delta\theta$ 值：

$$\delta\theta = \left(\frac{B}{D} - 2\right)(K - 1)\ (°)$$

式中：B——船舶型宽（m），当 $B > 2.5D$ 时，取 $B = 2.5D$。

D——船舶型深（m）。

K——稳性衡准数，当 $K > 1.5$ 时，取 $K = 1.5$。

三、相关习题

1. 根据我国《船舶与海上设施法定检验规则》，稳性衡准数 K 是_____的重要指标。

A. 初稳性　　　　　　　　　　　　B. 大倾角静稳性

C. 动稳性　　　　　　　　　　　　D. 横稳性

解析：稳性衡准数 K 是衡量船舶动稳性的重要参数。$K \geq 1$ 意味着 $M_{\text{hmin}} \geq M_{\text{w}}$，而 M_{hmin} 为船舶可承受动态外力矩的最大能力。

答案：C。

2. 根据《船舶与海上设施法定检验规则》中对船舶动稳性的相关要求，船舶的极限动倾角_____船舶的稳性消失角。

A. 大于　　　　　　　　　　　　　B. 等于

C. 小于　　　　　　　　　　　　　D. 不一定

解析：本题暂无解析。

答案：C。

3. 根据《船舶与海上设施法定检验规则》对船舶完整稳性的要求，无限航区航行的普通货船，横倾角等于 30° 处所对应的复原力臂值应不小于_____ m。

A. 0.15　　　　　　　　　　　　　B. 0.20

C. 0.30　　　　　　　　　　　　　D. 0.35

解析：本题暂无解析。

答案：B。

4.某船计算船舶稳性的天气衡准指标时,求得正横方向的稳定风压力臂为 l_w,按我国《船舶与海上设施法定检验规则》对无限航区普通货船的完整稳性要求的规定,船舶所受阵风风压力臂取为_____ l_w。

 A. 1. 5   B. 1. 4

 C. 1. 3   D. 1. 2

解析:风压倾侧力臂 l_{w1} 和阵风风压倾侧力臂 l_{w2} 按 $\begin{cases} M_{w1} = P_w \cdot A_w \cdot Z_w \\ l_{w1} = \dfrac{M_{w1}}{\Delta} \\ l_{w2} = 1.5 l_{w1} \end{cases}$ 求取。

答案:A。

5.我国《船舶与海上设施法定检验规则》对船舶的完整稳性的要求应_____。

 A. 仅天气海况恶劣时满足   B. 仅吃水较大时满足

 C. 仅航行中满足   D. 整个航程必须满足

解析:本题暂无解析。

答案:D。

6.法定规则对国内航行船舶的稳性衡准,_____是动稳性的要求。

 A. 初稳性高度不小于 0. 15 m

 B. 横倾角等于或大于 30°时的静稳性力臂不小于 0. 20 m

 C. 最大静稳性力臂对应的横倾角不小于 25°

 D. 稳性衡准数不小于 1

解析:稳性衡准数 K 是衡量船舶动稳性的重要参数。

答案:D。

7.以下有关我国《船舶与海上设施法定检验规则》对普通货船的完整稳性基本衡准要求的说法,正确的是_____。

 ①规则要求船舶资料中必须提供最小许用初稳性高度或许用重心高度;②冬季航行于 36°04′N 以北时,应计及结冰对稳性的影响;③规则对拖船、高速船提出了稳性的特殊要求;④风压倾侧力臂与最小倾覆力臂之比不小于1;⑤临界初稳性高度是满足基本衡准指标的最低限制值

 A. ①②③④   B. ①②③⑤

 C. ②③④⑤   D. ①③④⑤

解析:稳性衡准数 K 是指船舶的最小倾覆力矩 M_{hmin}(或最小倾覆力臂 l_{hmin})与风压倾侧力矩 M_w(或风压倾侧力臂 $l\%$)之比。

答案:B。

8.根据《船舶与海上设施法定检验规则》,对国内航行普通货船完整稳性的基本要求之一是:在各种装载状态下的稳性衡准数应_____。

 A. 小于 1   B. 大于 1

 C. 等于 1   D. 大于等于 1

解析:稳性衡准数 K 应不小于 1。

答案:D。

9. 根据《船舶与海上设施法定检验规则》,对国内航行普通货船完整稳性的基本要求之一是:在各种装载状态下经自由液面修正的初稳性高度值应不小于_____ m。

A. 0.10　　　　　　　　　　　　B. 0.15

C. 0.20　　　　　　　　　　　　D. 0.30

解析:《船舶与海上设施法定检验规则》规定,经自由液面修正后,船舶稳性在所核算装载状况下初稳性高度 GM 应不小于 0.15 m。

答案:B。

10. 根据我国《船舶与海上设施法定检验规则》,国内航行普通货船的最大复原力矩值所对应的横倾角应不小于_____。

A. 15°　　　　　　　　　　　　B. 20°

C. 25°　　　　　　　　　　　　D. 55°

解析:《船舶与海上设施法定检验规则》规定,国内航行普通货船最大复原力臂对应的横倾角 θ_{smax} 应不小于 25°。

答案:C。

11. 我国《船舶与海上设施法定检验规则》规定,静稳性力臂在 30°时的值 $GZ_{30°}$ 应_____。

A. 不小于 0.2 m　　　　　　　　B. 不小于 0.15 m

C. 不小于 0.3 m　　　　　　　　D. 不小于 0.35 m

解析:本题暂无解析。

答案:A。

12. 根据《船舶与海上设施法定检验规则》,对国内航行普通货船完整稳性的基本要求,均应为_____后的数值。

A. 进行摇摆试验　　　　　　　　B. 经自由液面修正

C. 计及横摇角影响　　　　　　　D. 加一稳性安全系数

解析:《船舶与海上设施法定检验规则》规定,经自由液面修正后,船舶稳性在所核算装载状况下必须同时满足规定的基本衡准要求。

答案:B。

13. 根据《船舶与海上设施法定检验规则》,对国内航行普通货船完整稳性的基本要求之一是:在各种装载状态下的稳性衡准数应_____。

A. 小于等于 1　　　　　　　　　B. 小于 1

C. 等于 1　　　　　　　　　　　D. 大于等于 1

解析:本题暂无解析。

答案:D。

14. 我国《船舶与海上设施法定检验规则》对船舶稳性的要求应_____。

A. 开航时必须满足　　　　　　　B. 航行途中必须满足

C. 到港时必须满足　　　　　　　D. 整个航程必须满足

解析:本题暂无解析。

答案:D。

15.船舶的临界初稳性高度是指保证船舶满足《船舶与海上设施法定检验规则》对普通货船稳性基本要求的_____。

A. GM 最大值   B. GM 最小值

C. GZ 最大值   D. GZ 最小值

解析:船舶最小许用初稳性高度 GM_c 是指同时满足船舶稳性基本衡准指标时对初稳性高度 GM 的最低限制值,亦称临界初稳性高度。

答案:B。

16.根据《船舶与海上设施法定检验规则》,在某一装载状态下当船舶的初稳性高度小于最小许用初稳性高度时,则_____不满足要求。

①初稳性;②大倾角稳性;③动稳性

A. ①   B. ②

C. ③   D. ①②③均有可能

解析:本题暂无解析。

答案:D。

17.经自由液面修正后的船舶重心高度_____许用重心高度时,则满足《船舶与海上设施法定检验规则》对船舶稳性的基本稳性衡准要求。

A. 小于   B. 等于

C. 大于   D. 小于等于

解析:本题暂无解析。

答案:D。

18.某船经自由液面修正后的初稳性高度 $GM = 1.30\ m$,最小许用初稳性高度 $GM_c = 1.18\ m$,则该船的_____满足《船舶与海上设施法定检验规则》对普通货船的基本稳性衡准要求。

①初稳性;②动稳性;③大倾角稳性

A. ①②   B. ②③

C. ①③   D. ①②③

解析:船舶经自由液面修正后的初稳性高度大于最小许用初稳性高度,同时满足船舶稳性基本衡准指标。

答案:D。

19.国际海事组织(IMO)《2008年国际完整稳性规则》和我国《船舶与海上设施法定检验规则》对普通货船完整稳性要求_____。

A. 均是最低衡准要求

B. 均是最高衡准要求

C. 前者是最低衡准要求,后者是最高衡准要求

D. 前者是最高衡准要求,后者是最低衡准要求

解析:本题暂无解析。

答案:A。

3.6.3　船舶临界初稳性高度曲线和极限重心高度曲线

一、知识点梳理

1. 最小许用初稳性高度 GM_C:又称为临界初稳性高度,同时满足所适用的稳性衡准中对初稳性、大倾角稳性及动稳性要求的初稳性高度的最低值。

2. 极限重心高度 KG_{max}:同时满足所适用的稳性衡准中对初稳性、大倾角稳性及动稳性要求的船舶重心高度的最大值。

3. 稳性满足条件:$GM \geqslant GM_C$ 或 $KG \leqslant KG_C$,GM 和 KG 分别为经自由液面修正后的初稳性高度和船舶重心高度。

二、难点点拨

在临界稳性高度曲线图上,临界初稳性高度 GM_C 随船舶排水量的增大而变化趋势不确定。

三、相关习题

1. 船舶的许用重心高度与_____无关。
①船舶排水量;②船舶实际重心高度;③船舶吃水
A.①   B.②
C.③   D.①②③
解析:船舶的许用重心高度与船舶实际重心高度无关。
答案:B。

2. 最小许用初稳性高度曲线图的横、纵坐标分别是_____。
A. 排水量、吃水
B. 排水量、最小许用初稳性高度
C. 吃水、重心高度
D. 横倾角、最小许用初稳性高度
解析:最小许用初稳性高度 GM_C 曲线可由装载排水量 Δ 查得相应的 GM_C 值。
答案:B。

3. 船舶的最小许用初稳性高度 GM_C 随船舶_____的变化而变化。
A. 排水量   B. 横倾角
C. 浮心位置   D. 重心高度
解析:本题暂无解析。
答案:A。

4. 船舶实际初稳性高度_____最小许用初稳性高度时,则满足《船舶与海上设施法定检验规则》对船舶稳性的各项基本稳性衡准要求。

①大于;②等于;③小于

A. ①   B. ②

C. ③   D. ①②

解析:本题暂无解析。

答案:D。

5. 临界初稳性高度是从初稳性、大倾角稳性、动稳性出发,规定的船舶在不同排水量下初稳性高度的_____。

A. 平均值   B. 不定值

C. 最大允许值   D. 最小允许值

解析:本题暂无解析。

答案:D。

6. 如果两艘船的排水量相同,GM 也相同,则这两艘船在稳性方面的安全程度_____。

A. 相同   B. 不相同

C. 可能相同也可能不相同   D. 取决于货物的装载方案

解析:本题暂无解析。

答案:C。

7. 船舶在同一个航次中,出港时能满足稳性要求,则到港时_____。

A. 能满足稳性要求   B. 不能满足稳性要求

C. 不一定能满足稳性要求   D. 稳性将变得更好

解析:船舶除对出港时稳性进行校核外,尚应对到港时的稳性予以核算,以确保在整个航次中稳性满足要求。

答案:C。

8. A 船离港时的 $GM = 0.50$ m,B 船离港时的 $GM = 1.00$ m,下列说法正确的是_____。

A. A 船的稳性肯定满足要求

B. B 船的稳性肯定满足要求

C. 两船的稳性肯定不满足要求

D. 两船的稳性均无法确定是否满足要求

解析:本题暂无解析。

答案:D。

9. 以下有关《船舶与海上设施法定检验规则》对船舶稳性要求的说法,正确的是_____。

①无限航区船舶在使用冬季载重线的区域内航行时,应计及结冰对稳性的影响;②无限航区船舶在使用北大西洋冬季载重线的区域内航行时,应计及结冰对稳性的影响;③国内航行船舶在冬季航行于青岛以北时,应计及结冰对稳性的影响

A. ①   B. ②

C. ③   D. ①②③

解析:本题暂无解析。

答案:D。

10.经核算船舶稳性满足稳性规则的各项要求,_____。

 A.则船舶是绝对安全的

 B.如果船舶发生稳性事故,船长可以免除责任

 C.船舶驾驶员仍应谨慎驾驶和操作

 D.如果发生货物移动,也不必担心船舶安全

解析:本题暂无解析。

答案:C。

3.7　船舶稳性检验与调整

3.7.1　船舶适度稳性范围及其确定方法

一、知识点梳理

1.最小值 GM_{min}:$GM_{min} \geqslant GM_C$。

2.最大值 GM_{max}:

(1)对于杂货船、集装箱船等:取 $T_\theta = 9$ s 时所对应值。

(2)对于矿石专用船等:取 $T_\theta = 7$ s 时所对应值。

3.适宜值:T_θ 在 $14 \sim 16$ s 时所对应的初稳性高度值。

4.当对船舶稳性情况没有充分把握时,可以考虑将船舶初稳性高度的最低值在临界稳性高度值的基础上加上一个安全余量。

5.保证船舶具有适度稳性的经验方法。

对具有二层舱的普通货船:

(1)非底舱货约占货总重 35%[甲板货≤10%,甲板货货堆高度≤$(1/5 \sim 1/6)B$]。

(2)底舱货约占货总重 65%。

二、相关习题

1.稳性与船舶安全直接相关,因此_____。

 A.船舶稳性越大越好

 B.船舶稳性越小越好

 C.船舶稳性应保持在一个适度的范围内

 D.满足稳性规范要求,船舶就是安全的

解析:船舶稳性并非越大越好。

答案:C。

2. 船舶_____利用产生的横倾角计算初稳性高度 GM ,判断船舶稳性状况。

    A. 只能在航行中   B. 只能在靠泊时

    C. 在航行中和靠泊时都可以   D. 在航行中和靠泊时都不能

    解析:本题暂无解析。

    答案:C。

3. 以下关于船舶稳性的说法正确的是_____。

    A. 船舶初稳性越大越安全

    B. 船舶初稳性越大,横摇周期越小,因此也越安全

    C. 应调整船舶初稳性,使其横摇周期小于 9 s

    D. 船舶初稳性高度至少应满足: $GM \geqslant GM_C$ (GM_C 为最小许用初稳性高度)

    解析:船舶最小许用初稳性高度 GM_C 是指同时满足船舶稳性基本衡准指标时对初稳性高度 GM 的最低限制值,亦称临界初稳性高度。

    答案:D。

4. _____是保证船舶稳性的措施。

    ①排空压载水;②压载舱全部打满;③调平船舶,消除船舶初始横倾;④货物纵向合理分布;

    ⑤货物紧密堆垛,防止大风浪航行中移位

    A.②③   B.③⑤

    C.②③④⑤   D.①②③④⑤

    解析:本题暂无解析。

    答案:B。

5. _____不是保证船舶稳性的措施。

    A. 货物垂向合理分布

    B. 货物纵向合理分布

    C. 货物紧密堆垛,系紧绑牢

    D. 调平船舶,消除船舶初始横倾

    解析:货物纵向合理分布是保证船舶总纵强度的措施。

    答案:B。

6. 根据稳性规则及实践经验,普通货船较适宜的稳性范围为_____。

    A. 未经自由液面修正的 GM 应满足 $GM_{T=9s} \leqslant GM \leqslant GM_C$

    B. 经自由液面修正的 GM 应满足 $GM_{T=9s} \geqslant GM \geqslant GM_C$

    C. 未经自由液面修正的 GM 应满足 $GM_{T=9s} \geqslant GM \geqslant GM_C$

    D. 经自由液面修正的 GM 应满足 $GM_{T=9s} \leqslant GM \leqslant GM_C$

    解析:船舶最小许用初稳性高度(临界初稳性高度) GM_C ,是指恰能同时满足船舶完整稳性全部指标的最低要求时,对船舶初稳性高度的最低限制值。

    答案:B。

7. 船舶稳性过大的征兆是_____。

    A. 船舶用舵时,横倾明显

B. 风浪较小时,船舶摇摆剧烈

C. 油水使用不均时,出现较大横倾

D. 吊杆起落摆动时横倾异常

解析:船舶稳性过大时主要表现在航行中稍有风浪即摇摆剧烈,横摇周期较小。

答案:B。

8. _____情况下船舶重心会下降。

  A. 甲板货吸水　　　　　　　　　　B. 寒冷天气致船舶结冰

  C. 船舶航行途中油水消耗　　　　　D. 双层底压载舱注满压载水

解析:压载后双层底压载舱重心低于船舶重心。

答案:D。

9. 为了减小船舶在大风浪中的横摇角度,可采用的措施是_____。

  A. 适当降低船舶重心　　　　　　　B. 适当提高船舶重心

  C. 调整纵倾　　　　　　　　　　　D. 调整横倾

解析:当稳性过小时,出现较大横倾角。降低船舶重心可提高船舶稳性。

答案:A。

10. 某万吨级船在航行中测得船舶的横摇周期 $T_\theta = 8$ s,根据经验,该船的初稳性高度值_____。

  A. 过小　　　　　　　　　　　　　B. 正好

  C. 过大　　　　　　　　　　　　　D. 与稳性无关

解析:对于航行中的船舶,在满足对其完整稳性最低要求的前提下,实际装载状态时未经自由液面修正的初稳性高度应同时满足 $GM \leqslant GM_{T_\theta = 9 \, \text{s}}$。

答案:C。

11. 某 20 000 t 级船在航行中测得船舶的横摇周期 $T_\theta = 9$ s,根据经验,该船的重心高度值_____。

  A. 偏小　　　　　　　　　　　　　B. 正好

  C. 偏大　　　　　　　　　　　　　D. 与稳性无关

解析:本题暂无解析。

答案:A。

12. 根据经验,海上航行的一般货船,其横摇周期一般不应小于_____s。

  A. 6　　　　　　　　　　　　　　　B. 9

  C. 18　　　　　　　　　　　　　　D. 20

解析:横摇周期低于 9 s 时,船舶摇摆剧烈,船体结构受力过大,船员工作生活环境恶化,可能造成货物移位,因此应尽量避免船舶横摇周期 $T_\theta < 9$ s,以确保船舶安全航行。

答案:B。

13. 某万吨海船在航行中测得船舶的横摇周期 $T_\theta = 7$ s,根据经验,该船的重心高度值_____。

  A. 过小　　　　　　　　　　　　　B. 正好

  C. 过大　　　　　　　　　　　　　D. 与稳性无关

解析:横摇周期 $T_\theta = 7$ s,初稳性高度值过大,重心高度值过小。

答案:A。

14. 某船满载排水量 $\Delta = 8\ 000\ \text{t}$,在航行中测得船舶的横摇周期 $T_\theta = 21\ \text{s}$,根据经验,该船的初稳性高度值_____。

A. 过小   B. 正好

C. 过大   D. 与稳性无关

解析:从船舶摇摆性考虑,对于一般货船横摇周期在 $15\sim16\ \text{s}$ 是比较合适的。

答案:A。

3.7.2　稳性检验方法

3.7.2.1　利用测定的船舶横摇周期计算初稳性高度 GM、检验船舶稳性

一、知识点梳理

1. 横摇周期 T_θ:船舶横摇一个全摆程(4 个摆幅)所需时间(s)。

2.《船舶与海上设施法定检验规则》推荐公式:

$$T_\theta = 0.58 \cdot f \cdot \sqrt{\frac{B^2 + 4KG_0^2}{GM_0}} = f(\Delta, GM)$$

式中:B——船舶型宽(m)。

GM_0——未经自由液面修正的初稳性高度(m)。

f——系数,由 B/d_m 查表取得。

3. 对于船长不足 70 m 的船舶,国际海事组织(IMO)建议使用如下简便公式:

$$GM_0 = \left(\frac{f \cdot B}{T_\theta}\right)^2$$

式中:f——横摇周期系数,一般货船 $f = 0.73\sim0.88$。

二、难点点拨

在实测 T_θ 时,应测几个全摆程所需的时间 t,$n>5$,以减小测量误差;而 $T_\theta = t/n$,并重复测量 $2\sim3$ 次,以校正每次测量的误差。

三、相关习题

1. 航行中船舶的横摇周期 T_θ 与船舶 GM 的关系是_____。

A. T_θ 越大,GM 越大

B. T_θ 越大,GM 越小

C. T_θ 与 GM 关系的变化趋势不定

D. T_θ 的大小与 GM 的大小无关

解析:《船舶与海上设施法定检验规则》中提供的船舶自摇周期 T_θ 与 GM_0 的关系式为 $T_\theta =$

$0.58f\sqrt{\dfrac{B^2+4KG^2}{GM_0}}$。

答案:B。

2. 其他条件相同,船舶的横摇周期_____。

　A. 与 GM 无关　　　　　　　　B. 随 GM 的增加而减小

　C. 随 GM 的增加而增加　　　　D. 与 GM 的关系不定

解析:本题暂无解析。

答案:B。

3. 我国《船舶与海上设施法定检验规则》中规定的横摇周期 T_θ 与_____无关。

　A. 船宽　　　　　　　　　　　B. 船舶重心高度

　C. 初稳性高度　　　　　　　　D. 漂心距船中距离

解析:本题暂无解析。

答案:D。

4. 船舶的横摇周期是指_____。

　①船舶横摇 4 个连续摆幅所需要的时间;②船舶从左舷横摇至右舷所需要的时间;③船舶横摇

　一个全摆程所需要的时间

　A. ①　　　　　　　　　　　　B. ②

　C. ③　　　　　　　　　　　　D. ①③

解析:船舶横摇周期是指船舶横摇一个全摆程所需的时间(s)。船舶自正浮起横摇至一舷的倾

角称为一个摆幅,4 个摆幅称为一个全摆程。

答案:D。

5. 同一船舶的横摇周期_____。

　A. 与 KG 无关　　　　　　　　B. 随 KG 的增加而减小

　C. 随 KG 的增加而增加　　　　D. 与 KG 的关系不定

解析:《船舶与海上设施法定检验规则》中提供的船舶自摇周期 T_θ 与 KG 的关系式为: $T_\theta =$

$0.58f\sqrt{\dfrac{B^2+4KG^2}{GM_0}}$。

答案:C。

6. 两艘总吨位相同的船,在同一海区航行时,测得其横摇周期均为 15 s,则两船的 GM 值

_____。

　①一样大;②速度快者大;③不一样大

　A. ①　　　　　　　　　　　　B. ②

　C. ③　　　　　　　　　　　　D. ①③均有可能

解析:本题暂无解析。

答案:D

3.7.2.2 利用船舶横倾角计算初稳性高度 GM、检验船舶稳性

一、知识点梳理

1. 利用船舶横倾角检验船舶稳性的适用范围:船舶通过调驳左右舱压载水、吊杆同时起吊货物、在一舷压载舱注排压载水、消耗一舷油水等方法迫使船舶产生一横倾角,用以检验船舶在港或航行中的稳性。

2. 船内载荷横向移动检验船舶稳性: $GM = \dfrac{P \cdot y}{\Delta \cdot \tan\theta}(\text{m})$。

3. 船上横向、不对称增减载荷检验船舶稳性: $GM = \dfrac{P \cdot y}{(\Delta + P) \cdot \tan\theta}(\text{m})$。

二、相关习题

1. 装载状态一定,当船舶受到较大的横倾力矩作用时,船舶横倾角较小,说明船舶的 GM 值_____。

A. 较大

B. 较小

C. 横倾角的大小与 GM 的大小无关

D. 横倾角的大小取决于所装的货物是重货还是轻货

解析:本题暂无解析。

答案:A。

2. 装载状态一定, GM 偏大,当船舶受到一定横倾力矩作用时,船舶横倾角_____。

A. 偏大

B. 偏小

C. 横倾角的大小与 GM 的大小无关

D. 横倾角的大小取决于所装的货物是重货还是轻货

解析:本题暂无解析。

答案:B。

3. _____可以判断出船舶稳性偏大。

A. 船舶在较小风浪中航行时,横摇摆幅较大,摇摆周期较长

B. 船舶航行中稍有风浪即摇摆剧烈,横摇周期较小

C. 舱内货物少量移动,船舶出现较大横倾角

D. 用舵转向或拖船拖顶时,船舶明显倾斜且复原缓慢

解析:本题暂无解析。

答案:B。

4. 装载状态一定,*GM* 偏小,当船舶受到一定横倾力矩作用时,船舶_____。

　A. 横倾角偏大

　B. 横倾角偏小

　C. 横倾角的大小与 *GM* 的大小无关

　D. 横倾角的大小取决于所装的货物是重货还是轻货

　解析:本题暂无解析。

　答案:A。

5. 为使船舶产生一个横倾角,用以计算初稳性高度 *GM*,可采用的方法有_____。

　①操一较大舵角改变航向;②在一舷注排压载水;③消耗一舷的油水;④调拨左、右压载舱的压载水;⑤利用船舶在风浪中的横摇

　A.①②③④　　　　　　　　　　B.①②④

　C.②③④⑤　　　　　　　　　　D.②③④

　解析:船舶通过调拨左右舱压载水、吊杆同时起吊货物、在一舷压载舱注排压载水、消耗一舷油水等方法迫使船舶产生一横倾角,用以检验船舶在港或航行中的稳性。

　答案:D。

6. 某集装箱船在使用船吊装货过程中,发现船舶横倾异常,稳性不足,此时应采取的适当措施是_____。

　A. 在船舶倾斜的对侧甲板上装载适量集装箱以消除横倾,保证船舶安全

　B. 在倾斜的对侧打入适量压载水,以消除横倾

　C. 立即停止装货,选择船舶双层底压载舱对称打满,并随时注意观察船舶横倾的变化情况

　D. 用船吊将倾斜一侧的集装箱卸下,消除横倾即可

　解析:船舶在使用船吊装货过程中发现船舶稳性不足,此时应立即停止装货,采取措施提高船舶稳性。

　答案:C。

3.7.2.3　观察船舶表现出的某些征兆判断船舶稳性

一、知识点梳理

　1. 船舶稳性过大的征兆:航行中稍有风浪即摇摆剧烈,横摇周期较小。

　2. 船舶稳性不足的征兆:

　(1)船舶在较小风浪中航行时,横摇摆幅较大,摇摆周期较长。

　(2)油水使用左右不均时,船舶很快偏向一舷。

　(3)用舵转向或拖轮拖顶时,船舶明显倾斜且复原较慢。

　(4)甲板上浪、舱内货物少量移动、货舱少量进水时船舶出现较大横倾角。

　(5)货物装卸时因吊杆起落摆动或舱内货物左右不均而横倾异常,或缆绳受力过大。

🎯 二、相关习题

1. 船舶稳性过小的征兆为_____。

A. 船舶摇摆剧烈

B. 船舶出现较大倾斜

C. 用舵转向或拖船顶推时,船舶明显横倾且复原较慢

D. 船舶横摇周期较小

解析:船舶当稳性过小时,由于稳性力矩小而使得抵抗横倾力矩的能力减弱,因而即使船舶在较小横倾力矩作用下,也会出现较大横倾角,用舵转向或拖船拖顶时,船舶明显倾斜且复原较慢。

答案:C。

2. 航行中的船舶横摇越平缓,说明船舶_____。

A. 很稳定

B. 稳性越大,抵御风浪能力强

C. 稳性越大,操纵能力越好

D. 稳性越小,抵御风浪能力差

解析:本题暂无解析。

答案:D。

3. 船舶在航行中摇摆频率过高,表明_____。

A. 船舶稳性过大

B. 船舶稳性过小

C. 风压倾侧力矩过大

D. 船速过高

解析:船舶稳性过大时主要表现在航行中稍有风浪即摇摆剧烈,横摇周期较小。

答案:A。

4. 卸货时若卸一较轻的货引起船舶出现较大的横倾,则表明_____。

A. 船舶稳性过大

B. 船舶稳性过小

C. 货物过重

D. 装卸操作不当

解析:船舶稳性过小时,稳性力矩小使抵抗横倾力矩的能力减弱,因而即使船舶在较小横倾力矩作用下,也会出现较大横倾角。

答案:B。

5. 船舶用舵转向时横倾较大,说明_____。

A. 稳性过大

B. 稳性过小

C. 纵倾过大

D. 纵倾过小

解析:本题暂无解析。

答案:B。

6. 船舶因少量货物装卸左右不均形成较大初始横倾角,表明此时_____。

A. 稳性较大

B. 稳性较小

C. 横倾力矩较大　　　　　　　　　D. 货物重量较大

解析:本题暂无解析。

答案:B。

7. _____是稳性过小的征状。

①风浪较小,横倾较大且回复较慢;②在装卸时出现异常横倾;③货舱进水或甲板上浪时出现永倾角

A. ①②　　　　　　　　　　　　　B. ①③

C. ②③　　　　　　　　　　　　　D. ①②③

解析:本题暂无解析。

答案:D。

8. _____是稳性过大的征状。

A. 船舶摇摆剧烈,回复较快

B. 油水使用左右不均,产生较大横倾

C. 风浪较小,横倾较大且回复较慢

D. 船舶摇摆缓慢,横倾角较大

解析:船舶稳性过大时主要表现在航行中稍有风浪即摇摆剧烈,横摇周期较小。

答案:A。

9. 船舶在航行中稍有风浪则摇摆剧烈,说明船舶稳性_____。

A. 过小　　　　　　　　　　　　　B. 适度

C. 过大　　　　　　　　　　　　　D. 无法判断

解析:本题暂无解析。

答案:C。

3.7.3　船舶稳性调整

3.7.3.1　稳性调整原则与调整方法

一、知识点梳理

1. 稳性调整原则:在各种装载状态下,均应使船舶具有适度的稳性。

2. 船舶载荷垂向移动调整船舶稳性的手段适用于配载图编制阶段。

3. 当船舶上下舱单独移货因满舱而无法实现时,可采用上下舱轻重货等体积互换的方法达到调整稳性的目的。

4. 普通货船双层底加满压载水可以将船舶稳性调大,当船舶在航行中稳性不足尚未满载时,可以采取向双层底压载舱内注满压载水的措施。

二、相关习题

1. 配载时船舶满舱满载,调整稳性措施正确的是_____。

　A. 货物上移　　　　　　　　　　　　　　B. 货物下移

　C. 打排压载水　　　　　　　　　　　　　D. 轻重货物垂向等体积交换

　解析:因配载时船舶满舱满载,调整稳性只能采取轻重货物垂向等体积交换的措施。

　答案:D。

2. 在船舶配载完成后,发现稳性过大,最好的措施是_____。

　A. 用岸吊将底舱的货物移至二层舱

　B. 将甲板货移至舱内

　C. 改变配载方案,将底舱的货物移至二层舱

　D. 改变配载方案,将二层舱的货物移至底舱

　解析:船舶配载中发现稳性过大,可改变配载方案,将底舱的货物移至二层舱适当提高船舶重心。

　答案:C。

3. 将舱内货物由二层舱移到底舱,则_____。

　A. 初稳性高度值降低　　　　　　　　　　B. 初稳性高度值增大

　C. 初稳性高度值不变　　　　　　　　　　D. 初稳性高度值变化趋势不定

　解析:将舱内货物由二层舱移到底舱,船舶重心降低,初稳性高度值增大。

　答案:B。

4. 将舱内货物由底舱移到二层舱,则_____。

　A. 船舶重心降低　　　　　　　　　　　　B. 船舶重心不变

　C. 船舶重心升高　　　　　　　　　　　　D. 船舶重心变化趋势不定

　解析:将舱内货物由底舱移到二层舱,船舶重心升高。

　答案:C。

5. 将舱内货物由二层舱移到底舱,则_____。

　A. 船舶重心降低　　　　　　　　　　　　B. 船舶重心不变

　C. 船舶重心升高　　　　　　　　　　　　D. 船舶横稳心下降

　解析:本题暂无解析。

　答案:A。

6. 船舶在配载时经校核发现稳性不足,最好通过_____措施来调整。

　A. 垂向移动载荷　　　　　　　　　　　　B. 加甲板货

　C. 加压载水　　　　　　　　　　　　　　D. 少装部分货物

　解析:船舶配载时发现稳性不足,最好改变配载方案,通过垂向移动载荷进行调整。

　答案:A。

7. 加压载水可以使船舶稳性_____。

A. 增大　　　　　　　　　　　　　B. 减小

C. 不变　　　　　　　　　　　　　D. 变化趋势不定

解析:不同位置加压载水,对船舶稳性的影响不同。

答案:D。

8.配载时,对于满载不满舱的船舶,宜采取_____的措施来调整船舶稳性。

　A. 加压载水　　　　　　　　　　B. 垂向移动货物

　C. 加装部分货物　　　　　　　　D. 横向移动货物

解析:船舶满载不满舱,可以通过垂向移动货物调整船舶稳性。

答案:B。

9.船舶航行中宜采取_____的措施来调整船舶稳性。

　A. 打排压载水　　　　　　　　　B. 垂向移动货物

　C. 横向移动货物　　　　　　　　D. 纵向移动货物

解析:船舶航行中移动货物不便,宜采取打排压载水调整船舶稳性。

答案:A。

10.在编制配/积载图满舱满载的船舶发现稳性不足时,可以通过_____的措施来调整。

　A. 在双层底打入压载水　　　　　B. 在底舱加装少量货物

　C. 在甲板上加装少量货物　　　　D. 轻重货物的等体积上下交换

解析:本题暂无解析。

答案:D。

11.增大船舶稳性的措施有_____。

　A. 货物上移　　　　　　　　　　B. 加装甲板货

　C. 在双层底加满压载水　　　　　D. 中途港多加载货物

解析:在双层底加满压载水可降低船舶重心高度,增人船舶稳性。

答案:C。

12._____可能使船舶的 GM 值增加。

　①打排压载水;②少量装货;③少量卸货

　A. ①　　　　　　　　　　　　　B. ②

　C. ③　　　　　　　　　　　　　D. ①②③都有可能

解析:根据位置的不同,打排压载水、少量装货、少量卸货,均有可能使船舶的 GM 值增加。

答案:D。

13._____可能使船舶的 GM 值不变。

　①打排压载水;②少量装货;③少量卸货

　A. ①　　　　　　　　　　　　　B. ②

　C. ③　　　　　　　　　　　　　D. ①②③

解析:根据位置的不同,打排压载水、少量装货、少量卸货,均有可能使船舶的 GM 值不变。

答案:D。

14._____一定能使船舶的 GM 值增大。

A. 油水消耗   B. 加压载水

C. 轻货下移   D. 装甲板货

解析:货物下移一定使船舶的 GM 值增大。

答案:C。

15. 为了避免或减缓船舶在大风浪中横摇的剧烈程度,可采取的措施是_____。

A. 适当降低船舶重心   B. 适当提高船舶重心

C. 调整纵倾   D. 调整横倾

解析:适当提高船舶重心,降低船舶稳性。

答案:B。

16. 货物配载时,发现船舶初稳性高度偏小,可采取的措施有_____。

①将一定量的货物下移;②减少二层舱货物的配载重量;③在不超载的前提下,选择适宜的双层底压载舱压满;④将底舱货物移至二层舱;⑤满舱时,垂向轻重货物互换

A. ①⑤   B. ①②③④

C. ①②③⑤   D. ①②③④⑤

解析:将底舱货物移至二层舱会进一步减小船舶初稳性高度。

答案:C。

17. 调整船舶稳性的措施有_____。

①打排压载水;②加装甲板货;③垂向移动载荷

A. ①   B. ②

C. ③   D. ①②③

解析:本题暂无解析。

答案:D。

18. 当船舶在航行中稳性不足尚未满载时,可以采取_____的措施。

①向双层底压载舱内注满压载水;②将现有双层底压载水舱排空;③用船吊将二层舱的货物移至底舱

A. ①   B. ②③

C. ①③   D. ③

解析:航行中稳性不足不宜采用船吊移货措施,将现有双层底压载水舱排空会进一步降低船舶稳性。

答案:A。

3.7.3.2 垂向移动载荷调整稳性计算

一、知识点梳理

1. 垂向移动载荷:

(1)设调整前为 GM,现确定将其调整为 GM_1,则调整量 $\delta GM = |GM_1 - GM|$。

（2）需要移动的货物重量 $\delta GM = \dfrac{P \cdot Z}{\Delta}$。

2. 当满载满舱时，可采用轻重货物等体积互换方法调整：

$$\begin{cases} P_{\mathrm{H}} - P_{\mathrm{L}} = P = \dfrac{\Delta \cdot \delta GM}{Z} \\ SF_{\mathrm{H}} \cdot P_{\mathrm{H}} = SF_{\mathrm{L}} \cdot P_{\mathrm{L}} \end{cases}$$

二、相关习题

1. 将舱内货物由底舱移到二层舱，则_____。

A. 船舶初稳性高度降低

B. 船舶初稳性高度增大

C. 船舶初稳性高度不变

D. 船舶初稳性高度变化趋势不定

解析：本题暂无解析。

答案：A。

2. 对于杂货船，_____不是增大船舶稳性的措施。

A. 货物上移　　　　　　　　　　　　　B. 船舶重心以下加压载水

C. 减装甲板货　　　　　　　　　　　　D. 重货配置在底层

解析：货物上移会降低船舶稳性。

答案：A。

3. 货物在舱内垂向移动时，_____不变。

①船舶排水量；②稳心高度；③浮心高度

A. ①　　　　　　　　　　　　　　　　B. ②

C. ③　　　　　　　　　　　　　　　　D. ①②③

解析：本题暂无解析。

答案：D。

4. 船上载荷垂直移动时，_____将发生变化。

A. 船舶浮心　　　　　　　　　　　　　B. 船舶稳心

C. 船舶漂心　　　　　　　　　　　　　D. 船舶重心

解析：船上载荷垂直移动时排水量不变，船舶重心改变。

答案：D。

5. 某船在航行途中发生了货物的横向移动，此时_____。

A. 船舶的初稳性高度值不变，但对船舶稳性有影响

B. 船舶的初稳性高度值不变，所以对船舶稳性无影响

C. 船舶的初稳性高度值增大

D. 船舶的初稳性高度值减小

解析:本题暂无解析。

答案:A。

6. 某船在航行途中发生了货物的垂向下移,此时_____。

　　A. 船舶的初稳性高度值不变,但对船舶稳性有影响

　　B. 船舶的初稳性高度值不变,对船舶稳性无影响

　　C. 船舶的初稳性高度值增大

　　D. 船舶的初稳性高度值减小

　　解析:货物的垂向下移,船舶的重心降低,初稳性高度值增大。

　　答案:C。

7. 船上载荷垂直向下移动时,下列说法正确的是_____。

　　A. 船舶浮心下降　　　　　　　　　B. 船舶横稳心下降

　　C. 船舶重心下降　　　　　　　　　D. 船舶初稳性变差

　　解析:本题暂无解析。

　　答案:C。

8. 从某杂货船的 No.1 二层舱移动少量货物至 No.3 底舱,则移动后 GM 将_____。(假定不产生横倾角)

　　A. 增大　　　　　　　　　　　　B. 不变

　　C. 减小　　　　　　　　　　　　D. 无法确定

　　解析:从船舶二层舱移动少量货物至底舱,船舶重心降低,GM 值增大。

　　答案:A。

9. 从某杂货船的 No.2 底舱移动少量货物至 No.1 二层舱,则移动后 GM 将_____。

　　A. 增大　　　　　　　　　　　　B. 不变

　　C. 减小　　　　　　　　　　　　D. 无法确定

　　解析:从船舶底舱移动少量货物至二层舱,船舶重心升高,GM 值减小。

　　答案:C。

10. 关于船内载荷垂向移动对 GM 值的影响,下列说法正确的是_____。

　　A. 垂向移动载荷,使横稳心距基线高度 KM 改变,从而改变了 GM

　　B. 垂向移动载荷,使船舶重心 KG 改变,从而影响了 GM

　　C. 垂向移动载荷,使船舶产生横倾角,从而使 GM 减小

　　D. 垂向移动载荷,使浮心距基线高度 KB 变化,从而使 GM 变化

　　解析:本题暂无解析。

　　答案:B。

11. 某船在配载时,需要进行垂向货物移动的目的往往是_____。

　　A. 调整船舶的稳性

　　B. 调整船舶的纵倾状态

　　C. 调整船舶的横倾状态

　　D. 调整船舶的纵倾和横倾状态

解析:通过垂向货物移动改变船舶重心高度,调整船舶的稳性。

答案:A。

12.某船排水量 Δ,初稳性高度 GM,静稳性力臂 GZ。将重量为 P 的货物,从二层舱移到底舱,垂移距离为 Z,则船舶移货后的初稳性方程是_____。(θ 是船舶横倾角)

A. $M_R = \Delta \cdot GZ \cdot \sin\theta$　　　　　　B. $M_R = \Delta \cdot GM \cdot \sin\theta$

C. $M_R = \Delta \cdot (GM+PZ/\Delta) \cdot \sin\theta$　　D. $M_R = \Delta \cdot (GM-PZ/\Delta) \cdot \sin\theta$

解析:本题暂无解析。

答案:C。

13.用船上克令吊将甲板重大件货物移至二层舱舱口后,KM _____,GM _____,船舶重心 _____。

A. 变小;减小;上移　　　　　　　　B. 不变;增大;下移

C. 不变;减小;上移　　　　　　　　D. 变大;增大;上移

解析:船舶货物垂直下移,排水量不变,KM 不变,重心下移,GM 增大。

答案:B。

14.船内载荷水平横移时,_____。

A. 船舶重心降低　　　　　　　　　B. 船舶重心升高

C. 船舶重心不移动　　　　　　　　D. 船舶重心水平横移

解析:本题暂无解析。

答案:D。

3.7.3.3　增减载荷调整船舶稳性计算

📖 一、知识点梳理

1.增减载荷调整初稳性高度的方法:

(1)当船舶稳性过大时,为了降低稳性,可以在船舶原重心之上增加载荷或在船舶原重心之下减少载荷。

(2)当船舶稳性过小时,为了增加稳性,可以在船舶原重心之上减少载荷或在船舶原重心之下增加载荷。

2.需要增加或减少的载荷重量 P 的计算: $P = \dfrac{\Delta \cdot \delta GM}{KG - KP - \delta GM}$。

🎯 二、相关习题

1.少量装卸货物后,假定 KM 不变,则船舶的 GM 值将_____。

A. 增加　　　　　　　　　　　　　B. 减小

C. 不变　　　　　　　　　　　　　D. 变化趋势不定

解析:本题暂无解析。

答案:D。

2. _____一定能使船舶稳性变小。

    A. 上层舱卸货   B. 装卸少量货物

    C. 垂向移动货物   D. 加装少量甲板货

解析:加装少量甲板货,船舶重心升高。

答案:D。

3. 少量卸货时,假定 KM 不变,则当货物的重心高于船舶的重心时,卸货后船舶的初稳性高度值将_____。

    A. 减小   B. 不变

    C. 增大   D. 变化趋势不定

解析:货物的重心高于船舶的重心时,少量卸货船舶重心降低,如 KM 不变,船舶的初稳性高度值将增大。

答案:C。

4. 少量装卸货后,利用公式计算船舶初稳性高度值的改变量与_____无关。

    A. 装卸的货物重心高度

    B. 装卸货物前船舶的排水量

    C. 装卸货物前船舶的浮心高度

    D. 装卸货物前船舶的重心高度

解析:加载前、后初稳性高度改变量为: $\delta GM = \dfrac{P \cdot (KG - KP)}{\Delta + P}$ 。

答案:C。

5. 少量装货,假定 KM 不变,则当货物的重心高于船舶的重心时,装货后船舶的初稳性高度值将_____。

    A. 增大   B. 减小

    C. 不变   D. 无法确定

解析:货物的重心高于船舶的重心时,少量装货船舶重心升高,如 KM 不变,船舶的初稳性高度值将减小。

答案:B。

6. 以下一定能使船舶稳性减小的是_____。

    A. 装载少量货物

    B. 卸载少量货物

    C. 在船舶重心下面卸载少量货物

    D. 在船舶重心上面卸载少量货物

解析:本题暂无解析。

答案:C。

7. 若所卸货物重心高于船舶重心,则卸货后船舶的重心高度值将_____。

A. 减小　　　　　　　　　　　　　　B. 不变

C. 增大　　　　　　　　　　　　　　D. 变化趋势不定

解析:本题暂无解析。

答案:A。

8. 若所装货物重心高于船舶重心,则装货后船舶的重心高度值将_____。

　　A. 减小　　　　　　　　　　　　　B. 不变

　　C. 增大　　　　　　　　　　　　　D. 变化趋势不定

解析:若所装货物重心高于船舶重心,则装货后船舶的重心高度值将增大。

答案:C。

9. 若所卸货物重心低于船舶重心,则卸货后船舶的重心高度值将_____。

　　A. 减小　　　　　　　　　　　　　B. 不变

　　C. 增大　　　　　　　　　　　　　D. 无法确定

解析:本题暂无解析。

答案:C。

10. 若所装货物重心低于船舶重心,则装货后船舶的重心高度值将_____。

　　A. 减小　　　　　　　　　　　　　B. 不变

　　C. 增大　　　　　　　　　　　　　D. 无法确定

解析:若所装货物重心低于船舶重心,则装货后船舶的重心高度值将减小。

答案:A。

11. 货物配载时,发现船舶存在初始横倾,可采取的措施有_____。
①将一定量的货物做横向移动;②将一定量的货物做纵向移动;③将一定量的货物从二层舱
移至底舱;④满舱时,横向轻重货物互换

　　A. ①③　　　　　　　　　　　　　B. ①②④

　　C. ②③　　　　　　　　　　　　　D. ①④

解析:本题暂无解析。

答案:D。

3.7.3.4　船舶初始横倾角调整计算

一、知识点梳理

1. 船舶在航行中应保持无初始横倾角,按船舶安全航行的技术要求,船舶初始漂浮状态的左(右)横倾角一般应不超过 1°。当超过该值时,应予以调整。

2. 载荷横移:$\Delta \cdot GM \cdot \tan\theta_1 + P \cdot Y = \Delta \cdot GM \cdot \tan\theta_2$。

3. 载荷增减:$GM_2 = GM_1 + \dfrac{P \cdot (KG - KP)}{\Delta + P}$。

◎ 二、相关习题

1. 为避免船舶产生横倾角,应_____。
①使货物重量横向对称分布;②油水舱左右均衡使用;③按舱容比合理分配各货舱货物重量;
④压载舱横向对称压载
A.①②③④   B.①②④
C.①②   D.③④
解析:按舱容比合理分配各货舱货物重量的目的不是避免船舶产生横倾角。
答案:B。

2. _____会使船舶产生初始横倾角。
①配载时各舱货物重量左右不对称;②装卸货时左右不均衡;③液体舱柜内液体左右不均衡;
④舱内货物横向移动;⑤用岸吊装卸重大件
A.②③④⑤   B.①②③④
C.①②④⑤   D.①③④⑤
解析:本题暂无解析。
答案:B。

3. _____会使船舶产生初始横倾角。
①配载时各舱货物重量左右不对称;②装卸货时前后不均衡;③液体舱柜内液体左右不均衡;
④舱内货物纵向移动;⑤用船吊装卸重大件
A.①③⑤   B.②③④⑤
C.①②③⑤   D.①③④
解析:船舶货物纵向不均衡与货物纵向移动不影响船舶横倾角。
答案:A。

4. _____不是为避免船舶产生初始横倾角的措施。
A.使重量横向对称分布
B.左、右油水舱均衡使用
C.按舱容比合理分配各舱货物重量
D.压载舱横向对称压水
解析:本题暂无解析。
答案:C。

5. 船舶初始横倾角产生的原因中,能够从其产生的原因上加以消除的是_____。
①货物装卸左右不均;②油水使用左右不均;③舱内货物横向移动
A.①②   B.②③
C.①③   D.①②③
解析:本题暂无解析。
答案:D。

6. 船舶因左右油水使用不均,形成较大的横倾角,此时对船舶的影响有_____。
　①稳性增大;②稳性降低;③复原力矩增大;④复原力矩下降;⑤船舶摇摆剧烈;⑥船舶摇摆恢
　复时间变缓
　A.①③⑤　　　　　　　　　　　　B.②④⑥
　C.②③⑥　　　　　　　　　　　　D.②④⑤
　解析:本题暂无解析。
　答案:B。

7. 某散货船的排水量为 18 300 t,最小许用初稳性高度为 0.82 m。为校核船舶稳性,大副将船上
　重物 $P = 145$ t 向右舷横移 11.37 m,并用自制的垂线式横倾仪测量横倾角数据。测得重物悬
　吊点距水平尺的距离为 $a = 1.5$ m,水平尺的读数为 $b = 0.15$ m(如下图所示),则此时船舶的
　_____。

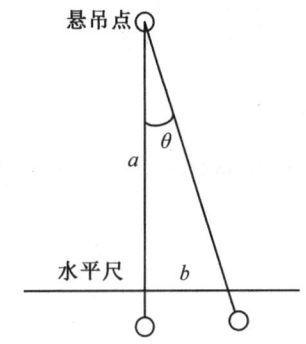

　A. $GM = 1.45$ m,满足稳性要求
　B. $GM = 0.45$ m,不满足稳性要求
　C. $GM = 0.90$ m,满足稳性要求
　D. $GM = 0.60$ m,不满足稳性要求

　解析:由横倾仪测量结果得出船舶横倾角 θ,根据 $\tan\theta = \dfrac{P \cdot Y}{\Delta \cdot GM}$ 得出 $GM = 0.90$ m,因 GM 大于
　最小许用初稳性高度 0.82 m,稳性满足要求。
　答案:C。

8. 某船排水量为 7 835 t,正浮时受到 562×9.81 kN·m 的静横倾力矩作用,初稳性高度为 1.03 m,则
　该船的横倾角为_____。
　A.4.8°　　　　　　　　　　　　B.4.4°
　C.4.0°　　　　　　　　　　　　D.3.5°
　解析:本题暂无解析。
　答案:C。

9. 某船正浮时受到静横倾力矩作用,横倾力矩为 393×9.81 kN·m,排水量为 6 953 t,初稳性高度
　为 0.83 m,则该船的横倾角为_____。
　A.4.2°　　　　　　　　　　　　B.3.9°

C. 3.6°   D. 3.2°

解析:本题暂无解析。

答案:B。

10. 某船装载后船舶排水量 $\Delta = 7\,846$ t,重心偏离中纵剖面 0.06 m,$GM = 1.29$ m,则船舶初始横倾角为_____。

A. 2.7°   B. 3.1°

C. 3.5°   D. 3.9°

解析:本题暂无解析。

答案:A。

11. 某船正浮时受到静横倾力矩作用,横倾力矩为 29 527 kN·m,排水量为 20 165 t,初稳性高度为 1.422 m,则该船的横倾角为_____。

A. 4.2°   B. 4.8°

C. 6.0°   D. 5.4°

解析:本题暂无解析。

答案:C。

12. 某船排水量为 7 689 t,正浮时受到 382×9.81 kN·m 的静横倾力矩作用,初稳性高度为 0.75 m,则该船的横倾角为_____。

A. 3.8°   B. 3.2°

C. 4.1°   D. 4.5°

解析:本题暂无解析。

答案:A。

13. 某船装载后 $\Delta = 15\,000$ t,$GM = 1.41$ m,重心偏离中纵剖面 0.1 m,则船舶初始横倾角 θ_0 为_____。

A. 4.1°   B. 4.6°

C. 5.1°   D. 5.6°

解析:本题暂无解析。

答案:A。

14. 某船船宽 18 m,当其右倾 2.1°时,右舷吃水增大_____m。

A. 0.66   B. 0.29

C. 0.33   D. 0.37

解析:根据船宽及船舶横倾角,计算出单舷吃水改变量。

答案:C。

15. 某船船宽为 20 m,当其右倾 2°时,左舷吃水减小_____m。

A. 0.175   B. 0.35

C. 0.55   D. 0.60

解析:本题暂无解析。

答案:B。

16. 某油船船宽 30 m,装油后左倾 1.5°,则左舷吃水增大_____ m。

　　A. 0.49　　　　　　　　　　　B. 0.44

　　C. 0.39　　　　　　　　　　　D. 0.34

　　解析:本题暂无解析。

　　答案:C。

17. 某船船宽为 20 m,左、右舷吃水均为 5 m,当其右倾 2°时,左舷吃水变为_____ m。

　　A. 5.35　　　　　　　　　　　B. 4.65

　　C. 4.30　　　　　　　　　　　D. 5.70

　　解析:根据船宽及船舶横倾角,计算出左舷吃水减小 0.35 m,左舷吃水变为 4.65 m。

　　答案:B。

项目 4　船舶吃水差

4.1　吃水差及其与船舶航海性能的关系

4.1.1　吃水差及其产生原因

一、知识点梳理

1.吃水差 t:指艏吃水 d_F 与艉吃水 d_A 的差值(我国),即

$$t = d_F - d_A$$

(1)当 $t=0$ 时,称为平吃水。

(2)当 $t>0$ 时,称为艏倾。

(3)当 $t<0$ 时,称为艉倾。

2.吃水差产生的原因:船舶装载后重心的纵向位置与正浮时浮心的纵向位置不共垂线。

二、难点点拨

若船舶装载后重心纵向位置与正浮状态的浮心纵向位置不在同一垂线上,则船舶将产生一纵倾力矩,迫使船舶纵倾,从而产生吃水差。

📝 **三、相关习题**

1. 某船装载后其吃水差 $t = 0.8$ m,由此可以得出_____的结论。

　A. 装载后船舶重心在正浮时浮心之后

　B. 装载后船舶重心在正浮时浮心之前

　C. 装载后船舶重心在船中之后

　D. 装载后船舶重心在船中之前

　解析:船舶装载后其吃水差为正值,表明船舶处于艉倾状态,装载后船舶重心在正浮时浮心之前。

　答案:B。

2. 当船舶的艏吃水大于艉吃水时,我国通常定义为_____。

　A. 艉倾,吃水差用正值表示　　　　　　B. 艉倾,吃水差用负值表示

　C. 艏倾,吃水差用正值表示　　　　　　D. 艏倾,吃水差用负值表示

　解析:我国定义的船舶吃水差是指艉吃水与艏吃水的差值。

　答案:C。

3. 当船舶的艉吃水大于艏吃水时,我国通常定义为_____。

　A. 艉倾,吃水差用正值表示　　　　　　B. 艉倾,吃水差用负值表示

　C. 艏倾,吃水差用正值表示　　　　　　D. 艏倾,吃水差用负值表示

　解析:本题暂无解析。

　答案:B。

4. 船舶是否会有吃水差主要取决于_____。

　A. 船舶装货的多少

　B. 船舶装货的位置

　C. 船舶的重力和浮力大小是否一样

　D. 船舶的重心和正浮时浮心的相对位置

　解析:船舶装载后由于重心纵向位置不与正浮时浮心纵向位置共垂线,浮力与重力形成一力偶,产生一纵倾力矩。

　答案:D。

5. 船舶绕_____倾斜,使船舶产生吃水差。

　A. 横轴　　　　　　　　　　　　　　B. 纵轴

　C. Z 轴　　　　　　　　　　　　　　D. 船中

　解析:本题暂无解析。

　答案:A。

6. 船上配载后计算表明船舶重心与正浮时的浮心的纵坐标和横坐标相同,则船舶_____。

　A. 艏倾　　　　　　　　　　　　　　B. 艉倾

　C. 正浮　　　　　　　　　　　　　　D. 浮态不能确定

解析:船舶重心 G 与浮心 B 的纵坐标和横坐标均对应相同,船首、中、尾六面吃水相等,对应的漂浮状态称为正浮。

答案:C。

7._____说明吃水差的改变量等于0。

①艏、艉吃水同时有相同的增加;②艏、艉吃水同时有相同的减小;③艏吃水增加、艉吃水减小,且艏吃水的增加量等于艉吃水的减小量

A.①　　　　　　　　　　　B.②

C.③　　　　　　　　　　　D.①②

解析:艏、艉吃水同时等量增大或减小,吃水差不变。

答案:D。

8._____说明吃水差的改变量小于0。

A. 艏、艉吃水同时有不同的增大

B. 艏、艉吃水同时有不同的减小

C. 艏吃水增加,艉吃水减小

D. 艏吃水减小,艉吃水增大

解析:艏吃水减小,艉吃水增大,艏吃水与艉吃水的差值改变量小于0。

答案:D。

9.船舶装载后的纵倾状态取决于_____的相对位置。

A. 装载后船舶重心和装载后船舶浮心

B. 装载后船舶重心和正浮时船舶浮心

C. 装载后船舶浮心与正浮时船舶漂心

D. 装载后船舶重心与正浮时船舶稳心

解析:本题暂无解析。

答案:B。

10.某船装载后其吃水差 $t=-0.9$ m,由此可以得出_____的结论。

A. 船舶重心在船中之前

B. 船舶重心在船中之后

C. 船舶重心在正浮时浮心之前

D. 船舶重心在正浮时浮心之后

解析:船舶装载后其吃水差为负值,表明船舶处于艉倾状态,装载后船舶重心在正浮时浮心之后。

答案:D。

11.船舶装载后,经计算漂心在船中,则船舶_____。

A. 艏倾　　　　　　　　　　B. 艉倾

C. 正浮　　　　　　　　　　D. 浮态不能确定

解析:本题暂无解析。

答案:D。

12. 当船舶的艉吃水等于艏吃水时,我国通常规定为_____。

    A. 艏倾   B. 艉倾

    C. 拱头   D. 平吃水

    解析:考查平吃水定义。

    答案:D。

13. 船舶的吃水差是指船舶_____。

    A. 艏、艉吃水之差   B. 装货前、后吃水之差

    C. 满载与空载吃水之差   D. 左、右舷吃水之差

    解析:考查吃水差定义。

    答案:A。

14. 吃水差产生的原因是_____。

    A. 船舶装载后重心不与浮心共垂线

    B. 船舶装载后漂心不与重心共垂线

    C. 船舶装载后重心不与正浮时漂心共垂线

    D. 船舶装载后重心不与正浮时浮心共垂线

    解析:本题暂无解析。

    答案:D。

15. 某船原艉倾,现艏吃水增大、艉吃水减小,则其艉倾_____。

    A. 减小   B. 增大

    C. 不变   D. 变化趋势不能确定

    解析:艏吃水增大、艉吃水减小,则艉倾减小。

    答案:A。

16. 某船原艉倾,现艏吃水减小、艉吃水增大,则其艉倾_____。

    A. 减小   B. 增大

    C. 不变   D. 变化趋势不能确定

    解析:艏吃水减小、艉吃水增大,则艉倾增大。

    答案:B。

17. 某船原艏倾,现艏吃水减小、艉吃水增大,则其艏倾_____。

    A. 减小   B. 增大

    C. 不变   D. 变化趋势不能确定

    解析:艏吃水减小、艉吃水增大,则艏倾减小。

    答案:A。

18. 某船原艏倾,现艏吃水增大、艉吃水减小,则其艏倾_____。

    A. 减小   B. 增大

    C. 不变   D. 变化趋势不能确定

    解析:艏吃水增大、艉吃水减小,则艏倾增大。

    答案:B。

4.1.2 对船舶吃水差和吃水的要求

一、知识点梳理

1. 根据经验,万吨轮适宜吃水差为:

(1)满载时:$t=-0.3\sim-0.5$ m。

(2)半载时:$t=-0.6\sim-0.8$ m。

(3)轻载时:$t=-0.9\sim-1.9$ m。

2. 对空载航行的船舶吃水及吃水差的要求:

(1)空船压载航行时对吃水的要求:

①通常情况下:$d\geqslant50\%d_S$。

冬季航行时:$d\geqslant55\%d_S$。

②上海船舶研究所建议:

当 $L_{BP}\leqslant150$ m 时:

$d_{Fmin}\geqslant0.025L_{BP}$(m)。

$d_{mmin}\geqslant0.02L_{BP}+2$(m)。

当 $L_{BP}>150$ m 时:

$d_{Fmin}\geqslant0.012L_{BP}+2$(m)。

$d_{mmin}\geqslant0.02L_{BP}+2$(m)。

(2)空船压载航行时对吃水差的要求:

①$I/D\geqslant0.65\sim0.75$。

②$|t|\leqslant2.5\%L_{BP}$。

其中:I——螺旋桨轴心至水面高度(m)。

D——螺旋桨直径(m)。

螺旋桨沉深比I/D

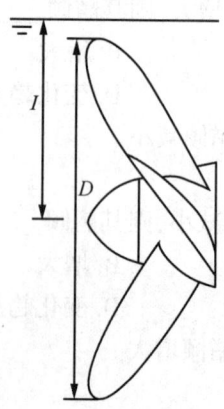

🎯 二、难点点拨

船舶不同装载状况下若航速一定,存在一纵倾状态使船舶航行阻力最小,因而所耗主机功率也最小,从而节省了燃料,该纵倾状态称为最佳纵倾。

📝 三、相关习题

1. 某船船长 $L_{BP}>150$ m,根据国际海事组织(IMO)及我国的要求,船舶空载时其最小艏吃水 d_F 应满足_____的要求。

A. $d_F \geqslant 0.02L_{BP}$ 　　　　　　　　B. $d_F \geqslant 0.012L_{BP}$

C. $d_F \geqslant 0.02L_{BP}+2$ 　　　　　　　D. $d_F \geqslant 0.012L_{BP}+2$

解析:对船长 $L_{BP}>150$ m 的船舶,远洋船舶应满足 $\begin{cases} d_{Fmin} \geqslant 0.012L_{BP}+2 \\ d_{mmin} \geqslant 0.02L_{BP}+2 \end{cases}$ 。

答案:D。

2. 某船夏季满载吃水为 9.2 m,则冬季在海上航行中至少将船舶最小平均吃水 d_{mmin} 压载至_____ m。

A. 4.5 　　　　　　　　　　　B. 5.06

C. 5.7 　　　　　　　　　　　D. 6.3

解析:船舶空船压载后的吃水,冬季航行时因风浪较大,应使其达到夏季满载吃水的55%以上。

答案:B。

3. 通常情况下,船舶空载航行时,其艉倾吃水差与船长之比的绝对值应_____。

A. 大于2.5% 　　　　　　　　B. 大于1.5%

C. 小于2.5% 　　　　　　　　D. 小于1.5%

解析:船舶吃水差与船长之比 $|t|/L_{BP}$ 应小于2.5%。

答案:C。

4. 某船两柱间长 150 m,根据国际海事组织(IMO)及我国的要求,其空船压载航行时的最小艏吃水 d_F 为_____ m。

A. 2.16 　　　　　　　　　　B. 3.75

C. 3.80 　　　　　　　　　　D. 5.00

解析:对船长 $L_{BP} \leqslant 150$ m 的船舶,远洋船舶应满足 $\begin{cases} d_{Fmin} \geqslant 0.025L_{BP} \\ d_{mmin} \geqslant 0.02L_{BP}+2 \end{cases}$ 。

答案:B。

5. 某船船长 $L_{BP} \leqslant 150$ m 时,根据国际海事组织(IMO)及我国的要求,船舶空载时其最小平均吃水 d_m 应满足_____的要求。

A. $d_m \geqslant 0.012L_{BP}$ 　　　　　　　B. $d_m \geqslant 0.02L_{BP}$

C. $d_m \geqslant 0.02L_{BP}+2$ 　　　　　　D. $d_m \geqslant 0.012L_{BP}+2$

解析:本题暂无解析。

答案:C。

6. 某船船长 $L_{BP} \leq 150$ m,根据国际海事组织(IMO)及我国的要求,船舶空载时其最小艏吃水 d_F 应满足_____的要求。

A. $d_F \geq 0.02L_{BP}$

B. $d_F \geq 0.025L_{BP}$

C. $d_F \geq 0.012L_{BP}$

D. $d_F \geq 0.02L_{BP}+2$

解析:本题暂无解析。

答案:B。

7. 某船 $L_{BP} = 180$ m,根据国际海事组织(IMO)及我国的要求,船舶空载时其最小平均吃水 d_m 建议满足_____的要求。

A. $d_m \geq 0.025L_{BP}$

B. $d_m \geq 0.02L_{BP}+2$

C. $d_m \geq 0.012L_{BP}$

D. $d_m \geq 0.012L_{BP}+2$

解析:本题暂无解析。

答案:B。

8. 根据经验,万吨级货船在半载时适宜的吃水差为艉倾_____ m。

A. 2.0~2.5

B. 0.9~1.9

C. 0.6~0.8

D. 0.3~0.5

解析:对于万吨级货船的适当吃水差范围,经验认为半载时要求 $t = -0.8 \sim -0.6$ m。

答案:C。

9. 一般情况下,船舶空载时要求的艉倾量_____满载时的艉倾量。

A. 大于

B. 小于

C. 等于

D. 小于等于

解析:本题暂无解析。

答案:A。

10. 根据经验,万吨级货船在满载时适宜的吃水差为艉倾_____ m。

A. 2.0~2.5

B. 0.9~1.9

C. 0.6~0.8

D. 0.3~0.5

解析:对于万吨级货船的适当吃水差范围,经验认为满载时要求 $t = -0.5 \sim -0.3$ m。

答案:D。

11. 大型散货船在装货的同时向舷外排放压载水,当压载水即将排尽时,船舶应_____。

A. 适当减小艉倾

B. 适当增大艉倾

C. 适当减小吃水

D. 适当增大吃水

解析:适当增大艉倾,便于排尽压载水。

答案:B。

4.2　吃水差及艏、艉吃水计算

一、知识点梳理

1. 基本计算法：

$$t = \frac{\Delta \cdot (X_g - X_b)}{100 \cdot MTC}$$

$$X_g = \frac{\sum P_i \cdot X_i}{\Delta}$$

式中：X_g、X_b——重心和浮心距船中距离(m)。

　　P_i——船上第 i 项载荷重量(t)。

　　X_i——P_i 重心距船中距离(m)。

2. 艏吃水和艉吃水的计算：

(1)艏吃水

$$d_F = d_m + \frac{\dfrac{L_{BP}}{2} - X_f}{L_{BP}} \cdot t$$

(2)艉吃水

$$d_A = d - \frac{\dfrac{L_{BP}}{2} + X_f}{L_{BP}} \cdot t$$

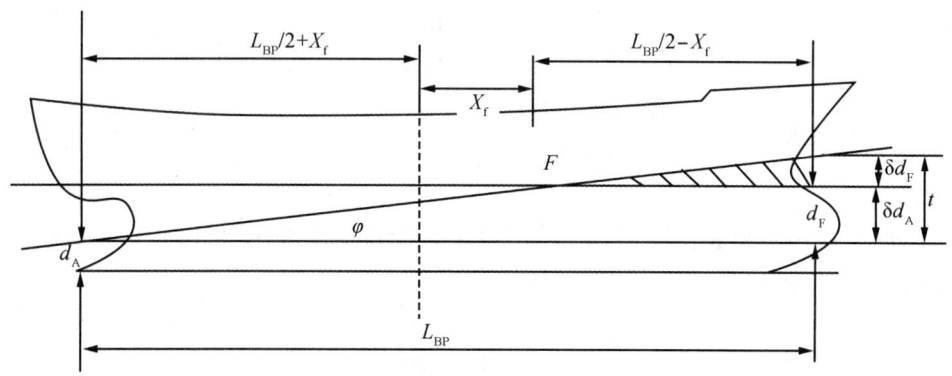

二、难点点拨

通常情况下,普通货船的每厘米纵倾力矩 MTC 随吃水的增加而增大。

329

💬 三、相关习题

1. 船舶装载后,经计算,重心在正浮时浮心之前,则船舶_____。

    A. 艏倾   B. 艉倾

    C. 正浮   D. 浮态不能确定

    解析:本题暂无解析。

    答案:A。

2. 船舶的每厘米纵倾力矩 MTC 的用途主要是供计算及调整船舶的_____。

    A. 吃水   B. 最小倾覆力矩

    C. 吃水差   D. 静稳性力臂

    解析:MTC 为每形成 1 cm 吃水差所需的纵倾力矩值,称为每厘米纵倾力矩。

    答案:C。

3. 已知某船平均吃水为 10.00 m,漂心距船中距离为 -0.81 m,两柱间长 140.0 m,吃水差为 0.86 m,则该船艏吃水为_____m。

    A. 9.14   B. 9.54

    C. 9.57   D. 10.43

    解析:计算艏吃水公式为:$d_F = d_m + \dfrac{\dfrac{L_{BP}}{2} - X_f}{L_{BP}} \cdot t$。

    答案:D。

4. 某船排水量为 2 592 t,配载后得重心距船中距离为 -1.138 m,浮心距船中距离为 -0.044 m,每厘米纵倾力矩为 9.81×125.4 kN·m,则该船的吃水差为_____m。

    A. -0.19   B. -0.23

    C. -0.29   D. -0.13

    解析:吃水差算式表达为:$t = \dfrac{\Delta \cdot (X_g - X_b)}{100 MTC}$。

    答案:B。

5. 某船平均吃水为 10.000 m,漂心距船中距离为 -0.81 m,两柱间长为 140.0 m,吃水差为 3.85 m,则该船的艉吃水为_____m。

    A. 5.67   B. 6.48

    C. 8.09   D. 7.29

    解析:计算艉吃水公式为:$d_F = d_m + \dfrac{\dfrac{L_{BP}}{2} - X_f}{L_{BP}} \cdot t$。

    答案:C。

6. 某船配载后计算得排水量为 6 716 t,$X_g = -0.42$ m,$X_b = -0.85$ m,$MTC = 9.81 \times 76.5$ kN·m/cm,

则该船的吃水差为_____ m。

　　A. -0.25　　　　　　　　　　　　B. 0.38

　　C. 0.25　　　　　　　　　　　　D. -0.38

　　解析:本题暂无解析。

　　答案:B。

7. 某船配载后计算得排水量为 6 246 t,重心距船中距离为-0.83 m,浮心距船中距离为-0.26 m,MTC = 9.81×75.53 kN·m/cm,则该船的吃水差为_____ m。

　　A. -0.25　　　　　　　　　　　　B. -0.36

　　C. 0.47　　　　　　　　　　　　D. -0.47

　　解析:本题暂无解析。

　　答案:D。

8. 船舶装载后 Δ = 18 000 t,X_g = 1.36 m,X_b = 1.91 m,MTC = 210 t·m/cm,则船舶的吃水差为_____ m。

　　A. -0.47　　　　　　　　　　　　B. -1.10

　　C. 0.47　　　　　　　　　　　　D. 1.10

　　解析:本题暂无解析。

　　答案:A。

9. 某船按吃水差和排水量计算艏吃水,已知平均吃水为 9.723 m,漂心距船中距离为-0.529 m,两柱间长为 139.2 m,吃水差为-1.588 m,则该船的艏吃水为_____ m。

　　A. 9.82　　　　　　　　　　　　B. 10.71

　　C. 8.92　　　　　　　　　　　　D. 11.60

　　解析:本题暂无解析。

　　答案:C。

10. 某船平均吃水为 9.93 m,漂心距船中距离为 1.63 m,两柱间长为 109.3 m,吃水差为-2.19 m,则该船的艉吃水为_____ m。

　　A. 10.72　　　　　　　　　　　　B. 9.82

　　C. 11.06　　　　　　　　　　　　D. 10.99

　　解析:本题暂无解析。

　　答案:C。

11. 某船平均吃水为 11.76 m,漂心距船中距离为 2.26 m,两柱间长为 129.2 m,吃水差为-1.89 m,则该船艏吃水为_____ m。

　　A. 10.98　　　　　　　　　　　　B. 11.36

　　C. 10.85　　　　　　　　　　　　D. 11.74

　　解析:本题暂无解析。

　　答案:C。

4.3　影响船舶吃水差的因素及相关计算

4.3.1　船内载荷纵向移动对船舶吃水差的影响

一、知识点梳理

1.载荷船内纵移引起的吃水差该变量 δt 为：

$$\delta t = \frac{PX}{100MTC}(\mathrm{m})$$

式中：P 前移，X 为正值；P 后移，X 为负值。

2.载荷移动后，艏、艉吃水的改变量为：

$$
\begin{cases}
\delta d_{\mathrm{F}} = \dfrac{\dfrac{L_{\mathrm{BP}}}{2} - X_{\mathrm{f}}}{L_{\mathrm{BP}}} \cdot \delta t\,(\mathrm{m}) \\[4ex]
\delta d_{\mathrm{A}} = -\dfrac{\dfrac{L_{\mathrm{BP}}}{2} + X_{\mathrm{f}}}{L_{\mathrm{BP}}} \cdot \delta t\,(\mathrm{m})
\end{cases}
$$

3.载荷移动后，船舶新的吃水差 t_1 和新的艏、艉吃水 d_{F1}、d_{A1} 则为：

$$
\begin{cases}
t_1 = t + \delta t \\
d_{\mathrm{F1}} = d_{\mathrm{F}} + \delta d_{\mathrm{F}} \\
d_{\mathrm{A1}} = d_{\mathrm{A}} + \delta d_{\mathrm{A}}
\end{cases}
$$

二、难点点拨

1.载荷前移，艉倾减小或艏倾增大。
2.载荷后移，艉倾增大或艏倾减小。

三、相关习题

1.船舶少量载荷增加后，艏吃水增大 0.4 m，艉吃水减小 0.2 m，则吃水差改变_____ m。
　A.0.2　　　　　　　　　　　　　B.0.4
　C.0.6　　　　　　　　　　　　　D.0.8
　解析：本题暂无解析。
　答案：C。
2.某船平均吃水为 9.39 m，漂心在船中前 2.87 m 处，两柱间长为 133.0 m，吃水差为−1.18 m，则该船的艉吃水为_____ m。

A.9.738　　　　　　　　　　　　　　B.10.01

C.9.85　　　　　　　　　　　　　　D.9.98

解析:本题暂无解析。

答案:B。

3. 已知某船平均吃水为 12.02 m,漂心距船中距离为 2.16 m,两柱间长为 132.9 m,吃水差为 -1.92 m,则该船的艉吃水为_____ m。

A.9.08　　　　　　　　　　　　　　B.13.01

C.11.68　　　　　　　　　　　　　　D.10.38

解析:本题暂无解析。

答案:B。

4. 某船船长 124 m,平均吃水 8.12 m,吃水差-0.71 m,漂心在船中后 2.22 m,则该船的艏吃水为 _____ m。

A.8.04　　　　　　　　　　　　　　B.7.75

C.8.60　　　　　　　　　　　　　　D.8.64

解析:本题暂无解析。

答案:B。

5. 已知某船平均吃水为 6.12 m,漂心在船中后 1.02 m 处,两柱间长为 68.4 m,吃水差为 -1.22 m,则该船的艉吃水为_____ m。

A.6.71　　　　　　　　　　　　　　B.6.56

C.6.82　　　　　　　　　　　　　　D.6.93

解析:本题暂无解析。

答案:A。

6. 某船两柱间长为 76 m,装货后平均吃水为 6.02 m,漂心距船中距离为 1.16 m,吃水差为 -0.97 m,则该船的艉吃水为_____ m。

A.6.08　　　　　　　　　　　　　　B.6.52

C.6.68　　　　　　　　　　　　　　D.6.38

解析:本题暂无解析。

答案:B。

7. 某船船长 L_{BP} =120 m,根据预定达到的船舶排水量查取对应的平均吃水为 d_m =5.50 m,漂心距船中距离为-3.85 m,吃水差设定为艉倾 60 cm,则装完货后船舶的艏、艉吃水各为_____。

A.5.15 m、5.85 m　　　　　　　　　　B.5.18 m、5.78 m

C.5.20 m、5.80 m　　　　　　　　　　D.5.25 m、5.75 m

解析:计算船舶艏吃水和艉吃水:
$$\begin{cases} d_F = d_m + \dfrac{L_{BP}/2 - X_f}{L_{BP}} \cdot t \\ d_A = d_m - \dfrac{L_{BP}/2 + X_f}{L_{BP}} \cdot t \end{cases}$$

答案:B。

8. 某船装载后排水量 $\Delta = 6\,943$ t,平均吃水 $d_\mathrm{m} = 5.52$ m,船长 $L_\mathrm{BP} = 78$ m,$X_\mathrm{b} = -0.48$ m,$X_\mathrm{f} = 0$ m,$MTC = 9.81 \times 87$ kN·m/cm,经计算得到纵向重量力矩,即船中前部的纵向重量力矩为 $9.81 \times 65\,820$ kN·m,船中后部的为 $9.81 \times 71\,990$ kN·m,则该船出港时的艏、艉吃水分别为_____。

 A. 5.35 m、7.69 m   B. 5.46 m、5.58 m

 C. 5.39 m、5.65 m   D. 5.36 m、5.68 m

解析:首先根据 $X_\mathrm{g} = \dfrac{\sum P_i X_i}{\Delta}$ 求取 X_g,然后由吃水差算式 $t = \dfrac{\Delta \cdot (X_\mathrm{g} - X_\mathrm{b})}{100 MTC}$ 得出吃水差 t,最后

根据 $\begin{cases} d_\mathrm{F} = d_\mathrm{m} + \dfrac{t}{2} \\[2mm] d_\mathrm{A} = d_\mathrm{m} - \dfrac{t}{2} \end{cases}$ 计算出出港时的艏、艉吃水($X_\mathrm{f} = 0$)。

答案:D。

9. 某船 $MTC = 78 \times 9.81$ kN·m/cm,由 No.1 舱($X_1 = 31.6$ m)移 68 t 货到 No.4 舱($X_4 = -30.1$ m),船舶的吃水差改变量为_____m。

 A. -0.37   B. -0.54

 C. -0.41   D. -0.33

解析:载荷移动引起的吃水差改变量 δt 为 $\delta t = \dfrac{PX}{100 MTC}$。

答案:B。

10. 某船原艏吃水为 11.94 m,漂心距船中距离为 -0.20 m,两柱间长为 131.3 m,因纵向移动载荷使吃水差改变量为 3.0 m,则该船新的艏吃水为_____m。

 A. 12.78   B. 13.12

 C. 13.68   D. 13.44

解析:载荷移动后新的艏、艉吃水 d_F1、d_A1 和吃水差 t_1 为:$\begin{cases} d_\mathrm{F1} = d_\mathrm{F} + \delta d_\mathrm{F} = d_\mathrm{F} + \dfrac{L_\mathrm{BP}/2 - X_\mathrm{f}}{L_\mathrm{BP}} \cdot \delta t \\[3mm] d_\mathrm{A1} = d_\mathrm{A} - \delta d_\mathrm{A} = d_\mathrm{A} - \dfrac{L_\mathrm{BP}/2 + X_\mathrm{f}}{L_\mathrm{BP}} \cdot \delta t \\[3mm] t_1 = d_\mathrm{F1} - d_\mathrm{A1} = t + \delta t \end{cases}$

答案:D。

11. 某船船长 150 m,移动载荷后其吃水差改变了 -26 cm,漂心在船中后 6 m 处,则移动载荷后船舶的艏、艉吃水各改变了_____cm 和_____cm。

 A. -12;-14   B. +12;-14

 C. -14;+12   D. -12;+14

解析:本题暂无解析。

答案:C。

12. 某船两柱间长为 131.3 m,原艉吃水为 11.94 m,漂心距船中距离为-0.20 m,因纵向移动载荷使吃水差改变量为 2.0 m,则该船新的艉吃水为_____ m。

A. 12.78　　　　　　　　　　　　B. 13.12

C. 13.48　　　　　　　　　　　　D. 12.94

解析:本题暂无解析。

答案:D。

13. 某船排水量 15 870 t 装载状态下每厘米纵倾力矩 $MTC = 180.8$ t·m/cm,漂心距船中距离 $X_f = -2.56$ m,计划在第二舱(纵向距中 25.6 m)减载 560.0 t 货物,其吃水差改变量为_____ m。

A. 0.87　　　　　　　　　　　　B. -0.87

C. -0.71　　　　　　　　　　　　D. 0.71

解析:载荷少量减少,吃水差改变量 δt 可写成 $\delta t = \dfrac{P \cdot (X_P - X_f)}{100 MTC}$。

答案:B。

14. 将一定货物_____移动,艉倾减小最显著。

A. 自船尾向船首　　　　　　　　B. 自船尾向船中

C. 自船中向船首　　　　　　　　D. 自中后某处向中前某处

解析:船上载荷自船尾向船首纵向移动距离最大。

答案:A。

15. 将一定货物_____移动,艏倾减小最显著。

A. 自船首向船尾　　　　　　　　B. 自船首向船中

C. 自船中向船尾　　　　　　　　D. 自中前某处向中后某处

解析:本题暂无解析。

答案:A。

16. 舱内货物纵向移动后,_____不变。

A. 吃水差　　　　　　　　　　　B. 重心纵向坐标

C. 平均吃水　　　　　　　　　　D. 浮心位置

解析:舱内货物纵向移动,排水量不变,平均吃水不变。

答案:C。

17. 为了减小艏倾,应将货物_____移动。

A. 自中前向船中　　　　　　　　B. 自中前向漂心

C. 自中前向浮心　　　　　　　　D. 自中前向重心

解析:自中前向船中移货,艏倾减小。

答案:A。

18. 船舶纵向移动载荷调整吃水差,已知 $t = -0.30$ m,则由前向后移动载荷时,吃水差将_____。

A. 增大　　　　　　　　　　　　B. 减小

C. 不变   D. 变化趋势不定

解析:由前向后移动载荷,艉倾增大。

答案:A。

19. 为了减小艉倾,应将货物_____移动。

    A. 自中后向船中   B. 自中后向漂心

    C. 自中后向浮心   D. 自中后向重心

解析:自中后向船中移货,艉倾减小。

答案:A。

20. 将一定货物_____移动减小艉倾最显著。

    A. 自船尾向船首   B. 自船尾向船中

    C. 自船中向船首   D. 自中后某处向中前某处

解析:本题暂无解析。

答案:A。

4.3.2　少量载荷变动对船舶吃水差的影响

📖一、知识点梳理

1. 公式适用条件:载荷移动量 $\sum P < \square\square\Delta$。

2. 计算步骤:

(1) 假定先将载荷 P 装在漂心 F 的垂线上:使船舶平行沉浮,吃水改变,吃水差不变:

$$\delta d = \frac{P}{100TPC}$$

(2) 将载荷由漂心处水平移到实际装载位置 X_P 处,移动距离($X_P - X_f$),吃水差该变量:

$$\delta t = \frac{P(X_P - X_f)}{100MTC}$$

(3) 少量载荷变动后艏、艉吃水的改变量:

$$\begin{cases} \delta d_F = \dfrac{P}{100TPC} + \dfrac{\dfrac{L_{BP}}{2} - X_f}{L_{BP}} \times \dfrac{P(X_P - X_f)}{100MTC} \\[4mm] \delta d_A = \dfrac{P}{100TPC} - \dfrac{\dfrac{L_{BP}}{2} + X_f}{L_{BP}} \times \dfrac{P(X_P - X_f)}{100MTC} \end{cases}$$

(4) 少量载荷变动后,船舶新的吃水差 t_1,及艏、艉吃水 d_{F1}、d_{A1} 为:

$$\begin{cases} t_1 = t + \delta t \\ d_{F1} = d_F + \delta d_F \\ d_{A1} = d_A + \delta d_A \end{cases}$$

式中：d_F——原艏吃水；

　　　d_A——原艉吃水；

　　　t——吃水差。

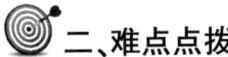 二、难点点拨

普通商船在漂心处少量增减载荷船舶纵倾状态不变。

三、相关习题

1. 船舶初始为艉倾，少量载荷装于 X_P 处，按我国定义，若 $X_P > X_f$，则_____。（δt 为吃水差改变量）

A. $\delta t > 0$，艉倾减小　　　　　　　　B. $\delta t < 0$，艉倾增大

C. $\delta t < 0$，艉倾减小　　　　　　　　D. $\delta t > 0$，艉倾增大

解析：载荷纵移后将引起吃水差的改变，其吃水差改变量 δt 为：$\delta t = \dfrac{P \cdot (X_P - X_f)}{100MTC}$。

答案：A。

2. 在船舶初始漂心处卸下大量货物，则船舶_____。

A. 艏倾增加　　　　　　　　　　　B. 艉倾增加

C. 平行沉浮　　　　　　　　　　　D. 浮态的变化不能确定

解析：船舶平行沉浮的条件是少量增减的载荷重心位于初始漂心 F 的垂线上。

答案：D。

3. 少量装货，在_____处装载可使艏吃水增加。

A. 船中前　　　　　　　　　　　　B. 船中后

C. 漂心前　　　　　　　　　　　　D. 漂心后

解析：当少量载荷装于漂心前时，船舶艉倾减小或艏倾增大。

答案：C。

4. 船舶少量装载后_____。

①艏吃水增大，艉吃水减小；②艏吃水减小，艉吃水增大；③艏、艉吃水同时增大

A. ①　　　　　　　　　　　　　　B. ②

C. ③　　　　　　　　　　　　　　D. ①②③均有可能

解析：吃水变化取决于装载位置。

答案：D。

5. _____一定会使艉吃水减小。

A. 在船中前加载货物　　　　　　　B. 在漂心后卸载货物

C. 在船中后加载货物　　　　　　　D. 在漂心后加载货物

解析：本题暂无解析。

答案:B。

6. _____一定会使艏吃水增加。

    A. 在船中前加载货物   B. 在漂心后加载货物

    C. 在船中后加载货物   D. 在漂心前加载货物

    解析:本题暂无解析。

    答案:D。

7. 船舶初始浮态为艉倾,现在漂心前加载部分货物,会使艉倾_____。

    A. 增大   B. 减小

    C. 不变   D. 不确定

    解析:本题暂无解析。

    答案:B。

8. 在船重心处卸下小量货物,则船舶_____。

    A. 艏倾增大   B. 艉倾增大

    C. 平行沉浮   D. 浮态的变化不能确定

    解析:本题暂无解析。

    答案:D。

9. 在船重心处加装小量货物,则船舶_____。

    A. 艏倾增大   B. 艉倾增大

    C. 平行沉浮   D. 浮态的变化不能确定

    解析:本题暂无解析。

    答案:D。

10. 在船中前部卸下小量货物,则船舶_____。

    A. 艏倾增大   B. 艉倾增大

    C. 平行沉浮   D. 浮态的变化不能确定

    解析:本题暂无解析。

    答案:D。

11. 在船中后部卸下小量货物,则船舶_____。

    A. 艏倾增大   B. 艉倾增大

    C. 平行沉浮   D. 浮态的变化不能确定

    解析:本题暂无解析。

    答案:D。

12. 将少量载荷装于船舶漂心处时,则船舶_____。

    A. 艏、艉吃水不变   B. 艏、艉吃水差不变,平行下沉

    C. 艏吃水减小,艉吃水增大   D. 艏吃水增大,艉吃水减小

    解析:将少量载荷装于船舶漂心处,船舶平行下沉。

    答案:B。

13. 大量装卸时,所装卸货物重心离装卸后的_____越远,对吃水差的影响越大。

A. 船舶稳心 　　　　　　　　　　B. 船舶漂心

C. 船舶重心 　　　　　　　　　　D. 船舶正浮时的浮心

解析:大量装卸时,载荷增减后的吃水差 $t_1 = \dfrac{\Delta_1 \cdot (X_{g1} - X_{b1})}{100MTC_1}$。

答案:D。

14. 少量装卸时,所装卸货物重心离_____越远,对吃水差的影响越大。

A. 船舶稳心 　　　　　　　　　　B. 船舶漂心

C. 船舶重心 　　　　　　　　　　D. 船舶浮心

解析:本题暂无解析。

答案:B。

15. 少量加载引起船舶的艏吃水增量与以下因素的关系是_____。

A. 与 MTC 值有关而与 TPC 值无关

B. 与 MTC 值无关而与 TPC 值有关

C. 与 MTC 值和 TPC 值均有关

D. 与 MTC 和 TPC 值均无关

解析:少量加载时,首先假设载荷 P 装在初始漂心的垂线上,船舶平行下沉,此时吃水平行改

变量为 $\delta d = \dfrac{P}{100TPC}$,然后将载荷 P 由漂心垂线处水平移至实际装载位置 x_P 处,则纵移距离

为 $(X_P - X_f)$,载荷纵移后引起吃水差的改变量为 $\delta t = \dfrac{p \cdot (X_P - X_f)}{100MTC}$。

答案:C。

16. 在船中后部加装小量货物,则船舶_____。

A. 艏倾增大 　　　　　　　　　　B. 艉倾增大

C. 平行沉浮 　　　　　　　　　　D. 浮态的变化不能确定

解析:本题暂无解析。

答案:D。

17. 为了减小船舶的艏倾,应在_____之_____卸下少量货物。

A. 漂心;后 　　　　　　　　　　B. 船中;后

C. 漂心;前 　　　　　　　　　　D. 船中;前

解析:本题暂无解析。

答案:C。

18. 为了减小船舶的艉倾,应在_____之_____加装少量货物。

A. 漂心;后 　　　　　　　　　　B. 浮心;前

C. 漂心;前 　　　　　　　　　　D. 船中;后

解析:本题暂无解析。

答案:C。

19. 为了减小船舶的艉倾,应在_____之_____卸下少量货物。

A. 漂心;后   B. 船中;前

C. 漂心;前   D. 船中;后

解析:本题暂无解析。

答案:A。

20. 为了减小船舶的艏倾,应在_____之_____加装少量货物。

A. 漂心;后   B. 浮心;前

C. 漂心;前   D. 船中;后

解析:本题暂无解析。

答案:A。

21. 在少量货载变化的情况下,船舶装载一定量的货物所引起的船舶吃水差的改变量与该位置_____成正比。

A. 距船中的距离   B. 距浮心的距离

C. 距漂心的距离   D. 距基线的距离

解析:在少量货载变化的情况下,船舶装载一定量的货物所引起的船舶吃水差的改变量与 $X_\mathrm{P} - X_\mathrm{f}$ 成正比。

答案:C。

4.4 船舶吃水差比尺及其应用

一、知识点梳理

1. 吃水差比尺的适用范围:少量载荷变动。

2. 吃水差比尺的定义:在船上任意位置装载 100 t 载荷时,船舶的艏、艉吃水改变量的图表。

3. 吃水差比尺的用途:求取 δt、δd_F、δd_A。

4. 吃水差比尺的使用方法:

当变动 $P(\mathrm{t})$ 载荷时,则:

$$\delta d_{\mathrm{F}1} = P \cdot \frac{\delta d'_\mathrm{F}}{100}$$

$$\delta d_{\mathrm{A}1} = P \cdot \frac{\delta d'_\mathrm{A}}{100}$$

式中:d'_F、d'_A——由吃水差比尺上查取的加载 100 t 载荷艏、艉吃水的改变量(m)。

5. 吃水差曲线图:

(1)曲线图组成:

纵坐标:载荷(不含空船重量 Δ_L)对船中力矩的代数和 M_x。

横坐标:排水量。

(2)曲线:吃水差曲线、艏吃水曲线、艉吃水曲线。

（3）用途：计算 t、d_F、d_A，及纵向移动载荷调整 t。

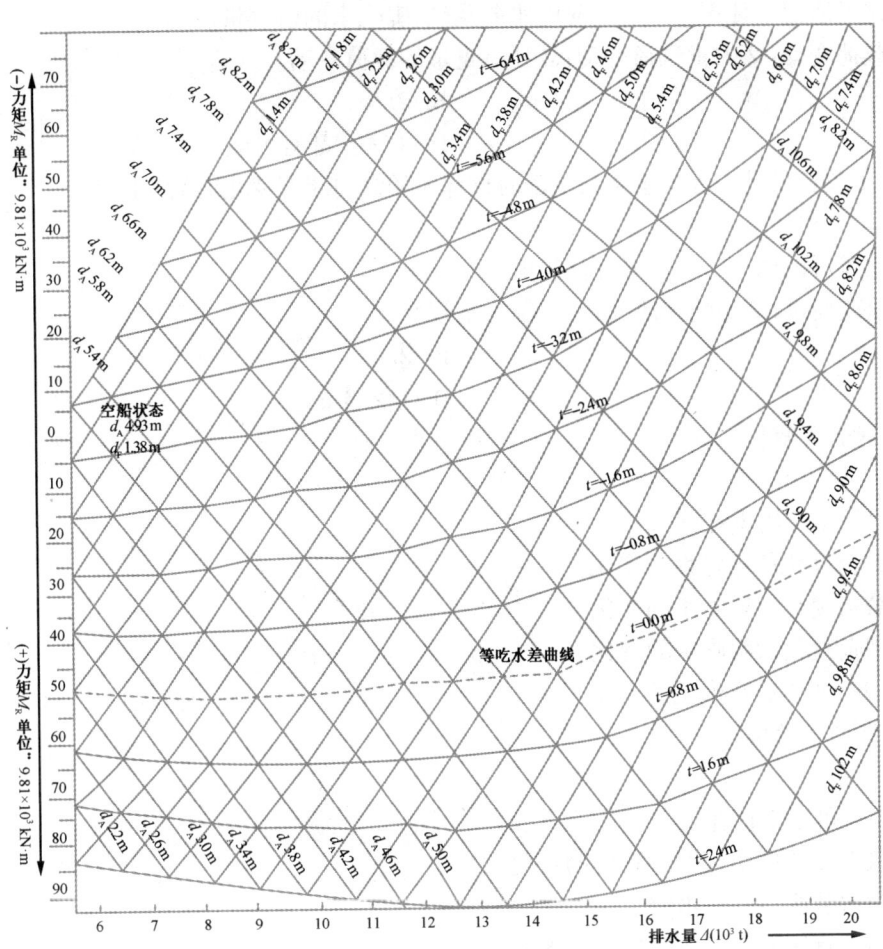

📍 二、难点点拨

当利用吃水差比尺求取艏、艉吃水改变量时，当卸载时，P 取"–"号。

📝 三、相关习题

1. 吃水差比尺在计算_____时误差较小。

①少量装卸艏、艉吃水改变量；②少量装卸吃水差改变量；③大量装卸艏、艉吃水改变量

A. ①②　　　　　　　　　　　　　B. ②③

C. ①　　　　　　　　　　　　　　D. ②

解析：吃水差比尺是一种少量载荷变动时核算船舶纵向浮态变化的简易图表，它是表示在船上任意位置加载 100 t 后，艏、艉吃水改变量的图表。

答案:A。

2. 吃水差比尺适用于计算_____时吃水差及艏、艉吃水的改变量。

①少量载荷变动;②大量载荷变动;③任意重量的载荷变动

A. ①   B. ②

C. ③   D. ①②③都有可能

解析:吃水差比尺是一种少量载荷变动时核算船舶纵向浮态变化的简易图表。

答案:A。

3. 吃水差比尺可以用_____来计算船舶。

①吃水差改变量;②艏吃水改变量;③艉吃水改变量

A. ①   B. ②

C. ③   D. ①②③

解析:本题暂无解析。

答案:D。

4. 吃水差比尺不能用于计算_____。

A. 少量载荷变化船舶稳性的变化

B. 少量载荷变化后艏吃水的变化

C. 少量载荷变化后艉吃水的变化

D. 少量载荷变化后吃水差的变化

解析:本题暂无解析。

答案:A。

5. 吃水差比尺可用于计算_____。

A. 少量载荷变化所引起船舶稳性的变化

B. 船舶航次装载后的吃水差

C. 船内前后货舱间移货所产生的吃水差

D. 船舶装载后的强度校核

解析:吃水差比尺可用于计算移货所产生的吃水差。

答案:C。

6. 在加载 100 t 艏、艉吃水变化数值图坐标系中,有若干等值线,它们分别为_____。

①艏吃水改变量;②艉吃水改变量;③吃水差改变量

A. ①②   B. ②③

C. ①③   D. ①②③

解析:吃水差比尺图中的两组线,虚线表示艏吃水改变量,实线表示艉吃水改变量。

答案:A。

7. 在加载 100 t 艏、艉吃水变化数值图中,根据_____和_____可以查出加载 100 t 货物的艏、艉吃水改变量。

A. 平均吃水;加载的 100 t 重量距船中的距离

B. 平均吃水;加载的 100 t 重量距浮心的距离

C. 排水量;加载的 100 t 重量距重心的距离

D. 排水量;加载的 100 t 重量距漂心的距离

解析:本题暂无解析。

答案:A。

8. 加载 100 t 货物的艏、艉吃水改变量图中,共有两组曲线,分别表示_____。

A. 艏、艉吃水

B. 船舶平均吃水和艉吃水

C. 艏、艉吃水改变量曲线

D. 船舶等吃水差曲线和船舶吃水差

解析:本题暂无解析。

答案:C。

9. 某船排水量 $\Delta = 1\,000$ t,_____利用吃水差比尺查取艏、艉吃水改变量误差较小。

A. 开航前加油水 150 t　　　　　　　　B. 航行途中油水消耗 80 t

C. 中途港卸货 300 t　　　　　　　　　D. 中途港装货 200 t

解析:吃水差比尺用于少量载荷变动时核算船舶纵向浮态变化,在本题亦即载荷变动小于 100 t(排水量的 10%)。

答案:B。

10. 某船 $d_F = 5.52$ m, $d_A = 6.40$ m,查得在第 3 舱装载 100 t 时艏吃水变化 -0.06 m,艉吃水变化 0.28 m,则在第 3 舱驳卸 142 t 货物后船舶吃水差为_____ m。

A. -0.33　　　　　　　　　　　　　B. -0.40

C. -0.47　　　　　　　　　　　　　D. -0.63

解析:其艏、艉吃水改变量 $\delta d''_F$ 和 $\delta d''_A$ 为:

$$\begin{cases} \delta d''_F = \dfrac{P}{100} \cdot \delta d'_F \\[2mm] \delta d''_A = \dfrac{P}{100} \cdot \delta d'_A \\[2mm] \delta t'' = d''_F - \delta d''_A \end{cases}$$

,因本题船舶少量卸载,将 P 取

为负值。根据求得的吃水差改变量得出最后的船舶吃水差。

答案:B。

11. 某船 $d_F = 5.74$ m, $d_A = 6.21$ m,查得在第 3 舱装载 100 t 时艏吃水变化 -0.05 m,艉吃水变化 0.24 m,则在第 3 舱驳卸 79 t 货物后船舶吃水差为_____ m。

A. -0.38　　　　　　　　　　　　　B. -0.24

C. -0.19　　　　　　　　　　　　　D. -0.12

解析:本题暂无解析。

答案:B。

12. 某船装货前的艏吃水 5.59 m,吃水差 -0.53 m,查得在某舱加载 100 t 时艏吃水的改变量为 0.24 m,艉吃水的改变量为 -0.10 m,在该舱卸载 149 t 货物后船舶的艉吃水为_____ m。

A. 5.79　　　　　　　　　　　　　　B. 5.62

C. 6. 27   D. 5. 97

解析:其艏、艉吃水改变量 $\delta d''_F$ 和 $\delta d''_A$ 为: $\begin{cases} \delta d''_F = \dfrac{P}{100} \cdot \delta d'_F \\[2mm] \delta d''_A = \dfrac{P}{100} \cdot \delta d'_A \\[2mm] \delta t'' = d''_F - \delta d''_A \end{cases}$,因本题船舶少量卸载,将 P 取为负值。根据求得的艉吃水的改变量得出最后的艉吃水。

答案:C。

13. 某船艉吃水 5.87 m,吃水差 -0.42 m,查得 No. 3 舱加载 100 t 时艏吃水变化 -7.38 cm,艉吃水变化 13.39 cm,则在 No. 3 舱卸货 132 t 后船舶的艉吃水为_____ m。

A. 5. 45   B. 4. 41

C. 5. 27   D. 5. 55

解析:其艏、艉吃水改变量 $\delta d''_F$ 和 $\delta d''_A$ 为: $\begin{cases} \delta d''_F = \dfrac{P}{100} \cdot \delta d'_F \\[2mm] \delta d''_A = \dfrac{P}{100} \cdot \delta d'_A \\[2mm] \delta t'' = d''_F - \delta d''_A \end{cases}$,因本题船舶少量卸载,将 P 取为负值。根据求得的艉吃水改变量得出最后的艉吃水。

答案:D。

14. 某船装货前的艉吃水为 6.055 m,查得在该船某舱加载 100 t 时艉吃水的改变量为 0.155 m,如该舱装货量 697 t,则装货物后船舶的艉吃水为_____ m。

A. 6. 422   B. 9. 276

C. 8. 562   D. 7. 135

解析:本题暂无解析。

答案:D。

15. 某船卸货前的吃水差 $t = -0.50$ m,卸货量为 500 t,查得在该舱加载 100 t 时艏吃水的改变量为 0.10 m,艉吃水改变量为 -0.10 m,则卸货后船舶的吃水差为_____ m。

A. +0. 5   B. -0. 5

C. -1. 0   D. -1. 5

解析:本题暂无解析。

答案:D。

16. 某船加载 200 t 于 No. 2 货舱,现查百吨吃水差比尺得到在该舱加载 100 t 时的艏、艉吃水改变量分别是 +0.20 m、-0.11 m,则加载 200 t 后船舶的吃水差改变量为_____ m。

A. -0. 18   B. 0. 18

C. -0. 62   D. 0. 62

解析:本题暂无解析。

答案:D。

17. 某船卸载 60 t 于 No.2 货舱,现查百吨吃水差比尺得到在该舱加载 100 t 时的艏、艉吃水改变量分别是+0.20 m、-0.11 m,则卸载 60 t 后船舶的吃水差改变量为_____ m。

A. -0.19　　　　　　　　　　　　B. -0.31

C. 0.19　　　　　　　　　　　　　D. 0.31

解析:本题暂无解析。

答案:A。

18. 某船抵港前 d_F=5.47 m, d_A=6.03 m,计划在第 3 舱驳卸货物 136 t,查相关图表得在该舱加载 100 t 时艏吃水变化-0.06 m,艉吃水变化 0.12 m,则驳卸后艏吃水为_____ m,艉吃水为_____ m。

A.5.55;5.87　　　　　　　　　　B.5.39;5.87

C.5.39;6.19　　　　　　　　　　D.5.55;6.19

解析:本题暂无解析。

答案:A。

19. 某船艏吃水为 5.60 m,查得在该船某舱加载 100 t 时艏吃水的改变量为 0.133 m,则在该舱装 214 t 货后船舶的艏吃水为_____ m。

A.5.88　　　　　　　　　　　　　B.7.65

C.7.065　　　　　　　　　　　　　D.5.29

解析:本题暂无解析。

答案:A。

20. 某船装货前的艉吃水为 5.70 m,查得在该舱加载 100 t 时艉吃水的改变量为 0.22 m,装货量为 594 t,则装货后船舶的艉吃水为_____ m。

A.6.31　　　　　　　　　　　　　B.9.11

C.8.41　　　　　　　　　　　　　D.7.01

解析:本题暂无解析。

答案:D。

21. 某船装货前的艉吃水 9.36 m,吃水差-0.72 m,在某舱卸货 456 t,查得该舱加载 100 t 时艉吃水改变量为 0.208 m,艏吃水改变量为-0.083 m,则卸货后船舶的艉吃水为_____ m。

A.8.98　　　　　　　　　　　　　B.9.02

C.8.72　　　　　　　　　　　　　D.9.18

解析:本题暂无解析。

答案:B。

22. 某船 d_F=5.52 m, d_A=6.40 m,查得在第 3 舱加载 100 t 时艏吃水变化为-0.06 m,艉吃水变化为 0.28 m,则在第 3 舱驳卸 142 t 货物后船舶的吃水差改变_____ m。

A. -0.33　　　　　　　　　　　　B. -0.48

C. 0.48　　　　　　　　　　　　　D. -0.63

解析:本题暂无解析。

答案:C。

23. 某船装货前艉吃水 8.13 m,吃水差-0.83 m,在某舱加载 100 t 时艏吃水改变量为 0.23 m,艉吃水改变量为-0.11 m,现在该舱装货 269 t,则装货后船舶的吃水差为_____ m。

  A. -0.08   B. 0.16

  C. 0.08   D. -0.16

  解析:本题暂无解析。

  答案:C。

24. 某船吃水差-0.54 m,查得在第 2 舱加载 100 t 时的艏、艉吃水改变量分别是 0.20 m、-0.03 m,则在该舱加载 83 t 后船舶的吃水差为_____ m。

  A. -0.42   B. -0.29

  C. -0.35   D. -0.31

  解析:本题暂无解析。

  答案:C。

4.5 船舶吃水差调整

4.5.1 吃水差调整原则及方法

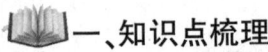 一、知识点梳理

1. 吃水差调整原则:调整吃水差应同时兼顾纵向强度的要求。

2. 常见的吃水差调整方案:

船舶状态		载荷调整方案	
吃水差	纵向变形	纵移	增减
艏倾	中拱	前部—中部	前部减载
艏倾	中垂	中部—后部	后部加载
艏倾	无	前部—后部	
艉倾	中拱	后部—中部	后部减载
艉倾	中垂	中部—前部	前部加载
艉倾	无	后部—前部	
平吃水	中拱	前、后部—中部	中部加载/艏艉减载
平吃水	中垂	中部—前、后部	中部减载/艏艉加载

二、相关习题

1. 船舶纵向移动载荷调整吃水差,常用的移动方法有_____。
   ①单向移动载荷;②轻重载荷不等体积双向移动;③轻重载荷等体积双向互换舱位
   A.①②　　　　　　　　　　　　　B.①③
   C.②③　　　　　　　　　　　　　D.①②③
   解析:本题暂无解析。
   答案:B。

2. 船舶纵向移动载荷调整吃水差,由艏、艉货舱同时向中部货舱移货时,吃水差将_____。
   A. 增大　　　　　　　　　　　　　B. 减小
   C. 不变　　　　　　　　　　　　　D. 不能确定
   解析:本题暂无解析。
   答案:D。

3. 船舶为中垂状态,现欲增大船舶的艉倾,需_____。
   A. 将船中货物前移　　　　　　　　B. 将船中货物后移
   C. 将船尾货物移向船中　　　　　　D. 将船首货物移向船中
   解析:将船中货物后移,在增大船舶的艉倾的同时减小船舶中垂。
   答案:B。

4. 船舶配载后经计算发现艏倾,中拱,则以下调整措施较为适宜的是_____。
   A. 由船舶前部向中部移货　　　　　B. 由船舶中部向后部移货
   C. 由船舶前后部向中部移货　　　　D. 由船舶前部向后部移货
   解析:由船舶前部向中部移货,在减小船舶的艏倾的同时减小船舶中拱。
   答案:A。

5. 船舶配载后经计算发现艏倾,中垂,则以下调整措施较为适宜的是_____。
   A. 由船舶前部向中部移货　　　　　B. 由船舶中部向后部移货
   C. 由船舶前后部向中部移货　　　　D. 由船舶中部向前后部移货
   解析:由船舶中部向后部移货,在减小船舶的艏倾的同时减小船舶中垂。
   答案:B。

6. 船舶配载后经计算发现艉倾过大,中垂,则以下调整措施较为适宜的是_____。
   A. 由船舶尾部向前部移货　　　　　B. 由船舶中部向后部移货
   C. 由船舶中部向前部移货　　　　　D. 由船舶中部向前后部移货
   解析:由船舶中部向前部移货,在减小船舶的艉倾的同时减小船舶中垂。
   答案:C。

7. 船舶配载后经计算发现艉倾过大,中拱,则以下调整措施较为适宜的是_____。
   A. 由船舶前后部向中部移货　　　　B. 由船舶后部向前部移货
   C. 由船舶前部向中部移货　　　　　D. 由船舶后部向中部移货

解析:由船舶后部向中部移货,在减小船舶的艉倾的同时减小船舶中拱。

答案:D。

8. 船舶配载后经计算发现艉倾过大,无拱垂,则以下调整措施较为适宜的是_____。

  A. 由船舶前部向中部移货   B. 由船舶中部向前部移货

  C. 由船舶前后部向中部移货   D. 由船舶后部向前部移货

解析:由船舶后部向前部移货对于减小艉倾效果最明显。

答案:D。

9. 船舶装货结束前经测算发现艉倾过大,中拱,则以下调整措施适宜的是_____。

  A. 前部减载   B. 前部加载

  C. 中部加载   D. 后部减载

解析:后部减载既可以减小艉倾,又可以减小中拱。

答案:D。

10. 船舶装货结束前经测算发现艉倾过大,中垂,则以下调整措施适宜的是_____。

  A. 前部减载   B. 前部加载

  C. 后部加载   D. 后部减载

解析:前部加载既可以减小艉倾,又可以减小中垂。

答案:B。

11. 船舶配载后经计算发现平吃水,中垂过大,若要保持船舶纵倾状态不变,则以下调整措施较为适宜的是_____。

  A. 由船舶中部向前部移货   B. 由船舶中部向后部移货

  C. 由船舶中部向前后部移货   D. 由船舶前后部向中部移货

解析:由船舶中部向前后部移货,在保持船舶纵倾状态不变的同时减小船舶中垂。

答案:C。

12. 船舶配载后经计算发现平吃水,中拱过大,若要保持船舶纵倾状态不变,则以下调整措施较为适宜的是_____。

  A. 由船舶前部向中部移货   B. 由船舶后部向中部移货

  C. 由船舶中部向前后部移货   D. 由船舶前后部向中部移货

解析:由船舶前后部向中部移货,在保持船舶纵倾状态不变的同时减小船舶中拱。

答案:D。

4.5.2 吃水差的调整计算

一、知识点梳理

1. 单向移动载荷。

(1)舱位有空余:

$$P = \frac{\delta t \cdot 100MTC}{X}$$

式中:P——纵向移动的载荷重量(t)。

　　X——P 重心纵向移动距离(m),前移取"+",后移取"−"。

　　(2)舱位无空余:采用纵向轻重载荷等体积互换。

$$P = \frac{\delta t \cdot 100MTC}{X}$$

$$\begin{cases} P_{\mathrm{H}} - P_{\mathrm{L}} = P \\ P_{\mathrm{H}} \cdot SF_{\mathrm{H}} = P_{\mathrm{L}} \cdot SF_{\mathrm{L}} \end{cases}$$

2.加减载荷($\sum P_i \leqslant 10\% \Delta$)。

$$\delta t = t_1 - t_0$$

$$P = \frac{\delta t \cdot 100MTC}{X_{\mathrm{P}} - X_{\mathrm{f}}}$$

式中:P——加减载荷重量(t)。

　　X_{P}——载荷 P 重心距船中距离(m)。

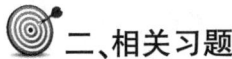 二、相关习题

1.船舶装货结束前经测算发现平吃水,中垂过大,若要保持船舶纵倾状态不变,则以下调整措施较为适宜的是_____。

　A.中部加载　　　　　　　　　　　B.艏部加载

　C.艉部加载　　　　　　　　　　　D.中部减载

　解析:本题暂无解析。

　答案:D。

2.在调整船舶吃水差时,适宜的做法是_____。

　①在编制配载计划时,打排压载水;②在编制配载计划时,将货物做纵向移动;③装货后纵向移动货物;④航行中纵向移动货物;⑤航行中,调拨压载水、淡水和燃料

　A.②③⑤　　　　　　　　　　　　B.②⑤

　C.①③④　　　　　　　　　　　　D.①③④⑤

　解析:本题暂无解析。

　答案:B。

3.船舶在航行中,可通过_____调整船舶吃水差。

　A.在配载计划中将货物做纵向移动

　B.用船吊将货物做纵向移动

　C.调拨压载水和淡水

　D.在艏、艉装载少量载荷

　解析:船舶在航行中需要调整吃水差,可通过调拨压载水和淡水进行。

　答案:C。

4.从保证船舶具有适当吃水差考虑,下列做法不恰当的是_____。

A. 在航行中合理安排油水消耗的舱室顺序

B. 货物装载结束前在艏、艉部货舱留出部分机动货

C. 装货结束后纵向移动少量货物

D. 在装卸作业前合理安排货物装卸顺序

解析:本题暂无解析。

答案:C。

5. 某船满载,航行中发现吃水差不满足要求,正确的调整方法是_____。

    A. 打入压载水   B. 调拨液舱内的油水

    C. 纵向移动少量货物   D. 调整配载计划

解析:船舶满载航行,不能打入压载水,可通过调拨液舱内的油水来调整吃水差。

答案:B。

6. 油船在配载时用来保证适宜吃水差的经验方法有_____。

①按照舱容比分配各舱货重;②各留出艏、艉一个货舱不装满,用来调整吃水差;③安排不同密度的油种在前后部货舱;④留出中部货舱不装满

    A.①②③④   B.②③④

    C.②③   D.①④

解析:装载单一油品时,在舱容富裕的情况下,可在艏、艉各留出一个油舱不装满,用于调整吃水差;装载多种油品时,既可采用上述方法,也可通过安排不同油品的前后舱位来满足吃水差的要求。

答案:C。

7. 下列关于保证和调整船舶适宜吃水差的经验方法的说法正确的是_____。

A. 保证二层舱和底舱货物重量的适当比例

B. 重货装艏、艉货舱、轻货装中部货舱

C. 中部货舱多装货,艏、艉货舱少装货

D. 综合考虑纵向强度、吃水差及货物相容性,适当调整各舱货重,艏、艉舱留出一定的机动货载用来调整吃水差

解析:本题暂无解析。

答案:D。

8. 在编制配载计划时,最好采用_____的方法调整船舶吃水差。

    A. 调拨压载水和淡水   B. 调拨燃料舱内的燃料

    C. 将货物做纵向移动   D. 将货物做横向移动

解析:编制配载计划时,发现船舶吃水差需要调整,最好采用将货物做纵向移动的方法。

答案:C。

项目 5　船舶抗沉性

5.1　船舶破损进水的概念及破损进水类型

一、知识点梳理

1. 抗沉性是指船舶在一舱或数舱破损进水后,仍能保持一定浮性和稳性,使船舶不致沉没或延缓沉没时间,以确保人命和财产安全的性能。

2. 根据船舱进水情况,进水舱可分成三类:

(1)第一类舱:进水舱被灌满,其舱顶位于水线以下且未破损。在抗沉性计算中可将进入的水视作加载了一定量的固体载荷。

(2)第二类舱:进水舱未被灌满,舱内外水不相连通。在抗沉性计算中需考虑自由液面对稳性的影响。

(3)第三类舱:舱顶位于水线以上,舱内外水相连通。在抗沉性计算中可采用"增加重量法"或"损失浮力法"来进行计算。

二、难点点拨

注意进水舱的三种不同类别的区别。

三、相关习题

1. 为计算船舶破舱后的浮性和稳性,将进水舱分为_____类型。

A. 两种   B. 三种

C. 四种   D. 五种

解析:在抗沉性计算中,根据船舱进水的情况,可将进水舱分成三类。

答案:B。

2. 关于进水舱的分类,进水舱被灌满,其舱顶位于水线之下且未破损属于_____。

   A. 第一类舱   B. 第二类舱

   C. 第三类舱   D. 第四类舱

解析:第一类舱:进水舱被灌满,其舱顶位于水线以下且未破损。

答案:A。

3. 关于进水舱的分类,进水舱未被灌满,但舱内外水不相连通,属于_____。

   A. 第一类舱   B. 第二类舱

   C. 第三类舱   D. 第四类舱

解析:第二类舱:进水舱未被灌满,舱内外水不相连通。

答案:B。

4. 在船舶抗沉性计算中,船舶破损进水通常分为_____类,且其中_____类需要考虑自由液面的影响。

   A. 三;三   B. 三;一

   C. 三;两   D. 四;两

解析:第二、三类舱需要考虑自由液面对船舶稳性的影响。

答案:C。

5. 双层底和顶盖在水线以下的舱柜若船底触礁破舱进水,属于_____且这类舱在进水后_____。

   A. 第一类舱;存在自由液面   B. 第一类舱;不存在自由液面

   C. 第三类舱;存在自由液面   D. 第三类舱;不存在自由液面

解析:第一类舱不存在自由液面。

答案:B。

6. 舱顶位于水线以上,舱内外水相连通,最终舱内水面会与舷外水面处于同一水平面。这类舱称为_____。

   A. 第一类进水舱   B. 第二类进水舱

   C. 第三类进水舱   D. 第四类进水舱

解析:本题暂无解析。

答案:C。

7. 在研究船舶抗沉性问题时,根据船舱进水的情况,可将进水舱分为_____类。

   A. 五   B. 四

   C. 三   D. 两

解析:本题暂无解析。

答案:C。

5.2　公约对破损稳性的衡准要求

一、知识点梳理

船体破舱进水达到新的平衡状态后的稳性称为破舱稳性。为了保证船舶破舱进水后不致倾覆,要求破舱进水后的剩余稳性及横倾角满足《SOLAS 公约》和我国相关法规规定的破舱进水后稳性的要求。

在所有营运状态下,船舶应具有足够的完整稳性,以能支持其任一不超过可浸长度的主舱浸水至最后阶段。

1. 破损后不对称进水的横倾角 θ:

在任何情况下,客船的最大横倾角不应超过 15°,其他船平衡以前的最大横倾角不应超过 20°。

2. 经采取平衡措施后,其最终状态为:

(1)客船在一舱浸水时:$\theta \leqslant 7°$,两个或以上的相邻舱同时浸水时的横倾角:$\theta \leqslant 12°$。

(2)在对称浸水情况下,当采取固定排水量法计算时,客船的 $GM \geqslant 0.05$ m(即至少有 50 mm 的正值剩余初稳性高度),其他船 GM 可小于 0.05 m,但必须为正值。

(3)在任何情况下,船舶浸水的最终阶段不应淹没限界线。

(4)剩余复原力臂曲线在平衡角以外应有一个最少 15°的正值范围。

二、难点点拨

船舶破损进水后,应用初稳性公式来计算船舱进水后的浮态和稳性的基本方法。

三、相关习题

1. 安全限界线是指_____。

　A. 水密横舱壁上达的最高一层水密甲板的边线

　B. 上甲板的边线

　C. 舱壁甲板向下 76 cm 处所绘的一条曲线

　D. 舱壁甲板边线向下 3 in 处所绘的一条曲线

　解析:在船舶侧视图上,在舱壁甲板边线以下 76 mm(3 in)处所绘的一条曲线称为安全限界线。

　答案:D。

2. 在船舶设计建造中,提高其抗沉性最有效的办法是_____。

　A. 增加主尺度　　　　　　　　B. 增加水密横舱壁

　C. 增加救生设备　　　　　　　D. 减小机舱长度

解析:水密横舱壁能保证船体因海损事故造成某舱破损进水时不会蔓延至其他相邻舱室,使船舶仍有一定的浮力和稳性,从而提高船舶的抗沉性能。

答案:B。

3. 在进行抗沉性计算时,船舶驾驶员通常采用_____。

A. 增加重量法   B. 损失浮力法

C. 百分比法   D. 概率方法

解析:增加重量法相对直观和简单,在遇船舱进水时船舶驾驶员经常采用。

答案:A。

4. 在船舶抗沉性计算中,常用的方法有_____。

①重量增加法;②固定排水量法;③浮力损失法

A. ①②③   B. ②③

C. ①   D. ③

解析:损失浮力法又被称为固定排水量法。

答案:A。

5. 船舶一般会因为_____等因素而导致船舱进水。

①搁浅;②碰撞;③船底板腐蚀穿透;④主机燃油管破裂;⑤主甲板舱盖受损;⑥驾驶台门未关闭

A. ①②③④   B. ②③⑤⑥

C. ①②③⑤   D. ②③④⑤

解析:本题暂无解析。

答案:C。

6. 不同船舶对抗沉性的要求不一样,下列说法正确的是_____。

A. 内河船舶的抗沉性要求高于沿海货船

B. 远洋船舶的抗沉性要求低于沿海船舶

C. 沿海客船的抗沉性要求低于远洋货船

D. 军舰的抗沉性要求高于民用商船

解析:各类船舶对于抗沉性的设计要求是不同的。军舰的抗沉性要求要明显高于民用船舶;在民用船舶中,客船的抗沉性要求要高于货船,无限航区船舶的抗沉性要高于沿海船舶,沿海船舶的抗沉性又要高于内河船舶。

答案:D。

7. 在船舶破损控制手册中可以查到_____。

①船上每一通用泵、压载泵、主海水泵和消防泵的排水能力;②船舶破损控制图张贴位置;③船舱进水重量估算公式;④船舱进水速率估算公式;⑤船公司的应急指挥中心办公室电话和传真号码

A. ①②③④   B. ①②⑤

C. ①②   D. ①②③④⑤

解析:本题暂无解析。

答案:D。

8.船舶破损控制图张贴位置通常在_____等处。

①船首;②驾驶台;③货物控制室;④船尾;⑤艇甲板走廊

A.②③⑤ B.①②④

C.①②④⑤ D.①②③④⑤

解析:船舶破损控制图的张贴位置通常在驾驶台、货物控制室、艇甲板走廊等处。

答案:A。

9.船舶破损控制手册包括_____。

A.船体破损溢油时,海面油污区域的预测方法

B.船体破舱剩余强度的估算方法

C.船体破损后进水速率的估算方法

D.ERS 报告

解析:本题暂无解析。

答案:C。

10.船舶破损控制图通常应张贴在_____。

①驾驶台;②货控室;③艇甲板走廊

A.①②③ B.①②

C.①③ D.①

解析:本题暂无解析。

答案:A。

11.按规定,船舶破损控制图的比例不小于_____。

A.1∶50 B.1∶100

C.1∶150 D.1∶200

解析:船舶破损控制图是一张比例不小于 1∶200 的船舶每层甲板的俯视图。

答案:D。

12.船舶破损控制图一般张贴在_____等处。

①驾驶室;②船员舱;③货物控制室;④电报室;⑤艇甲板走廊

A.①②③ B.②③④

C.①③⑤ D.③④⑤

解析:本题暂无解析。

答案:C。

13.在船舶发生破损后应向船公司报告的内容包括_____等。

①发生破损的时间和地点;②破损发展趋势;③破损原因和部位;④破损程度;⑤已采取和打算采取的措施

A.①②③④ B.①③⑤

C.①③④⑤ D.①②③④⑤

解析:本题暂无解析。

答案:D。

14.根据船舶破损控制手册,进入水密舱柜时,应_____。
①严格执行相关操作规程;②对水密舱柜的含氧量进行测量;③提供足够的照明;④必要时进行通风;⑤确保两人以上;⑥在水密舱柜道门外留有专人负责通信联络

A.①②③④⑤⑥   B.①②③⑤⑥

C.①②③④⑤   D.②③④⑤⑥

解析:本题暂无解析。

答案:A。

15.下列选项中不属于船舶破损控制手册内容的是_____。

A.船上压载泵、主海水泵和消防泵的排水能力

B.船舶完整稳性衡准

C.船舶进水速率估算公式

D.船舶碰撞造成破损的应急措施

解析:船舶完整稳性衡准不属于船舶破损控制手册的内容。

答案:B。

16.船舶破损控制手册有关船舶破损控制的实操指导和注意事项不包括_____。

A.船舶碰撞造成破损后的应急措施

B.调整横倾及纵倾的注意事项

C.进入或逃出水密舱柜的方法

D.船员和旅客的逃生的指导和建议

解析:船舶破损控制手册实操指导和注意事项说明包括船舶碰撞造成破损后的应急措施、调整横倾及纵倾的注意事项及进入或逃出水密舱柜的方法。

答案:D。

17.船舶破损控制图张贴位置通常为_____。
①驾驶台;②机舱;③货物控制室;④艇甲板走廊

A.①②③   B.②③④

C.①③④   D.①②③④

解析:本题暂无解析。

答案:C。

18.船舶破损控制过程中,注入压载水调整船舶横倾,则_____。

A.船舶储备浮力不受影响

B.船舶稳性一定可控

C.需要考虑注水后的船舶强度

D.不需考虑自由液面对稳性的影响

解析:船舶破损控制过程中,注入压载水调整船舶横倾会造成船舶储备浮力的减小并造成新的自由液面,进一步恶化船舶的稳性;大量压载水会影响船体强度。

答案:C。

项目6　船舶强度

6.1　船舶强度的定义和分类

一、知识点梳理

1. 船舶强度:船体结构受内、外力作用时,船体抵抗发生变形或破坏的能力。
2. 船舶强度分类
(1)总强度
①纵强度:船体结构抵抗总纵弯曲或破坏的能力。
②横强度:船体结构抵抗横向变形或破坏的能力。
③扭转强度:船舶整体抵抗扭转变形或破坏的能力。
(2)局部强度:船体构件或部分结构抵抗局部变形或破坏的能力。

二、难点点拨

从船舶配积载角度来看,主要应考虑船体的纵强度和局部强度。

三、相关习题

1. 船舶的局部强度是指船体结构抵抗_____的能力。
　A. 船体局部变形或损坏
　B. 干舷甲板发生扭曲变形

C.船体沿船宽方向发生扭曲变形

D.船体沿船长方向发生扭曲变形

解析:局部强度是指船体构件抵抗局部变形或破坏的能力。

答案:A。

2.按照_____,将船舶强度分为横强度、扭转强度和纵强度。

A.船舶所受外力分布的走向和船体结构变形方向的不同

B.船舶所受外力分布的走向和船体结构变形范围的不同

C.船舶所受外力的分布和船体结构变形范围的不同

D.船舶结构抵抗船体发生变形能力的不同

解析:本题暂无解析。

答案:A。

3.将船舶强度分为总强度和局部强度是按照_____划分的。

A.船舶所受外力分布的走向和船体结构变形方向的不同

B.船舶所受外力分布的走向和船体结构变形的不同

C.船舶所受外力的分布和船体结构变形范围的不同

D.船舶结构抵抗船体发生变形能力的不同

解析:本题暂无解析。

答案:C。

4.按照船舶所受外力的分布和船体结构变形范围的不同,将船舶强度分为_____。

A.纵强度和横强度   B.总强度和局部强度

C.总强度和扭转强度   D.横强度和扭转强度

解析:按照外力的分布和船体结构变形的范围,船体强度可分为总强度和局部强度。

答案:B。

5.按照船舶所受外力分布的走向和船体结构变形的方向不同,将船舶强度分为_____。

A.纵强度、横强度和局部强度   B.总强度、局部强度和扭转强度

C.总强度、扭转强度和纵强度   D.横强度、扭转强度和纵强度

解析:本题暂无解析。

答案:D。

6.船体各段长度上载重横向不对称,可能产生_____。

①横倾角;②扭转力矩;③横向弯曲变形

A.①②③   B.①③

C.②③   D.①②

解析:本题暂无解析。

答案:A。

7.从船舶安全积载的角度出发,普通干散货船主要考虑的强度分类是_____。

A.横向强度和总纵强度   B.总纵强度和局部强度

C.扭转强度和局部强度   D.横向强度和扭转强度

解析:本题暂无解析。

答案:B。

8.从船舶安全积载的需要出发,集装箱船主要考虑下列哪些强度?_____。

①纵向强度;②扭转强度;③横向强度;④局部强度

A.①②③　　　　　　　　　　　　B.②③④

C.①②④　　　　　　　　　　　　D.①③④

解析:横向强度不是集装箱船安全积载主要考虑的强度。

答案:C。

9.下列各项会引起船舶结构局部变形及损坏的是_____。

①波浪对船首底部的冲击力;②甲板承受重载荷;③横剖面上出现切力和弯矩;④船体斜置于波浪;⑤机器的振动力

A.③④⑤　　　　　　　　　　　　B.①④⑤

C.①②⑤　　　　　　　　　　　　D.②③④

解析:横剖面上出现切力和弯矩可能导致纵向变形及损坏;船体斜置于波浪中可能导致船体出现过大的扭转变形而发生破损。

答案:C。

6.2　船舶纵强度

6.2.1　纵强度定义及船体产生纵向变形的原因

一、知识点梳理

1.纵强度:船体结构抵抗因重力和浮力沿船长方向不一致而产生的剪切及纵向弯曲变形的能力。

2.纵向变形的原因:从整体上讲,船舶重力和浮力大小相等、方向相反并作用于同一垂线上,但这两个力沿船长方向各区段内其大小并不都是相等的,即重力和浮力沿纵向分布规律不一致。

二、相关习题

1.由于_____,船体可能会发生纵向弯曲变形。

A.重力和浮力沿船长方向的分布不相等

B.重心和浮心不共垂线

C.重心点和稳心点不共垂线

D.浮心和漂心不共垂线

解析:在船舶所受的各种作用力中,对船体总纵强度影响最大的是重力和浮力。当船舶所受的重力和浮力沿纵向分布严重不一致时,将导致船体纵向强力构件(如甲板、龙骨等)发生永久变形或损坏。

答案:A。

2. 船体发生纵向弯曲变形的大小与_____有关。

①重力沿船长方向分布;②浮力沿船长方向分布;③船舶处于波浪中的相对位置

A.①　　　　　　　　　　　　　　B.②

C.③　　　　　　　　　　　　　　D.①②③

解析:本题暂无解析。

答案:D。

3. 引起船舶纵向变形的主要原因是_____。

A. 船体纵向构件的刚度不足

B. 船体纵向构件的强度不足

C. 船舶所受重力和浮力不相等

D. 船体沿长度方向重力和浮力分布不均衡

解析:本题暂无解析。

答案:D。

4. 船体发生纵向弯曲变形和破坏是由于_____。

A. 局部强度不足　　　　　　　　　B. 总纵弯曲强度不足

C. 横向强度不足　　　　　　　　　D. 扭转强度不足

解析:当船舶纵向强度条件得不到满足,即船体受力超过纵向强度允许范围,将导致船体纵向强力构件发生永久变形或损坏。

答案:B。

5. 船舶纵向强度是指船舶结构抵抗_____。

A. 船体沿船宽方向发生损坏及变形的能力

B. 各层甲板沿船长方向发生扭曲变形的能力

C. 船体沿船长方向产生剪切及弯曲变形的能力

D. 载荷和水压力作用保持不损坏和不发生很大变形的能力

解析:纵向强度是指船体结构抵抗因垂向受力沿纵向分布变化造成的总纵弯曲和剪切变形导致结构极度变形和破坏的能力。

答案:C。

6. 船舶某横剖面上实际弯矩超过允许范围,船体的_____结构有可能最先遭到破坏。

A. 上甲板或船底　　　　　　　　　B. 纵舱壁

C. 横舱壁　　　　　　　　　　　　D. 舷侧

解析:中垂变形将使甲板结构受压,船底结构受拉;中拱变形将使甲板结构受拉,船底结构受压。

答案:A。

7. 船体产生纵向变形的原因是_____。

A. 船舶装载重货太多   B. 船舶所受的重力和浮力不相等

C. 船舶没有达到满舱满载   D. 重力和浮力沿纵向分布不一致

解析:本题暂无解析。

答案:D。

8. 纵向强度是指_____。

A. 船舶主甲板、船底板和龙骨板抵抗各种内、外力作用使船舶沿纵向发生极度变形和破坏的能力

B. 船舶结构抵抗各种纵向内力作用使船舶沿纵向发生极度变形和破坏的能力

C. 船舶结构抵抗各种垂向内、外力作用使船舶沿纵向发生极度变形和破坏的能力

D. 船舶结构抵抗各种纵向水平的内、外力作用使船舶沿纵向发生极度变形和破坏的能力

解析:本题暂无解析。

答案:C。

6.2.2 船体纵向受力分析及其相互关系

一、知识点梳理

1. 负荷:纵向各区段上船体所受重力和浮力的差值。

2. 剪力:

(1) 作用于船体某一剖面一侧所有外力的代数和。

(2) 船尾一侧重力大于浮力为正;反之为负。

(3) 最大值在距船首和船尾 1/4 船长附近。

(4) 产生剪切变形。

3. 弯矩:

(1) 作用于船体某一剖面一侧所有外力矩的代数和。

(2) 船尾一侧重力矩大于浮力矩为正;反之为负。

(3) 最大值则出现在船中前后。

(4) 产生弯曲变形:

①中拱:正弯矩。

②中垂:负弯矩。

二、难点点拨

1. 船舶的总纵弯矩值沿船长方向的分布规律为向艏艉两端逐渐减小。

2. 一般装载情况下,船舶首、尾处的剪力为零,最大剪力绝对值出现在距船首和船尾 1/4 船长附近。

💬 **三、相关习题**

1. 对船体总纵强度影响最大的是_____。
   A. 重力
   B. 重力和浮力
   C. 重力、惯性力和浮力
   D. 重力、惯性力、波浪冲击力和浮力
   解析:在船舶所受的各种作用力中,对船体总纵强度影响最大的是重力和浮力。
   答案:B。

2. _____的作用使船体产生剪切变形,_____的作用使船体产生弯曲变形。
   A. 载荷;切力   B. 切力;弯矩
   C. 弯矩;载荷   D. 弯矩;切力
   解析:切力的作用是使船体产生剪切变形;弯矩的作用是使船体产生弯曲变形。
   答案:B。

3. 船体产生纵向弯曲变形的根本原因是_____。
   A. 船舶受到的重力和浮力不相等
   B. 船舶某一剖面重力和浮力不均衡
   C. 在船长方向上各舱装货不相等
   D. 在船长方向上重力和浮力分布不均衡
   解析:本题暂无解析。
   答案:D。

4. 波浪是通过改变_____沿船长方向的分布从而影响船体纵向弯曲变形的。
   A. 重力   B. 浮力
   C. 阻力   D. 内力
   解析:船舶在波浪中航行时,由于波浪的存在,一部分水下船体露出水面,而另一部分水上船体则沉入水中,会使浮力沿船舶纵向的分布发生变化。
   答案:B。

5. 船首、尾端处的总纵弯曲力矩_____,剪力_____。
   A. 较小;较大   B. 较大;较大
   C. 较小;较小   D. 较大;较小
   解析:弯矩绝对值的最大值通常出现在船中处;切力绝对值的最大值一般出现在距船首和船尾1/4船长附近。
   答案:C。

6. 影响船舶浮力沿船长方向分布的因素是_____。
   A. 上层建筑形状   B. 船体形状
   C. 船体水线下体积的形状   D. 重力分布

解析:船体所受的浮力沿纵向的分布是由水线下排水体积沿纵向的分布决定的。

答案:C。

7. 在船舶弯矩曲线上,一般而言,弯矩最大点对应的剪力_____。

A. 大   B. 小

C. 等于零   D. 不能确定

解析:本题暂无解析。

答案:C。

8. 船舶负荷曲线是_____曲线。

A. 重力沿船长的分布

B. 浮力沿船长的分布

C. 重力与浮力差值沿船长的分布

D. 浮力曲线下面积沿船长的分布

解析:本题暂无解析。

答案:C。

9. 在船舶弯矩曲线上,一般而言,除船舶首、尾外,剪力为零的点对应的弯矩_____。

A. 大   B. 小

C. 等于零   D. 不能确定

解析:本题暂无解析。

答案:A。

10. 重力与浮力之差在船体纵向上的分布曲线称为_____。

A. 重力曲线   B. 载荷曲线

C. 切力曲线   D. 弯矩曲线

解析:纵向坐标为 x 的单位长度的船体所受的重力和浮力的差值,就是该段船体所受的垂向合外力,称为载荷。

答案:B。

11. 同一船舶,甲板所受的总纵弯曲应力比船底_____。

A. 大   B. 小

C. 一样   D. 大小不定

解析:本题暂无解析。

答案:A。

12. 由船尾到船舶某一横剖面,对重力和浮力差值曲线进行积分,则得到了该剖面所受的_____。

A. 载荷   B. 切力

C. 弯矩   D. 强度

解析:本题暂无解析。

答案:B。

13. 对船舶重力分布曲线与浮力分布曲线之差进行两次积分得到的是_____。

A. 载荷分布曲线　　　　　　　　B. 切力分布曲线

C. 弯矩分布曲线　　　　　　　　D. 强度分布曲线

解析:本题暂无解析。

答案:C。

14. 船舶各剖面许用弯矩和许用剪力通常分为_____。

　　A. 港内状态和海上状态　　　　B. 港内状态和锚泊状态

　　C. 锚泊状态和海上状态　　　　D. 临界状态和实际状态

解析:船舶各个横剖面上船体最大允许的切力和弯矩值由船舶设计部门提供,分为港内状况(忽略海上波浪对船体受力的不利影响)和海上状况两种。

答案:A。

15. 船舶在港状态的许用弯矩和许用剪力通常_____其海上状态值。

A. 小于　　　　　　　　　　　　B. 等于

C. 大于　　　　　　　　　　　　D. 大于、等于或小于

解析:港内状态忽略海上波浪对船体受力的不利影响,许用弯矩和许用剪力通常大于其海上状态值。

答案:C。

16. 船舶载荷曲线对横坐标的一次积分即为_____曲线。

A. 重力　　　　　　　　　　　　B. 剪力

C. 载荷　　　　　　　　　　　　D. 弯矩

解析:本题暂无解析。

答案:B。

6.2.3 船舶拱垂变形及其影响因素

一、知识点梳理

1. 拱垂变形:整个船体发生纵向弯曲变形,称为拱垂变形。

2. 中拱变形:当船舶首、尾部重力大于浮力而中部浮力大于重力时,所出现的弯曲变形称为中拱变形。中拱变形使甲板受拉,船底受压,而形成船体中部上拱。造成中拱变形的弯矩称中拱弯矩,习惯上取正值。

3. 当船舶首、尾部重力小于浮力而中部重力大于浮力时,所出现的弯曲变形称为中垂变形。中垂变形使船底受拉,甲板受压,形成船体中部下垂,其所受弯矩称中垂弯矩,习惯上规定为负值。

二、难点点拨

1. 船体发生纵向弯曲变形的大小与重力沿船长方向分布、浮力沿船长方向分布和船舶处于

波浪中的相对位置等因素有关。

　　2.浪是通过改变浮力沿船长方向的分布从而影响船体纵向弯曲变形的,例如当船舶首、尾货舱装货数量过多而中部货舱空舱,船舶中部处于波峰之上时就会出现严重的中拱现象。

三、相关习题

1.以下有关船舶纵向强度校核的说法,正确的是_____。

　　A.船舶各个剖面实际剪力小于许用剪力,船舶强度满足要求

　　B.船舶各个剖面实际弯矩小于许用弯矩,船舶强度满足要求

　　C.船中静水弯矩小于许用允许最大静水弯矩,船舶强度满足要求

　　D.船舶海上许用弯矩小于港内许用弯矩

　　解析:本题暂无解析。

　　答案:D。

2.当船舶首、尾货舱装货数量过多而中部货舱_____时就会出现严重的中拱现象。

　　A.过少,船舶中部处于波峰之上

　　B.过少,船舶中部处于波谷之上

　　C.均衡装载,船舶中部处于波谷之上

　　D.均衡装载,船舶中部处于波峰之上

　　解析:船舶中拱状态时,中部处于波峰之上,中拱变形加大。

　　答案:A。

3.船舶中垂的特征是_____。

　　A.船中部上拱,上甲板受压,船底受拉

　　B.船中部上拱,上甲板受拉,船底受压

　　C.船中部下垂,上甲板受压,船底受拉

　　D.船中部下垂,上甲板受拉,船底受压

　　解析:当船舶中部重力大于浮力而船舶首、尾部浮力大于重力时,所出现的弯曲变形称为中垂变形。中垂变形将使甲板结构受压,船底结构受拉。

　　答案:C。

4.船舶中拱的特征是_____。

　　A.船中部上拱,上甲板受压,船底受拉

　　B.船中部上拱,上甲板受拉,船底受压

　　C.船中部下垂,上甲板受压,船底受拉

　　D.船中部下垂,上甲板受拉,船底受压

　　解析:当船舶首、尾部重力大于浮力而中部浮力大于重力时,所出现的弯曲变形称中拱变形。中拱变形将使甲板结构受拉,船底结构受压。

　　答案:B。

5.船体中拱时,甲板受到_____,船底受到_____。

A. 拉应力;拉应力   B. 压应力;压应力

C. 拉应力;压应力   D. 压应力;拉应力

解析:本题暂无解析。

答案:C。

6. 船舶装载后呈中垂状态,若航行中波长近似等于船长,且_____在船中,则会明显减小中垂弯矩。

    A. 波峰   B. 波谷

    C. 波长的 1/3 处   D. 波谷与波峰之间

    解析:船舶装载后呈中垂状态,当航行中波峰在船中时,会明显减小中垂弯矩。

    答案:A。

7. 船舶装载后呈中垂状态,若航行中波长近似等于船长,且_____在船中,则会明显加大中垂弯矩。

    A. 波峰   B. 波谷

    C. 波长的 1/3 处   D. 波谷与波峰之间

    解析:船舶装载后呈中垂状态,当航行中波谷在船中时,会明显加大中垂弯矩。

    答案:B。

8. 船舶装载后呈中拱状态,若航行中波长近似等于船长,且_____在船中,则会减小中拱弯矩。

    A. 波峰   B. 波谷

    C. 波长的 1/3 处   D. 波谷与波峰之间

    解析:船舶装载后呈中拱状态,当航行中波谷在船中时,会明显减小中拱弯矩。

    答案:B。

9. 船舶装载后呈中拱状态,若航行中波长近似等于船长,且_____在船中,则会加大中拱弯矩。

    A. 波峰   B. 波谷

    C. 波长的 1/3 处   D. 波谷与波峰之间

    解析:船舶装载后呈中拱状态,当航行中波峰在船中时,会明显加大中拱弯矩。

    答案:A。

10. 当船舶中部装货过重,船舶首、尾部装货过轻时,船舶可能产生的变形是_____。

    A. 中垂变形   B. 中拱变形

    C. 扭转变形   D. 横向变形

    解析:本题暂无解析。

    答案:A。

11. 船舶发生中拱变形时_____。

    A. 船舶中部浮力小于重力,船舶首、尾部重力大于浮力

    B. 船舶中部浮力小于重力,船舶首、尾部重力小于浮力

    C. 船舶中部浮力大于重力,船舶首、尾部重力大于浮力

    D. 船舶中部浮力大于重力,船舶首、尾部重力小于浮力

    解析:本题暂无解析。

答案:C。

12. 下图表示船体发生_____变形。

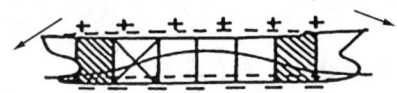

A. 剪切
B. 剪力
C. 中拱
D. 中垂

解析:当船舶首、尾部重力大于浮力而中部浮力大于重力时,所出现的弯曲变形称中拱变形。

答案:C。

13. 某船在波浪中顶浪滞航,波长约等于船长,当波峰在船中附近时,可能导致_____。

①中拱加剧;②中垂加剧;③中拱变小;④中垂变小

A. ①②
B. ②③
C. ①④
D. ②④

解析:本题暂无解析。

答案:C。

14. 某船的艏吃水为9.05 m,船中吃水为9.10 m,艉吃水为9.25 m,如果船长约等于波长,且波峰在船中,则_____。

A. 中拱减缓
B. 中拱加剧
C. 中垂加剧
D. 中垂减缓

解析:根据船舶的艏、中、艉吃水,判断船舶处于中拱状态,当波峰在船中时,中拱加剧。

答案:B。

15. 某船船长 $L_{BP} = 140$ m,实测船舶的艏、艉吃水分别为 8.54 m、9.28 m,船中两舷吃水分别为 8.64 m、9.28 m,则船舶_____。

A. 中垂,纵强度满足要求
B. 中拱,纵强度满足要求
C. 中垂,纵强度不满足要求
D. 中拱,纵强度不满足要求

解析:根据给出的船舶吃水,得出船舶处于中垂状态,船舶中垂处于正常中垂范围。

答案:A。

6.3　根据实船观测吃水检验船舶纵强度

一、知识点梳理

1. 船舶的拱垂值:船中部的平均吃水 d_M 与艏艉平均吃水差值的绝对值。

2. 判别拱垂变形的方法:

$$\delta = d_M - \frac{d_F + d_A}{2}$$

则:(1)当 δ 0 时,船舶呈中拱变形。

(2)当 δ 0 时,船舶呈中垂变形。

3.纵强度校验方法:

(1)当 $0 \leqslant |\delta| < \dfrac{L_{BP}}{1\,200}$,纵强度处于有利状态。

(2)当 $\dfrac{L_{BP}}{1\,200} \leqslant |\delta| < \dfrac{L_{BP}}{800}$,纵强度处于允许状态。

(3)当 $\dfrac{L_{BP}}{800} \leqslant |\delta| < \dfrac{L_{BP}}{600}$,纵强度处于极限状态。

(4)当 $|\delta| \geqslant \dfrac{L_{BP}}{600}$,纵强度处于危险状态。

二、相关习题

1.根据经验,船舶的极限拱垂值是_____。

    A. $L_{BP}/600$ B. $L_{BP}/800$

    C. $L_{BP}/1\,000$ D. $L_{BP}/1\,200$

    解析:根据经验,船舶极限的拱垂值 δ 范围: $L_{BP}/1\,200 < \delta \leqslant L_{BP}/800$。

    答案:B。

2.根据经验,船舶的危险拱垂值是_____。

    A. $L_{BP}/600$ B. $L_{BP}/800$

    C. $L_{BP}/1\,000$ D. $L_{BP}/1\,200$

    解析:根据经验,船舶危险的拱垂值 δ 范围: $L_{BP}/800 < \delta \leqslant L_{BP}/600$。

    答案:A。

3.根据经验数值法,若船舶的拱垂值不超过 $L_{BP}/1\,200$,则船舶的拱垂变形处于_____。

    A. 正常范围   B. 极限范围

    C. 危险范围   D. 有利范围

    解析:根据经验,船舶正常拱垂值范围: $\delta \leqslant L_{BP}/1\,200$。

    答案:A。

4.根据经验,如果船舶满载时的中拱或中垂值 δ 为 $L_{BP}/1\,200 < \delta \leqslant L_{BP}/800$,则_____。

    A. 只能在预计航线天气较好时开航

    B. 在任何天气情况下都可以开航

    C. 在任何天气情况下都不可以开航

    D. 船舶处于正常中拱或中垂状态

    解析:在极限拱垂值范围内,船舶只允许在预计航线天气较好时开航。

    答案:A。

5.根据经验,如果船舶满载时的中拱或中垂值为 $\delta < L_{BP}/1\,200$,则_____。

A. 只能在好天气时开航

B. 在正常的天气情况下可以开航

C. 在任何天气情况下都不可以开航

D. 船舶处于极限中拱或中垂状态

解析:在正常拱垂值范围内,船舶可以在正常的天气情况下开航。

答案:B。

6. 船舶中垂变形时,_____。

A. 船舶的艏艉平均吃水大于船中两舷平均吃水

B. 船舶的艏艉平均吃水小于船中两舷平均吃水

C. 船舶的艏艉平均吃水等于船中两舷平均吃水

D. 船舶的艏艉平均吃水与船中两舷平均吃水的关系不能确定

解析:本题暂无解析。

答案:B。

7. 当船舶的艏艉平均吃水等于船中两舷平均吃水时,船舶_____。

A. 中拱变形　　　　　　　　　　B. 中垂变形

C. 平吃水　　　　　　　　　　　D. 无拱垂变形

解析:本题暂无解析。

答案:D。

8. 利用艏艉平均吃水与中部两面平均吃水相比较的方法可以估算_____。

A. 船舶稳性的大小　　　　　　　B. 船舶装货量的多少

C. 船舶中拱或中垂的程度　　　　D. 船舶排水量的变化量

解析:观测并比较船首、船中、船尾三处的左右平均吃水,可以判断船体拱垂变形的方向和程度。

答案:C。

9. 某船测得艏吃水为 4.44 m、4.38 m,艉吃水为 6.33 m、6.37 m,船中吃水为 5.44 m、5.48 m,则该船_____,变形值为_____ cm。

A. 中拱;8　　　　　　　　　　　B. 中拱;6

C. 中垂;8　　　　　　　　　　　D. 中垂;12

解析:根据船舶测得艏、艉吃水算出艏艉平均吃水,与船中平均吃水比较得出船舶拱垂状态及变形值。

答案:C。

10. 当船舶的艏艉平均吃水小于船中两舷平均吃水时,船舶_____。

A. 中拱变形　　　　　　　　　　B. 中垂变形

C. 艏倾　　　　　　　　　　　　D. 艉倾

解析:船中平均吃水大于艏艉平均吃水,说明船舶处于中垂变形状态。

答案:B。

6.4　船舶局部强度

一、知识点梳理

1. 船体局部强度:指船体结构抵抗局部损伤或变形的能力。

2. 局部强度的表示方法:

(1)均布载荷:是指作用在载荷部位上货物重力均匀分布在某一较大面积上,如固体散货或液体散货均匀装于舱室内,使甲板或舱底所受压力相同。

(2)集中载荷:指货物重力集中作用在一个较小的特定面积上,如重大件货的底脚、支架等。特定面积是指向该区域下的承重构件(如甲板纵桁)施加集中压力的骨材(如甲板纵骨和横梁)之间的面积。

(3)车辆载荷:是指载车部位上的车辆及其所载货物的重量集中作用在特定数目的车轮上,如铲车及其所铲起的货物、拖车及其上面的集装箱等。

(4)集装箱载荷(堆积载荷):是指集装箱船上的甲板、舱盖或舱底上不同的 20 ft 或 40 ft 集装箱底座所承受的集装箱重量。

二、相关习题

1. 集装箱船堆积载荷条件下的允许负荷量以_____表示。

A. 每一箱位四个底座上允许承载该堆集装箱的最大重量

B. 特定面积上允许承受的最大重量

C. 单位面积上允许承受的最大重量

D. 每一车轮上的货物重量

解析:堆积载荷是指集装箱船的甲板、舱盖或舱底上不同的 20 ft 或 40 ft 集装箱底座所能承受的最大重量。

答案:A。

2. 集中载荷条件下的甲板允许负荷量以_____表示。

A. 单位面积上的集装箱重量

B. 特定面积上允许承受的最大重量

C. 单位面积上允许承受的最大重量

D. 每一车轮上的货物重量

解析:集中载荷是指某一特定面积上允许承受的最大重量。

答案:B。

3. 均匀载荷条件下的甲板允许负荷量以_____表示。

A. 单位面积上的集装箱重量

B.特定面积上允许承受的最大重量

C.单位面积上允许承受的最大重量

D.每一车轮上的货物重量

解析:均布载荷是指船舶不同载货部位单位面积允许承受的最大重量。

答案:C。

4.集装箱船堆积载荷是指_____。

　　A.单位面积上的集装箱重量

　　B.集装箱内单位体积的货物重量

　　C.作用于集装箱底座上的重量

　　D.每一排集装箱的重量

　　解析:本题暂无解析。

　　答案:C。

5.作用在载货部位上的货物重力集中分布在某一较小特定面积或特定位置上,此种载荷称为

_____。

　　A.集中载荷　　　　　　　　　　B.均匀载荷

　　C.车辆载荷　　　　　　　　　　D.集装箱载荷

　　解析:本题暂无解析。

　　答案:A。

6.作用在载货部位上的货物重力均匀分布在某一较大面积上,此种载荷称为_____。

　　A.集中载荷　　　　　　　　　　B.均布载荷

　　C.车辆载荷　　　　　　　　　　D.集装箱载荷

　　解析:本题暂无解析。

　　答案:B。

7.船舶实际营运中有哪几种形式的许用负荷表示方法?_____。

　　A.均布载荷、集中载荷、船底载荷

　　B.集中载荷、车辆载荷、船底载荷

　　C.均布载荷、车辆载荷、压载平台载荷

　　D.均布载荷、集中载荷、车辆载荷

　　解析:本题暂无解析。

　　答案:D。

8.集装箱船的局部强度通常用_____表示。

　　A.均布载荷　　　　　　　　　　B.集中载荷

　　C.车辆甲板载荷　　　　　　　　D.堆积载荷

　　解析:本题暂无解析。

　　答案:D。

9.关于局部强度可用以下哪些指标表示?_____。

　　①均布载荷;②集中载荷;③车辆甲板载荷;④压强载荷;⑤堆积载荷

A.①②④⑤   B.①②③⑤
C.①②③④   D.①③④⑤

解析:压强载荷不是局部强度表示的指标。

答案:B。

10.对于集装箱船,其局部强度通常用_____表示。

A.均布载荷   B.集中载荷

C.集装箱甲板载荷   D.堆积载荷

解析:本题暂无解析。

答案:D。

11.车辆甲板载荷是指_____。

A.单位面积上车辆及货物的总重量

B.特定面积上车辆及货物的总重量

C.特定车轮数目下车辆及货物的总重量

D.单个车轮上车辆及货物的总重量

解析:车辆甲板载荷指在舱盖、甲板或舱内装载车辆或使用车辆装卸货物时,甲板、舱盖或内底板允许承受的以特定车轮数目为前提的车辆及所载货物的总重量。

答案:C。

12.与普通杂货船配积载有关的局部强度主要是_____。

①主甲板的强度;②货舱中间甲板的强度;③货舱底舱底板的强度

A.①②   B.②③

C.①③   D.①②③

解析:本题暂无解析。

答案:D。

13.对一般杂货船来说,_____局部强度较大。

A.上甲板   B.舱盖

C.中间甲板   D.底舱底板

解析:本题暂无解析。

答案:D。

14.某轻结构杂货船上甲板装货,货堆高 2 m,积载因数为 2 m³/t,依经验法判定上甲板该处的局部强度_____。

A.满足要求   B.不满足要求

C.条件不足,无法判定   D.需要做实验来判定

解析:甲板横梁间的单位面积允许载荷 P_a 可按 $P_a = \dfrac{9.81 \cdot H_c}{\mu}$ (kPa)计算,H_c 为甲板设计堆货高度,轻结构船取 1.2 m;当船舶无 μ 资料时,规定取:$1/\mu = 0.72(\text{t/m}^3)$。

答案:B。

15.以下有关船舶局部强度的说法,正确的是_____。

A. 一般均布载荷满足要求了,集中载荷亦满足要求

B. 船舶各个舱盖位置的许用均布载荷均相同

C. 船舶各个货舱位置的许用集中载荷均相同

D. 集中载荷的支承长度应大于一个骨材间距

解析:载荷分集中载荷和均布载荷。D 选项所指的集中载荷的支承长度应大于一个骨材的间距。

答案:D。

16. 校核集装箱船局部强度时,集装箱箱盖的允许载荷用_____来表示。

　　A. 单位面积的允许重量

　　B. 集装箱底面积上的允许负荷量

　　C. 集中负荷

　　D. 每一装箱底座上所能允许承受的最大负荷

解析:考查堆积载荷。

答案:D。

17. 保证船舶局部强度的措施,以下说法正确的是_____。

①适当减小旧船的许用负荷量;②舱内货重分布尽量均匀;③重大件货物合理配载和衬垫;④上甲板舱盖上不装重货;⑤按舱容比分配各货舱的货物的重量;⑥重货装载时应限制其落底速度

　　A. ①②③④⑤⑥　　　　　　　　　　B. ①②③④⑥

　　C. ①③④⑤⑥　　　　　　　　　　　D. ②④⑤⑥

解析:按舱容比分配各货舱的货物的重量不是保证船舶局部强度的措施。

答案:B。

18. 某船二层舱舱高 4 m,现装载 $SF = 1.5$ m³/t 的杂货,高为 2.5 m,则二层甲板的局部强度_____。

　　A. 不满足要求　　　　　　　　　　B. 满足要求

　　C. 不确定　　　　　　　　　　　　D. 视货物密度而定

解析:中间甲板和舱底的单位面积允许载荷 P_a 可根据二层舱或底舱的高度 H_d 与船舶设计舱容系数 μ 确定: $P_a = \dfrac{9.81 \cdot H_d}{\mu}$(kPa),式中: H_d 为二层舱或底舱的高度(m);当船舶无 μ 资料时,规定取: $1/\mu = 0.72$(t/m³)。

答案:B。

19. _____应当考虑船体扭转强度。

　　A. 液货船　　　　　　　　　　　　B. 客滚船

　　C. 集装箱船　　　　　　　　　　　D. 木材船

解析:扭转强度是指船体结构抵抗扭转变形或破坏的能力。具有较大货舱开口的集装箱船应当考虑船体扭转强度。

答案:C。

20. _____,则其扭转强度越差。
    A. 船越大   B. 船越长
    C. 船越宽   D. 甲板开口越大
    解析:本题暂无解析。
    答案:D。

21. 当艏部舱右舷装载较多,艉部舱左舷装载较多,且船斜置于波长接近于船长的波浪中时,船舶可能产生的变形是_____。
    A. 中垂变形   B. 中拱变形
    C. 扭转变形   D. 横向变形
    解析:本题暂无解析。
    答案:C。

22. 集装箱船设置抗扭箱的主要原因是_____。
    A. 增大船舶的货舱   B. 提高船舶的扭转强度
    C. 增大船舶的压载舱容   D. 提高船舶的抗沉性
    解析:为提高抗扭强度,集装箱船在双层舷侧的顶部设置抗扭箱结构。
    答案:B。

23. 吊装式全集装箱船舱口宽大,不利于_____。
    A. 配积载   B. 集装箱装卸
    C. 船舶扭转强度   D. 集装箱格导轨的设置
    解析:本题暂无解析。
    答案:C。

24. 对船舶扭转变形影响最大的是_____。
    A. 船体斜置于波浪   B. 船体垂直于波浪
    C. 船体与波浪方向平行   D. 无风浪情况下
    解析:一船若艏部舱右舷装载较多,部舱左舷装载较多,且船斜置于波长接近于船长的波浪中,因受艏、艉舱载荷重力和波中浮力组成的方向相反的扭转力偶作用,船体可能出现过大的扭转变形而发生破损。
    答案:A。

25. 影响船舶扭转变形的因素有_____。
    ①货物左右配载不均衡;②油水左右使用不均衡;③船舶在斜浪中航行;④货物前后配载不均衡
    A. ①②③④   B. ①②④
    C. ①②③   D. ②③④
    解析:货物前后配载不均衡不是影响船舶扭转变形的因素。
    答案:C。

项目 7　国际海运危险货物规则

7.1　《国际危规》的内容及其使用方法

一、知识点梳理

《国际危规》(全称《国际海运危险货物规则》)的编制依据,《国际危规》的主要内容使用,危险货物一览表的使用,《水路违规》的主要内容、使用。

二、难点点拨

《国际危规》的使用。

三、相关习题

1.《国际危规》不适用于_____运输。
　　①散装化学品;②散装汽油;③散装液化气
　　A.①②　　　　　　　　　　　　　　B.②③
　　C.①③　　　　　　　　　　　　　　D.①②③
　　解析:《国际海运危险货物规则》适用于任何总吨船舶的包装危险货物国际航线运输,不适用于散装的固态和液态危险货物以及船用物料和船舶设备的运输。
　　答案:D。
2.《国际危规》适用于_____运输。

A. 散装化学品   B. 包装化工品

C. 散装液化气   D. 散装矿石

解析:本题暂无解析。

答案:B。

3.《国际危规》的编写依据是_____。

①《SOLAS 1974》;②《危险货物运输建议书规章范本》;③《MARPOL 73/78》

A. ①②   B. ②③

C. ③   D. ①②③

解析:为加强海上危险货物管理,防止发生人身伤亡、船货损毁或海洋污染,依据并为实施《SO-LAS 1974》《MARPOL 73/78》附则Ⅱ及《危险货物运输的建议书》(橙皮书),国际海事组织(IMO)制定了《国际海运危险货物规则》。

答案:D。

4. 载驳船装运危险货物时,应查阅_____。

A.《MARPOL 73/78》   B.《IBC 规则》

C.《IGC 规则》   D.《IMDG 规则》

解析:本题暂无解析。

答案:D。

5. 船运公路罐车装运危险货物时,应查阅_____。

A.《MARPOL 73/78》   B.《IMDG 规则》

C.《IBC 规则》   D.《IGC 规则》

解析:本题暂无解析。

答案:B。

6. 船运可移动罐柜危险货物时,应查阅_____。

A.《MARPOL 73/78》   B.《IMDG 规则》

C.《IBC 规则》   D.《IGC 规则》

解析:本题暂无解析。

答案:B。

7. 危险货物的正确运输名称_____。

A. 不一定唯一   B. 唯一

C. 一般为两个   D. 一般为三个

解析:本题暂无解析。

答案:A。

8. 危险品的正确运输名称_____。

A. 以《国际危规》《IMSBC 规则》等确定的名称为准

B. 不包括数字、前缀、间缀、后缀、希腊字母及其他符号

C. 包括说明、含水量、各种成分的含量说明、货物状态的说明等

D. 指货物的商品名称、别名、俗名、化学名称、缩写名称

解析:本题暂无解析。

答案:A。

9.《国际危规》中,危险货物一览表所列危险货物的顺序是按_____。

　　A. UN No.

　　B. 九大类危险货物顺序

　　C. CN No.

　　D. 中文版按货物正确运输名称的中文笔画

　　解析:危险货物一览表所列危险货物按联合国编号(UN No.)顺序编排。

　　答案:A。

10.《国际危规》危险货物英文名称索引表中,可查到某货物的_____。

　　①联合国编号;②是否是海洋污染物;③分类

　　A.①②　　　　　　　　　　　　　　B.②③

　　C.①③　　　　　　　　　　　　　　D.①②③

　　解析:通过《国际危规》危险货物英文名称索引可以获取危险货物的分类、UN No.,是否是海洋污染物等。

　　答案:D。

11.《国际危规》危险货物英文名称索引表中,可查到某货物的_____。

　　①联合国编号;②是否是海洋污染物;③包装类别

　　A.①②　　　　　　　　　　　　　　B.②③

　　C.①③　　　　　　　　　　　　　　D.①②③

　　解析:《国际危规》危险货物英文名称索引表中没有货物的包装类别信息。

　　答案:A。

12._____是《国际危规》危险货物一览表中的部分内容。

　　①积载类;②限量;③包装规定

　　A.①②　　　　　　　　　　　　　　B.②③

　　C.①③　　　　　　　　　　　　　　D.①②③

　　解析:本题暂无解析。

　　答案:D。

13._____是现行《国际危规》危险货物一览表中的部分内容。

　　①特性与注意事项;②限量;③特殊规定

　　A.①②　　　　　　　　　　　　　　B.②③

　　C.①③　　　　　　　　　　　　　　D.①②③

　　解析:危险货物一览表包括:UN No.;正确运输名称(PSN);相应危险货物的类别号;副危险;包装类;特殊规定;限量及免除量;包装导则;特殊包装规定;EmS No.;"积载与操作""隔离";特性与注意事项;等等。

　　答案:D。

14.欲知某种危险货物的特性与装运注意事项,应查取《国际危规》中的_____。

A. EmS 指南-索引表　　　　　　　　　B. 危险货物一览表

C. MFAG 一览表　　　　　　　　　　　D. 危险货物英文名称索引表

解析:本题暂无解析。

答案:B。

15. 欲知某种危险货物的限量,应查《国际危规》中的_____。

A. EmS 指南-索引表　　　　　　　　　B. 危险货物一览表

C. MFAG 一览表　　　　　　　　　　　D. 危险货物英文名称索引表

解析:本题暂无解析。

答案:B。

16. 查阅《国际危规》时,根据_____从危险货物名称索引中即可查取到某种危险货物的联合国编号。

A. 货物的正确运输名称　　　　　　　　B. 货物的国际编号

C. 货物的名称缩写　　　　　　　　　　D. 货物的商品名称

解析:本题暂无解析。

答案:A。

17. 在危险货物一览表中,出现了"爆炸品、有机物、未列明"等字样,此条目属于_____。

A. 物质或物品的单一条目　　　　　　　B. 物质或物品的通用条目

C. 未列明的特定条目　　　　　　　　　D. 未列明的通用条目

解析:题目中为通用条目。

答案:D。

18. 具有多种危险性的混合物,当其同时具有爆炸性、放射性、毒害性和自燃性时,其危险性的正确排列顺序是_____。

A. 放射性、爆炸性、毒害性、自燃性

B. 爆炸性、放射性、自燃性、毒害性

C. 爆炸性、自燃性、毒害性、放射性

D. 爆炸性、毒害性、自燃性、放射性

解析:本题暂无解析。

答案:C。

19. 查《国际危规》隔离表知,包装危险货甲与包装危险货乙的隔离等级是"隔离 1",而在乙货的危险货物一览表中的"特性与注意事项"栏中查得与甲货的隔离要求是"隔离 2",则在航海中,甲与乙的隔离要求是_____。

A. 无隔离要求　　　　　　　　　　　　B. 隔离 1

C. 隔离 2　　　　　　　　　　　　　　D. 隔离 3

解析:在确定隔离要求时应当以隔离要求中较高者为准。

答案:C。

20. 关于危险品,"未列明(NOT OTHERWISE SPECIFIED, N. O. S.)物质"系指_____的同一特定种类的物质。

A.主管当局不允许列出具体名称

B.不另外具体列出名称的

C.国际海事组织不允许列出具体名称

D.联合国不允许列出具体名称

解析:本题暂无解析。

答案:B。

21.危险货物的联合国编号以4位阿拉伯数字表示,并在国际_____运输方式中被公认。

A.航空、水运、铁路　　　　　　　　B.航空、水运、公路

C.水运、公路、铁路　　　　　　　　D.航空、水运、铁路、公路

解析:联合国编号是指由联合国危险货物运输专家委员会制定的《危险货物运输建议书》中对每一种常运危险物质所用的以四位阿拉伯数字表示的编号,并在国际的航空、水运、铁路和公路运输方式中被公认。

答案:D。

22.危险货物装货过程中,严格按积载图上标注的货位和备注上的要求进行装货操作,如需改动,若已申请监装的,则须经_____认可;若未申请监装的,则须经_____同意,其他人员不得任意更改。

A.船长;监装部门　　　　　　　　　B.监装部门;监装部门

C.船长;船长　　　　　　　　　　　D.监装部门;船长或大副

解析:如需更改危险货物积载计划,对已申请监装的,则须经监装部门认可;若未申请监装的,则须经本船船长或大副同意。

答案:D。

23.危险货在船期间,一定要落实_____等防火措施。

①甲板及舱内严禁吸烟及明火作业;②及时收放并妥善安置舱口灯;③值班人员和相关人员必须在现场落实各项安全措施;④值班人员和相关人员认真监装、严格把关

A.②③④　　　　　　　　　　　　B.①③④

C.①②③　　　　　　　　　　　　D.①②③④

解析:本题暂无解析。

答案:D。

24.装货期间,值班驾驶员工作职责不包括_____。

A.要督促检查装卸工人严格按照有关操作规程进行装舱作业,严禁不安全(违章)操作

B.根据危险货物的性质不同,应选用相应的铺垫、隔衬材料进行衬垫、遮盖和加固

C.装载包装危险货物时,要检查包装外表是否完好,标志是否清楚、正确

D.船舶在装载危险货物过程中,若发生撒漏、落水或其他事故,要立即报告船长

解析:本题暂无解析。

答案:B。

25.危险货装卸作业期间,值班驾驶员的职责不包括_____。

A.应密切注视天气变化情况。遇有闪电、雷击、雨雪或附近发生火警时,应立即组织人员关

舱,停止装卸作业

B. 装卸某些易受潮的危险品时,如遇外界湿度较大天气,不适于装卸,也应停止作业

C. 在装载危险货物时,要安排水手按港口规定悬挂或显示规定的信号

D. 定时测量货舱和货物的温、湿度

解析:本题暂无解析。

答案:D。

26. 船舶卸载危险货时,值班驾驶员的职责包括_____。

    A. 开舱检查货物是否因受大风浪和汗湿的影响而使货物受潮、变质、结块,如有酌情清除处理

    B. 检查督促卸货工人严格按照有关操作规程进行卸货作业,严禁不安全作业

    C. 针对危险货物特性及卸港情况向有关人员明确交代卸货的要求和注意事项,组织好监卸人员,督促检查落实各项安全措施

    D. 航次任务完成后要及时进行总结,将有关装卸情况记录一并寄公司安监部

解析:本题暂无解析。

答案:B。

27. 危险货物装货期间,值班驾驶员要负责装卸期间的船舶安全,一般遇到_____情况应下令停止装卸作业。

①遇有闪电、雷击或雨雪;②装、卸某些易受潮的危险品时,如遇外界湿度较大天气,不适于装卸;③附近发生火警时;④相邻泊位船舶靠离

    A. ①②③④   B. ①②③

    C. ①③④   D. ②③④

解析:有船邻靠或邻驶,可能危及本船时应停止装卸作业。

答案:B。

28. 《国际危规》适用于_____的运输。

①包装危险货物;②危险货物集装箱;③散装液化气

    A. ①②   B. ②③

    C. ③   D. ①②③

解析:《国际海运危险货物规则》适用于任何总吨任何船型的包装危险货物国际航线运输,不适用于散装的固态和液态危险货物以及船用物料和设备的运输。

答案:A。

29. _____不属于"船舶载运危险货物应急反应措施"的内容。

    A. 应急表编号   B. 应急措施和应急行动

    C. 危险品包装类别   D. 应急配备的应急设备

解析:本题暂无解析。

答案:C。

30. 《国际危规》中的缩写 EmS 是指_____。

    A. 危险货物事故医疗急救指南   B. 船舶载运危险货物应急反应措施

C.危险货物总索引　　　　　　　　　　　　D.危险货物编号索引

解析:本题暂无解析。

答案:B。

31. "船舶载运危险货物应急反应措施"简称为_____。

　　A. EmS　　　　　　　　　　　　　　　B. MFAG

　　C.《IMDG 规则》　　　　　　　　　　　D.《BC 规则》

解析:本题暂无解析。

答案:A。

32. 火灾应急措施表中包括_____。

　　①总体建议;②舱内货物着火应急措施;③舱面货物着火应急措施;④货物暴露在火中应急措施;⑤特殊情况的应急措施

　　A.①②③④　　　　　　　　　　　　　B.②③④⑤

　　C.①③④⑤　　　　　　　　　　　　　D.①②③④⑤

解析:本题暂无解析。

答案:D。

33. "船舶载运危险货物应急反应措施"中应急行动包括发生_____危险的应急措施。

　　A.溢漏　　　　　　　　　　　　　　　B.腐蚀

　　C.毒害　　　　　　　　　　　　　　　D.爆炸

解析:"船舶载运危险货物应急反应措施"指南的目的是为涉及船上装运《国际危规》所列货物的火灾和溢漏事故应急提供指导。

答案:A。

34. 下列火灾应急措施表编号正确的是_____。

　　A. F-B　　　　　　　　　　　　　　　B. G-F

　　C. S-A　　　　　　　　　　　　　　　D. S-D

解析:火灾应急措施表编号共 10 个,用 F-A~F-J 表示。

答案:A。

35. 船舶装载遇水反应物质发生火灾时,应从_____查取灭火方法。

　　A. EmS　　　　　　　　　　　　　　　B. MFAG

　　C.《IMDG 规则》　　　　　　　　　　　D.《BC 规则》

解析:本题暂无解析。

答案:A。

36. 下列危险货物溢漏应急措施表编号正确的是_____。

　　A. F-B　　　　　　　　　　　　　　　B. F-K

　　C. S-A　　　　　　　　　　　　　　　D. F-D

解析:溢漏应急措施表编号共 26 个,用 S-A~S-Z 表示。

答案:C。

37. 船舶装载易燃气体发生溢漏时,应从_____查取处理方法。

A. EmS
B. MFAG

C.《IMDG 规则》
D.《BC 规则》

解析:本题暂无解析。

答案:A。

38.船运一批危险货物泄漏造成人员伤害,应从_____中查到其急救方法。

A.《危险货物品名表》

B.《危险货物事故医疗急救指南》

C. 船舶载运危险货物应急措施

D.《国际危规》第 1 册

解析:本题暂无解析。

答案:B。

39.《国际危规》中的缩写 MFAG 是指_____。

A. 危险货物事故医疗急救指南

B. 船舶载运危险货物应急措施

C. 危险货物总索引

D. 危险货物编号索引

解析:本题暂无解析。

答案:A。

40.《危险货物事故医疗急救指南》简称为_____。

A. EmS
B. MAFG

C. MFAG
D. MGFA

解析:本题暂无解析。

答案:C。

41.船舶装载危险货物发生船员窒息中毒时,应从_____查取抢救方法。

A. EmS
B. MFAG

C.《IMDG 规则》
D.《BC 规则》

解析:《国际危规》补充本中的 MFAG 指南是对化学品中毒的初步治疗和利用海上有限的有效设备进行诊断提供必要的建议。

答案:B。

42.可从《国际危规》的_____中查阅 MFAG 指南。

A. 第 1 册
B. 第 2 册

C. 第 3 册
D. 第 5 册

解析:本题暂无解析。

答案:C。

43.《危险货物事故医疗急救指南》使用程序是_____。

①紧急抢救和诊断;②查找治疗方法;③附录中得到更详细的资料

A.①②③
B.③②①

C.②③①　　　　　　　　　　　　D.①③②

解析:本题暂无解析。

答案:A。

44. EmS 中的应急反应措施适用于_____。

A. 油船发生火灾或溢漏时的应急措施

B. 液化气船发生火灾或溢漏时的应急措施

C. 散装化学品船发生火灾或溢漏时的应急措施

D. 包装危险货物运输时发生的火灾或溢漏

解析:本题暂无解析。

答案:D。

45. 根据《国际危规》,"船舶载运危险货物应急反应措施"的英文缩写是_____,"危险货物事故医疗急救指南"的英文缩写是_____。

A. EmS;MFAG　　　　　　　　　　B. EMC;MHB

C. MHB;MFAG　　　　　　　　　　D. UN No.;MHB

解析:本题暂无解析。

答案:A。

46. MFAG 是对船员_____的初步治疗并提供必要的建议。

A. 烧伤　　　　　　　　　　　　　B. 化学品中毒

C. 高空坠落骨折　　　　　　　　　D. 生理急症

解析:本题暂无解析。

答案:B。

47. 在装卸爆炸品、易燃液体时,以下说法正确的是_____。

①港内划定禁火区;②不得检修或使用雷达;③不得同时进行加油、加水等项作业

A.①②　　　　　　　　　　　　　B.②③

C.①③　　　　　　　　　　　　　D.①②③

解析:本题暂无解析。

答案:D。

48. 当船舶装卸爆炸品或烈性易燃品时,应该_____。

①停止上甲板敲铲铁锈;②停止使用雷达;③停止检修雷达;④停止其他一切作业

A.①②　　　　　　　　　　　　　B.③④

C.①②③　　　　　　　　　　　　D.①②③④

解析:本题暂无解析。

答案:C。

49. 装运危险货物的船舶应具备的条件是_____。

①应为以液体燃料为动力的钢质船舶装置避雷针;②电气设备及电缆处于良好状态;③通风装置和全船消防设备处于良好状态

A.①②　　　　　　　　　　　　　B.②③

C.①③　　　　　　　　　　　　　D.①②③

解析:本题暂无解析。

答案:D。

50. 在装卸有电感应的爆炸品和低闪点易燃液体的过程中,不得进行_____等项作业。

①使用无线电电报、电话发射机;②进行加油、加水(包括岸上加水);③甲板敲铲作业;④检修和使用雷达

A.①②③④　　　　　　　　　　　B.①③④

C.①②③　　　　　　　　　　　　D.②③④

解析:本题暂无解析。

答案:A。

51. 装卸敏感度很高,性质不稳定,稍有撞击、振动、极易爆炸的危险品,用大型机械进行吊装作业时,不得超过机具额定负荷的_____以防止高空撒落、碰撞发生危险。

A.75%　　　　　　　　　　　　　B.80%

C.90%　　　　　　　　　　　　　D.50%

解析:装卸爆炸品、有机过氧化物、一级毒品和放射性物品时,装卸机具应按额定负荷降低25%使用。

答案:A。

7.2　包装危险货物的分类及特性

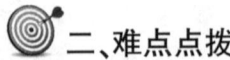一、知识点梳理

《国际危规》与《水路危规》的分类及标准、9大类危险货每类的名称、小类别的名称及代表货物。

二、难点点拨

类别及项别名称及代表货物。

三、相关习题

1. 具有抛射危险但无整体爆炸危险的物质和物品属于_____类爆炸危险品。

A.1.1　　　　　　　　　　　　　B.1.2

C.1.3　　　　　　　　　　　　　D.1.4

解析:本题暂无解析。

答案:B。

2. 具有整体爆炸危险的物质和物品属于_____类爆炸危险品。

A. 1. 1
B. 1. 2
C. 1. 3
D. 1. 4

解析:本题暂无解析。

答案:A。

3. 无重大危险的爆炸类物质和物品属于_____类爆炸危险品。

A. 1. 3
B. 1. 4
C. 1. 5
D. 1. 6

解析:本题暂无解析。

答案:B。

4. 两种以上的物质或物品积载在一起会发生危险性化学反应的物质属于_____。

A. 不维持燃烧的液体
B. 不稳定物质
C. 不相容物质
D. 不能运输的物质

解析:本题暂无解析。

答案:C。

5. _____的为海洋污染物。

A. 易对海床造成污染
B. 易对海底植物造成危害
C. 易对海岸植物生长造成危害
D. 易对海洋生物造成污染

解析:本题暂无解析。

答案:D。

6. 在包装容器中溶解于溶剂中的气体物质属于_____。

A. 压缩气体
B. 液化气体
C. 冷冻液化气体
D. 溶解气体

解析:溶解气体,当包装运输时,其溶解于溶剂中的压缩气体。

答案:D。

7. 在运输或储存条件下,如果不采取冷藏、稀释、抑制或其他等效的防止危险的必要措施,会因发生分解、聚合等自发反应而产生危险的物质或物品属于_____。

A. 不维持燃烧的液体
B. 不稳定物质
C. 不相容物质
D. 不能运输的物质

解析:本题暂无解析。

答案:B。

8. 黄磷在空气中能迅速氧化,它在危险货物中属于_____。

A. 氧化剂
B. 爆炸品
C. 易燃固体
D. 易自燃物质

解析:本题暂无解析。

答案:D。

9. _____属于危险货物中的腐蚀性物质。

①酒精;②硫酸;③氢氧化钠;④高锰酸钾

A. ②④   B. ②③

C. ②③④   D. ①②③④

解析:酒精属于第 3 类易燃液体,高锰酸钾属于第 5.1 类氧化物质。

答案:B。

10. 根据《国际危规》的规定,固态二氧化碳属于_____危险货物。

A. 第九类   B. 第四类

C. 第六类   D. 第三类

解析:本题暂无解析。

答案:A。

11. 在《国际危规》中,铁屑属于第_____危险货物。

A. 4.1 类   B. 4.2 类

C. 4.3 类   D. 1.2 类

解析:铁屑属于第 4.2 类易自燃物质。

答案:B。

12. 按《国际危规》的规定,樟脑丸属于第_____类危险品。

A. 5   B. 4.1

C. 6   D. 9

解析:樟脑丸属于第 4.1 类易燃固体。

答案:B。

13. 《国际危规》中将爆炸品分为_____小类,分类号越大,危险性_____。

A. 5;越小   B. 6;越小

C. 6;越大   D. 6;不确定

解析:按爆炸产生的危险性,《国际危规》将爆炸品分为 6 个小类(第 1.1 类~第 1.6 类)。

答案:D。

14. 对于具有 2 种以上危险性的货物,《国际危规》按_____确定其类别。

A. 分别属于不同种类的危险货物

B. 占主导地位的危险性

C. 对人身危害程度大小

D. 对海洋环境污染程度大小

解析:《国际危规》中,根据危险货物所呈现危险性或最主要危险性,将其划分为 9 个大类。对于具有一种以上危险性质的货物,以占主导地位的危险性确定其归类。

答案:B。

15. 载于耐压容器中运输的甲烷、乙炔等气体在《国际危规》中属于第_____类。

A. 2.1   B. 2.2

C. 2.3   D. 1.2

解析:甲烷、乙炔气体属于第 2.1 类易燃气体。

答案:A。

16. 船舶常备的钢瓶内乙炔气体属于《国际危规》中的第_____类。

    A. 2.1　　　　　　　　　　　　　　B. 2.2

    C. 2.3　　　　　　　　　　　　　　D. 3.1

    解析:本题暂无解析。

    答案:A。

17. 在《国际危规》中将装于散货集装箱内的散装易燃固体定义为_____。

    A. 散装危险品　　　　　　　　　　B. 散装固体危险品

    C. 包装危险品　　　　　　　　　　D. 固态危险品

    解析:本题暂无解析。

    答案:C。

18. 储存于压力容器内的压缩空气、氯气和乙炔加压溶解气体分属于《国际危规》中的_____。

    A. 2.1 类、2.2 类和 2.3 类　　　　　B. 2.2 类、2.3 类和 2.1 类

    C. 非危险货物、2.2 类和 2.3 类　　　D. 2.2 类、2.1 类和 2.3 类

    解析:本题暂无解析。

    答案:B。

19. 《国际危规》规定,干燥的棉麻属于_____,鱼粉(未经抗氧处理)属于_____。

    A. 易燃固体;易燃固体　　　　　　B. 易燃固体;易自燃物质

    C. 易自燃物质;易自燃物质　　　　D. 易自燃物质;易燃固体

    解析:本题暂无解析。

    答案:B。

20. 《国际危规》中的 4.2 类和 6.2 类分别称为_____。

    A. 自反应物质和感染性物质　　　　B. 易自燃物质和感染性物质

    C. 易燃固体和有毒物质　　　　　　D. 氧化物和有毒物质

    解析:本题暂无解析。

    答案:B。

21. 《国际危规》中的 5.2 类和 2.2 类分别称为_____。

    A. 有机过氧化物和非易燃无毒气体　B. 易自燃物质和有毒气体

    C. 自反应物质和非易燃无毒气体　　D. 氧化性和易燃气体

    解析:本题暂无解析。

    答案:A。

22. 退敏爆炸品属于《国际危规》中的_____危险货物。

    A. 第 1 类　　　　　　　　　　　　B. 第 3 类

    C. 第 4 类　　　　　　　　　　　　D. 第 3 类或第 4 类

    解析:液态退敏爆炸品属于第 3 类,固体退敏爆炸品属于第 4 类。

    答案:D。

23. 自反应物质属于《国际危规》中的_____危险货物。

A. 第 1.2 类

B. 第 3 类

C. 第 4.1 类

D. 第 5.1 类

解析:自反应物质属于第 4.1 类易燃固体。

答案:C。

24. 闪点高于 35 ℃,但含水质量在 90% 以上的混合溶液属于_____。

A. 不助燃液体

B. 不稳定物质

C. 不相容物质

D. 不能运输的物质

解析:本题暂无解析。

答案:A。

25. 固体退敏爆炸品属于第_____类危险品。

A. 1.1

B. 1.5

C. 1.6

D. 4.1

解析:本题暂无解析。

答案:D。

26. 《国际危规》规定,闪点高于 35 ℃ 且燃点高于 100 ℃ 的液体属于_____。

A. 不助燃液体

B. 不稳定物质

C. 不相容物质

D. 不能运输的物质

解析:本题暂无解析。

答案:A。

27. _____属于危险货物。

①乒乓球;②花露水;③高锰酸钾;④泡立水;⑤干冰

A. ①②③

B. ①③④⑤

C. ②③④⑤

D. ①②③④⑤

解析:本题暂无解析。

答案:D。

28. _____属于危险货物中的第 2 类。

①乙炔;②氧气;③惰性气体

A. ①②

B. ②③

C. ①③

D. ①②③

解析:本题暂无解析。

答案:D。

29. 以下属于腐蚀性危险物质的是_____。

①酒精;②王水;③冰醋酸;④氢氧化钠;⑤高锰酸钾

A. ①②③④⑤

B. ②③④⑤

C. ②③④

D. ②④⑤

解析:本题暂无解析。

答案:C。

30. _____不属于易自燃物质。

   A. 黄磷
   B. 鱼粉(未经抗氧化处理)
   C. 白磷
   D. 赤磷

   解析:赤磷属于第4.1类易燃固体。

   答案:D。

31. _____属于《国际危规》第9类危险品。

   ①蓖麻籽和白石棉;②温度等于100 ℃时交付运输的液态物质;③温度不小于240 ℃时交付运输的固态物质

   A.①②
   B.②③
   C.①③
   D.①②③

   解析:本题暂无解析。

   答案:D。

32.《国际危规》第3类的易燃液体中不包括_____,包括_____。

   A. 自反应物质;液态退敏爆炸品

   B. 任何爆炸品;自反应物质

   C. 任何爆炸品;易自燃液体

   D. 交付运输时温度高于其闪点的液体;液态退敏爆炸品

   解析:自反应物质属于第4.1类易燃固体。

   答案:A。

33.《国际危规》中,危险货的分类号的排序规律是_____。

   A. 类别号按其危险性强弱排序,第1类货物的危险性最强

   B. 类别号按其危险性强弱排序,第9类货物的危险性最强

   C. 类别号不按其危险性强弱排序,第7类货物的危险性最强

   D. 类别号不按其危险性强弱排序,不能认为某类危险货的危险性就一定强于其他类

   解析:本题暂无解析。

   答案:D。

34. 根据《国际危规》,光气属于第_____。

   A.2.1 类
   B.2.2 类
   C.2.3 类
   D.6.1 类

   解析:本题暂无解析。

   答案:C。

35. 易燃液体系指_____放出易燃蒸气的液体、混合液体、含有溶解固体或悬浮溶液。

   A.闭杯试验闪点 60 ℃或以上
   B.闭杯试验闪点 60 ℃或以下
   C.开杯试验闪点 60 ℃或以上
   D.开杯试验闪点 60 ℃或以下

   解析:本题暂无解析。

   答案:B。

36.《国际危规》规定,对含有多种危险性物质,下列_____主要危险总是优先列出的类别。

A. 第 4.2 类包装 II 类物质和物品　　　B. 第 5.1 类包装 II 类物质

C. 第 1 类物质和物品　　　　　　　　D. 第 4.3 类包装 II 类物质

解析:本题暂无解析。

答案:C。

37. 在危险货运输中,船员对其副危险性的防范与主危险性的防范的要求_____。

A. 同样严格

B. 对其主危险性要求更严一些

C. 对其副危险性要求更严一些

D. 一般货物可只管其主危险性,忽略其副危险性

解析:本题暂无解析。

答案:A。

38. 下列属于《国际危规》第 2.3 类气体的有_____。

①氯气;②二氧化碳;③氮气;④氨气;⑤光气

A. ①②③④⑤　　　　　　　　　　B. ①②③④

C. ①④⑤　　　　　　　　　　　　D. ④⑤

解析:二氧化碳、氮气属于第 2.2 类非易燃、无毒气体。

答案:C。

39. 遇水放出可燃气体的液体物质属于《国际危规》中的第_____类。

A. 3　　　　　　　　　　　　　　B. 4

C. 8　　　　　　　　　　　　　　D. 9

解析:第 4.3 类遇水易放出易燃气体的物质,本类物质是指与水反应易自发地成为易燃或放出达到危险数量的易燃气体的液体或固体物质。

答案:B。

40. 具有爆炸分解特性的自反应物质属于《国际危规》的第_____类。

A. 1　　　　　　　　　　　　　　B. 4

C. 5　　　　　　　　　　　　　　D. 9

解析:本题暂无解析。

答案:B。

41. 危险货物中的气体可能具有以下_____危险特性。

①易燃性和易爆性;②窒息性和毒性;③麻醉性

A. ①②　　　　　　　　　　　　　B. ②③

C. ①③　　　　　　　　　　　　　D. ①②③

解析:本题暂无解析。

答案:D。

42. 内辐射进入人体内对人体造成危害的主要途径是放射源由_____。

①消化道进入;②呼吸道进入;③皮肤进入

A. ①②　　　　　　　　　　　　　B. ②③

C.①③ 　　　　　　　　　　　D.①②③

解析:本题暂无解析。

答案:D。

43.放射性物质放出的射线或粒子中,难以被任何物质或材料完全吸收的是_____。

　　A.α 射线 　　　　　　　　　　B.β 射线

　　C.γ 射线 　　　　　　　　　　D.快中子射线

解析:γ 射线是一种波长很短的电磁波,不带电,以光速运动,能量大,穿透能力很强,不易被其他物质吸收。

答案:C。

44.有毒物质危害人体的途径有_____。

　　①吞咽;②吸入;③皮肤接触

　　A.①② 　　　　　　　　　　　B.②③

　　C.①③ 　　　　　　　　　　　D.①②③

解析:本题暂无解析。

答案:D。

45.放射性物质放出的射线,其穿透力的大小关系为_____。

　　A. γ>β>α 　　　　　　　　　　B. β<α<γ

　　C. α<γ<β 　　　　　　　　　　D. α=β<γ

解析:β 射线穿透能力比 α 射线强。

答案:A。

46.放射性物质放出的射线,其电离能力的大小关系为_____。

　　A. α<β<γ 　　　　　　　　　　B. β<α<γ

　　C. α<γ<β 　　　　　　　　　　D. α>β>γ

解析:本题暂无解析。

答案:D。

47.易燃液体的闭杯试验用于测定_____。

　　A.闪点 　　　　　　　　　　　B.流动水分点

　　C.适运水分限 　　　　　　　　D.临界压力

解析:闪点依据其测试仪器是在密闭容器还是在开敞容器中加热液体而分为闭杯试验闪点和开杯试验闪点。

答案:A。

48.易燃液体的开杯试验用于测定_____。

　　A.闪点 　　　　　　　　　　　B.流动水分点

　　C.适运水分限 　　　　　　　　D.临界压力

解析:本题暂无解析。

答案:A。

49.易燃液体的闪点是指在一定温度条件下,易燃物质的_____。

A. 蒸气与空气的混合物遇明火能持续燃烧 5 s 以上的最低温度

B. 分子与空气的混合物遇明火即能爆炸的最低温度

C. 蒸气与空气的混合物遇明火一点即燃的最低温度

D. 蒸气与空气的混合物遇明火能发生不连续闪火现象的最低温度

解析:本题暂无解析。

答案:D。

50. 半数致死量是衡量_____的指标。

A. 有毒物质的毒性   B. 爆炸品的危险性

C. 放射性物质的危险性   D. 感染性物质的危险性

解析:本题暂无解析。

答案:A。

51. _____不是衡量放射性物质的指标。

A. 放射性活度   B. 剂量当量

C. 运输指数   D. 半数致死量

解析:半数致死量是衡量有毒物质毒性的指标。

答案:D。

52. 一般地,同一物质的闭杯试验闪点比开杯试验闪点_____。

A. 高   B. 低

C. 两者相等   D. 两者关系不定

解析:一般同一物质的闭杯试验闪点要低于开杯试验闪点 3~6 ℃。

答案:B。

53. 有毒物质的毒性大小与_____因素有关。

①可溶性;②挥发性;③颗粒度

A. ①②   B. ②③

C. ①③   D. ①②③

解析:本题暂无解析。

答案:D。

54. 有毒物质的可溶性越_____,挥发度越_____,颗粒度越_____,则毒性越大。

A. 大;高;大   B. 小;高;小

C. 大;高;小   D. 小;低;大

解析:有毒物质的状态,如固体毒物的颗粒越小,其毒性就越大;毒物的水解性与脂溶性越大,其毒性也越大;毒性沸点越低,越易引起中毒;液体毒物其挥发性越大,毒害性也越大。

答案:C。

55. 氰化钠的危险性用_____度量。

A. 闪点   B. 运输指数

C. 半数致死量   D. 爆炸极限

解析:半数致死量是用来度量物质毒性的指标。

答案:C。

56.《国际危规》衡量爆炸品危险性的指标有_____。
①敏感度;②挥发性;③闪点;④爆轰速度;⑤威力和猛度
A.①②③　　　　　　　　　　B.①④⑤
C.②③④　　　　　　　　　　D.①②③④
解析:本题暂无解析。
答案:B。

7.3　危险货物的包装和标志

一、知识点梳理

1.包装危险货的包装:包装的种类、等级、类型代码、实验检验、包装的标志。
2.包装危险货的标志:包装危险货的标记、标签和标牌,以及对标志的要求。

二、难点点拨

1.限量危险货标志、免除标志、副危险性标志。
2.包装的等级和类型代码。

三、相关习题

1.《国际危规》规定,海运危险货物的标记、标志和标牌,要求保持其永久性,即应使其在海水中至少浸泡_____仍然清晰可辨。
A.1 年　　　　　　　　　　B.6 个月
C.3 个月　　　　　　　　　D.1 个月
解析:《国际危规》规定,危险货物所有标志均须清晰可见且易识别,应做到在海水中浸泡 3 个月以上标志内容仍清晰可辨。
答案:C。

2.危险货包件(包括中型散装容器)上的标记,至少应包含_____。
①正确运输学名;②联合国编号;③装有海洋污染物的包件,须耐久地张贴海洋污染物标记;④含有液态危险货内包装的组合包装还要有向上双箭头标记
A.①②③　　　　　　　　　　B.①②③④
C.①②④　　　　　　　　　　D.①③④
解析:本题暂无解析。
答案:B。

3.锂电池属于《国际危规》第9类危险货,其图案标志_____。

　　A.与其他第9类货物的标志一致　　　　B.不需要任何标志

　　C.有单独的锂电池标志　　　　　　　　D.使用第一类危险货标志

　　解析:本题暂无解析。

　　答案:C。

4.根据危险货物包装的等级,一般可以判断该货物的_____。

　　A.类别　　　　　　　　　　　　　　　B.状态

　　C.危险程度　　　　　　　　　　　　　D.包装形式

　　解析:《国际危规》根据包装所能够承受危险货物的危险程度将危险品包装分为不同等级。

　　答案:C。

5.船舶承运曾盛装过危险货物的空容器,若未经处理,则应_____。

　　A.按普通货物处理　　　　　　　　　　B.给予适当的通风

　　C.保持原危险货物标志　　　　　　　　D.按杂类危险货物贴标志

　　解析:曾盛装过危险货物的空容器,除经清洗或处理外,均应保持其原危险货物标志,并视作所装过的危险货物对待。

　　答案:C。

6.《国际危规》所指的"救助包装"用于_____。

　　A.盛放医疗急救用具　　　　　　　　　B.盛放急救药品

　　C.盛放应急灭火用具　　　　　　　　　D.盛放运输途中破损的危险货物

　　解析:当盛放危险货物的包件出现损坏、破损、渗漏、溢漏或不符规定的情况时,应使用救助包装进行回收或处理。

　　答案:D。

7.呈现剧毒危险的物质和物品适用于_____。

　　A.Ⅰ类包装　　　　　　　　　　　　　B.Ⅱ类包装

　　C.Ⅲ类包装　　　　　　　　　　　　　D.Ⅳ类包装

　　解析:适用于通用Ⅰ类包装。

　　答案:A。

8.呈现较低毒性危险的物质和物品适用于_____。

　　A.Ⅰ类包装　　　　　　　　　　　　　B.Ⅱ类包装

　　C.Ⅲ类包装　　　　　　　　　　　　　D.Ⅳ类包装

　　解析:适用于通用Ⅲ类包装。

　　答案:C。

9.危险货物包装按其适用范围,可分为_____。

　　A.单一包装、复合包装　　　　　　　　B.单一包装、组合包装

　　C.组合包装、大宗包装　　　　　　　　D.通用包装、专用包装

　　解析:本题暂无解析。

　　答案:D。

10. 按照《国际危规》,危险货物包装进行跌落试验时,Ⅰ类包装的跌落高度为_____。

A. 0.5 m 　　　　　　　　　　　B. 0.8 m

C. 1.2 m 　　　　　　　　　　　D. 1.8 m

解析:本题暂无解析。

答案:D。

11. 按照《国际危规》,危险货物包装进行跌落试验时,Ⅲ类包装的跌落高度为_____。

A. 0.5 m 　　　　　　　　　　　B. 0.8 m

C. 1.2 m 　　　　　　　　　　　D. 1.8 m

解析:本题暂无解析。

答案:B。

12. 根据放射性物质放射性的强弱,《国际危规》将放射性物质包装按危险程度划分为_____
种等级,其中_____危险性最大。

A. 3;第Ⅲ类 　　　　　　　　　　B. 3;第Ⅰ类

C. 4;第Ⅳ类 　　　　　　　　　　D. 4;第Ⅰ类

解析:放射性物质采用危险货物的专用包装。

答案:A。

13. 根据放射性物质放射性的强弱,《国际危规》将放射性物质包装按危险程度划分为_____
种等级,其中_____采用上部黄色下部白色标志。

A. 4;第Ⅰ类 　　　　　　　　　　B. 3;第Ⅰ、Ⅱ类

C. 4;第Ⅱ、Ⅲ类 　　　　　　　　D. 3;第Ⅱ、Ⅲ类

解析:第7类危险货物的Ⅰ类包装的图案标志呈白色,Ⅱ、Ⅲ类包装的图案标志上部呈黄色、
下部呈白色。

答案:D。

14. 放射性物质的包装Ⅰ类可以盛装_____。

①危险性最大的放射性物质;②危险性中等的放射性物质;③危险性低等的放射性物质

A. ① 　　　　　　　　　　　　　B. ②

C. ③ 　　　　　　　　　　　　　D. ①②③

解析:第7类危险货物的包装分类方法与危险货物通用包装等级分类方法相反,即危险程度
越大,包装等级号也越大。

答案:C。

15. 适用第Ⅰ类包装的放射性危险货物,其放射性_____。

A. 较大 　　　　　　　　　　　　B. 中等

C. 较低 　　　　　　　　　　　　D. 不能确定

解析:本题暂无解析。

答案:C。

16. 仅适用第Ⅲ类包装的放射性危险货物,其放射性_____。

A. 较大 　　　　　　　　　　　　B. 中等

C. 较低　　　　　　　　　D. 不能确定

解析:本题暂无解析。

答案:A。

17. 第 7 类放射性危险货物的包装是按其_____划分的。

　A. 运输时间　　　　　　　B. 容器压力

　C. 运输指数　　　　　　　D. 包装形式

解析:本题暂无解析。

答案:C。

18. 放射性危险货物第Ⅰ类包装的图案标志颜色是_____。

　A. 红色　　　　　　　　　B. 白色

　C. 黄色　　　　　　　　　D. 蓝色

解析:本题暂无解析。

答案:B。

19. 放射性物质的包装Ⅰ类可以盛装_____的放射性物质。

　A. 高度危险性　　　　　　B. 中等危险性

　C. 低等危险性　　　　　　D. 任何危险性

解析:本题暂无解析。

答案:C。

20. _____的积载不必"避开居住处所"。

　A. 遇潮湿空气会产生有毒或腐蚀性蒸气的物质

　B. 易挥发的腐蚀性物质

　C. 易挥发的有毒物质

　D. 不易挥发的腐蚀性物质

解析:对于易挥发的有毒物质、易挥发的腐蚀性物质、遇潮湿空气产生有毒或腐蚀性蒸气的物质、释放强烈麻醉性蒸气的物质、第 2 类易燃气体、感染性物质和放射性物质等危险货物,应远离生活居住处所。

答案:D。

7.4　危险货物的积载与隔离

7.4.1　危险货物积载原则

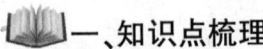一、知识点梳理

包装危险货积载的一般要求、非爆炸品的积载类、爆炸品的积载类。

二、难点点拨

非爆炸品积载类别。

三、相关习题

1. 危险货物积载的合理舱位应_____。

①远离机舱;②远离热源、火源、电源;③远离船舶中心区及船员居住室

A.①②　　　　　　　　　　　　B.②③

C.①③　　　　　　　　　　　　D.①②③

解析:本题暂无解析。

答案:D。

2. _____不可在舱面积载。

A. 需要经常检查的危险货物

B. 需要特别接近检查的危险货物

C. 装有危险货物的纤维板箱

D. 会形成爆炸性气体或产生剧毒气体或对船体有严重腐蚀作用的货物

解析:本题暂无解析。

答案:C。

3. 能形成爆炸性混合气体的危险货物,应_____。

A. 舱面积载　　　　　　　　　　B. 舱内积载

C. 特殊积载　　　　　　　　　　D. 普通积载

解析:本题暂无解析。

答案:A。

4. _____危险货物不可在舱内积载。

①需要经常检查/接近检查的;②能产生剧毒蒸气的;③能形成爆炸性混合气体的

A.①②　　　　　　　　　　　　B.②③

C.①③　　　　　　　　　　　　D.①②③

解析:危险货物积载时满足下列条件之一者,应在舱面积载:①需要经常检查;②需要特别接近检查;③能形成爆炸性混合气体、能产生剧毒蒸气或对船舶有严重腐蚀作用。

答案:D。

5. _____危险货物应在舱面积载。

①需要经常检查/接近检查的;②第5.2类;③对船舶有严重腐蚀作用的

A.①②　　　　　　　　　　　　B.②③

C.①③　　　　　　　　　　　　D.①②③

解析:有机过氧化物应选配于舱面。

答案:D。

6. 对船舶有严重腐蚀作用的危险货物,应_____。

   A. 舱内积载   B. 舱面积载

   C. 特殊积载   D. 普通积载

   解析:本题暂无解析。

   答案:B。

7. 能产生剧毒蒸气的危险货物应_____。

   A. 特殊积载   B. 普通积载

   C. 舱面积载   D. 舱内积载

   解析:本题暂无解析。

   答案:C。

8. 海洋污染物的积载位置应为_____。

   A. 舱内积载   B. 舱面积载

   C. 舱内积载或舱面积载均可   D. 视具体货物而定

   解析:载有海洋污染物箱应优先选配于舱内;若需装载于舱面,则应选配于具有良好保护和遮蔽条件的位置。

   答案:D。

9. 海洋污染物的积载位置应为_____。

   ①若允许舱面或舱内积载,尽可能舱内积载;②若允许舱面或舱内积载,可在防护甲板上积载;③若仅限舱面积载,可在防护甲板或遮蔽甲板上积载

   A. ①②   B. ②③

   C. ①③   D. ①②③

   解析:本题暂无解析。

   答案:D。

10. 碳化钙(电石)可与_____混装。

    A. 煤炭   B. 精选矿

    C. 轻烧镁   D. 原木

    解析:碳化钙(电石)与水接触迅速放出高度易燃气体乙炔,可被反应热点燃。

    答案:C。

11. 除爆炸品外,其他危险货物的积载方式可分为_____,其中积载类 A 是指_____。

    A. 4 种;仅限舱内积载   B. 5 种;仅限舱面积载

    C. 4 种;可在舱面或舱内积载   D. 5 种;可在舱面或舱内积载

    解析:根据危险货物在不同种类船舶积载的位置或是否允许装运,《国际危规》将第 2 类~第 9 类、限量包装的第 1.4S 类危险货物的积载类划分为 A、B、C、D、E 五个积载类。

    答案:D。

12. 危险货物的积载类是用于确定该货物_____。

    A. 与其他类危险货物间的隔离要求

B. 是否是海洋污染物

C. 允许载于舱内或舱面,或不允许装载

D. 在舱内积载位置

解析:积载类是用于确定危险货物在不同种类船舶积载的位置或是否允许装运。

答案:C。

13. 符合《国际危规》按限量运输要求的包装危险货物,其积载类应确定为_____。

A. 积载类 A
B. 积载类 B

C. 积载类 C
D. 积载类 D

解析:本题暂无解析。

答案:A。

14. 除爆炸品外普通危险货物的积载类是用于确定该货物是否按_____要求装载。

①允许舱面或舱内积载;②仅限舱面积载;③禁止装运

A. ①
B. ①②

C. ①③
D. ①②③

解析:本题暂无解析。

答案:D。

7.4.2　危险货物隔离等级、隔离表及其应用

一、知识点梳理

包装危险货隔离等级、隔离表、爆炸品的配装类、危险品与食品的隔离。

二、难点点拨

危险货隔离等级。

三、相关习题

1. 危险品隔离等级中的"远离"是指_____。

A. 需间隔一个液火密舱室装载

B. 不可在同一舱室装载,但可分别装在相邻的液火密舱室

C. 可装入同一舱室,但水平方向上至少要有 3 m 的分隔区

D. 在纵向上间隔一个舱室装载

解析:远离是指有效地隔离从而使互不相容的物质在万一发生意外时不致相互起危险性反应,但只要水平垂直投影距离不少于 3 m,仍可在同一舱室或货舱内或"舱面"上积载。

答案:C。

2. 在危险货物积载中,表示在水平或垂向上相隔一个液火密舱室或货舱的隔离为_____。

  A. 隔离 4   B. 隔离 3

  C. 隔离 2   D. 隔离 1

  解析:本题暂无解析。

  答案:B。

3. 在危险货物积载中,表示在纵向上用一介于中间的整个舱室或货舱作纵向隔离称为_____。

  A. 隔离 4   B. 隔离 3

  C. 隔离 2   D. 隔离 1

  解析:本题暂无解析。

  答案:A。

4. 若某两种危险品的装载应"用一整个舱室或货舱隔离",则这两种货物在舱面上装载时应至少间隔_____ m 的水平距离。

  A. 24   B. 12

  C. 6   D. 3

  解析:本题暂无解析。

  答案:B。

5. 若某两种危险品的装载应用"隔离 2",则这两种货物在舱面上装载时应至少间隔_____ m 的水平距离。

  A. 24   B. 12

  C. 6   D. 3

  解析:本题暂无解析。

  答案:C。

6. 若某两种危险品的装载应"用一介于中间的整个舱室或货舱作纵向隔离",则这两种货物在舱面上装载时应至少间隔_____ m 的水平距离。

  A. 24   B. 12

  C. 6   D. 3

  解析:本题暂无解析。

  答案:A。

7. 就舱面积载而言,水平距离不小于 6 m 的隔离称为_____。

  A. 远离   B. 用一整个舱室或货舱隔离

  C. 隔离   D. 用一介于中间的整个舱室或货舱作纵向隔离

  解析:本题暂无解析。

  答案:C。

8. 就舱面积载而言,水平距离不小于 12 m 的隔离称为_____。

  A. 远离   B. 用一整个舱室或货舱隔离

  C. 隔离   D. 用一介于中间的整个舱室或货舱作纵向隔离

  解析:本题暂无解析。

答案:B。

9.就舱面积载而言,水平距离不小于 24 m 的隔离称为_____。

A.隔离 1　　　　　　　　　　　　B.隔离 2

C.隔离 3　　　　　　　　　　　　D.隔离 4

解析:本题暂无解析。

答案:D。

10.在危险货物积载中,表示在水平或垂向上相隔一个防火防液舱室或货舱的隔离为_____。

A.隔离 4　　　　　　　　　　　　B.隔离 3

C.隔离 2　　　　　　　　　　　　D.隔离 1

解析:本题暂无解析。

答案:B。

11.《国际危规》中的"隔离 2"是指不相容的两种货物_____。

①舱面积载时水平间隔距离至少 6 m;②可装于上、下不同舱室内(中间甲板防火防液);③应装于不同货舱内(中间甲板非防火防液)

A.①②　　　　　　　　　　　　　B.②③

C.①③　　　　　　　　　　　　　D.①②③

解析:本题暂无解析。

答案:D。

12.危险货物隔离表中的数字表示_____,其中数字 4 表示_____。

A.隔离等级;远离

B.隔离种类;隔离

C.隔离种类;用一整个舱室或货舱隔离

D.隔离等级;用一介于中间的整个舱室或货舱作纵向隔离

解析:除第 1 类爆炸品之间的隔离要求另有规定外,《国际危规》将危险货物的隔离分为四个等级。

答案:D。

13.危险货物隔离表中的数字表示_____,其中数字 3 表示_____。

A.隔离等级;远离

B.隔离种类;隔离

C.隔离等级;用一整个舱室或货舱隔离

D.隔离等级;用一介于中间的整个舱室或货舱作纵向隔离

解析:本题暂无解析。

答案:C。

14.危险货物隔离表中的数字表示_____,其中数字 2 表示_____。

A.隔离等级;远离

B.隔离等级;隔离

C.隔离种类;用一整个舱室或货舱隔离

D.隔离等级;用一介于中间的整个舱室或货舱作纵向隔离

解析:本题暂无解析。

答案:B。

15.危险货物隔离表中的数字表示_____,其中数字1表示_____。

　　A.隔离等级;远离

　　B.隔离种类;隔离

　　C.隔离种类;用一整个舱室或货舱隔离

　　D.隔离等级;用一介于中间的整个舱室或货舱作纵向隔离

解析:本题暂无解析。

答案:A。

16.符合《国际危规》按限量运输要求的包装危险货物,其隔离要求应按_____。

　　A.包装危险货物隔离表　　　　　　　B.无隔离要求处理

　　C.危险货物一览表中的说明　　　　　D.在货物明细表中查阅

解析:限量内危险货物,不适用隔离等级的规定。

答案:B。

17.危险货物积载中,表示不可在同一舱室配装,但可在相邻舱室配装的称为_____。

　　A.隔离　　　　　　　　　　　　　　B.远离

　　C.间隔一个舱室　　　　　　　　　　D.用一个货舱作纵向分隔

解析:本题暂无解析。

答案:A。

18.对限量内危险货物而言,其积载类应视为_____。

　　A.A 类　　　　　　　　　　　　　　B.B 类

　　C.C 类　　　　　　　　　　　　　　D.D 类

解析:限量内危险货物积载时按积载类 A 的要求操作。

答案:A。

项目8　普通杂货运输

8.1　普通杂货分类

一、知识点梳理

1. 杂货:是指品种繁杂、性质各异、包装形式不一、批量较小的货物的统称。

2. 普通杂货的分类:根据杂货的性质和装运的要求,通常可将普通杂货分为以下几类:

(1)散装货物:是指在普通杂货船上非整船装运的不加包装且不计件的块、粒、粉状的干散货,如各种矿石、谷物、饲料等。

(2)液体货物:是指在杂货船深舱中装运的散装液体货,以及用金属桶、塑料桶、木桶等装运的液体货,如动物油、植物油、酒精、蜂蜜等。

(3)气味货:是指能散发异味的货物,如生皮、猪鬃、烟叶、鱼粉、骨粉、化肥、农药等。

(4)食品货物:是指供人们食用的货物,如罐头、奶粉、茶叶、糖果以及各种袋装谷物等。

(5)扬尘污染货物:是指易扬尘并使其他货物污染的货物,如水泥、炭黑、石墨、轻烧镁、重烧镁以及各种矿石和矿粉等。

(6)清洁货物:是指在运输过程中不能混入杂质或被污染的货物,如纸浆、滑石粉、工艺品以及镁砂等金属矿粉。

(7)易碎货物:是指不能受挤压、撞击,易于破损的货物,如玻璃、陶瓷制品、各种瓶装酒类等。

(8)贵重货物:是指价格昂贵或具有特殊使用价值的货物,如礼品、文物、金银珠宝、名贵皮毛、贵重药材、精密仪器、艺术品等。

(9)活的动植物:是指在运输过程中仍需不断照料、维持生命和生长机制,不使其发生死亡或枯萎的动物和植物,如鱼苗、牲畜、家禽、树苗等。

（10）一般普通杂货:是指其特性对运输保管条件无特殊要求的杂货。

二、难点点拨

1. 各种皮类和丝绸含有樟脑,以防虫害,属于气味货。

2. 许多杂货因具有多种特性而分属多类货种。

三、相关习题

1. _____不属于气味货物。

　A. 骨粉　　　　　　　　　　　　　　B. 奶粉

　C. 丝织品　　　　　　　　　　　　　D. 化妆品

解析:奶粉属于食品类货物。

答案:B。

2. _____不属于气味货物。

　A. 生皮　　　　　　　　　　　　　　B. 猪鬃

　C. 蜂蜜　　　　　　　　　　　　　　D. 禽兽毛

解析:气味货物指能散发各种异味的货物,如生皮、猪鬃、骨粉、樟脑、大蒜、八角等。蜂蜜属于液体货物。

答案:C。

3. _____货物属于怕潮货。

　①大米;②罐头食品;③茶叶;④烟叶;⑤化肥

　A. ①③④　　　　　　　　　　　　　B. ②③④⑤

　C. ②③④　　　　　　　　　　　　　D. ①②③④⑤

解析:本题暂无解析。

答案:D。

4. 在杂货船运输中,通常按货物的性质和装运要求对杂货进行分类,以下四种货物分类正确的是

_____。

　A. 滑石粉属于清洁货物、立德粉属于扬尘污染货、蜂蜜属于液体货、药品属于气味货

　B. 滑石粉属于扬尘污染货物、立德粉属于清洁货、蜂蜜属于液体货、药品属于气味货

　C. 滑石粉属于清洁货物、立德粉属于扬尘污染货、蜂蜜属于气味货、药品属于食品货

　D. 滑石粉属于清洁货物、立德粉属于扬尘污染货、蜂蜜属于液体货、药品属于食品货

解析:本题暂无解析。

答案:D。

5. _____不是扬尘货。

　A. 石墨　　　　　　　　　　　　　　B. 炭黑

C. 镁砂　　　　　　　　　　　　　　D. 立德粉

解析:镁砂属于清洁货物。

答案:C。

6.舱内沾染油漆味、腥味或其他异味时可用浓度为 5% 的_____溶液清洗。

A. 漂白粉　　　　　　　　　　　　　B. 膨润土

C. 镁砂　　　　　　　　　　　　　　D. 红粉

解析:舱内应无油漆味、腥味、臭味等足以影响货物质量的异味。残留的异味可用茶叶、大蒜、咖啡豆等除味,或使用漂白粉、次氯酸盐溶液等化学方法处理。

答案:A。

8.2　普通杂货的配积载原则及要求

8.2.1　普通杂货的配舱顺序

一、知识点梳理

1.普通杂货的配舱原则:先下后上、先远后近,先大后小,先特殊后一般。

2.普通杂货的配舱方法:底舱的货应先配,上层舱的货后配;远程后卸的货先配,近程先卸的货后配;大宗货物先配,小批量零散货物后配;对舱位、货位有特殊要求的货物先配,一般货物后配。

二、难点点拨

1.在杂货船的配载中,应首先配装数量较大且最后到港的货物。

2.货物数量及货物性质不同时,应首先配装特殊的且数量较大的货物。

三、相关习题

1.货物的配装顺序中,应首先配装的货物是_____。

①最后到港货物;②数量较大的货物;③性质无特殊要求的一般货物

A. ①②③　　　　　　　　　　　　　B. ①②

C. ②③　　　　　　　　　　　　　　D. ①③

解析:货物配舱原则:卸货港序不同时,先末港后初港;配装舱室不同时,先下后上,先大后小;货物特性不同时,先特殊货物,后一般货物;货物数量不同时,先大量后少量。

答案:B。

2.杂货船配载时,先配底舱后配二层舱的原因是_____。

A.底舱装卸货物方便　　　　　　　B.底舱在水线下受水压力作用

C.底舱高度大,载货数量多　　　　　D.二层舱装卸货物方便

解析:本题暂无解析。

答案:C。

3.某航次装货清单中列有袋装大豆和散装氟石,配载时应先配装_____。

A.袋装大豆　　　　　　　　　　　B.散装氟石

C.任意一种货物　　　　　　　　　D.视货物的数量和卸货港序而定

解析:本题暂无解析。

答案:D。

4.关于杂货船运输,当中途港货物货量较大时_____。

A.可集中装于船首部舱室　　　　　B.可集中装于船中部舱室

C.可适当分配于几个货舱　　　　　D.可集中装于船尾部舱室

解析:本题暂无解析。

答案:C。

8.2.2　普通杂货的舱位选择原则

一、知识点梳理

1.普通杂货的舱位选择原则:

(1)上轻、清,下重、污。

(2)上脆、弱,下牢、固。

(3)小、软配首、尾,大、硬配船中。

2.不同种类货物适宜的货位:

(1)散装货物:

①散装货物宜整票装于中部货舱的底舱作为打底货,以便于抓斗抓卸。

②若因港序必须装在二层舱,则底舱货物上面应铺盖帆布,以避免受上层舱货物的影响。

③多票散货不宜配于同一舱室。

(2)液体货物:

①散装液体货物应配于杂货船的深舱内。

②包装坚固、单件较重的大容器液体货应大舱底舱作为打底。

③包装不耐压的小容器,液体货物,应配装在二层舱舱口四周或上甲板上。

④液体货较少时,应堆装在货舱的后部。

(3)气味货物:

①不得与食品类货物和其他怕气味货物同舱积载。

③同类或气味不互抵的气味货物,如数量不多时,应尽量集中在一个容积较小的艏、艉舱积载。

④装于上甲板的气味货应尽量远离船员居住区,置于下风。

(4)食品类货物:

①应配置于清洁、干燥、无异味、无虫害、远离热源和通风良好的舱室。

②食品类货物不能与扬尘污染货同舱积载,也不能与气味货物、散发水分的货物同舱积载。

(5)扬尘污染货:

①数量不多时,应尽可能整票集中选配在底舱其他货物下面,装后铺盖帆布。

②如配于二层舱时,应尽可能配于二层舱底部其他货物下面。

③不能与怕尘、怕污染的货物同装一室或相邻堆装。

(6)清洁货物:

清洁货物不得与扬尘污染货、油污货同舱积载。

(7)易碎货物:

①应配置在基础平稳、不受挤压、易于装卸的处所,如二层舱或底舱舱口下方及其他货物的上面,尽量后装先卸。

②易碎货物在舱内的堆码层数不能超高,其上不许再堆装其他货物。

(8)贵重货物:

①应尽可能配置在贵重货舱内,没有贵重货舱时,可配置于货舱一角,并用其他货物围堵。

②少量贵重货可交专人保管。

3. 不同包装类型的舱位选择:

(1)袋装货物:多选配在形状不规则的首尾货舱。

(2)箱装货物:形状规则的中间货舱,坚固包装可打底。

(3)桶装货物:大桶中部货舱打底,或二层舱舱口以外。

(4)捆装货物:

①金属类的捆卷、捆筒货除不耐压的矽钢卷外可作为打底货。

②非金属类捆卷、捆筒不耐压,不能作为打底货。

二、难点点拨

怕热货应远离机舱、加温油舱等部位。

三、相关习题

1.杂货船货物配舱时要保证各到港货左、右舷配货重量对船舶中线面的力矩基本相等的原因是_____。

　A.保证多头作业同时进行

　B.提高装卸速度,缩短在港时间

　C.保证船舶稳性

　D.减小船舶扭矩以防止产生过大横倾

解析:防止因货物不对称装卸导致船舶出现过大横倾等。

答案:D。

2. 装载具有熔化性的货物时,应_____。

　　A. 正确进行货舱通风

　　B. 远离机舱、锅炉舱等热源的位置

　　C. 先装后卸

　　D. 防止其溢出舱外,造成水域环境污染

　　解析:本题暂无解析。

　　答案:B。

3. 某前三后一型船舶装载最后目的港的大桶盐渍肠衣,_____舱位是合理的。

　　A. No. 2 的底舱　　　　　　　　　　B. No. 3、No. 4 的底舱

　　C. No. 1、No. 2 的二层舱　　　　　　D. No. 2、No. 3 的二层舱

　　解析:大桶包装的液体货物应在大舱打底,盐汁肠衣属桶装液体、食品类,有气味又有怕热特性。

　　答案:A。

4. 某船某航次装载一批瓷器,则其应配置在_____。

　　①大舱底舱上层;②艏、艉舱的底舱上层;③任一货舱的二层舱舱口位顶层

　　A. ①　　　　　　　　　　　　　　B. ②

　　C. ③　　　　　　　　　　　　　　D. ①②③

　　解析:瓷器属易碎货物,装载时应配置于舱室的顶层或舱口位。

　　答案:D。

5. 包装坚固耐压的木箱装货一般地应_____。

　　①堆高不受限;②木箱上可随意堆装其他货物;③配装在各舱的中层或底层

　　A. ①　　　　　　　　　　　　　　B. ②③

　　C. ③　　　　　　　　　　　　　　D. ①③

　　解析:木箱的堆高一般不受限制。

　　答案:D。

6. 某前三后一型船舶,合成樟脑应配置在_____。

　　A. 所有货舱均可　　　　　　　　　B. No. 2、No. 3 货舱

　　C. No. 3、No. 4 货舱　　　　　　　D. No. 1 货舱

　　解析:本题暂无解析。

　　答案:D。

7. 先卸港的小木桶装流质货_____。

　　A. 可配于中部货舱作为打底货

　　B. 应配于其他货物上面

　　C. 可配于容积较小的艏、艉部底舱作为打底货

　　D. 应配于二层舱舱口四周底部,并在舱口位铺以衬垫

解析:本题暂无解析。

答案:D。

8._____部位属于怕热货应远离的热源。

　　①机舱;②厨房;③加温油舱;④锅炉间;⑤滑油舱

　　A.①③ B.③④

　　C.①④⑤ D.①②③④

　　解析:滑油舱通常不用加温。

　　答案:D。

9.大桶装的肠衣配装在艉机型船_____较适宜。

　　A.中部二层舱 B.艏、艉部二层舱

　　C.中部底舱 D.艏、艉部底舱

　　解析:本题暂无解析。

　　答案:C。

10.某前四后一型杂货船装载单重 300 kg 的桶装松香,舱位应选择在_____为宜。

　　A.No.2 底舱或 No.3 底舱 B.No.3 底舱或 No.4 底舱

　　C.No.4 底舱和 No.5 底舱 D.No.1 底舱或 No.2 底舱

　　解析:松香有热变性,应远离机舱;大桶装载,应在大舱打底。

　　答案:A。

11.裸装钢材类货物配装时宜选配于_____。

　　①二层舱;②底舱打底;③因港序及数量等可配于二层舱

　　A.① B.②

　　C.③ D.②③

　　解析:裸装钢材类货物宜作为打底货。

　　答案:D。

12.若无港序限制,万吨船装载大铁桶装的花生油时_____配置方案较为合适。

　　①大舱的底舱堆八层;②大舱的二层舱堆四层;③艏、艉舱的底舱堆四层

　　A.① B.②

　　C.③ D.①②③均不合适

　　解析:大桶装载,应在大舱打底,按要求限高。

　　答案:D。

13._____配装时应远离热源。

　　①乒乓球;②石蜡;③松香

　　A.① B.②

　　C.③ D.①②③

　　解析:本题暂无解析。

　　答案:D。

14.船上装载扬尘货物时应做到_____。

①与怕污染的货物至少不相邻;②最好装于舱的底部,堆装面积尽量小;③尽量后装先卸;
④装后货堆表面应加衬垫并清扫货舱

A.①②④   B.①③④

C.②③   D.①②③④

解析:船上装载扬尘货物时应做到尽量后卸先装。

答案:A。

15.某前四后一型船舶装载第一卸货港的石蜡,_____是合适的。

A. No.5 舱的底舱   B. No.3 舱的底舱

C.任何舱位均可   D.除了 No.4 舱以外的任何舱室

解析:石蜡配装远离机舱热源。

答案:B。

16.四货舱艉机船装载少量最后卸货港的石墨粉宜选装在_____。

A. No.1 二层舱上层   B. No.4 二层舱上层

C. No.1 底舱下层   D. No.2 底舱上层

解析:扬尘污染货最好配置于底舱的最底层。

答案:C。

17.在可能的情况下,单一小批量气味货应尽量_____。

A.分散配于各舱内

B.集中配于任一货舱内

C.集中配于容积较小的艏、艉舱内

D.集中配于中部大舱的底舱内

解析:单一小批量气味货应尽量集中配置于舱容较小舱室。

答案:C。

18.包装液体货通常可以配装在_____。

A.底部打底   B.二层舱底部

C.舱内任何位置   D.视货物性质、包装及数量而定

解析:本题暂无解析。

答案:D。

19.小批量气味货在配装时,其舱位一般选择在_____。

A.中部底舱   B.艏、艉货舱

C.中部二层舱   D.甲板

解析:本题暂无解析。

答案:B。

20.小批量扬尘污染货宜选择在_____。

A.艏、艉部底舱打底,尽量集中   B.中部底舱舱位

C.底舱上层   D.甲板

解析:扬尘污染货最好配置于底舱的最底层,并尽量减小其堆装面积。

答案:A。

21. 小批量箱装选港货物在配装时适宜的舱位是_____。
    A. 上甲板 　　　　　　　　　　B. 二层舱底部
    C. 底舱中部 　　　　　　　　　D. 二层舱的舱口四周

解析:选港货配装于二层舱的舱口四周便于卸货。
答案:D。

8.2.3 普通杂货的忌装隔离要求

一、知识点梳理

1. 普通杂货的忌装隔离要求:
(1)不同舱:即两种性质互抵的忌装货不得装于同一货舱内。
(2)不同室:即两种性质互抵的忌装货不得装于同一舱室内。
(3)不相邻:装在同一舱室内的两种性质互抵的忌装货之间要用非互抵的货物隔开。
2. 常见忌装货的隔离要求:
(1)不同舱:
①忌异味货物与气味货物。
②罐头与大米、山芋渣等潮湿货。
(2)不同室:
①忌潮湿货物与散发水分货物。
②忌杂质货物与扬尘污染货物。
③金属制品、棉花、棉制品、丝制品等与酸、碱、盐类货物。
④水泥与食糖、氧化镁以及铵盐类货物。
⑤化肥与碱性货物。
⑥化纤及其制品与樟脑及含樟脑的货物。
(3)不相邻:忌油污货物与含油脂货物及石油产品。

二、相关习题

1. 砂糖受潮结块发酸,水泥受潮结块影响质量,故其与潮湿货的配舱要求为_____。
    A. 不相邻 　　　　　　　　　　B. 不同室
    C. 不同舱 　　　　　　　　　　D. 不邻舱

解析:潮湿货和怕潮货应要求满足不同舱的隔离要求。
答案:C。

2. 下列属于货物性质搭配不当的是_____。
    ①卫生球与尼龙制品同室装载;②花生米和丝绸同室配装;③塑料桶装食用油堆装于捆装的棉

布上

A. ①

B. ②③

C. ③

D. ①②③

解析:本题暂无解析。

答案:D。

3. 纸张在配装时不能与_____混装。

①硫酸铵化肥;②尿素;③硝酸钙

A. ①②

B. ②③

C. ①③

D. ①②③

解析:纸张遇酸碱受蚀,会失去其使用价值。

答案:D。

4. 棉麻制品与桶装油类的忌装要求为_____。

A. 不相邻

B. 不同室

C. 不同舱

D. 不邻舱

解析:棉麻制品油污后易自热、自燃且影响其质量。

答案:A。

5. 化肥与生铁的忌装要求是_____。

A. 不相邻

B. 不同室

C. 不同舱

D. 不邻舱

解析:化肥与贵重钢材不同舱室,与一般金属制品不相邻堆装。

答案:A。

6. 水果与粮谷的忌装要求是_____。

A. 不相邻

B. 不同室

C. 不同舱

D. 不邻舱

解析:粮谷易发热,使水果受热蒸发水分而干枯;同时粮谷吸水易霉变。

答案:C。

7. 在普通杂货运输中,_____属于互抵货。

①相互影响降低使用价值;②相互影响而产生化学反应;③所需货舱温度不同;④危险货与普通货同处一舱

A. ①②

B. ②③

C. ①②③

D. ①②③④

解析:本题暂无解析。

答案:C。

8. 关于杂货船的配载,下列说法正确的是_____。

A. 重货在下,轻货在上,无须考虑港序

B. 危险品尽量远离机舱和船员生活区,若无港序要求,尽量后装先卸

C. 樟脑和茶叶可以相邻积载

D.任何桶装的货物都适合配装于货舱底部

解析:包装危险货物的舱位选择应满足《国际危规》的积载要求和忌装隔离要求。通常情况下,应尽量后装先卸。

答案:B。

8.3　杂货船配载图编制

一、知识点梳理

1.配载图编制准备工作:充分了解和熟悉船舶情况,航次货载情况,熟悉港口和航线情况。

2.配载图编制流程:

步骤 1,核定航次货运任务与船舶载货能力是否相适应。

步骤 2,确定各货舱应配货物的重量范围。

步骤 3,为货物选择适当的舱位、货位,拟定初配方案。

步骤 4,全面核对、检查初配方案。

步骤 5,计算、校核船舶纵向受力、稳性、吃水差。

步骤 6,绘制正式的配载图。

3.配载图的货物舱位、货位的表示方法:

(1)底舱用正视图表示,二层舱用俯视图表示。

(2)不同票货物之间以虚线分割。

(3)各票货物应标明货名、关单号、卸货港、重量、件数及包装形式。

二、相关习题

1.编制船舶配载图确定货物在船上配置及堆装时应考虑_____。

①货物的完好;②船舶及人员的安全;③装卸方便;④缩短船舶在港停泊时间,加速周转;⑤能获良好的营运经济效益

A.①②③　　　　　　　　　　　　B.②③④

C.①②③⑤　　　　　　　　　　　D.①②③④⑤

解析:本题暂无解析。

答案:D。

2.实际营运中,编制船舶配载图能满足_____。

①保证货物运输质量;②船舶强度的要求;③船舶具有适度的稳性

A.①②　　　　　　　　　　　　　B.②③

C.①③　　　　　　　　　　　　　D.①②③

解析:本题暂无解析。

答案:D。

3.指导装货港装货工作的配载图是_____。

A.计划配载图　　　　　　　　　B.货物实际配载图

C.货主提供的有关图表　　　　　D.理货公司提供的有关图表

解析:本题暂无解析。

答案:A。

4.编制船舶积载计划过程中若遇同时满足多项要求困难时,可不考虑_____。

A.保证货运质量　　　　　　　　B.满足船体强度的要求

C.保证船舶具有适度的稳性　　　D.便于理货

解析:本题暂无解析。

答案:D。

5.在编制杂货船配载计划时,应满足的基本要求有_____。

①保证货物的运输质量;②保证中途港货物的顺利装卸;③做好平舱工作;④充分利用船舶的载货能力;⑤缩短在港停泊时间

A.①②④⑤　　　　　　　　　　B.②③④⑤

C.①②③⑤　　　　　　　　　　D.①②③④⑤

解析:本题暂无解析。

答案:A。

6._____是编制船舶配载图之前应做的准备工作。

①熟悉港口和航线情况;②熟悉航次货载情况;③熟悉船舶情况及有关资料

A.①③　　　　　　　　　　　　B.②③

C.③　　　　　　　　　　　　　D.①②③

解析:本题暂无解析。

答案:D。

7.杂货船配载图上每一货位处应标明_____。

①货物关单号;②货物名称;③卸货港;④货物重量;⑤货物件数;⑥包装形式;⑦装货港

A.①②④⑤⑥⑦　　　　　　　　B.①②③④⑤⑦

C.①②③④⑤⑥　　　　　　　　D.②③④⑤⑥⑦

解析:各票货物应标明货名、装货单号码、到港、重量、件数及包装形式等。

答案:C。

8.编制杂货船配积载计划的步骤依次为_____。

①核定航次货运任务与船舶载货能力是否相适应;②确定货物的舱位和货位;③确定各货舱及各层舱配货重量的控制数;④核算和调整船舶稳性、纵向受力和吃水差;⑤对初配方案进行全面核查;⑥绘制正式配载图

A.③①②④⑥⑤　　　　　　　　B.①③②⑤④⑥

C.①②③⑤④⑥　　　　　　　　D.①②③④⑤⑥

解析:本题暂无解析。

答案:B。

9. 已知某船 No. 2 舱的舱容比为 25.77%,某航次货物的总重量为 10 000 t,则 No. 2 舱离港时装货重量上、下限分别为_____。

　　A. 2 577 t、2 320 t　　　　　　　　B. 2 835 t、2 319 t

　　C. 2 834 t、2 577 t　　　　　　　　D. 2 964 t、2 190 t

　　解析:本题暂无解析。

　　答案:B。

10. 在杂货船配载图中,底舱中两票货物之间的倾斜虚线表示_____。

　　A. 两票货物在底舱内上下配置　　　B. 两票货物在底舱内左右配置

　　C. 两票货物在底舱内前后配置　　　D. 两票货物之间需要严格衬垫

　　解析:本题暂无解析。

　　答案:B。

11. 在杂货船配载图中,二层舱中两票货物之间的倾斜虚线表示_____。

　　A. 两票货物在二层舱内上下配置　　B. 两票货物在二层舱内左右配置

　　C. 两票货物在二层舱内前后配置　　D. 两票货物之间需要严格衬垫

　　解析:本题暂无解析。

　　答案:A。

12. 下图是杂货船配载图的一部分,对图中货物包装辨识错误的是_____。

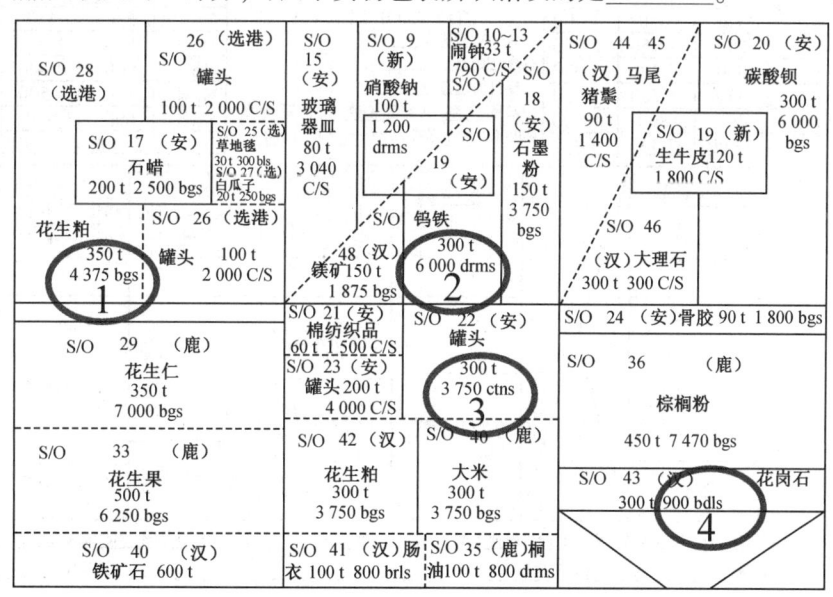

　　A. 图注"1"为袋装货物　　　　　　B. 图注"2"为桶装货物

　　C. 图注"3"为纸箱装货物　　　　　　D. 图注"4"为捆包货物

　　解析:捆、扎(BUNDLE)Bdls。

　　答案:D。

13. 下图为某杂货船二层舱的配载图,对其辨识错误的是_____。

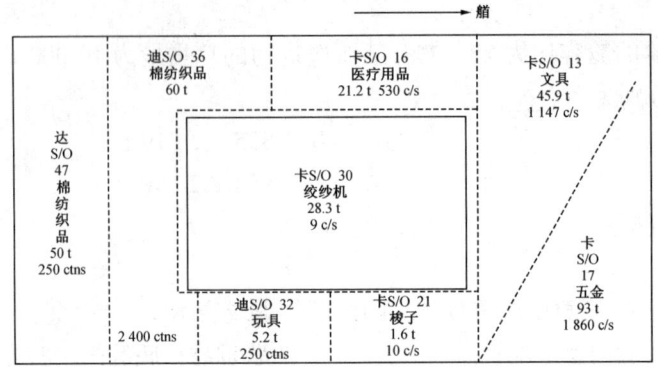

A. 此图使用的是俯视图

B. 文具和五金积载在二层舱的前部,文具在左舷,五金在右舷

C. 纺纱机积载在二层舱的舱口位置

D. 医疗用品积载在二层舱的左侧,中部靠前,重量为 21.2 t

解析:二层舱使用俯视图。

答案:B。

14. 下图中 No.1 舱底舱关于货物信息正确的是_____。

①目的港汉堡;②货物包装形式是袋装,共 18 000 袋;③货物重量 450 t

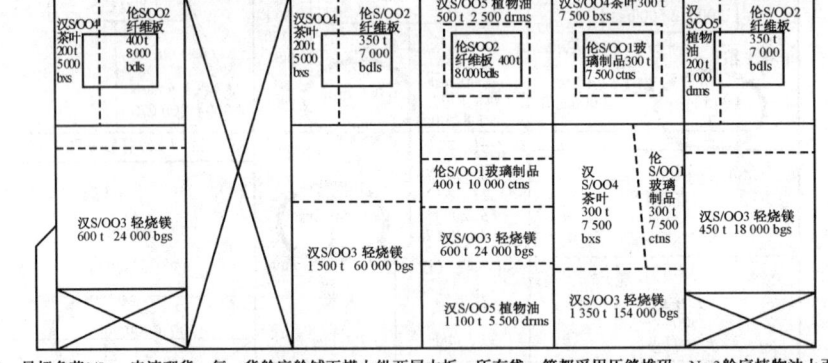

目的港	伦敦	汉堡	合计
No.1	350	650	1 000
No.2	600	1 950	2 550
No.3	800	2 200	3 000
No.4	350	1 700	2 050
No.5	400	800	1 200
合计	2 500	7 300	9 800

货物积载图
STOWAGE PLAN
船名M/V:O船
航次:V0186
航行日期:2008.4.17
始发港 上海 中途港 伦敦 目的港 汉堡
艏吃水 8.19 m 艉吃水 8.69 m 平均吃水 8.46 m

舱别	二层舱	底舱	合计
No.1	550	450	1 000
No.2	600	1 950	2 550
No.3	900	2 000	3 000
No.4	550	1 500	2 050
No.5	600	600	1 200
	2 500	7 300	9 800

备注:吊杆负荷3/5 t。申请理货。每一货舱底舱铺下横上纵两层木板。所有袋、箱都采用压缝堆码。No.3舱底植物油上面铺一层木板。装货期间尽量避免船舱舱产生过大的横倾。 大副签字:_____

A.①②   B.①③

C.②③   D.①②③

解析:本题暂无解析。

答案:D。

15. 下图中 No.3 舱二层舱中,关于五金和纤维板在船上的配装位置正确的是_____。

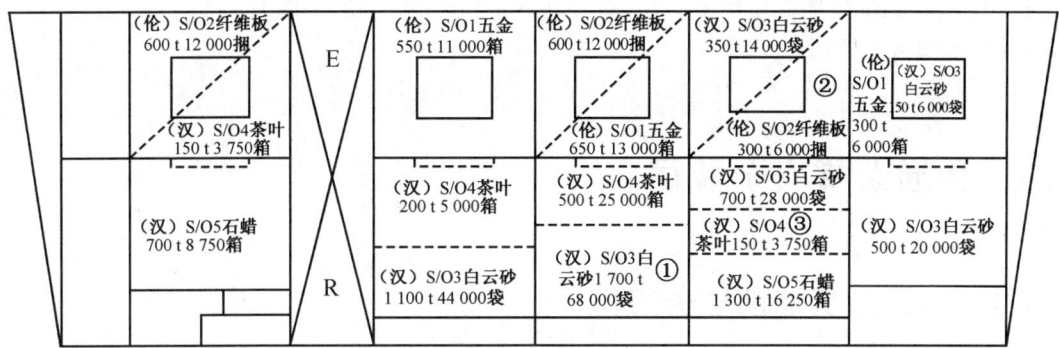

Remarks: Apply for tallying, derricks SWL 3/5 t. Reasonable trimming

A. 五金在 No.3 舱的二层舱的前部;纤维板在 No.3 舱的二层舱的后部

B. 五金在 No.3 舱的二层舱的后部;纤维板在 No.3 舱的二层舱的前部

C. 五金在 No.3 舱的二层舱的上层;纤维板在 No.3 舱的二层舱的下层

D. 五金在 No.3 舱的二层舱的下层;纤维板在 No.3 舱的二层舱的上层

解析:本题暂无解析。

答案:D。

16. 下图 No.4 舱二层舱中,关于纤维板和茶叶在船上的配装位置说法正确的是_____。

目的港	伦敦	汉堡	合计
No.1	350	650	1 000
No.2	600	1 950	2 550
No.3	800	2 200	3 000
No.4	350	1 700	2 050
No.5	400	800	1 200
合计	2 500	7 300	9 800

货物积载图
STOWAGE PLAN
船名M/V:O船
航次:V0186
航行日期:2008.4.17
始发港 上海 中途港 伦敦 目的港 汉堡
艏吃水 8.19 m 艉吃水 8.69 m 平均吃水 8.46 m

舱别	二层舱	底舱	合计
No.1	550	450	1 000
No.2	600	1 950	2 550
No.3	900	2 000	3 000
No.4	550	1 500	2 050
No.5	600	600	1 200
	2 500	7 300	9 800

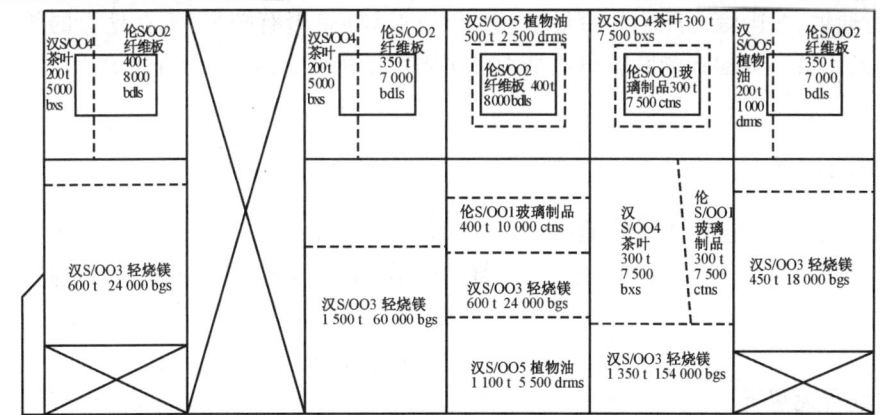

备注:吊杆负荷3/5 t。申请理货。每一货舱底舱铺下横上纵两层木板。所有袋、箱都采用压缝堆码。No.3底舱植物油上面铺一层木板。装货期间尽量避免船舱产生过大的横倾。　　　　　　　　　　　　　　　　大副签字:_____

A. 纤维板在 No.4 舱二层舱的前部;茶叶在 No.4 舱二层舱的后部

B. 纤维板在 No.4 舱二层舱的后部;茶叶在 No.4 舱二层舱的前部

C. 纤维板在 No.4 舱二层舱的上层;茶叶在 No.4 舱二层舱的下层

D.纤维板在 No.4 舱二层舱的下层;茶叶在 No.4 舱二层舱的上层

解析:本题暂无解析。

答案:A。

8.4 普通杂货安全装运

8.4.1 普通杂货装前准备工作

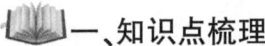 一、知识点梳理

1.货舱准备工作:

(1)一般干货舱的准备工作:在装货前应检查是否清洁、干燥、无异味、无虫害、水密和设备完好。

(2)液体货舱的准备工作:液体货舱在装货前的准备工作比干货船的要求更为严格,除了和干货船货舱准备有些相似的要求外,对货舱干燥、无异味、无铁锈、无杂质的要求更高。

2.货物装卸准备工作:

(1)装卸设备的准备:如使用船上的装卸设备,应事先了解工班数,通知机舱按开工班数送电;把吊杆升至合适的位置,收紧固定稳索;检查吊货索具,检查滑车、吊货钢丝、起货机转动部分的润滑情况。

(2)舱盖的打开:除非天气不稳定,否则应在开始装卸前把舱盖打开。

(3)安全检查:如放置在甲板上的舱盖板是否已放稳落实,作业场所是否留出了足够宽度和安全的人行通道,舱内灯光照明是否足够,上下舱的壁梯是否有缺损,拖在地上的舱灯电缆是否绝缘良好,人孔盖及翻起式的底舱舱盖是否已用固定销销好,舱内货物有无倒垛危险等。

二、相关习题

1.普通杂货运输,装货前船方对货舱内设备的检查通常包括_____。

①压载舱测深管;②人孔盖;③污水井;④舱内梯子;⑤舱内各种管系;⑥通风设备

A.①②③④⑤   B.②③④⑤⑥

C.①②⑤⑥   D.①②③⑥

解析:本题暂无解析。

答案:B。

2.某航次船舶装载箱装橡胶,则装货前船方对货舱的准备工作可不包括_____。

A.货舱清扫   B.舱内设备检查

C.舱盖检查   D.舱内除味

解析:本题暂无解析。

答案:D。

3.某固体散货船装载重烧镁,则装货前船方对货舱的准备工作可不包括_____。

A. 货舱清扫　　　　　　　　　　B. 舱内设备检查

C. 备妥衬垫　　　　　　　　　　D. 铲除浮锈

解析:船舶装载散装重烧镁,装货前无须备妥衬垫。

答案:C。

4.某航次船舶装载袋装水泥,则装货前船方应使货舱_____。

①清扫干净;②冲洗干净;③铲除浮锈;④用麻袋片铺盖污水井

A.②③④　　　　　　　　　　　B.①②③

C.①②④　　　　　　　　　　　D.①④

解析:本题暂无解析。

答案:D。

5.为了安全装卸货物,船方应做的准备工作有_____。

①装卸设备要安全;②工作场所要适工;③确保装卸时有充足安全的照明

A.①②　　　　　　　　　　　　B.②③

C.①③　　　　　　　　　　　　D.①②③

解析:本题暂无解析。

答案:D。

6.杂货船装货前需要备妥_____等设备及用具。

①起货机;②吊杆及附属装置;③吊货工具;④系固用具;⑤照明设备

A.①②③④⑤　　　　　　　　　B.①②③④

C.①②③　　　　　　　　　　　D.①②

解析:本题暂无解析。

答案:A。

7._____不是货物紧密堆垛的目的。

①防止货物移动;②减少货物亏舱;③便于货物计数

A.①　　　　　　　　　　　　　B.②

C.③　　　　　　　　　　　　　D.①②③

解析:货物紧密堆垛不是为了便于货物计数。

答案:C。

8.对于起重设备的零部件,要求吊货钩钩尖开口部分的伸长超过原有间距的_____或有裂纹时,必须换新。

A.8%　　　　　　　　　　　　　B.10%

C.15%　　　　　　　　　　　　　D.20%

解析:本题暂无解析。

答案:C。

9.钢丝绳需要换新的条件是_____。

①钢索有过度磨损;②钢索严重腐蚀;③钢索 10 倍直径长度内有 5%断丝;④钢索 10 倍直径长度内有 3%断丝

A.①③   B.②③

C.①②③   D.①②④

解析:钢丝绳有过度磨损、严重腐蚀及其他显著损坏,或在其 10 倍直径长度内发现有 5%钢丝断裂时,必须换新。

答案:C。

10._____不属于装卸设备的标记。

  A.安全工作负荷

  B.试验年月

  C.试验时吊货杆与水平所成的仰角或臂架幅度

  D.生产厂商

解析:起重设备的标记包括:(1)安全工作负荷;(2)试验年月;(3)试验时吊货杆与水平所成的仰角或臂架幅度;(4)检验单位钢印标记。

答案:D。

11.克令吊在使用前首先要做的是_____。

  A.检查刹车是否有效   B.打开水密门通风

  C.松开刹车   D.调整吊臂仰角到大于 15°

解析:本题暂无解析。

答案:B。

8.4.2 普通杂货安全装卸要求

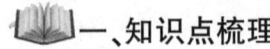 一、知识点梳理

    1.安全装卸货物的一般原则:严格督促装卸部门按配积载计划进行装卸,在装船过程中如发现货物包装不固、标志不清不当或货物外包装有破损,应及时向装卸部门现场负责人或货主提出,要求调换或处理。装卸货时,根据需要做好看舱理货工作,防止出现货损货差和货物被偷盗事故。在装卸过程中,如发现船舶不明原因倾斜或污水井中的污水不明原因增加,应暂停装卸,迅速查明原因。在装卸过程中如遇雨雪天气,通常应立即组织船员关舱。

    2.禁止违章作业:在装卸作业中,要求值班人员应经常巡视检查,防止装卸工人违章操作。

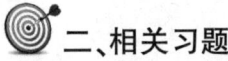 二、相关习题

1.液压折叠式舱盖在开关舱时,应注意如下事项_____。

①开舱前必须完全打开所有的压紧装置,并放置到位;②开、关舱前必须注意检查轨道上有无障碍物或其他杂物,并及时清除;③当滚轮接近斜轨时,应加快速度,以便使舱盖迅速到位;

④盖板完全开启后用固定钩将盖板固定,使其在收藏处保持直立状态

A.①②　　　　　　　　　　　　　　B.①②④

C.①③④　　　　　　　　　　　　　D.①②③④

解析:当滚轮接近斜轨时,应减慢速度,以防盖板碰撞压弯活塞杆。

答案:B。

2.参加开关舱作业人员在开关舱作业时应注意的事项包括_____。

①必须穿工作鞋,戴安全帽;②清楚舱盖结构性能;③清楚各制动销的位置;④清楚链条的走向

A.①②③④　　　　　　　　　　　　B.①④

C.①②③　　　　　　　　　　　　　D.②③④

解析:本题暂无解析。

答案:A。

3.参加开关舱作业人员在开关舱作业时应注意的事项包括_____。

①清楚开关舱的作业程序;②清楚危险部位作业的防护措施;③清楚相互的联系信号;④作业中要集中精神,服从指挥,站在安全位置,互相照应

A.②③④　　　　　　　　　　　　　B.①④

C.①②③　　　　　　　　　　　　　D.①②③④

解析:本题暂无解析。

答案:D。

4.开关舱作业前,工作人员应注意的事项包括_____。

①对开关舱设备、索具进行全面检查;②务必清除轨道上的垃圾物质;③应做到令行禁止、配合默契、协调一致

A.①②③　　　　　　　　　　　　　B.①②

C.①③　　　　　　　　　　　　　　D.②③

解析:本题暂无解析。

答案:A。

5.开、关舱作业人员应注意的事项包括_____。

①开、关舱时严禁任何人上下舱盖;②严禁将手脚放在舱盖、轨道上;③所有人应该避开链条危及范围;④所有人应该避开舱盖危及范围

A.①②③④　　　　　　　　　　　　B.①④

C.①②③　　　　　　　　　　　　　D.②③④

解析:本题暂无解析。

答案:A。

6.开关舱作业人员_____情况应停止操作。

①发现机械设备声音异常;②发现制动设备不灵;③发现滑轮不活络;④发现链条松紧不合适

A.①②④　　　　　　　　　　　　　B.①③④

C.①②③④　　　　　　　　　　　　D.②③④

解析:本题暂无解析。

答案:C。

7._____不是散装货物平舱的目的。

①防止船舶横倾;②防止船舶纵倾;③便于在一种货物顶层装载其他货物

A.①   B.②

C.③   D.①②③

解析:本题暂无解析。

答案:B。

8.吊杆操作不稳,左右摇摆可能会导致_____。

①货物损坏;②舱口围板或其他构件损坏;③起货机损坏;④舱内人员受伤

A.①②③④   B.②③④

C.①③④   D.①②③

解析:本题暂无解析。

答案:A。

9.不属于杂货安全装卸要求的是_____。

A. 卸货时防止工人挖井、拖关、混票、混卸

B. 装货时做好组件货物的衬垫、隔票以及绑扎系固

C. 装货过程中发现货舱异味要及时熏舱

D. 危险货物要装在配载图上的货位

解析:本题暂无解析。

答案:C。

10.以下关于普通杂货配积载的要求正确的是_____。

①袋装货物纵横压缝堆码垛形稳固,但不利于通风;②包装坚固重量大的箱装货物应配于下层且垂直堆码;③不能堆满两舷的捆卷捆筒货物滚动方向应沿船舶首尾向;④钢板横、纵积载都可以,但多用于打底

A.②③④   B.①②③

C.①②③④   D.①③④

解析:本题暂无解析。

答案:C。

11.杂货装船时外包装发现有残损,则大副可采取_____等措施。

①拒装;②批注;③报告船长;④指派船员对破损包装修补;⑤联系货主

A.①②④   B.②③⑤

C.①②   D.③④

解析:监督装船货物的外部质量,如有残损应报告大副视情况或拒装或批注等并做好记录。

答案:C。

12.在装卸货过程中,以下说法正确的是_____。

①吊杆下方严禁站人;②悬吊货物下禁止人员站立或行走;③暂不工作时,吊货索可以盘在甲板上;④暂不工作时,吊货索应收绞起,使吊货钩不碰到人头;⑤人员不得从内档甲板通行

A. ①②④　　　　　　　　　　　　B. ①②③⑤
C. ①②④⑤　　　　　　　　　　　D. ①②③④⑤

解析:在装卸货过程中,暂不工作时,吊货索应收绞起来,使吊货钩不碰到人头。

答案:C。

8.4.3　普通杂货堆码、衬垫及隔票

一、知识点梳理

1. 货物的堆码

(1)基本要求:整齐、稳固、便于通风,能充分利用舱容等。

(2)袋装货物的堆码:

①垂直堆码:又称重叠堆码,袋口朝一个方向直上直下地堆码。为保证垛堆的稳固,一般每码 6~7 层后掉转袋口方向一次。其特点是操作方便、利于通风、适合于长途运输和要求通风良好的货物或较重的货物。

②压缝堆码:上层袋子压在下层袋子接缝处的堆码。其特点是垛形紧密、稳固、节省舱容,但不利于通风,适合于短途运输和通风要求不高的袋装货物。

③纵横压缝堆码:上层袋子横向压在下层袋子纵向接缝处的堆码。此种垛形最为稳固,但不便操作,通常用于堆码垛顶和垛端,以防倒塌。

(3)箱装货物的堆码:一般可用垂直码垛,如其上需加载其他货物,应在上层箱货表面铺垫木板。包装脆弱、重量轻的箱装货,宜采用压缝码垛,以使垛形牢固,当堆码到一定高度时,且应视其具体情况铺垫一层木板,以使下层货箱受力均匀,避免压损。

(4)桶装货物的堆码:

①圆形桶一般应直立堆码,桶口向上,紧密交错,整齐排列。

②一般铁桶货每堆码一层铺垫一层木板,以求受力均匀,堆垛稳固。

③鼓形桶应卧式堆码,其设在腰部的桶口向上。

④大型桶装货堆码高度的限制:单件重 200~300 kg 的桶装货堆码不得超过 5 层,单件重 300~400 kg 的桶装货不得超过 4 层,单件重 400~600 kg 的桶装货不得超过 3 层,单件重 600 kg 以上的桶装货不得超过 2 层。

(5)捆装货物:

①捆包货物一般宜堆放在形状不规则的艏、艉舱室。

②捆卷、捆筒货物其滚动方向应沿艏艉方向堆放,并前后固定塞紧。当捆卷、捆筒货数量较多时,也可横向铺满舱底直达两舷,铺平并在两舷衬垫木板后上压其他货物。

③捆扎货物应沿艏艉方向堆放。

2. 货物的衬垫

(1)衬垫的作用是防止货物受到水湿、撒漏、污染等损伤,并防止货物移动和损坏船体。

(2)防止货物水湿的衬垫。

底舱如采取双层叠铺,铺设方向为:当污水井设在两舷时,应上纵下横;当污水井在舱尾时,则应下纵上横。

(3)防止货物撒落、掺混和污染的衬垫。

当装载散装货物和扬尘污染货时,应根据货种的不同情况,在其底部、顶部和清洁货物附近的四壁衬垫1~2层帆布。

(4)防止货物撞击、振动的衬垫。

有些危险货物,尤其是爆炸品,须按货物具体情况垫以木屑、刨花、草席、泡沫塑料等防振动、撞击的材料或防腐蚀材料,以避免撞击、腐蚀等情况发生,保证安全。

(5)防止货物压损、移动和局部强度受损的衬垫。

当装运包装不太坚固的货物或当堆码较高时,可在每一层或每隔几层铺设一层垫板以保证货物受力均匀,防止压损货物。

3. 货物的隔票

(1)隔票的目的:防止不同到港、不同货主、不同关单号而包装外形大小相同或相似的货物产生混票。

(2)隔票方法:

①自然隔票:用不同包装的货物进行隔票。

②用专用隔票材料隔票:用帆布、竹席、隔票绳网等专用隔票材料放置于需隔票的货物上。

二、难点点拨

1. 各类货物应尽可能采用自然隔票。

2. 钢材、木材宜采用油漆、颜料、标志笔隔票用具隔票。

三、相关习题

1. 根据经验,单件重200~300 kg的大桶装货物,其堆高应不超过_____层。

A. 2　　　　　　　　　　　　　　B. 3

C. 4　　　　　　　　　　　　　　D. 5

解析:根据大桶的单重不同有一定的堆高限度,而且每层货桶之间应衬一层木板。

答案:D。

2. 根据经验,单件重300~400 kg的大桶装货物,其堆高应不超过_____层。

A. 2　　　　　　　　　　　　　　B. 3

C. 4　　　　　　　　　　　　　　D. 5

解析:本题暂无解析。

答案:C。

3. 根据经验,单件重600 kg以上的大桶装货物,其堆高应不超过_____层。

A. 2　　　　　　　　　　　　　　B. 3

C. 4   D. 5

解析:本题暂无解析。

答案:A。

4. 编织袋装货物的堆码方法中压缝堆码是指_____。

　　A. 上层货件压在下层货件接缝处

　　B. 袋口朝一个方向直上直下地堆码

　　C. 袋口朝前后两个方向直上直下地堆码

　　D. 上层货件横向压在下层货件纵向接缝处

　　解析:压缝堆码是上层货件压在下层货件接缝处的堆码方式。

　　答案:A。

5. 编织袋装货物的堆码方法中纵横压缝堆码是指_____。

　　A. 上层货件压在下层货件接缝处

　　B. 袋口朝一个方向直上直下地堆码

　　C. 上层货件横向压在下层货件纵向接缝处

　　D. 上层货件纵向压在下层货件横向接缝处

　　解析:纵横压缝堆码是上层货件横向压在下层货件纵向接缝处的堆码方式,此种垛形最为稳固,但不便操作,通常用于堆码垛顶和垛端,以防倒塌。

　　答案:C。

6. 货物装船时,要求通风良好的袋装货物的堆码方式为_____。

　　A. 压缝堆码   B. 垂直堆码

　　C. 扎位堆装   D. 纵横压缝堆码

　　解析:垂直堆码是袋口朝一个方向直上直下的堆码方式,其特点是操作方便、利于通风。

　　答案:B。

7. 袋装货物的堆码方式中,操作方便且垛形稳固,但不利于通风的堆码方法是指_____。

　　A. 压缝堆码   B. 垂直堆码

　　C. 扎位堆装   D. 纵横压缝堆码

　　解析:压缝堆码的特点是垛形紧密、稳固、节省舱容,但不利于通风,适于不需通风良好的货物。

　　答案:A。

8. 重量大、包装坚固的大木箱货在堆装时一般采用_____。

　　A. 压缝堆码   B. 垂直堆码

　　C. 扎位堆装   D. 纵横压缝堆码

　　解析:重量大、包装坚固的木箱货件应配于下层,一般可采用垂直码垛。

　　答案:B。

9. 包装弱、重量轻的箱装货,在堆装时一般采用_____。

　　A. 压缝堆码   B. 垂直堆码

　　C. 扎位堆装   D. 纵横压缝堆码

　　解析:包装弱、重量轻的箱装货,宜采用压缝码垛。

答案:A。

10. 袋装货物的压缝堆码的优点是_____。
　　①货舱通风性好;②货舱亏舱小;③货物堆码牢固
　　A.①②　　　　　　　　　　　B.②③
　　C.①③　　　　　　　　　　　D.①②③
　　解析:压缝堆码的特点是垛形紧密、稳固、节省舱容,但不利于通风。
　　答案:B。

11. 根据经验,单件重量越大的桶装货物,其允许堆装层数_____。
　　A.应增大　　　　　　　　　　B.应不变
　　C.应减小　　　　　　　　　　D.与桶重无关
　　解析:本题暂无解析。
　　答案:C。

12. 若货舱底部两侧是倾斜舱壁,则堆装桶装货物时,_____。
　　①货舱底部两侧应增设支架;②应直立堆装;③应沿倾斜舱壁堆装
　　A.①　　　　　　　　　　　　B.②
　　C.③　　　　　　　　　　　　D.①②
　　解析:本题暂无解析。
　　答案:D。

13. _____不是货物衬垫的目的。
　　A.便于理货　　　　　　　　　B.防止货物移动或压损
　　C.防止货物水湿、撒漏和振动　D.防止货物受到污染
　　解析:货物与货物、货物与船体之间的衬垫是保护货物完好、保证船货安全的重要措施之一。其作用是防止货物水湿、撒漏、污染、振动、撞击、压损、移动及防止甲板局部构件受损。
　　答案:A。

14. 对于一般杂货,在舱壁处衬垫的主要目的是_____。
　　A.防止货物压损　　　　　　　B.防止货物水湿
　　C.防止货物撒漏　　　　　　　D.防止货物振动
　　解析:杂货船在舱壁处衬垫的主要目的是防止货物水湿。
　　答案:B。

15. 在舱底以木板衬垫的目的是_____。
　　①防止舱底受损;②防止货物水湿;③防止货物滑动
　　A.①②　　　　　　　　　　　B.②③
　　C.①③　　　　　　　　　　　D.①②③
　　解析:本题暂无解析。
　　答案:D。

16. 在靠近舱壁、舷侧处用帆布、草席、塑料布等衬垫的目的是_____。
　　A.防止舱壁、舷侧受损　　　　B.防止货物受到污染

C. 防止货物水湿　　　　　　　　D. 防止货物振动

解析:本题暂无解析。

答案:C。

17. 杂货船在舱壁处加衬垫的主要目的是_____。

A. 防止货物水湿　　　　　　　　B. 防止货物压损

C. 防止货物撒漏　　　　　　　　D. 防止舱壁变形

解析:本题暂无解析。

答案:A。

18. 以下有关货物衬垫的作用,说法错误的是_____。

A. 便于通风,防止货物水湿

B. 防止易撒漏货物污染清洁货

C. 防止货物压损、移动及甲板局部强度受损

D. 保证船舶的稳性满足要求

解析:本题暂无解析。

答案:D。

19. 原木最好的隔票材料是_____。

①钢丝绳;②油漆;③彩带

A. ①　　　　　　　　　　　　　B. ②

C. ③　　　　　　　　　　　　　D. ①②③

解析:油漆是原木最好的隔票材料。

答案:B。

20. 货物隔票的主要作用是_____。

①减少货物错卸或漏卸;②加快卸货速度;③提高理货的工作效率

A. ①②　　　　　　　　　　　　B. ②③

C. ①③　　　　　　　　　　　　D. ①②③

解析:为提高理货效率,加快卸货速度,防止或减少货差事故,在货物装舱时,对不同卸货港或不同收货人或不同装货单号的同包装、同规格的相同货物采取分隔措施。

答案:D。

21. 对包装相同的两票货物,适宜的隔票方法是_____。

①采用油漆标记隔票;②采用与其包装明显不同的货物配装于该两票货物之间;③采用颜色鲜艳的绳网隔票

A. ①　　　　　　　　　　　　　B. ②

C. ③　　　　　　　　　　　　　D. ②③

解析:本题暂无解析。

答案:D。

22. 对包装不相同的两票货物,有关隔票说法正确的是_____。

A. 无须隔票

B. 采用材料隔票方法

C. 采用自然隔票

D. 采用与其包装明显不同的货物配装于该两票货物之间

解析:包装明显不同的货物,卸货时不易混票。

答案:A。

23. 各类不同包装的货物应尽可能采用_____,对于线性类货物多采用_____。

A. 自然隔票;自然隔票 　　　　　　　B. 自然隔票;材料隔票

C. 材料隔票;自然隔票 　　　　　　　D. 材料隔票;材料隔票

解析:本题暂无解析。

答案:B。

24. 以下关于货物隔票说法正确的是_____。

①隔票可以提高理货效率;②隔票可以防止或减少货差事故;③隔票可以防止货物压损;④对不同收货人的同包装的相同货物应采取隔票措施

A. ①②③④ 　　　　　　　B. ①③

C. ①②④ 　　　　　　　D. ②③④

解析:防止货物压损采用合理衬垫的方法。

答案:C。

25. 长钢材在舱内堆垛时,其堆装方式应_____。

A. 顺船长方向 　　　　　　　B. 顺船宽方向

C. 根据船舶的实际情况而定 　　　　　　　D. 由工头确定

解析:本题暂无解析。

答案:A。

26. 为防止货物移动,_____。

①应使货物在舱内紧密堆装;②如需要时应进行货物系固;③尽量使货物表面平整

A. ①② 　　　　　　　B. ①③

C. ②③ 　　　　　　　D. ①②③

解析:本题暂无解析。

答案:D。

27. 运输普通杂货时,舱内货物应紧密堆装,其目的是_____。

①防止货物移动;②减少货物亏舱;③保证货物通风;④增大货物渗透率

A. ①②③④ 　　　　　　　B. ②③④

C. ①③④ 　　　　　　　D. ①②

解析:本题暂无解析。

答案:D。

28. _____不是防止货物受压变形、压碎破损的措施。

A. 先装后卸 　　　　　　　B. 限制货物的堆码高度

C. 装卸时防止货物跌落 　　　　　　　D. 货垛之间加适当衬垫

解析:本题暂无解析。

答案:A。

8.4.4　航行途中普通杂货的安全管理

8.4.4.1　航行途中安全管理要求

一、知识点梳理

为了保证货物运输质量,在航行途中,船方应对其尽到谨慎保管和照料之责。如按外界天气条件,正确进行货舱通风,使舱内不致产生大量汗水;按时测量污水沟、井,及时排出污水,使其不致外溢而浸湿货物;遇恶劣天气,舱盖、通风筒必须严密封闭,不致使海水进入舱内;在大风浪来临前,及时组织船员对甲板货和重大件货物进行加固绑扎;对特殊货物,如冷藏货、活牲畜、危险品等,做到勤检查,遇到问题及时处理。

二、相关习题

1. _____货物不是耗氧货物。
   A. 直接还原铁　　　　　　　　B. 鱼粉
   C. 瓷器　　　　　　　　　　　D. 废金属
   解析:本题暂无解析。
   答案:C。

2. 以下属于进入封闭舱室作业区域的是_____。
   ①双层底;②淡水舱;③舵轴弄;④空隔舱;⑤燃油舱;⑥压载舱
   A. ①③④⑤⑥　　　　　　　　B. ①②③④⑤⑥
   C. ①②③④⑤　　　　　　　　D. ①②④⑤⑥
   解析:本题暂无解析。
   答案:B。

3. 船员进入封闭舱室最常出现的危险为_____。
   A. 触电　　　　　　　　　　　B. 机械爆炸
   C. 撞击　　　　　　　　　　　D. 窒息
   解析:本题暂无解析。
   答案:D。

4. 船员进入有毒处所最常出现的危险为_____。
   A. 触电　　　　　　　　　　　B. 中毒
   C. 撞击　　　　　　　　　　　D. 爆炸
   解析:本题暂无解析。

答案:B。

5. 进入封闭或有毒舱室最常出现的危险为_____。

①碰撞;②触电;③窒息;④中毒

A. ②③ B. ①④

C. ①② D. ③④

解析:本题暂无解析。

答案:D。

6. 封闭处所进入与救援演习中,常用到的设备与仪器不包含_____。

A. 手持式对讲机 B. 热电偶式温度计

C. 自给式呼吸器 D. 气体分析仪

解析:封闭处所进入与救援演习中,常用到的设备与仪器中不包含温度计。

答案:B。

7. 进入封闭处所前,若对其内的气体环境是否安全存在疑问,应配备_____进入。

①应急逃生呼吸器;②自给式呼吸器;③热电偶式温度计;④气体分析仪

A. ①② B. ②③

C. ③④ D. ②④

解析:本题暂无解析。

答案:D。

8. 紧急情况下,若要进入的封闭处所的空气确认不安全,则应戴_____才能进入,且进入处所的人员数量应为执行相应工作所需的_____数量。

A. EEBD;最高 B. 自给式呼吸器;最高

C. EEBD;最低 D. 自给式呼吸器;最低

解析:本题暂无解析。

答案:D。

9. 以下关于进入封闭处所的说法,正确的是_____。

A. 休息后复工前,无须对所要再次进入的封闭处所安全检查

B. 紧急情况下,安全检查后无须戴呼吸装置可以进入空气不安全的处所

C. 当对是否已足够通风或测试存在疑问时,要求戴上呼吸器装置

D. 进入封闭处所前氧气浓度达到正常值,进入之后无须机械通风

解析:本题暂无解析。

答案:C。

10. 进入封闭舱室和有毒有害气体区域之前需要做的防范措施包括_____。

①场所已彻底通风;②已对空气进行检测并证实安全;③已有专人在入口处守护;④已配备足够照明;⑤使用人员已懂得使用呼吸器;⑥已对呼吸器进行试验并证实有效

A. ①④⑤⑥ B. ①②④⑤⑥

C. ①③④⑤⑥ D. ①②③④⑤⑥

解析:本题暂无解析。

答案:D。

11. 进入封闭舱室时,造成危险的原因包括_____。

①未及时通风;②通风不彻底;③舱室内存在有毒气体;④未检测舱室内氧气含量

A.②③④

B.①③④

C.①②③

D.①②③④

解析:本题暂无解析。

答案:D。

12. 进入有毒气体舱室时,防止中毒的主要措施包括_____。

①及时通风;②检测有毒气体含量;③确保残留毒气含量超标小于5%

A.①②③

B.①③

C.①②

D.②③

解析:本题暂无解析。

答案:C。

13. 人员进入封闭或有毒气体舱室时,要采取的安全措施包括_____。

①进入前充分通风;②舱室未通风需立即进入时,必须在进入的同时较正常通风加大通风量;③进入前检测舱室内氧气、毒气含量

A.②③

B.①③

C.①②③

D.①②

解析:人员进入货舱或封闭舱室前,应充分通风并经测试确认无有害气体及足够的氧气。

答案:B。

14. 进入封闭舱室之前,须经船长批准的行动计划包括_____。

①拟进入封闭舱室的名称;②拟进入封闭舱室人员的名单;③封闭舱室外的守护人员名单;④通信联络手段;⑤预计完成作业的时间

A.①③④⑤

B.①②③④⑤

C.①②④⑤

D.①②③⑤

解析:本题暂无解析。

答案:B。

15. 关于进入封闭舱室,下列说法正确的是_____。

①进入封闭场所前,必须获得进入封闭场所的工作许可;②未经船长或指定责任人的许可,任何人不准进入封闭舱室;③进入封闭舱室应至少取得水手长的许可

A.②③

B.①②

C.①③

D.①②③

解析:本题暂无解析。

答案:B。

8.4.4.2 货舱通风

一、知识点梳理

1. 通风方式
(1) 自然通风:
① 自然排气通风:通风缓慢。
② 对流循环通风:通风旺盛。
(2) 机械通风:无干燥装置,通风受外界温湿条件限制。
(3) 干燥通风:有干燥装置,随时可进行通风。

2. 货舱通风的目的
(1) 降低舱内露点,防止产生汗水或雾气。
(2) 降低舱内温度,防止货物变质或自燃。
(3) 供给新鲜空气,防止蔬菜、水果、蛋类货物腐烂变质。
(4) 排出危险气体,以防引起燃烧、爆炸和中毒事故。

3. 货舱通风的目的和原则
(1) 当外界空气露点低于舱内空气露点且外界气温高于舱内空气露点时:应进行旺盛通风,使舱内空气露点降低。可以进行对流循环的自然通风,或将机械通风的调节阀调至最大,若用干燥通风装置,将调节器放在"通风"位置上。

(2) 当外界空气露点和温度均低于舱内空气露点时:应进行缓慢通风,以避免大量冷空气突然进入舱内而生成雾气。因此,应进行自然排气的自然通风,或将机械通风的调节阀关小。若采用干燥通风系统,应将调节器置于"通风"位置并追加干燥空气。

(3) 当外界空气露点高于舱内空气露点时:应断绝通风,以防暖湿空气进入舱内。此时只能采用干燥通风系统,将调节阀置于"再循环"位置并追加干燥空气。

二、相关习题

1. 以下说法正确的是_____。
① 煤炭因易自燃,应进行排除热量的通风;② 砂糖因怕潮,应进行防止产生汗水的通风;③ 蔬菜因需要呼吸,应进行提供新鲜空气的通风
A. ①②   B. ①③
C. ②③   D. ①②③
解析:本题暂无解析。
答案:D。

2. 实际营运中,货舱内外的空气露点是根据_____来查算的。
A. 湿球温度和干湿球温度差   B. 干球温度和干湿球温度差

C. 干球温度   D. 湿球温度

解析:露点可以根据测定的干、湿球温度之差值及湿球温度在露点查算表中查得。

答案:A。

3. 在查取露点过程中,由露点查算表可知,当湿球温度不变时,若干湿球温差越大,则空气露点_____。

    A. 越低   B. 不变

    C. 越高   D. 不确定

解析:本题暂无解析。

答案:A。

4. 货舱内产生汗水的原因是_____。

①船体温度下降至低于舱内空气露点;②船体温度升高至等于舱内空气露点;③舱内空气露点升高至高于货物表面温度

    A. ①   B. ②

    C. ③   D. ①③

解析:当舱壁、甲板的温度下降至舱内空气的露点以下,或舱内空气的露点上升到超过了舱壁、甲板或货物表面的温度时,就会在舱壁、货舱顶部或货物表面等处产生汗水。

答案:D。

5. 在露点查算表中,干湿球的温差越_____,空气露点越高;湿球温度越_____,空气露点越低。

    A. 大;低   B. 大;高

    C. 小;低   D. 小;高

解析:本题暂无解析。

答案:C。

6. 船舶由暖湿地区驶往寒冷地区时,一般在_____最容易产生汗水。

    A. 货舱顶壁及舷侧   B. 货物表面

    C. 视所载货物而定   D. 视航区而定

解析:船舶在暖湿地区装货后驶往低温地区时,舱内空气的露点较高,当舱壁、甲板的温度下降至舱内空气的露点以下,就会在舱壁、货舱顶部及舷侧等处产生汗水。

答案:A。

7. 下述中正确的是_____。

    A. 货物表面温度低于舱内空气温度会出汗

    B. 船体表面温度高于舱内空气露点会出汗

    C. 舱内空气温度低于船体表面温度会出汗

    D. 舱内空气露点高于船体表面温度会出汗

解析:本题暂无解析。

答案:D。

8. 当_____时,可能会在货物表面产生汗水。

A. 舱内温度上升至货物表面温度以上

B. 舱内温度下降至货物表面温度以下

C. 舱内露点下降至货物表面温度以下

D. 舱内露点上升至货物表面温度以上

解析:舱内空气的露点上升到超过了货物表面的温度时,就会在货物表面产生汗水。

答案:D。

9. 船舶由寒冷地区驶向暖湿地区时,在货物表面出现汗水的条件是_____。

A. 舱外暖湿空气进入货舱内 　　　　B. 船体温度快速升高

C. 货物温度快速升高 　　　　D. 舱内露点快速降低

解析:本题暂无解析。

答案:A。

10. _____是正确的。

A. 货物表面温度低于舱内空气温度会出汗

B. 船体表面温度高于舱内空气露点会出汗

C. 舱内空气温度降至船体表面温度以下会出汗

D. 舱内空气露点高于船体表面温度或高于货物表面温度会出汗

解析:本题暂无解析。

答案:D。

11. 为防止舱内产生汗水,_____可以进行自然通风。

A. 当天气晴好时

B. 当舱内温度高于外界温度时

C. 当舱内空气的露点高于外界空气的露点时

D. 当舱内空气的露点低于外界空气的露点时

解析:当舱内空气的露点高于外界空气的露点时,应进行旺盛的通风。

答案:C。

12. 某船装运一批罐头食品去西欧,以下通风措施合适的是_____。

A. 航行途中,凡好天气都要进行通风

B. 航行途中,白天应进行通风,晚间停止通风

C. 航行途中,晚间应进行通风,白天停止通风

D. 当舱内空气露点高于舱外空气露点时,应进行通风

解析:本题暂无解析。

答案:D。

13. 某船某航次测得舱内空气的温度为24 ℃,露点为23 ℃;外界空气的温度为13 ℃,露点为12 ℃,此时_____。

A. 应断绝通风

B. 可以进行自然排气的自然通风

C. 只能进行用空气干燥装置的机械通风

D. 可以进行旺盛的对流循环自然通风

解析:当舱内空气的露点高于外界空气的温度及露点时,应进行缓慢的通风,以免大量冷空气进入货舱产生雾气。

答案:B。

14. 经测定某舱舱内露点为 12 ℃,大气的露点温度为 30 ℃,此时舱内货物已有霉变迹象,则_____。

A. 应进行旺盛的通风

B. 应进行缓慢的自然通风

C. 只能使用空气干燥装置进行"再循环"通风

D. 断绝自然通风但可进行机械通风

解析:当舱内空气的露点低于外界空气的露点时,应断绝通风,以防暖湿空气进入舱内。如果此时必须进行通风时,只能进行干燥通风,将调节器置于"再循环"位置并追加干燥空气。

答案:C。

15. 货舱的自然通风有两种基本方法,即排气通风和_____通风。

A. 排湿　　　　　　　　　　　B. 进气

C. 干燥　　　　　　　　　　　D. 对流循环

解析:本题暂无解析。

答案:D。

16. 装运不散发水分的干货,从寒冷地区驶往温暖地区时一般应进行_____通风。

A. 循环　　　　　　　　　　　B. 自然排气

C. 机械　　　　　　　　　　　D. 断绝

解析:本题暂无解析。

答案:D。

17. 自然通风中,将下风一侧通风筒转向上风,上风一侧通风筒转向下风的通风方式,称为_____。

A. 排气通风　　　　　　　　　B. 机械通风

C. 循环通风　　　　　　　　　D. 干燥通风

解析:本题暂无解析。

答案:C。

18. 船舶实际营运中通风,当外界空气露点和温度均低于舱内空气露点时,应进行_____。

①少量通风;②排气通风;③干燥通风

A. ①　　　　　　　　　　　　B. ②

C. ③　　　　　　　　　　　　D. ①②③

解析:本题暂无解析。

答案:D。

19. 实际营运中,某运煤船航行途中测得某舱煤温超过 55 ℃,并急速上升,此时应采取的措施是_____。

435

A. 开舱驱除可燃气体

B. 开舱灌水降温

C. 开舱检查

D. 关闭所有开口,并用水冷却舱盖

解析:本题暂无解析。

答案:D。

20. 船舶由寒冷地区驶往暖湿地区时,货舱应_____。

 A. 少量通风   B. 大量通风

 C. 视货物是否散发水分而定   D. 断绝通风

解析:本题暂无解析。

答案:C。

21. 实际营运中,当外界空气温度和露点均高于舱内空气温度和露点时,应进行_____。

 A. 循环通风   B. 干燥通风

 C. 旺盛通风   D. 少量通风

解析:当舱内空气的露点低于外界空气的露点时,如果必须进行通风时,只能进行干燥通风。

答案:B。

22. 货舱通风的目的中,_____是为了防止产生汗水。

 A. 降低舱内温度   B. 降低舱内露点

 C. 排除有害气体   D. 提供新鲜空气

解析:货舱通风通过降低舱内空气的露点,防止舱壁和货物表面产生汗水。

答案:B。

23. 货舱通风的目的中,_____是为了防止货物变质和自燃。

 A. 降低舱内温度   B. 降低舱内露点

 C. 排除有害气体   D. 提供新鲜空气

解析:货舱通风通过降低舱内的温度,防止货物变质受损及自燃。

答案:A。

24. 货舱通风的目的中,_____防止货物腐烂变质。

 A. 降低舱内温度   B. 降低舱内露点

 C. 排除有害气体   D. 提供新鲜空气

解析:货舱通风通过提供新鲜空气,防止货物腐烂变质。

答案:D。

25. 货舱通风的目的中,排除有害气体可防止发生_____。

 ①燃烧事故;②人员伤害事故;③爆炸事故

 A. ①②   B. ②③

 C. ①③   D. ①②③

解析:货舱通风通过排除有害气体,防止发生燃烧、爆炸和人员伤害事故。

答案:D。

26. 货舱的通风方法中,不受外界环境条件限制的通风方式是_____。

A. 自然通风
B. 机械通风
C. 排气通风
D. 干燥通风

解析:本题暂无解析。

答案:D。

27. 船舶装运散发水分的货物从寒冷地区驶往温暖地区时一般应进行_____通风。

A. 循环
B. 自然排气
C. 机械
D. 视舱内空气露点情况而定

解析:本题暂无解析。

答案:D。

28. 可进行旺盛通风的条件是_____。

A. 舱内空气露点高于舱外空气温度和露点
B. 舱内空气露点高于舱外空气露点,且低于舱外空气温度
C. 舱内空气露点低于舱外空气露点,且高于舱外空气温度
D. 舱内空气露点低于舱外空气温度和露点

解析:本题暂无解析。

答案:B。

29. 某船测得舱内气温 20 ℃、露点 16 ℃,舱外气温 10 ℃、露点 7 ℃,则可实施通风的方式是_____。

①自然排气通风;②对流循环通风;③机械少量通风

A. ①
B. ②
C. ③
D. ①③

解析:舱内空气的露点高于外界空气的温度及露点,应进行缓慢的通风。

答案:D。

30. 下列关于木材甲板货的定义及其海运特性,表述正确的是_____。

A. 木材甲板货包括胶合板、木质纸浆
B. 木材甲板货积载因数较大,极易吸收水分和散失水分
C. 木材甲板货积载因数较小,所以通常按照所运货物的吨数收取运费
D. 木材甲板货因表面常有衍生物,会使封闭舱内产生二氧化碳等有毒气体

解析:本题暂无解析。

答案:B。

项目 9　特殊货物运输

9.1　货物单元积载与系固

9.1.1　货物单元的定义、分类及特性

一、知识点梳理

货物单元是指车辆(公路车辆、拖车)、铁路货运车、集装箱、平台、托盘、可移动罐柜、中型散装容器、包装组件、成组货件、重质货件等。未永久性固定的货物装卸设备或部件,也应视为货物单元。

1.《CSS 规则》中根据货物单元的特定形式一般把货物分成标准货物、半标准货物、非标准货物。

2. 标准货物指根据货物单元的特定形式在船上设置了经批准的系固系统的货物,包括集装箱船上装载的集装箱、钢材专用船上的卷钢、多用途船上装载的集装箱。

3. 半标准货物指在船上设置的系固系统仅适应有限变化的货物单元,如滚装船上装载的车辆和拖车。

4. 非标准货物指需要专门积载(堆装)和系固安排的货物,如杂货船上装载的拖车、半潜船上运载的大型港口机械等。

二、难点点拨

所有用于系固和支持货物单元的设备统称为货物系固设备,包括固定式、便携式(可移动)。

其中固定系固设备可以在船舶内部和暴露在外的焊接结构上,便携系固设备用于货物单元的系固和支撑。

三、相关习题

1._____为标准货物。
　A.集装箱船上装载的集装箱　　　　　　B.杂货船上装载的集装箱
　C.滚装船上装载的集装箱　　　　　　　D.固体散货船上装载的卷钢
　解析:标准货物指用已根据货物单元的特定形式在船上设置了经批准的系固系统的货物,如集装箱船上的集装箱等。
　答案:A。

2._____为半标准货物。
　A.集装箱船上装载的集装箱　　　　　　B.滚装船上装载的车辆
　C.杂货船上装载的车辆　　　　　　　　D.杂货船上装载的集装箱
　解析:半标准货物指在船上设置的系固系统仅适应有限变化的货物单元,如滚装船上的车辆等。
　答案:B。

3.半潜船上运载的大型港口机械,属于_____。
　A.标准货物　　　　　　　　　　　　　B.半标准货物
　C.非标准货物　　　　　　　　　　　　D.不属于货物单元
　解析:非标准货物指需要专门的堆装和系固安排的货物。
　答案:C。

4.货物运输单元系指_____。
　①公路车辆、滚装拖车和铁路车辆;②集装箱与可拆集装箱构件;③包装单元与成组货;④散装液体或固体货物
　A.①②③④　　　　　　　　　　　　　B.②③④
　C.①②③　　　　　　　　　　　　　　D.①③④
　解析:货物运输单元指车辆、集装箱、平板、成组货、可移动罐柜、包装单元或其他实体等,包括属于但不固定于船上的装货设备及其部件。
　答案:C。

5.《CSS 规则》中的标准货物指_____。
　A.已根据货物单元的特定形式在船上设置了经批准的系固系统的货物
　B.在船上设置的系固系统仅适应有限种类的货物单元
　C.需要专门积载和系固安排的货物
　D.集装箱
　解析:本题暂无解析。
　答案:A。

6.半标准货物系指_____。

A.已根据货物单元的特定形式在船上设置了经批准的系固系统的货物

B.在船上设置的系固系统仅适应于有限种类货物单元的货物

C.需要专门积载和系固安排的货物

D.公路车辆和铁路车辆

解析:本题暂无解析。

答案:B。

7.非标准货物系指_____。

A.已根据货物单元的特定形式在船上设置了经批准的系固系统的货物

B.在船上设置的系固系统仅适应货物单元的有限变化的货物

C.需要专门积载和系固安排的货物

D.普通件杂货

解析:本题暂无解析。

答案:C。

9.1.2 船舶系固设备

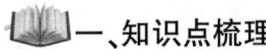 **一、知识点梳理**

1.系固设备的分类

《CSS规则》中根据货物的积载特点与系固系统将货物单元分为标准货物、半标准货物、非标准货物。固定设备分为固定系固设备和可移动系固设备,固定系固设备应视为船体结构的组成部分。

2.系固设备的强度

(1)破断强度(BS):做设备拉伸试验时使其达到破断状态的拉力。

(2)最大系固负荷(MSL):用以确定系固设备所允许的最大负荷能力,为设备破断强度和相应系数的乘积:

$$MSL = \delta \cdot BS$$

当多个设备串联使用时,MSL取其中小者。

(3)计算强度(CS)。

考虑货物系固时可能存在受力不均匀、系固水平限制或其他因素,应取适当安全因数来折减最大系固负荷,即计算强度:

$$CS = MSL/F_S$$

在应用力及力矩平衡法来评价系固效果时,根据不同的核算方法安全因数F_S取1.5或1.35。

3.标准货物的系固设备

(1)用于系固标准货物的便携式系固设备种类主要有扭锁、半自动扭锁与自动定位锥、底座堆锥、系固钢带与绑扎带、桥锁。

（2）集装箱箱格导轨系统主要由导轨、横撑材及导箱构件等组成，导轨从内底（舱底）垂直向上延伸至导箱构件的下缘，导箱构件是引导集装箱进入箱格导轨系统的重要构件，一般安装在导轨的顶部，系统的作用是控制集装箱的歪斜、倾覆与滑移。

箱格导轨系统的设置在舱内，甲板上无舱口的位置处有时也设置。

4. 半标准货物的系固设备

（1）用于系固半标准货的固定式系固设备种类一般有系固槽座、可折地令。

（2）可用于系固半标准货的便携式系固设备有系固链条与紧链器、绑扎带、象脚、拖车支架与拖车千斤顶、系固钢丝与花篮螺丝。

5. 非标准货物的系固设备

（1）用于系固非标准货物的固定式系固设备直接焊接在船舶的舱壁、舷侧、甲板、舱底上。

（2）用于系固非标准货物的便携式系固设备种类主要有钢丝绳、系固钢带、卸扣与紧索夹、花篮螺丝（索具螺旋扣）、系固链条及紧链器。

（3）非标准货物系固设备主要用于多用途船在装载普通件杂货时、散装货船装载货物单元时、近海供应船在装载无专用系固设备的集装箱时等。

二、难点点拨

不同系固设备的用途和操作使用方法。

三、相关习题

1. 安全工作负荷（SWL）可代替最大系固负荷（MSL）的前提条件是_____。

   A. 当 SWL 能提供等同于 MSL 或具有较 MSL 更高的强度

   B. 当 MSL 能提供等同于 SWL 或具有较 SWL 更高的强度

   C. 当 MSL = 2SWL 时

   D. 当 SWL = 2MSL 时

   解析：当安全工作负荷 SWL≥MSL 时，可以 SWL 代替 MSL。

   答案：A。

2. 最大系固负荷（MSL）系指_____。

   A. 船上系固设备的许用负荷   B. 船上系固设备的破断强度

   C. 船上系固设备的试验强度   D. 船上系固设备的 SWL

   解析：最大系固负荷指船上系固设备的许用负荷。

   答案：A。

3. 船舶配备便携式系固设备的依据有_____。

   ①航线；②船舶种类；③主机功率；④所运货物单元的性质

   A. ①②③   B. ①②④

C.②③④   D.①③④

解析:本题暂无解析。

答案:B。

4.固定式系固设备系指焊接在_____上的货物系固点及其支撑结构。

①船体结构内部;②上甲板;③舱盖;④绑扎桥;⑤甲板支柱

A.①②③④   B.①②③⑤

C.②③④⑤   D.①②③④⑤

解析:本题暂无解析。

答案:D。

5.有关最大系固负荷,下列描述正确的是_____。

①系指船上系固设备的许用负荷;②当能提供等同或较高的强度时,安全工作负荷可代替最大系固负荷;③最大系固负荷就是安全工作负荷;④最大系固负荷的缩写是 MSL;⑤系指船上系固设备的验证负荷

A.①②③④   B.①②④

C.③⑤   D.②③④⑤

解析:本题暂无解析。

答案:B。

6.对于同一根钢丝绳来说,其最大系固负荷 MSL、破断强度 BS、计算强度 CS 三者的大小关系是_____。

A. $BS<MSL\leq CS$ B. $BS\leq MSL\leq CS$

C. $CS\leq MSL\leq BS$ D. $CS<MSL<BS$

解析:最大系固负荷是等于设备的破断强度与相应破断系数的乘积,取适当安全因数来折减最大系固负荷后称为系固设备的计算强度。

答案:D。

7.属于半标准货物系固设备的有_____。

①系固槽座;②快速释放紧索器;③象脚;④绑扎带;⑤轮楔

A.①②③④   B.③④⑤

C.①②③   D.①②③④⑤

解析:本题暂无解析。

答案:D。

8._____属于便携式系固设备。

A.眼环   B.燕尾槽

C.轮楔   D.固定锥

解析:本题暂无解析。

答案:C。

9.下图是甲板集装箱系固示意图,对其系固设备辨识错误的是_____。

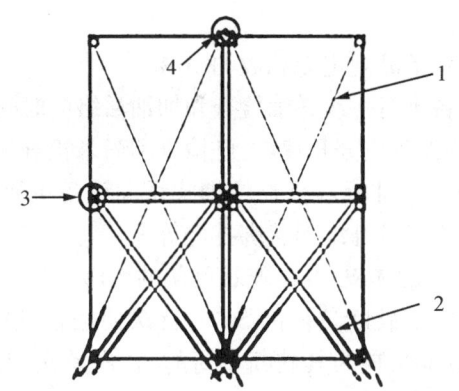

A."1"为绑扎杆　　　　　　　　　　　B."2"为花篮螺丝
C."3"为定位锥　　　　　　　　　　　D."4"为桥锁
解析:"3"为扭锁。
答案:C。

10.下图是甲板集装箱系固示意图,对图注设备作用辨识错误的是_____。

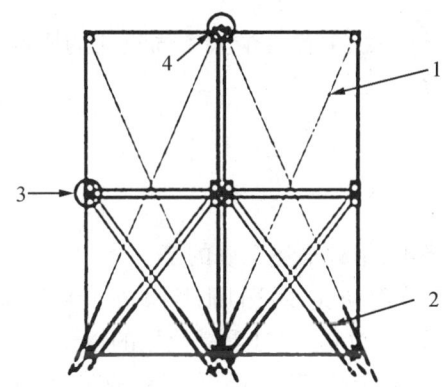

A."1"用于拉紧作业,起着防倾覆的作用
B."2"辅助绑扎杆以系固箱体和防止滑动
C."3"用于甲板上、下层集装箱之间的连接锁紧
D."4"用于相邻两行最上层相同高度集装箱的顶部进行纵向水平连接
解析:"4"为桥锁。
答案:D。

9.1.3　系固设备的检查、保养与使用注意事项

一、知识点梳理

1.船舶的"货物系固设备检查、保养和维修记录簿"记录的内容应包括检查的日期、检查项目的名称、保养和维修情况、检查者等。船舶"货物系固设备检查、保养和维修记录簿"应由大副

记录和保管。

2. 船上一般储备系固设备备品规定为总数的 10%。

3. 对所有便携式系固设备进行一次详细检查和加油活络的时间间隔为 3 个月。便携式系固设备的存放方面,种类不同的设备应分开存放,已检查和尚未检查过的设备应分开存放。

4. 可由破断强度确定 *MSL* 的非标准货物便携式系固设备主要包括卸扣、低碳钢花篮螺丝、钢丝绳、系固钢带与链条、纤维绳及纤维网状绑扎件等。

如卸扣及低碳钢花篮螺丝的 *MSL* 为其破断负荷的 50%,纤维绳的 *MSL* 应为其破断负荷的 33%,纤维状系索的 *MSL* 应为其破断负荷的 50%,首次使用钢丝绳的 *MSL* 应为其破断负荷的 80%,重复使用系固钢丝绳的 *MSL* 应为其破断负荷的 30%,首次使用钢带的 *MSL* 应为其破断负荷的 70%,链条的 *MSL* 应为其破断负荷的 50%。

5. 在对系固钢丝整个长度范围内进行检查时,若发现在其 10 倍直径的任何长度内有超过 5% 的钢丝断裂、磨损或严重锈蚀,则应予换新。

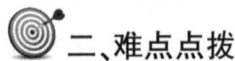 二、难点点拨

配套使用系固设备时,系固系统中各自最大系固负荷的协调性,同时以系固系统中最小的 *MSL* 作为整个系固系统的 *MSL*。

三、相关习题

1. 有关系固设备的使用注意事项,下列描述正确的是_____。
①所有系固设备必须具有由主管机关签发的证书;②配套使用系固设备时,应以系固系统中最小的 *MSL* 作为整个系固系统的 *MSL*;③对重复使用的钢丝绳,其 *MSL* 可取破断强度的 30%;④补充或更新手柄式扭锁时,新上扭锁应与现有扭锁的转锁方向一致

A. ①②③④ 　　　　　　　　　　B. ①②③
C. ①②④ 　　　　　　　　　　D. ②③④

解析:本题暂无解析。

答案:A。

2. 有关系固设备的使用注意事项,下列描述正确的是_____。
①所有系固设备必须具有由主管机关签发的证书;②对正在使用但又无相应主管机关签发证书的现有系固设备,使用前务必确认其系固的可靠性;③对无相应主管机关签发证书的现有系固设备,必要时可由船公司主管部门签发相应证书

A. ①②③ 　　　　　　　　　　B. ①②
C. ①③ 　　　　　　　　　　D. ②③

解析:所有系固设备必须具有由主管机关签发的证书。对正在使用但又无相应主管机关签发证书的现有系固设备,使用前务必确认其系固的可靠性,如无法确认,则应弃之不用。

答案:B。

3.配套使用系固设备时,必须注重考虑_____。

①系固系统各组成部分最大系固负荷(MSL)的协调性;②应以系固系统中最小的 MSL 作为整个系固系统的 MSL;③应以系固系统中最大的 MSL 作为整个系固系统的 MSL;④应以系固系统中各设备 SWL 的平均值作为整个系统的 MSL

A.①②   B.①③

C.①④   D.④

解析:配套使用系固设备时,必须注重考虑各自最大系固负荷(MSL)的协调性,且应以系固系统中最小的 MSL 作为整个系固系统的 MSL。

答案:A。

4.有关系固设备的使用注意事项,下列描述正确的是_____。

①所有系固设备必须具有由主管机关签发的合格证书;②补充或更新系固设备的 MSL 不应低于原有的同类设备;③补充或更新的手柄式扭锁转锁方向可灵活选用

A.①②③   B.①②

C.①③   D.②③

解析:补充或更新手柄式扭锁时,应注意新上扭锁与现有扭锁的转锁方向,必须保持一致。

答案:B。

5.新钢丝绳的最大系固负荷为其破断强度的_____。

A.50%   B.70%

C.80%   D.30%

解析:钢丝绳(第一次使用),MSL 为 80%破断强度。

答案:C。

6.对于无主管机关签发证书的系固设备,无法确认其可靠性,则_____。

A. 反复试验了以确认

B. 报公司申请确认

C. 弃之不用

D. 如无替代设备,可用到靠港

解析:本题暂无解析。

答案:C。

7.船上所有移动式系固设备在_____时应有专门人员负责损坏检查。

①用于特别加固用途前;②使用之后;③再次使用之前;④使用时经历恶劣天气海况之后

A.①②③   B.②③

C.①②③④   D.②④

解析:本题暂无解析。

答案:C。

9.1.5 《CSS 规则》与《货物系固手册》的内容及应用

一、知识点梳理

1.《货物积载和系固安全操作规则》(简称《CSS 规则》)适用于船舶装载的除固体散货、液体散货和甲板木材以外的所有货物。

2.《货物系固手册》的主要内容包含手册编制依据、定义、货物堆装与系固原则、系固设备及其布置、船舶载运货物的安全操作、系固方案核算方法等。

二、难点点拨

《货物积载和系固安全操作规则》,适用于国际航行船舶装载除固体和液体散装货物及甲板木材货以外的货物,特别是实践中已经证明在积载和系固上造成困难的那些货物。其内容包括前言、一般规则、正文七章和附则十三个。

《CSS 规则》要求除装载液体散货和固体散货以外的所有运输制定的货物运输单元的国际航行船舶必须配备《货物系固手册》,并按照其进行积载与系固。

三、相关习题

1.《SOLAS 1974》要求船舶配备的《货物系固手册》不适用于_____。
①高速货船;②海上供给船;③仅载运固体散货的散货船;④集装箱船;⑤仅载运散装液体的液体货船;⑥载运货物单元的散装货船
A.①②③⑤⑥   B.①②③④⑤
C.③⑤   D.①③⑤
解析:仅装载散装液体或固体货物的船舶无须随船配备经批准的《货物系固手册》。
答案:C。

2.根据《SOLAS 1974》的要求,下列_____船舶应配备《货物系固手册》。
①高速货船;②集装箱船;③兼运杂货的散货船
A.①②   B.①③
C.②③   D.①②③
解析:本题暂无解析。
答案:D。

3.根据《SOLAS 1974》的要求,_____可不配备《货物系固手册》。
A.高速货船   B.集装箱船
C.散装液货船   D.海上供给船
解析:本题暂无解析。

答案:C。

4._____为《货物系固手册》的主要内容。

①手册编制依据、定义等;②货物积载与系固原则;③船上系固设备的配置、维修及管理;④不同货物的安全操作;⑤系固方案核算方法

A.①②③④⑤　　　　　　　　　　B.①②③④

C.②③④⑤　　　　　　　　　　　D.①④⑤

解析:本题暂无解析。

答案:A。

5._____不包括在《货物系固手册》中。

A.手册编制依据、定义　　　　　　B.系固设备及其布置

C.航次货物的系固方案　　　　　　D.系固方案的核算方法

解析:本题暂无解析。

答案:C。

6.《货物系固手册》是由_____根据船舶的实际情况按公约要求编写的。

A.大副　　　　　　　　　　　　　B.船公司

C.主管机关　　　　　　　　　　　D.船级社

解析:各船务公司为其所属船舶编制《货物系固手册》。

答案:B。

7.《CSS 规则》中建议货物移动时采取的措施有_____。

①改变航向;②降低航速;③检测船舶的水密性;④对货物重新系固;⑤绕航避风

A.①②③④⑤　　　　　　　　　　B.①②③④

C.①②③　　　　　　　　　　　　D.①②

解析:货物移动时采取的措施:改变航向以减小加速度;降低航速以减小加速度和振动;监测船舶的水密性;对货物重新堆装或系固,如可能增设摩擦材料;绕航避风或避开恶劣海况。只有在确保船舶稳性的前提下方可注(排)压载水。

答案:A。

8._____应按要求配备经主管机关认可的系固手册。

①集装箱船;②移动平台;③装运货物运输单元的客船;④滚装船;⑤装卷钢的散粮船;⑥近海供应船

A.①②④⑤⑥　　　　　　　　　　B.①②③④

C.③④⑤⑥　　　　　　　　　　　D.①③④⑤

解析:本题暂无解析。

答案:D。

9.根据《CSS 规则》的要求,_____不需要配备符合《SOLAS 公约》要求的《货物系固手册》。

A.甲板上载有货物单元的油船　　　B.仅装运矿石的散货船

C.近海供应船　　　　　　　　　　D.滚装船

解析:本题暂无解析。

答案:B。

10.《货物系固手册》中货物单元包括_____。

①车辆;②托盘;③中型散装容器;④集装箱;⑤火车车厢

A.①②③   B.②③⑤

C.①②③⑤   D.①②③④⑤

解析:本题暂无解析。

答案:D。

9.1.6　非标准货物安全装运要求

一、知识点梳理

1. 国际海事组织(IMO)《CSS 规则》附录中给出了 12 种非标准货的积载与系固方案,包含在非专用集装箱上的集装箱、移动式罐柜、移动式容器、滚动(轮载)货物、重件货物、卷钢、重的金属制品、锚链、散装金属废料、挠性中型散装容器、甲板下堆装原木、成组货物等。

2. 移动式容器指容量为 1 000 L 及以下、除移动式罐柜以外的容器,可用于装载固体和气体货物。他们在尺寸和形状上有所不同,包括没有系固点、容积不超过 150 L 的各种尺寸圆筒;容量在 100~1 000 L 间的各种尺寸容器;装于框架内的圆筒。

3. 移动式罐柜是非永久性固定在船上,容积为 450 L 及以上的且外壳装有外部稳定构件和运输所必需的维修工具和结构性设备的罐柜,可用于装载液体、气体和固体货物。为防滑目的的系固角应不大于 25°,防翻倒目的的系固角应不小于 40°~60°。

二、难点点拨

准确判断《CSS 规则》附录中列明的 12 种非标准货物,并了解其积载与系固方案要点。

三、相关习题

1. 非标准货物系固操作方法正确的是_____。

①为提高系固效果,系索越紧越好;②系索应前后左右对称布置;③每个生根的地令上不能超过三根系索,且方向不能相同;④为防止货件水平移动,垂直系固角应尽可能大于 45°

A.①②③④   B.②③

C.①②④   D.②③④

解析:非标准货物系固操作时系索松紧要适宜,为防止货件水平移动的系固,其系固角应尽量小(应不大于 45°)。

答案:B。

2. 对货物安全积载与系固效果有影响的货物单元的性质可能包括_____。

①压实性;②相互影响性;③低摩擦性;④局部脆弱性;⑤危险性

A.①②③④
B.②③④⑤
C.①②③⑤
D.①②③④⑤

解析:本题暂无解析。

答案:D。

3. 为了防止船上的货物单元由于船舶摇摆所产生移动的可能性,在选择舱位时应考虑其加速度的典型分布。一般说来,船上_____惯性加速度较大。

①船中;②船首;③船尾;④两舷最高积载位

A.①②③
B.②③④
C.①②④
D.①③④

解析:本题暂无解析。

答案:B。

4. 在考虑加速度典型分布时,货物单元的货位是主要因素,一般情况下在其垂向货位一定时,其纵向加速度随其距船尾的距离的增大而_____。

A. 增大
B. 减小
C. 不变
D. 变化不定

解析:本题暂无解析。

答案:C。

5. 重件货物装于船上后,在海上运输过程中的运动状态可能有_____。

①上跳;②水平移动;③倾覆

A.①
B.②
C.③
D.②③

解析:本题暂无解析。

答案:D。

6. 重大件货物系固的主要目的是_____。

①防止上跳;②防止倾覆;③防止水平移动

A.①②
B.①③
C.②③
D.①②③

解析:本题暂无解析。

答案:C。

7. 对于重心较低的重大件货物,系固的主要目的是_____。

A. 防止货物上跳
B. 防止货物水平移动
C. 防止货物倾覆
D. 防止货物损坏甲板

解析:本题暂无解析。

答案:B。

8. 重大件系固的一般要求包括_____。

①各系索松紧适宜且受力均匀;②系索布置尽量对称;③系索长度不宜过大;④系索直径越粗

越好;⑤系固角应适当

A.①②③④⑤   B.①②③⑤

C.②③④⑤   D.①③④

解析:系索直径越粗越好不是重大件系固的一般要求。

答案:B。

9.重大件货物系固时,若货件与甲板间摩擦力较小,需_____以防货件水平移动。

①增加其他货物支撑;②增加系索道数;③加衬垫

A.①②   B.②③

C.①③   D.①②③

解析:本题暂无解析。

答案:D。

10.在托运重大件前,托运人有必要向船方提供的货物资料总体上包含_____。

①货物单元的尺寸和重量;②货物单元的重心位置(如需要);③货物单元的系固点及其强度;④货物单元的提升点位置

A.①②③   B.②③④

C.①③④   D.①②③④

解析:本题暂无解析。

答案:D。

11.海运重大件中,其索常用_____。

①植物纤维绳;②化纤绳;③绑扎钢带;④钢丝绳;⑤链条

A.②③④⑤   B.③④⑤

C.①②③   D.①②③④⑤

解析:本题暂无解析。

答案:B。

12.在重大件运输绑扎中,不同的系固目的应使用不同的系固角度,为防止货件水平移动,其绑索的系固角度应尽量_____些;为防止货件翻转,其绑索的系固角度应尽量_____些。

A.小;小   B.小;大

C.大;大   D.大;小

解析:为防止货件水平移动的系固,其系固角应尽量小(应不大于45°)。为防止货件倒塌的系固,其系固角可适当大些(一般不大于60°)。

答案:B。

13.滚装船上,车辆的系索的水平和垂直绑扎角最好应控制在_____。

A.10°~20°   B.20°~40°

C.30°~60°   D.60°~90°

解析:系索只能系固于车辆的专用系固点上,系索的水平和垂直绑扎角最好控制在30°~60°。

答案:C。

14.公路车辆之于滚装船,其绑扎系固系统属于_____。

A. 标准化   B. 准标准化

C. 半标准化   D. 非标准化

解析:公路车辆之于滚装船而言属于半标准货物。

答案:C。

15. 下列对车辆货物积载与系固的要求有_____。

①货物处所应该是干燥、清洁、无油脂的;②车辆在积载位置上时,只要适当绑扎可以不用刹车止动;③若有可能,汽车货物沿船长方向和船宽方向积载均可

A. ①   B. ①②

C. ②③   D. ①②③

解析:对车辆货物积载与系固,可行时,最好将其做纵向而非横向堆装(即车轮沿船长方向滚动),车辆在堆装位置应拉紧刹车装置(如有的话)。

答案:A。

16. 根据《CSS 规则》《在滚装船上运输公路车辆的系固装置指南》的要求,公路车辆两侧应设有相同数量不少于_____个但不多于_____个的系固点。

A. 2;6   B. 3;6

C. 2;4   D. 3;4

解析:根据国际海事组织(IMO)《在滚装船上运输公路车辆的系固装置指南》的规定,公路车辆每一侧应当具有相同数量不少于 2 个但不多于 6 个用颜色清晰地标识的系固点。

答案:A。

17. 滚装船装运车辆在系固时,使用的系固索的最大系固负荷 MSL 应不小于_____ kN。

A. 80   B. 100

C. 120   D. 150

解析:CCS《货物系固手册编制指南》规定,每个系固点的最大系固负荷 MSL 应不小于 100 kN。

答案:B。

18. 滚装船装运车辆系固时,系索的系固角度应该合适,系索的水平系固角度和垂直系固角度最好取_____。

A. 10°~20°   B. 60°~90°

C. 30°~60°   D. 25°~45°

解析:本题暂无解析。

答案:C。

19. 对于车辆的系固操作,下列说法正确的是_____。

A. 所有车辆系固操作应在船舶离泊之前完成

B. 卸货时,在系泊之前就应该解开绑索

C. 车辆在积载位置只要绑扎合适就可以不用拉紧刹车

D. 系索应尽可能拧紧以防航行中松绑

解析:本题暂无解析。

答案:A。

20. 在卷钢系固中,一般应对卷钢的_____予以系固,使之在舱内形成大的不可移动的卷材组。

A. 最高 2 层的末端 1 排
B. 最高 1 层的末端 2 排
C. 最高 3 层的末端 1 排
D. 最高 1 层的末端 3 排

解析:本题暂无解析。

答案:D。

21. 下列_____是《CSS 规则》推荐使用的成卷钢板的系固方法。

①奥林匹克绑扎法;②成组绑扎法;③鞋带交叉绑扎法

A. ①②③
B. ①②
C. ②③
D. ①③

解析:鞋带交叉绑扎法用于木材系固。

答案:B。

22. 对于_____积载的线卷材,进行货垛系固时应特别注意:若顶层未系固,则货垛中部的线卷材会因为船舶的运动而被下边的货物挤出货堆。

A. 平放
B. 立式
C. 卧式
D. 压缝

解析:对卧式积载的线材垛系固时应特别注意:若顶层未系固,则货垛中部的线材卷会因为船舶的运动而被下边的货物挤出货堆。

答案:C。

9.1.7 非标准货物系固方案的核算

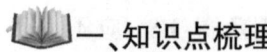

一、知识点梳理

1. 装于船上的货物单元所受使其移动的外力主要包括船舶运动引起的惯性力(主要)、甲板货所受的风力、甲板货所受的波溅力。货物单元所受惯性力的大小取决于船舶运动产生的加速度,与货物装载位置、船舶初稳性高度有关。船舶运动中船尾部上甲板引起的惯性力较大。

2. 船舶在海上航行时,作用于货件上的外力包括惯性力、风压力和波溅力。货件纵向、横向和垂向惯性力等于其对应加速度与货件质量的乘积。在核算系固方案时,其纵向基本加速度与垂向积载位置有关,横向基本加速度与纵向积载位置、垂向积载位置有关,垂向基本加速度与纵向积载位置有关。

3. 在《CSS 规则》中,当进行系固方案核算时,应对其横向、纵向、垂向加速度进行船长及航速修正系数 K_1 的修正,K_1 随船长增加而减小,随船速增加而增大。

4. 在《CSS 规则》中,当确定货件的惯性力时,应进行船宽与初稳性高度比值修正。当该比值小于 13 时,其修正系数 K_2 随比值的减小而增大,当该比值大于等于 13 时,修正系数 K_2 取为 1。

二、难点点拨

使用经验法评判系固效果,主要标准有:以 kN 表示的货件重量不大于每货件一侧系固设备 MSL 的总和,即: $W \leqslant \sum MSL$,在各道系索具有相同的 MSL 值时,也可为: $W \leqslant N \cdot MSL$。重量为 W 的货件所需系固道数 N 为: $N \geqslant \dfrac{W}{MSL}$,计算结果整数只入不舍。

📝 **三、相关习题**

1. 已知船上绑扎用的新钢丝绳的破断强度为 100 kN,与一个破断强度为 180 kN 的花篮螺丝串联并系固于破断强度为 200 kN 的地令上,请问此绑扎系统提供的 MSL 是_____ kN。

A. 80   B. 90

C. 100   D. 270

解析:当多个设备串联使用时,MSL 取其中最小者。钢丝绳(第一次使用)MSL 为 80%破断强度。

答案:A。

9.2 重大件货物运输

📖 **一、知识点梳理**

1. 重大件限定标准:国际标准是货物单重超过 40 t 或长度超过 12 m 或宽度或高度超过 3 m,我国远洋标准是货物单重超过 5 t 或单件尺寸超过 9 m,我国沿海标准是货物单重超过 3 t 或单件尺寸超过 12 m。

2. 重大件货物运输的特点有单件货物重量大、单件货物尺寸大、货物装载难、货物批量大、货物装运要求高等,承运重大件货物时,实际衬垫面积必须大于用公式计算的最小衬垫面积,主要考虑计算时未计及衬垫物和系固索具的重量、航行中货件正压力增大、上甲板舷弧和梁拱的不利影响等。

3. 重大件货物用船吊吊装或吊卸时对船舶产生初稳性减小、船舶横倾、重心升高等影响。

4. 用船吊吊卸重大件时,船舶横倾角最大的时刻为货物将要落地时,船舶初稳性高度最小的时刻为吊杆头的高度最大时。用船吊吊装重大件时,船舶横倾角最大的时刻为货物刚离地之时,船舶初稳性高度最小的时刻为吊杆头的高度最大时。

🎯 **二、难点点拨**

装卸重大件货物对船舶稳性的影响计算中注意区分使用岸吊装卸和使用船吊装卸的不同,

吊装和吊卸会为船舶带来不同的初稳性高度变化及船舶横倾。

三、相关习题

1. 重大件货物运输的特点有_____。
   ①单件货物重量大;②单件货物尺寸大;③货物装载难;④货物批量大;⑤货物装运要求高
   A. ①②④⑤   B. ①②③
   C. ①②③⑤   D. ①②③④⑤
   解析:重大件货物单件重或尺度大的特点,装运时有其特殊的要求。
   答案:C。

2. 按重大件的用途、特性和装运要求,重大件可分为_____等。
   ①海工设备;②石化设备;③发电设备;④分段船体;⑤机车
   A. ①②③④   B. ②③④⑤
   C. ①②③⑤   D. ①②③④⑤
   解析:本题暂无解析。
   答案:D。

3. 从船舶安全角度出发,装运重大件时,要重点考虑货件对船舶_____的影响。
   ①稳性;②吃水差;③局部强度
   A. ①②③   B. ①②
   C. ②③   D. ①③
   解析:本题暂无解析。
   答案:D。

3. 重大件的海运特性不包括_____。
   A. 笨重、形状不规则   B. 货件不可分割性
   C. 局部脆弱性   D. 易于绑扎系固
   解析:重大件货物是指单件重量和/或尺寸和/或体积超出相关规限且又无法分割运输、需要特殊的积载、系固、装卸及运送的货物。
   答案:D。

5. 重大件货物在配装前,应了解其_____。
   ①重量及重心位置;②尺寸;③形状;④吊装位置;⑤包装形式;⑥装卸要求;⑦运输要求
   A. ①②③④⑤⑥⑦   B. ①③④⑤⑥⑦
   C. ②③④⑤⑥⑦   D. ①②③④⑥
   解析:本题暂无解析。
   答案:A。

6. 杂货船上,为了防止所载车辆在船上移动,在配载时应使这类货件的最可能的移动方向为沿_____方向。
   A. 船长   B. 船宽

C. 任意　　　　　　　　　　　　　　　D. 垂向

解析:为防止滚装货物移动,这些货物应沿船长方向而不沿横向积载。若滚装货物不得不横向积载,则必须加缚具有足够强度的绑索。

答案:A。

7. 船运重大件货物时,应特别注意_____。

　A. 稳性和吃水差　　　　　　　　　　　B. 稳性和纵向强度

　C. 稳性和局部强度　　　　　　　　　　D. 局部强度和吃水差

解析:重大件货物的大重量、大高度对船舶的稳性、强度影响很大,因此应在装货前、装货中、装货后认真核算,保证安全。

答案:C。

8. 重大件货物装载位置选定时,应考虑_____。

　①货物和船舶的安全;②便于装卸和系固;③便于使用船上重吊

　A. ①②　　　　　　　　　　　　　　　B. ②③

　C. ①③　　　　　　　　　　　　　　　D. ①②③

解析:本题暂无解析。

答案:D。

9. 为便于重大件货物装载,应尽量使船舶吃水差_____。

　A. 艉倾较大　　　　　　　　　　　　　B. 艏倾较大

　C. 较小或平吃水　　　　　　　　　　　D. 吃水差可任意

解析:装载重大件货物前应调整好船舶吃水,使船舶处于正浮状态或需要的浮态。

答案:C。

10. 重大件货物应按_____起吊。

　①起吊点;②四角;③对称

　A. ①　　　　　　　　　　　　　　　　B. ②

　C. ③　　　　　　　　　　　　　　　　D. ①②③

解析:装卸重大件货物前应检查货物起吊点的数量和强度。起吊点应数量足够且坚固、结构合理,与货物将承受的主要作用力平行。

答案:A。

11. 重大件货物装载前船方应做好的工作有_____。

　①掌握本船的装载能力;②了解重大件的详细资料;③检修船上的重吊

　A. ①②　　　　　　　　　　　　　　　B. ②③

　C. ①③　　　　　　　　　　　　　　　D. ①②③

解析:本题暂无解析。

答案:D。

12. 重大件货物装卸时,应尽量_____。

　①收紧船舶缆绳;②使船舶产生较小横倾;③使船舶保持平吃水或较小吃水差

　A. ①②　　　　　　　　　　　　　　　B. ②③

C.①③   D.①②③

解析:本题暂无解析。

答案:B。

13.将重大件货物装于船舶上甲板,该船的重心高度将_____。

  A.减小   B.不变

  C.增大   D.变化趋势不定

  解析:本题暂无解析。

  答案:C。

14.将重大件货物装于船舶上甲板,该船的稳性通常将_____。

  A.减小   B.不变

  C.增大   D.变化趋势不定

  解析:本题暂无解析。

  答案:A。

15.用船吊吊卸重大件时,船舶横倾角最大的时刻为_____。

  A.吊杆头的高度最大时   B.货物距基线的高度最大时

  C.货物刚刚吊起之时   D.货物将要落地之时

  解析:重吊起吊作业时,货件最远装吊距离时船舶产生的横倾角最大。

  答案:D。

16.用船吊吊卸重大件时,船舶初稳性高度最小的时刻为_____。

  A.吊杆头的高度最大时   B.货物距基线的高度最大时

  C.吊杆与艏艉线垂直时   D.吊杆与艏艉线平行时

  解析:重吊起吊作业时,货件最高位置时悬挂对稳性的影响最大。

  答案:A。

17.用船吊吊装重大件时,船舶横倾角最大的时刻为_____。

  A.吊杆头的高度最大时   B.货物距基线的高度最大时

  C.货物刚刚离地之时   D.货物将要落下之时

  解析:本题暂无解析。

  答案:C。

18.用船吊吊装重大件时,船舶初稳性高度最小的时刻为_____。

  A.吊杆头的高度最大时   B.货物距基线的高度最大时

  C.吊杆与艏艉线垂直时   D.吊杆与艏艉线平行时

  解析:本题暂无解析。

  答案:A。

19.重大件货物用船吊吊装时对船舶的影响是_____。

  ①使稳性减小;②产生横倾角;③使船舶重心降低

  A.①②   B.②③

  C.①③   D.①②③

解析:本题暂无解析。

答案:A。

20.重大件货物用船吊吊卸时对船舶的影响是_____。

①使稳性减小;②产生横倾角;③使船舶重心下降

A.①②
B.②③
C.①③
D.①②③

解析:本题暂无解析。

答案:A。

21.用岸机吊装重大件货物后,船舶的稳性将_____。

A.增大
B.减小
C.不变
D.变化趋势不定

解析:视重大件积载位置而定。

答案:D。

22.用船机吊卸重大件货物后,船舶的稳性将_____。

A.增大
B.减小
C.不变
D.变化趋势不定

解析:本题暂无解析。

答案:D。

23.使用船机吊卸重大件货物的过程中,当船舶克令吊的吊臂仰角不变,只绞收吊货钢丝时,则_____。

A.船舶稳性增大
B.船舶稳性减小
C.船舶稳性不变
D.船舶稳性变化不定

解析:本题暂无解析。

答案:C。

24.装运重大件货物前,应详细了解所运重大件货物的有关资料,包括_____。

①货物主要尺度;②货物生产厂商;③货物重心位置;④货物单件毛重

A.①②③④
B.②③④
C.①③④
D.①②④

解析:装运重大件货物前,应详细了解所运重大件货物的有关资料,如单件毛重、主要尺度、重心位置、基座面积、起吊位置、系固点及其强度等。

答案:C。

9.3　木材甲板货物运输

📖一、知识点梳理

1.《木材甲板货运输船安全操作规则》适用于船长等于或大于 24 m 的从事木材甲板货物运

输的船舶。

2. 木材甲板货船航行中船舶产生横倾的原因可能是油水消耗、货物移动、货舱进水、GM 接近于零或呈负值等。若发现船舶在航行中初稳性高度呈负值,则应采取底部压载舱加注压载水、投弃部分甲板货等措施予以调整。

3. 木材舱内装载时,若木材货舱宽度大于舱口宽度,应从装货高度 2 m 处开始,将纵向原木滑入舱口两侧舱位,以避免形成金字塔形。

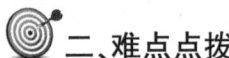 二、难点点拨

国际海事组织(IMO)《稳性规则》对木材船和我国《法定规则》对国内航行木材船的稳性衡准要求的区分。

三、相关习题

1. 以下不属于木材甲板货的是_____。

A. 纸浆
B. 木杆
C. 捆装的木材
D. 散装的圆木

解析:木材甲板货包括原木或锯材、斜木、圆木、杆材、纸浆原料和所有其他散装或捆装的木材,但不包括木质纸浆或类似货物。

答案:A。

2. 木材表层的腐败可能产生有毒气体_____,从而对船舶安全和人员健康带来不利影响。

A. 氯气和氨气
B. 氰化氢和沼气
C. 硫化氢和甲烷
D. 一氧化碳和光气

解析:本题暂无解析。

答案:B。

3. 为保证安全,在使用冬季载重线时,木材甲板货在甲板上的堆装高度应不超过船宽的_____。

A. 1/3
B. 1/4
C. 1/5
D. 1/6

解析:在使用冬季载重线时,木材甲板货的堆装高度不能超过船宽的1/3。其目的是使船舶保持足够的稳性、具有良好的瞭望视线和减少艏部甲板上浪。

答案:A。

4. 木材船航行中的注意事项包括_____。

①检查系索并收紧;②定时测定污水并排放;③避开恶劣气候和海况;④保持船舶航行中无横倾;⑤下舱时应防止因舱内缺氧引发危险

A. ①②③④⑤
B. ①③④⑤
C. ②③④⑤
D. ①②④⑤

解析:本题暂无解析。

答案:A。

5. 关于进入木材船货舱,下述正确的是_____。

①下舱前应先通风;②下舱前应测定氧气含量;③如怀疑通风不足,应戴上呼吸器

A.①　　　　　　　　　　　　　　B.②

C.③　　　　　　　　　　　　　　D.①②③

解析:本题暂无解析。

答案:D。

6. 某航次船舶装载木材甲板货,则装货前船方应做的准备工作包括_____。

①装卸设备检查;②货舱密闭性检查;③系固设备检查;④木材载重线勘绘

A.①②③④　　　　　　　　　　　B.①③④

C.①②③　　　　　　　　　　　　D.②④

解析:本题暂无解析。

答案:C。

7. 根据经验,为避免船舶在海上摇摆剧烈而增大系固设备的受力,装载木材甲板货的国际航行船,其 GM 值应_____型宽。

A. 不小于3%　　　　　　　　　　B. 不大于3%

C. 不小于5%　　　　　　　　　　D. 不大于5%

解析:木材甲板货运输船舶既要满足《2008 年国际完整稳性规则》的最低稳性衡准要求,也要满足规则规定的 GM 值不宜超过船宽 3%的要求。

答案:B。

8. _____不是木材堆装高度的要求。

A. 甲板木材堆装高度应保证船舶稳性满足要求

B. 木材甲板货物的堆装高度不能高于 4 m

C. 货物的堆装高度应限为不影响驾驶台的瞭望,并且货堆的横剖面不在两舷形成外漂

D. 甲板货物的高度应限制在使露天甲板和舱盖的负荷不超过最大许用值

解析:本题暂无解析。

答案:B。

9. _____适用国际海事组织(IMO)《木材甲板货运输船安全操作规则》。

①甲板装有木材的船;②甲板和舱内均装载木材的船;③仅舱内装有木材的船

A.①　　　　　　　　　　　　　　B.②

C.③　　　　　　　　　　　　　　D.①②

解析:本题暂无解析。

答案:D。

10. 装载木材时立柱的设置间距应和所载运木材的长度及特性相适应,一般不应超过_____。

A.3 m　　　　　　　　　　　　　B.4 m

C.5 m　　　　　　　　　　　　　D.6 m

解析:装载前应在相应的位置上设置立柱并备妥系索,各立柱间的间隔应适合所运木材的长度和特点,但不应超过 3 m。

答案:A。

11. _____是木材甲板货的系固方法。

①拱背系固法;②绕行系固法;③奥林匹克系固法;④鞋带交叉系固法;⑤连环成组系固法;⑥链条系固法

A.①②③⑥   B.①②④⑥

C.③④⑤⑥   D.①②③⑤

解析:奥林匹克系固法、连环成组系固法为卷钢的系固方法。

答案:B。

12. 木材甲板货采取的系固方法有_____。

①拱背系固法;②绕行系固法;③鞋带交叉系固法;④链条系固法

A.②③   B.①②③④

C.①③④   D.③④

解析:本题暂无解析。

答案:B。

13. 木材甲板货尽可能密实和紧凑堆装的目的是_____。

①防止因货垛松动导致系索松弛;②使货垛内产生约束力;③降低渗透率

A.①②③   B.①②

C.①③   D.②③

解析:本题暂无解析。

答案:A。

14. 木材甲板货限制堆装高度的目的是_____。

①保证稳性;②保证局部强度;③保持良好的视线;④减小艏部上浪对货堆端面的冲击

A.②④   B.①③④

C.①②③④   D.①③

解析:本题暂无解析。

答案:C。

15. 通常用于第二层和第三层的木材甲板货的系固方法是_____。

A.链条系固法   B.鞋带交叉系固法

C.绕行系固法   D.拱背系固法

解析:拱背系固法通常用于第二层和第三层木材的系固。

答案:D。

9.4　钢材货物运输

一、知识点梳理

1. 钢材货物按形状分为板材类、型钢类、管材类、铸锭类、丝卷类、其他钢材类等,按照其特点又有不同类型。

2. 钢材货物的主要特性有:重质货,积载因数小;怕潮湿,易重压变形;摩擦系数小,易移位。

二、难点点拨

铸锭类、长大件钢材货物、金属散装废料、卷钢、丝卷材等钢材货物的装运要求和系固方法。

三、相关习题

1. 钢材货物的海运特性有_____。

①积载因数较大;②满载时货舱的渗透率高;③怕潮湿;④船舶重心低,GM 大;⑤怕重压变形

A.②③④⑤　　　　　　　　　B.①②③④⑤

C.①②④⑤　　　　　　　　　D.①②③④

解析:钢材货物积载因数多在 $0.30\sim0.58$ m³/t。船舶装载状态多为满载不满舱。

答案:A。

2. 一些钢板因_____不当,会造成下层钢板在重压下呈波浪样变形。

A. 装载位置　　　　　　　　　B. 衬垫设置

C. 隔票方法　　　　　　　　　D. 局部强度核算

解析:一些钢板因衬垫设置不当,会造成下层钢板在重压下呈波浪状变形。

答案:B。

3. 许多类钢材货物摩擦系数小,易于发生移位。最危险的是个别钢材重件如果产生移动,会_____。

A. 引起卷钢卷边、开卷等

B. 引起货物倒塌

C. 击穿水线下的船侧外板而造成船舱进水

D. 使钢材货物变形

解析:钢管、卷钢、盘圆等钢材货物,因与装载处所接触面积小,所以摩擦力小。

答案:C。

4. 盘圆(钢筋)类货物的海运特性包括_____。

A. 与舱底之间的摩擦系数较小

B. 散货船全船装载时常会引起 *GM* 过小

C. 不怕腐蚀

D. 货物的积载因数较大

解析:本题暂无解析。

答案:A。

5. 在钢卷的运输中,必须利用通风等措施将相对湿度控制在_____以下,以防产生锈蚀现象。

A. 20%   B. 30%

C. 40%   D. 50%

解析:钢材在相对湿度为 40% 时开始锈蚀,在相对湿度为 40%~50% 时,锈蚀速度加快。

答案:C。

6. 以下物质会对运输中的钢卷产生腐蚀作用的是_____。

①海水;②空气中弥漫的盐分;③淡水;④包件内的汗水;⑤舱壁上产生的汗水

A. ①②③④⑤   B. ①②③④

C. ①②③   D. ①②

解析:钢材直接与水接触也会造成货损,如雨水、汗水、海水等,因此在运输过程中应控制雨水、包件产生的汗水、舱壁上产生的汗水及海水进入舱内对钢材造成的损害。

答案:A。

7. 钢材的海运特性不包括_____。

A. 忌潮湿   B. 易变形

C. 耐腐蚀性较差   D. 积载因数大

解析:本题暂无解析。

答案:D。

8. 裸装钢材受潮后易发生锈蚀,一般钢材在空气相对湿度大于_____时,其锈蚀速度急剧增加。

A. 40%   B. 50%

C. 60%   D. 80%

解析:钢材在相对湿度大于 60% 时,锈蚀速度急剧增加。

答案:C。

9. 裸装钢材受潮后易发生锈蚀,一般钢材在空气相对湿度为_____时,其开始锈蚀。

A. 20%   B. 30%

C. 40%   D. 60%

解析:本题暂无解析。

答案:C。

10. 生铁块等铸锭类钢材货物不当装载包括_____。

A. 要求作打底货

B. 因其不易移动,故任何情况下均无须平舱

C. 货物积载应防止引起船舶重心过低

D. 可以考虑积载于船舶二层舱内

解析:金属铸锭等块状货物,一般配于底舱作打底货,经平舱并适当铺垫后,再加载其他货物。

答案:B。

11. 长大件钢轨货物的正确装载要求为_____。

　　A. 顺着横向堆装

　　B. 采用平扣方法堆装

　　C. 采用重叠堆装形式

　　D. 采用一层横向一层纵向的堆装形式

解析:钢轨应采取平扣方法堆装。

答案:B。

12. 用船吊吊装重大件过程中,船舶的稳性变化与_____无关。

　　A. 船舶原重心　　　　　　　　　　B. 货物在码头的位置

　　C. 吊杆头部距基线的高度　　　　　D. 船舶排水量

解析:本题暂无解析。

答案:B。

13. 散装金属废料的装运要求包括_____。

　　①装前对货舱设施加以保护;②由于系平铺,所以无货舱局部强度的要求;③第一批货应严格控制抛落高度;④货物间应留出必要的空当,以便于系固;⑤整个货垛应绑扎成一体

　　A. ①②③④⑤　　　　　　　　　　B. ①②③④

　　C. ②③④⑤　　　　　　　　　　　D. ①③

解析:废金属应密实、均匀积载,不留空当,不留悬空面;散装金属废料若移动会造成船侧板或端舱壁损坏,因而应在上面加压载或用系索系固;应注意避免舱底板和甲板超负荷。

答案:D。

14. 以下有关散装金属废料装货时要求的描述正确的是_____。

　　①应防止装载部位超负荷;②每一货舱装货开始阶段应防止货物从高处掉下损伤舱底;③在同一部位应先装重质的废料;④非金属物品不能装在金属废料的上层;⑤货物应密实和均匀装载,不能留出空当或出现松散的无支撑斜面

　　A. ①②③⑤　　　　　　　　　　　B. ①②④

　　C. ①②④⑤　　　　　　　　　　　D. ①②③

解析:本题暂无解析。

答案:A。

15. 根据《CSS 规则》,卷钢货物在舱内最常见的积载方式是_____。

　　①轴向纵向积载;②轴向横向积载;③立式积载;④纵横压缝积载

　　A. ①②③④　　　　　　　　　　　B. ①②③

　　C. ①②　　　　　　　　　　　　　D. ①

解析:本题暂无解析。

答案:D。

16. 钢材货物在运输过程中能导致船舶安全受损的现象不包括_____。

    A. 重心过低,使船舶摇摆剧烈,导致移货

    B. 货物重量集中,导致船体受力过大,发生总体和局部强度受损

    C. 水湿后货物生锈

    D. 积载系固不当造成货物大风浪中移位

解析:本题暂无解析。

答案:C。

9.5 冷藏货物运输

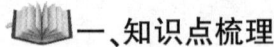 一、知识点梳理

1. 冷藏货物的保藏条件:

(1)温度:不同货物对冷藏温度要求不同,主要有冷却、冷冻、速冻三类,运输中应主要控制温度。

冷却运输的温度通常要求为 0~5 ℃,适用于鲜蛋、水果、蔬菜等。

冷冻运输时是把食品温度降到 0 ℃ 以下,运输温度大多在-20 ℃ 左右,适用于猪牛肉、鸡鸭、鱼类等。

速冻食品的温度通常要求不低于-20 ℃。

(2)湿度:冷藏货物中采用相对湿度指标,指空气绝对湿度与饱和湿度的百分比。冷藏货物运输时,冷却货物要求的相对湿度一般比冷冻货物高。

(3)通风:通风换气量以 24 h 通风次数表示,冷却货物每昼夜 2~4 次为宜,冷冻货物不必换气。

2. 装舱准备工作:

(1)步骤:分为检查、清理、除臭、预冷、验舱五步。

(2)除臭注意事项:主要采用臭氧发生器、粗茶熏舱及醋酸水喷洒除臭等。其中油脂类如冻牛油、高脂含量的鲱鱼、乳制品等不宜使用臭氧。

(3)预冷注意事项:空舱在装货前进行预冷,冷却温度比货物所需的冷藏温度低 2~3 ℃,一般在装货前 48 h 开始,装货前 24 h 降到指定温度。

3. 冷藏货物的配积载原则:

(1)冷藏货亏舱大,一般为 10%~20%。

(2)气味货与易感染气味货单独配舱;牛羊肉与猪肉不宜混装。

(3)舱温要求不同的货物不允许同舱配装,不同目的港的货物不同舱配装。

二、难点点拨

冷藏货物(如肉鱼类、水果蔬菜类、鲜蛋类等)的承运要求,装载过程的对货物质量的鉴别方法。

三、相关习题

1. 易腐货物变质的原因有_____。

①微生物作用;②呼吸作用;③化学作用

A. ①　　　　　　　　　　　　　　B. ②

C. ③　　　　　　　　　　　　　　D. ①②③

解析:本题暂无解析。

答案:D。

2. 船舶运输蔬菜、水果腐烂变质的主要原因是_____。

A. 途中运输时间过长　　　　　　　B. 化学作用

C. 呼吸作用　　　　　　　　　　　D. 货舱清洁状况差

解析:水果、蔬菜等货物因缺氧呼吸(即发酵作用,是利用其机体内的营养物质分子中的氧来呼吸)而导致其易于腐烂变质。

答案:C。

3. 下列属于易腐货物的有_____。

A. 黄磷和雷汞　　　　　　　　　　B. 酒精和鸡蛋

C. 香蕉和苹果　　　　　　　　　　D. 茶叶和肉类

解析:本题暂无解析。

答案:C。

4. 动物性冷藏货物腐烂变质的主要原因是_____。

A. 微生物作用　　　　　　　　　　B. 呼吸作用

C. 化学作用　　　　　　　　　　　D. 物理作用

解析:有机体货物在微生物作用下,会引起生霉、腐败和发酵发热等质量变化。

答案:A。

5. 不属于冷藏货物易腐原因的是_____。

A. 微生物作用　　　　　　　　　　B. 虫害作用

C. 呼吸作用　　　　　　　　　　　D. 化学作用

解析:本题暂无解析。

答案:B。

6. 当温度为_____时,酶的活性基本停止,可以延缓果品成熟。

A. 1 ℃　　　　　　　　　　　　　B. 0 ℃

C. -0.5 ℃   D. -1 ℃

解析:温度越低,酶的活性也越低,当温度为 0 ℃时,酶的活性基本停止。

答案:B。

7. 影响易腐货物安全运输的条件有_____。

①湿度;②温度;③通风

A. ①②   B. ②③

C. ①③   D. ①②③

解析:本题暂无解析。

答案:D。

8. 冷藏运输的目的是避免货物发生下列_____作用,保证运输期间不致变质、过热或腐烂。

①微生物作用;②呼吸作用;③化学作用

A. ①   B. ②

C. ③   D. ①②③

解析:本题暂无解析。

答案:D。

9. 船运易腐货物,通常采用冷藏运输,以下易腐货物的运输保管方式正确的是_____。

①鲜蛋宜采用冷却运输;②鱼、肉宜采用冷却运输;③水果、蔬菜宜采用冷冻运输

A. ①   B. ②

C. ③   D. ①②③

解析:肉类长距离运输均采用完全冻结状态,温度为-20~-18 ℃;水果、蔬菜等常用冷却运输。

答案:A。

10. 船舶运输冷藏货物时,采取冷藏方法保管易腐货物的主要条件是_____。

A. 通风   B. 湿度

C. 温度   D. 环境卫生

解析:本题暂无解析。

答案:C。

11. 冷藏货物的冷处理方法分为_____。

①速冻;②冷冻;③冷却

A. ①②   B. ②③

C. ①③   D. ①②③

解析:本题暂无解析。

答案:D。

12. 易腐货物的冷藏方法中,冷却运输的温度通常要求为_____。

A. 0 ℃以下   B. 0~5 ℃

C. 5~10 ℃   D. 不低于-20 ℃

解析:冷却是把食品的温度降到尚不致使细胞膜内的水分结冰的程度,即不充分的冷冻状态,通常温度在 0~5 ℃。

答案:B。

13. 易腐货物保藏条件包括_____,其中最主要的是温度。

　　A. 温度、湿度、通风　　　　　　　　B. 温度、湿度、环境卫生

　　C. 温度、通风、环境卫生　　　　　　D. 温度、湿度、通风、环境卫生

　　解析:本题暂无解析。

　　答案:D。

14. 冷害是果蔬在接近_____以上的低温条件下对果蔬的一种伤害。

　　A. 零摄氏度　　　　　　　　　　　　B. 冰点

　　C. 冰冻点　　　　　　　　　　　　　D. 冷藏温度

　　解析:冷害是果蔬在接近冰冻点以上的低温条件下对果蔬的一种伤害。

　　答案:C。

15. 为防止风干,冷冻货物与冷却货物相比,货舱相对湿度要_____。

　　A. 高　　　　　　　　　　　　　　　B. 低

　　C. 相等　　　　　　　　　　　　　　D. 不确定,与货物特性有关

　　解析:冷冻货物因温度较低,主要应防止风干,空气中的相对湿度可高一些;冷却货物因温度在 0 ℃以上,相对湿度就要适当低些。

　　答案:A。

16. 冷藏舱的预冷温度应比所装货物所需的冷藏温度_____。

　　A. 低 6~8 ℃　　　　　　　　　　　B. 低 2~3 ℃

　　C. 高 2~3 ℃　　　　　　　　　　　D. 高 5~7 ℃

　　解析:冷藏舱的空舱在装货前应进行预冷,其冷却温度应比货物所需的冷藏温度低 2~3 ℃,以便货物装入后就具有较适宜的舱温。

　　答案:B。

17. 冷藏船装货前的货舱准备工作不包括_____。

　　A. 观察冷藏货物的外表　　　　　　　B. 冷藏舱清洁

　　C. 冷藏舱设备检查　　　　　　　　　D. 冷藏舱预冷

　　解析:本题暂无解析。

　　答案:A。

18. 装运_____冷藏货物时,不宜用臭氧进行装货前的货舱除臭工作。

　　①冻牛油;②高脂含量的鲱鱼;③乳制品;④水果

　　A. ①②③④　　　　　　　　　　　　B. ①②③

　　C. ②③④　　　　　　　　　　　　　D. ①③④

　　解析:当承运油脂性冷藏货物如冻牛油、高脂含量的鲜鱼、乳制品等时,臭氧可使其氧化变质,不宜采用臭氧除臭。

　　答案:B。

19. 冷藏船装货前必须进行的货舱准备工作包括_____。

　　①货舱检查;②货舱清洁;③货舱除臭;④货舱预冷;⑤货舱检验

A.①②③④
B.①②③
C.①②③④⑤
D.④⑤

解析:本题暂无解析。

答案:C。

20.冷藏货物运输时,如来货存在_____等状况者,应该拒装或批注。
①货物血;②来货疲软;③包装滴水

A.①
B.②③
C.③
D.①②③

解析:本题暂无解析。

答案:D。

21.某冷藏船装运冷冻鱼,经检查来货坚硬,鱼鳞稍暗淡,鱼眼突出,鱼鳃红,则以下说法正确的是_____。

A.鱼质新鲜,可以承运

B.鱼质不好,不能承运

C.须请有关部门检验后决定

D.鱼质不太好,虽可承运,但须批注

解析:本题暂无解析。

答案:A。

22._____不是冷藏船舶在运输途中应做的管理工作。

A.控制舱温的变化
B.控制舱内的湿度

C.定时开舱检查货物的情况
D.控制舱内的二氧化碳含量

解析:本题暂无解析。

答案:C。

23.船舶装载冷藏货物应具备的条件包括_____。
①有冷藏室;②有冷藏设备入级证书;③有专职管理人员;④有验舱合格证书

A.①②③
B.①②④
C.①③④
D.①②③④

解析:本题暂无解析。

答案:B。

24.冷藏货物的安全装运要求较为严格,符合实际情况的是_____。

A.拟承运乳制品的舱内有异味,可用臭氧和粗茶除臭

B.为保证冷舱低温,预冷温度要与冷舱温度保持相同

C.散发气味的货物应单独配舱

D.冷舱相对比较小,因此其亏舱率也小

解析:关于冷藏货物的配装,散发气味的货物及易感染气味的货物都应单独配舱。

答案:C。

25.冷藏舱的验舱工作在_____之后申请。

A.清理　　　　　　　　　　　B.除臭

C.预冷　　　　　　　　　　　D.配装

解析:在货舱预冷后,经验舱师检验合格,则取得验舱证书,证明冷藏舱已适货。

答案:C。

26.冷藏货物运输条件有_____。

①具有良好的温控设备;②具有良好的隔热性能;③具有一定的通风换气设备

A.①③　　　　　　　　　　　B.①②③

C.②③　　　　　　　　　　　D.①②

解析:本题暂无解析。

答案:B。

9.6　滚装货物运输

一、知识点梳理

1.滚装货物的定义

滚装货物指可依靠自身动力,或可随船或不随船装载的临时移动装置,通过水平移动方式装上船或卸下船的一种货物单元,多数借助滚装船完成。有资料表明,车辆若装入集装箱采用集装箱船运输,其运输成本要高出滚装船的20%~30%。

2.滚装货物的分类

滚装货物包含轿车、越野车、客车、货车、自卸车、牵引车、半挂车和专用车等。汽车专运船的容量能力通常以CEU表示。

3.滚装船的结构特点

(1)大型滚装船常常设计有10多层载车甲板,船舶无水密横舱壁。

(2)滚装船常在艏部、艉部或舷边设计通道。货物通道门通常设计最大开启度为-10°,且有最大承重限制。

(3)甲板上的系固点布置:纵向不得超过2.5 m,横向应不小于2.8 m但不大于3 m。每个系固点的最大系固负荷MSL应不小于100 kN。

4.滚装货物安全装运要求

(1)装卸前

我国交通运输部规定,《滚装船舶车辆安全装载记录》是车辆托运人提交,内容包括车载货物系牢固的承诺。车辆若制动、转向系统或者有其他有影响安全形势的故障,则不允许装载于滚装船。

禁止滚装客船载运任何危险货物。装载危险货物的车辆不得与客车搭乘同一艘滚装船。

依据交通运输部《海上滚装船舶安全监督管理规定》的规定,滚装船边门、艉门和活动坡道的启闭操作必须经船长或大副同意后方可进行,水手长为现场指挥,具体操作由当值水手进行。

（2）装卸中和开航前

交通运输部《海上滚装船舶安全监督管理规定》的规定,车在舱内限制速度是 5 km/h。

我国交通运输部规定,滚装船装载时值班船员应控制船舶横倾在 ±3° 以内,纵倾在 ±1.5° 以内。

滚装船上,车辆的系索的水平和垂直绑扎角最好应控制在 30° ~60°。

（3）航行途中

开航后,应当立即向司机、旅客说明消防、救生手册所处位置和船上应急通道及有关应急措施。滚装船在航行中,司机和乘客不得留在车内,也不得在装货处所和装车处所走动和停留。滚装船应当对装车处所进行有效通风和通风控制,并根据具体情况对特种处所规定每小时换气次数。

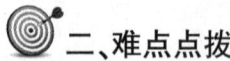 **二、难点点拨**

掌握我国交通运输部《海上滚装船舶安全监督管理规定》中的相关要点。

三、相关习题

1. 滚装船在抗沉性和防火性方面较弱,其原因是_____。

　　A. 载车甲板舱纵通无水密纵舱壁　　　　B. 上层建筑受风面积较大

　　C. 载车甲板舱纵通无水密横舱壁　　　　D. 船舶储备浮力较小

解析:滚装船设计中无法设置水密横舱壁。这类纵通无水密横舱壁的载车甲板舱设计,一旦海水涌入舱内或发生火灾将很快蔓延。

答案:C。

2. 汽车专运船的容量能力通常用_____表示。

　　A. CEU　　　　　　　　　　　　　B. TEU

　　C. FEU　　　　　　　　　　　　　D. EEL

解析:本题暂无解析。

答案:A。

3. 滚装运输的特点包括_____。

①能减少码头装卸设备的投资;②能提高装卸效率;③适合潮差大的港口间运输;④能降低装卸成本

　　A.①②③④　　　　　　　　　　　B.②③④

　　C.①③④　　　　　　　　　　　　D.①②④

解析:滚装运输特别适合于靠泊港口潮差变化较小的短程水路运输。

答案:D。

4. 滚装船上,装运危险货物的运输组件的隔离表位于_____。

　　A.《国际危规》第一册中　　　　　　B.《国际危规》第二册中

C.《国际危规》补充本中　　　　　　　　D.滚装船的系固手册中

解析:本题暂无解析。

答案:A。

5.按《海上滚装船舶安全监督管理规定》要求,装卸车辆过程中必须保持船舶的纵倾在_____以内。

A.0°　　　　　　　　　　　　　　　　B. ±1°

C. ±1.5°　　　　　　　　　　　　　　D. ±2°

解析:本题暂无解析。

答案:C。

6.装卸滚装货物过程中必须保持船舶的横倾在_____以内,纵倾在_____以内。

A. ±1.5°;±1.5°　　　　　　　　　　B. ±1.5°;±3°

C. ±3°;±1.5°　　　　　　　　　　　D. ±3°;±3°

解析:滚装船装卸货物过程中必须保持船舶的横倾在±3°以内,纵倾在±1.5°以内。

答案:C。

7.滚装船边门、艉门及活动坡道的启闭操作必须经_____同意后方可进行。

A.船长或水手长　　　　　　　　　　B.大副或水手长

C.船长或大副　　　　　　　　　　　D.水手长

解析:本题暂无解析。

答案:C。

8.滚装船舶在艏部和艉部设计货物通道,货物通道的门通常最大开启度为_____。

A.0°　　　　　　　　　　　　　　　　B. 10°

C. -10°　　　　　　　　　　　　　　D. 20°

解析:滚装船在艏部、艉部或舷边设计货物通道门,货物通道的门通常最大开启度为-10°。

答案:C。

9.滚装货物积载时应注意的事项包括_____。

①装载部位应干燥、清洁、无油脂;②装载时,货件的滚动方向应朝船舶首尾方向;③如货件只能横向装载时,应增设足够的系固

A.①②　　　　　　　　　　　　　　B.①②③

C.①③　　　　　　　　　　　　　　D.②③

解析:本题暂无解析。

答案:B。

10.滚装船在装载车辆时,所受惯性力最大的部位发生在船舶的_____。

①最前端;②最后部;③每一舷侧的最高装货位置

A.①②　　　　　　　　　　　　　　B.①③

C.②③　　　　　　　　　　　　　　D.①②③

解析:本题暂无解析。

答案:D。

11. 滚装船舱内换气的注意事项有_____。

①保证雨水和海水不会浸入舱内;②应对装车处所进行有效的通风;③大风浪时应及时关闭通风筒

A. ①②③   B. ①③

C. ②③   D. ①②

解析:本题暂无解析。

答案:A。

项目 10　集装箱货物运输

10.1　集装箱的定义、分类及标志

一、知识点梳理

集装箱标记分为：必备标记和自选标记。

1. 必备标记

（1）集装箱箱号：由箱主代码、顺序号和核对数字共 11 位代码组成。

箱主代码用 4 位大写拉丁字母表示。前三位为特定箱主代号，需向国际集装箱局注册登记。最后一位为设备识别码，"U"表示常规集装箱，"J"表示带有可拆卸设备的集装箱，"Z"表示集装箱拖车和底盘车。

顺序号由 6 位阿拉伯数字组成，用以区别同一箱主的不同集装箱，不足位数前部加 0 补齐。

核对数字是通过箱主代码的四位字母和顺序号的六位数字通过换算得来的，用以验证箱主代号和顺序号的准确性。

（2）额定重量和自重。

额定重量为箱的允许最大总重，自重是空箱重量，分别用 kg（千克）和 lb（磅）标示。容积为箱的容积，用 cu. m（立方米）和 cu. ft（立方英尺）标示。

（3）超高标记。

高度超过 2.6 m（8.5 ft）的集装箱均应有超高标记，通常在箱的两侧的两端标记。

（4）登箱顶触电警告标记：常见于罐式集装箱，以警告触电危险。

（5）空陆水联运集装箱标记：此类箱海上运输时禁止在甲板上堆装，舱内堆码时最多允许堆装 1 层箱。陆地堆码时，此类箱最多允许堆装 2 层箱。

2. 自选标记

（1）尺寸和类型代码：由四位字母与数字组成，前两位表示箱子的外形尺寸，后两位表示箱子的类型及其特征。

（2）国际铁路联盟标记："ic"表示国际铁路联盟，下方数字表示国家代码，中国铁路代码为33。

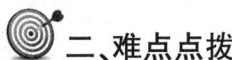

二、难点点拨

尺寸和类型代码中含有四位，依次表示箱长、箱宽和箱高、箱型、箱型的主要特征，须熟记常见代码和数字。

三、相关习题

1. 以下集装箱类型可用于装载重大件货物的是_____。
   ①杂货集装箱；②敞顶集装箱；③通风集装箱；④台架式集装箱；⑤平台式集装箱
   A. ①②③ 　　　　　　　　　　B. ②③④
   C. ③④⑤ 　　　　　　　　　　D. ②④⑤
   解析：本题暂无解析。
   答案：D。

2. 集装箱运输中，最常用的两种集装箱分别为_____。
   A. 40 ft 集装箱、20 ft 集装箱 　　　　B. 40 ft 集装箱、25 ft 集装箱
   C. 40 ft 集装箱、10 ft 集装箱 　　　　D. 30 ft 集装箱、10 ft 集装箱
   解析：本题暂无解析。
   答案：A。

3. 对于 1AAA 型和 1AA 型国际标准集装箱，两者的_____不同。
   ①长度；②宽度；③高度
   A. ① 　　　　　　　　　　　　B. ②③
   C. ③ 　　　　　　　　　　　　D. ①②
   解析：1AAA 型和 1AA 型国际标准集装箱的高度不同。
   答案：C。

4. 对于 1AA 型和 1CC 型国际标准集装箱，两者的_____不同。
   ①长度；②宽度；③高度
   A. ① 　　　　　　　　　　　　B. ②③
   C. ③ 　　　　　　　　　　　　D. ①②
   解析：1AA 型和 1CC 型国际标准集装箱的长度不同。
   答案：A。

5. 两个 1CC 型国际标准集装箱的长度之和比一个 1AA 型国际标准集装箱的长度_____。

A.长　　　　　　　　　　　　　　　B.短

C.相同　　　　　　　　　　　　　　D.视具体集装箱而定

解析:本题暂无解析。

答案:B。

6.按集装箱的_____可以将其分为杂货箱、通风箱、冷藏箱等。

A.结构　　　　　　　　　　　　　　B.大小

C.用途　　　　　　　　　　　　　　D.主体部件使用材料

解析:本题暂无解析。

答案:C。

7.超高货物可用_____装运。

A.杂货集装箱　　　　　　　　　　　B.散货集装箱

C.敞顶集装箱　　　　　　　　　　　D.通风集装箱

解析:敞顶集装箱适于装载超高货物。

答案:C。

8.超宽货物可用_____装运。

A.杂货集装箱　　　　　　　　　　　B.平台集装箱

C.敞顶集装箱　　　　　　　　　　　D.通风集装箱

解析:本题暂无解析。

答案:B。

9.超长货物可用_____装运。

A.杂货集装箱　　　　　　　　　　　B.敞顶集装箱

C.平台集装箱　　　　　　　　　　　D.通风集装箱

解析:本题暂无解析。

答案:C。

10.箱顶设有带水密设备的装货口、端壁下部设有卸货口的集装箱为_____。

A.杂货集装箱　　　　　　　　　　　B.散货集装箱

C.敞顶集装箱　　　　　　　　　　　D.通风集装箱

解析:本题暂无解析。

答案:B。

11._____用于装载液体化工产品。

A.罐柜集装箱　　　　　　　　　　　B.平台集装箱

C.敞顶集装箱　　　　　　　　　　　D.通风集装箱

解析:本题暂无解析。

答案:A。

12.海关封志(CUSTOMS SEALS)一般在集装箱的_____。

A.顶面　　　　　　　　　　　　　　B.侧面

C.底面　　　　　　　　　　　　　　D.端门

解析:本题暂无解析。

答案:D。

13.在国际标准集装箱标志中,集装箱端门上第一行位置按顺序标明的内容是_____。

    A.国家代号、尺寸和类型代码

    B.国家代号、顺序号和核对数字

    C.箱主代号、尺寸和核对数字

    D.箱主代码、设备识别代码、顺序号和核对数字

解析:本题暂无解析。

答案:D。

14.在国际标准集装箱标志中,集装箱端门第三行位置按顺序标明的内容是_____。

    A.尺寸和类型代码

    B.国家代号、顺序号和核对数字

    C.集装箱的总重和自重

    D.箱主和设备识别代号、顺序号和核对数字

解析:本题暂无解析。

答案:C。

15._____不属于集装箱标记。

    A.集装箱顺序号   B.箱主代号

    C.集装箱的尺寸类型代码   D.箱材料代号

解析:本题暂无解析。

答案:D。

16.根据规定,凡箱高超过_____的集装箱均应有超高标记。

    ①8.0 ft;②8.5 ft;③2.6 m

    A.①   B.②

    C.③   D.②或③

解析:凡高度超过8 ft 6 in(2.6 m)的集装箱均应标示超高标记。

答案:D。

17.由箱主和设备识别代码、顺序号和核对数字共_____组成集装箱箱号。

    A.9位   B.10位

    C.11位   D.12位

解析:箱主代号、设备识别代码、箱号(顺序号)和校验码(核对数字),该标记为必备标记,由11位代码组成。

答案:C。

18.带有空陆水联运集装箱标记的集装箱,在岸上其顶上仅能堆码_____层。

    A.1   B.2

    C.3   D.4

解析:空陆水联运集装箱海上运输时禁止在甲板堆装,舱内堆装时仅限于2层,码头堆码时仅

限于 3 层。

答案:B。

19. 集装箱的超高标记中的数字为_____。

　　A. 集装箱超出标准高度的尺寸　　　　B. 集装箱的实际高度

　　C. 集装箱的内部高度　　　　　　　　D. 集装箱的超高标准

　　解析:本题暂无解析。

　　答案:B。

20. 登箱顶触电警告标志,一般标记于_____上。

　　A. 超高箱　　　　　　　　　　　　　B. 罐式集装箱

　　C. 冷藏箱　　　　　　　　　　　　　D. 开顶箱

　　解析:登箱顶触电警告标记一般设在罐式集装箱上。

　　答案:B。

21. 在国际标准集装箱标志中,集装箱端门第二行位置按顺序标明的内容是_____。

　　A. 顺序号和核对数字

　　B. 尺寸和类型代码

　　C. 箱主和设备识别代号、顺序号和核对数字

　　D. 箱主代号、尺寸和核对数字

　　解析:本题暂无解析。

　　答案:B。

22. 通过国际集装箱安全公约检验的集装箱,加贴_____标牌。

　　A. "GPS 安全合格"　　　　　　　　B. "COS 安全合格"

　　C. "CSC 安全合格"　　　　　　　　D. "LRC 安全合格"

　　解析:本题暂无解析。

　　答案:C。

23. 集装箱尺寸类型代码由四位字符组成,其中前两位表示_____,后两位表示_____。

　　A. 类型代码;尺寸代码　　　　　　　B. 尺寸代码;类型代码

　　C. 通用集装箱代码;类型代码　　　　D. 尺寸代码;专用集装箱代码

　　解析:本题暂无解析。

　　答案:B。

24. 集装箱的国际铁路联盟标记方框上部中的"ic"表示_____。

　　A. 国际铁路联盟的缩写代号

　　B. 加入联盟的某个国家的铁路公司代码

　　C. 国际铁路联盟总部所在地理位置代号

　　D. 表示集装箱符合《国际铁路联盟条例》规定的技术条件的符号

　　解析:本题暂无解析。

　　答案:A。

25. 集装箱的国际铁路联盟标记方框下部中的阿拉伯数字表示_____。

A. 国际铁路联盟的缩写代号

B. 加入联盟的国家铁路公司代码

C. 国际铁路联盟总部所在地理位置代号

D. 加入联盟的国家所属地区代码

解析:本题暂无解析。

答案:B。

26. 国际集装箱运输中1C型20 ft标准集装箱的宽度和高度分别是_____ft。

A. 6、6   B. 8、6

C. 6、8   D. 8、8

解析:本题暂无解析。

答案:D。

27. 标准集装箱(TEU)的长度为_____。

A. 40 ft   B. 20 ft

C. 30 ft   D. 10 ft

解析:20 ft换算箱容量,又称标准箱容量,指船舶能够装运将各类集装箱换算为20 ft箱的最大数量。

答案:B。

28. 集装箱箱号的第四位若为"Z",则表示_____。

A. 常规集装箱   B. 带可拆卸设备的集装箱

C. 集装箱拖车和底盘车   D. 敞顶集装箱

解析:本题暂无解析。

答案:C。

29. 集装箱标记中,常用_____代码表示冷藏集装箱。

A. GP   B. PF

C. OT   D. RE

解析:本题暂无解析。

答案:D。

30. 集装箱标记中,常用_____代码表示敞顶集装箱。

A. GP   B. PF

C. UT   D. RF

解析:本题暂无解析。

答案:C。

31. 集装箱箱号第四位若为"J",则表示_____。

A. 该集装箱为常规集装箱   B. 集装箱配备的挂装设备

C. 集装箱拖车和底盘车   D. 该集装箱为敞顶集装箱

解析:本题暂无解析。

答案:B。

32. 某标准集装箱的类型代码为 GO,表示该集装箱为_____。

  A. 通用集装箱   B. 冷藏集装箱

  C. 干散货集装箱   D. 平台集装箱

  解析:本题暂无解析。

  答案:A。

33. 某标准集装箱的类型代码为 VO,表示该集装箱为_____。

  A. 杂货集装箱   B. 冷藏集装箱

  C. 通风集装箱   D. 平台集装箱

  解析:本题暂无解析。

  答案:C。

34. 某标准集装箱的类型代码为 BO,表示该集装箱为_____。

  A. 杂货集装箱   B. 冷藏集装箱

  C. 干散货集装箱   D. 平台集装箱

  解析:本题暂无解析。

  答案:C。

35. 某标准集装箱的类型代码为 RO,表示该集装箱为_____。

  A. 活鱼集装箱   B. 冷藏集装箱

  C. 干散货集装箱   D. 平台集装箱

  解析:本题暂无解析。

  答案:B。

36. 某标准集装箱的类型代码为 H1,表示该集装箱为_____。

  A. 活鱼集装箱   B. 冷藏集装箱

  C. 保温集装箱   D. 敞顶集装箱

  解析:本题暂无解析。

  答案:C。

37. 某标准集装箱的类型代码为 U5,表示该集装箱为_____。

  A. 活鱼集装箱   B. 冷藏集装箱

  C. 保温集装箱   D. 敞顶集装箱

  解析:本题暂无解析。

  答案:D。

38. 某标准集装箱的类型代码为 PO,表示该集装箱为_____。

  A. 活鱼集装箱   B. 平台集装箱

  C. 罐式集装箱   D. 敞顶集装箱

  解析:本题暂无解析。

  答案:B。

39. 某标准集装箱的类型代码为 TO,表示该集装箱为_____。

  A. 罐式集装箱   B. 冷藏集装箱

C. 空陆水联运集装箱   D. 敞顶集装箱

解析:本题暂无解析。

答案:A。

40. 某标准集装箱的类型代码为 AO,表示该集装箱为_____。

    A. 罐式集装箱   B. 冷藏集装箱

    C. 保温集装箱   D. 空陆水联运集装箱

解析:本题暂无解析。

答案:D。

10.2 集装箱船的分类

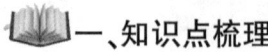 一、知识点梳理

集装箱船分为吊装式和滚装式,吊装式集装箱船在结构上有如下特点:

(1)单层甲板,无装卸设备。国际标准集装箱的强度设计要求可使其上能承受堆码 8 层满载箱的负荷。

(2)舱口宽大,与货舱同宽。货舱口宽度一般可达船宽的 70%~80%,舱盖多采用多列舱盖板。

(3)双层船体结构,设有大容量压载水舱。双层侧壁、双层横舱壁和双层底的双层船壳结构既可以增强船体的纵强度、横强度和扭转强度,还能提供大量液体舱室,用于储存油水和调整船舶稳性。

(4)舱面设有集装箱标准系固装置,舱内设置了固定格栅。

(5)机舱设置在船尾部和偏尾部。

二、难点点拨

舱内箱格由角钢立柱、水平桁材和导箱轨组成,导箱轨上端设有呈倾斜状的导口,便于集装箱装入箱格。

三、相关习题

1. 吊装式全集装箱船舱口宽大,有利于_____。

    A. 船舶稳性   B. 集装箱装卸

    C. 船舶扭转强度   D. 集装箱箱格导轨设置

解析:本题暂无解析。

答案:B。

2. 集装箱船舱口宽大,不利于_____。

　　A. 船舶装载集装箱　　　　　　　　　　B. 船舶稳性

　　C. 船舶卸载集装箱　　　　　　　　　　D. 船舶的强度

　　解析:本题暂无解析。

　　答案:D。

3. 滚装式集装箱船的特点包括_____。

　　①货舱内无横舱壁;②装卸效率高;③装卸可同时进行;④舱容利用率低;⑤船舶造价低;⑥采用水平装卸方式

　　A.②③④⑤　　　　　　　　　　　　　B.②③④⑤⑥

　　C.①②③④⑥　　　　　　　　　　　　D.①②③④⑤⑥

　　解析:本题暂无解析。

　　答案:C。

4. _____是集装箱船的结构特点。

　　①单层平直甲板;②货舱尺寸大、舱口与货舱同宽;③舱内有格栅、甲板设绑扎桥;④除双层底外采用单层船壳;⑤方形系数较大

　　A.①②③　　　　　　　　　　　　　　B.①③④

　　C.②③④　　　　　　　　　　　　　　D.③④⑤

　　解析:本题暂无解析。

　　答案:A。

5. 与一般杂货船相比,集装箱船的舱容系数一般_____。

　　A. 较小　　　　　　　　　　　　　　　B. 较大

　　C. 相等　　　　　　　　　　　　　　　D. 无法比较

　　解析:本题暂无解析。

　　答案:B。

6. 集装箱船的货舱尺寸较大,且舱口与货舱同宽,一般其舱口宽度可达船宽的_____。

　　A. 50%~60%　　　　　　　　　　　　B. 60%~70%

　　C. 70%~80%　　　　　　　　　　　　D. 70%~90%

　　解析:本题暂无解析。

　　答案:D。

10.3　集装箱船的箱位表示法

一、知识点梳理

　　1. 箱位坐标用 6 个数字表示,前两位为排号(或行号),中间两位为列号,最后两位为层号。

　　2. 排号(或行号)表示集装箱的纵向位置,沿船长方向自首至尾排列。装 20 ft 箱位排号依次

是 01、03、05…奇数表示,当纵向两个邻近 20 ft 箱位用于装载 40 ft 集装箱时,用两个奇数排号之间的偶数表示。

3. 列号表示集装箱的横向位置,沿船宽方向以中纵剖面为基准,向两舷分别排列,左舷偶数为 02、04、06…,右舷单数为 01、03、05…,两舷列数相等。如果中纵剖面有一列,用 00 表示。

4. 层号表示集装箱的垂向位置,自下向上依次排列。舱内,以全船舱内最底层为基准,以层号 02、04、06…表示。舱面,以全船舱面最底层为基准,以层号 82、84、86…表示。

二、难点点拨

40 ft 箱位行号自首依次为 02,06,10,…,而并非 02,04,06,08,10,…,因为一个 40 ft 箱位等于两个 20 ft 箱位。

三、相关习题

1. 判断下列两种装载情况下,是否会发生倒箱。_____。
①先卸港箱位 270204,后卸港箱位 280282;②先卸港箱位 250002,后卸港箱位 240008
A. ①②都会　　　　　　　　　B. ①②都不会
C. ①会②不会　　　　　　　　D. ①不会②会
解析:本题暂无解析。
答案:A。

2. 判断下列两种装载情况下,是否会发生倒箱。_____。
①先卸港箱位 130304,后卸港箱位 140382;②先卸港箱位 160484,后卸港箱位 170408
A. ①会②不会　　　　　　　　B. ①不会②会
C. ①②都会　　　　　　　　　D. ①②都不会
解析:本题暂无解析。
答案:A。

3. 集装箱在船上的装载位置可以用_____表示,其中前两位表示_____的位置。
A. 五位字母;沿船长方向　　　　B. 六位数字;沿船长方向
C. 六位字母;沿船宽方向　　　　D. 六位数字;沿船宽方向
解析:本题暂无解析。
答案:B。

4. 集装箱在船上的装载位置可以用_____表示,其垂向位置可以用_____表示。
A. 五位数字;最后两位　　　　　B. 五位数字;中间两位
C. 六位数字;最后两位　　　　　D. 六位数字;中间两位
解析:每一箱位坐标以六位数字表示。其中最前两位表示行号(或称为"排号"),中间两位表示列号,最后两位表示层号。
答案:C。

5. 在集装箱船配载图中,箱位代码 110502 表示某货箱的积载位置是舱内_____。

　　A. 右侧第 5 列底始第 3 层　　　　　　B. 右侧第 3 列底始第 1 层

　　C. 左侧第 3 列底始第 2 层　　　　　　D. 右侧第 5 列底始第 4 层

　　解析:本题暂无解析。

　　答案:B。

6. 集装箱在船上的横向位置用_____表示。

　　A. 层　　　　　　　　　　　　　　　　B. 列

　　C. 排　　　　　　　　　　　　　　　　D. 行

　　解析:本题暂无解析。

　　答案:B。

7. 集装箱在船上的垂向位置用_____表示。

　　A. 层　　　　　　　　　　　　　　　　B. 列

　　C. 排　　　　　　　　　　　　　　　　D. 行

　　解析:本题暂无解析。

　　答案:A。

8. 某集装箱船上,集装箱的装载位置为 090482,它表示该箱_____。

　　A. 是 40 ft 箱,装于左舷舱内　　　　　B. 是 40 ft 箱,装于右舷舱内

　　C. 是 20 ft 箱,装于左舷甲板　　　　　D. 是 20 ft 箱,装于右舷甲板

　　解析:本题暂无解析。

　　答案:C。

9. 某集装箱船上,集装箱的装载位置为 070502,它表示该箱_____。

　　A. 是 40 ft 箱,装于左舷甲板　　　　　B. 是 40 ft 箱,装于右舷舱内

　　C. 是 20 ft 箱,装十左舷甲板　　　　　D. 是 20 ft 箱,装于右舷舱内

　　解析:本题暂无解析。

　　答案:D。

10. 某集装箱船上,集装箱的装载位置为 050786,它表示该箱_____。

　　A. 是 40 ft 箱,装于左舷舱内　　　　　B. 是 40 ft 箱,装于右舷甲板

　　C. 是 20 ft 箱,装于左舷舱内　　　　　D. 是 20 ft 箱,装于右舷甲板

　　解析:本题暂无解析。

　　答案:D。

11. 某集装箱船上,集装箱的装载位置为 050612,它表示该箱_____。

　　A. 是 40 ft 箱,装于左舷甲板　　　　　B. 是 40 ft 箱,装于右舷舱内

　　C. 是 20 ft 箱,装于左舷舱内　　　　　D. 是 20 ft 箱,装于右舷甲板

　　解析:本题暂无解析。

　　答案:C。

12. 某集装箱船配载图中,箱位号为 030482,则该箱的位置在_____。

　　A. 舱内自首第 3 排自船纵中剖面左舷第 4 列第 2 层

B. 甲板自首第 2 排自船纵中剖面左舷第 2 列第 1 层

C. 甲板自首第 3 排自船纵中剖面右舷第 4 列第 2 层

D. 舱内自首第 3 排自船纵中剖面右舷第 4 列第 2 层

解析:本题暂无解析。

答案:B。

13. 某集装箱船配载图中,某箱子的箱位号为 030804,则该箱的位置在_____。

A. 舱内自首第 3 排自船纵中剖面右舷第 8 列

B. 舱内自首第 2 排自船纵中剖面左舷第 4 列

C. 甲板自首第 2 排自船纵中剖面右舷第 4 列

D. 舱内自首第 3 排自船纵中剖面右舷第 4 列

解析:本题暂无解析。

答案:B。

14. 某集装箱的箱位号为 120082,则该箱位于船舶的_____。

A. 舱内左舷   B. 甲板左舷

C. 甲板中纵剖面上   D. 舱内中纵剖面上

解析:本题暂无解析。

答案:C。

15. 在箱位号为 040684 下面装载 2 个 20 ft 的集装箱,它们的箱位号分别是_____。

A. 030682、050682   B. 050682、070682

C. 030682、050686   D. 050682、070686

解析:本题暂无解析。

答案:A。

16. 在配载图上标有 050682 的箱格内配装一个 40 ft 集装箱,则其箱位号可能是_____。

A. 050684   B. 050882

C. 060682   D. 070682

解析:本题暂无解析。

答案:C。

17. 某集装箱船 25 行行箱位图如下图所示,设 A、B、C 和 D 箱分别是第一、二、三和四卸港箱。下列说法正确的是_____。

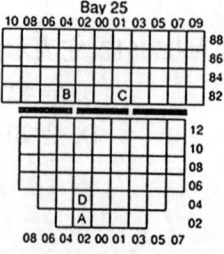

A. A 箱被 B 箱堵住   B. A 箱被 C 箱堵住

C.D 箱被 C 箱堵住　　　　　　　　D.D 箱被 B 箱堵住

解析:本题暂无解析。

答案:B。

18.某集装箱船 25 行行箱位图如下图所示,设 A、B、C 和 D 箱分别是第一、二、三和四卸港箱。下列说法正确的是_____。

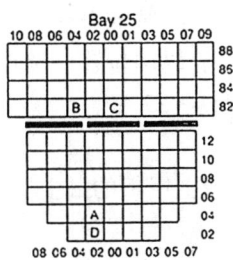

A.B 箱堵住了 A、D 箱　　　　　　B.C 箱堵住了 D 箱

C.A 箱堵住了 D 箱　　　　　　　　D.C 箱堵住了 A 箱

解析:本题暂无解析。

答案:D。

19.下列对集装箱船配积载文件的叙述正确的是_____。

A.预配图是每行一张的行箱位图

B.初配图是每行一张的行箱位图

C.稳性计算表另列

D.初配图是总图加行箱位图

解析:集装箱船配载图通常由全船行箱位总图(封面图,行箱位断面总图)和每行一张的行箱位图(排位图,行箱位断面图)组成。

答案:D。

20.某集装箱的箱位号为 080382,由此可以判断出该箱_____。

①为 40 ft;②位于船舶右舷;③为 20 ft;④位于船舶左舷

A.①②　　　　　　　　　　　　　B.①④

C.②③　　　　　　　　　　　　　D.③④

解析:本题暂无解析。

答案:A。

10.4　各种集装箱的箱位确定及积载原则

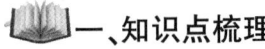 一、知识点梳理

1.危险货物集装箱

需要经常检查的特别是需接近检查、易形成爆炸性混合气体的、可能产生剧毒蒸气、对船舶

有严重腐蚀作用的集装箱原则上应积载于舱面,且尽可能接近船首部位。

《国际危规》规定:装有可挥发易燃蒸气危险货物的封闭式集装箱选配于舱面时,其在纵向和横向上与火源的水平距离应不小于 4.8 m。装有可挥发易燃蒸气危险货物的开敞式集装箱选配于舱面时,与火源的水平距离应不小于 6 m。

2. 冷藏集装箱

冷藏集装箱需要电源插座和监控插座,常配装在上甲板,且船舶可装箱数量及位置固定。集装箱制冷机组一端应保持朝向船尾方向,纵向位置应选择在舱面电源附近,垂向位置应选择在舱面低层。箱内可保持的温度范围为 $-25 \sim +25$ ℃。

3. 超高集装箱

超高集装箱应配置在舱内最上层或上甲板的最上层。

4. 超长和超宽集装箱

长度超限的 20 ft 集装箱可装配在舱内 40 ft 箱位,长度超限的 40 ft 集装箱应配置在上甲板。

5. 动物集装箱

动物集装箱应配装在上甲板,且有其他货箱遮蔽,在甲板只能堆装一层,需留出通道以便进行动物管理工作。

6. 通风集装箱

需要通风的集装箱应选配于舱面,且避开海浪灌入通风孔。果蔬类集装箱一般应配置在上甲板,高温易腐货物集装箱应避免阳光直射。

二、难点点拨

1. 40 ft 超长且超高集装箱、冷藏集装箱、动物集装箱、通风集装箱常配置在上甲板。

2. 集装箱船配积载中,若有两个以上装货港且第一个装货港需要装载较多的集装箱时,从加速装卸的角度考虑,应将集装箱安排在不同的排位上且应间隔一定距离。

若有同一卸港的集装箱数量超过一个货舱的容量时,从加速装卸角度考虑,应将集装箱安排在两个不相邻的货舱内为佳。

三、相关习题

1. 集装箱船运输中,高度超限集装箱(箱内货物高度超出角件孔)应配置在_____。

①上甲板下层;②舱内最上层;③上甲板的最上层

A. ①　　　　　　　　　　　　B. ②

C. ③　　　　　　　　　　　　D. ②或③

解析:本题暂无解析。

答案:D。

2. 关于 40 ft 集装箱与 20 ft 集装箱的装载问题,下列说法正确的是_____。

A. 20 ft 集装箱上面不可装 40 ft 集装箱

B. 40 ft 集装箱上面可装 20 ft 集装箱

C. 20 ft 集装箱上面是否可装 40 ft 集装箱需视箱格结构和底座位置等而定

D. 20 ft 集装箱和 40 ft 集装箱不能混装

解析:本题暂无解析。

答案:C。

3. 冷藏集装箱在船上堆装时,其制冷机组一端应保持朝向_____方向,以防止海浪的冲击和侵入。

   A. 船首   B. 船尾

   C. 船舶左舷   D. 船舶右舷

解析:本题暂无解析。

答案:B。

4. 通风集装箱在船上堆装时,其端门应保持朝向_____方向,以防止海浪的冲击和侵入。

   A. 船首   B. 船尾

   C. 船舶左舷   D. 船舶右舷

解析:监装中,应当要求装船的每一非冷藏箱端门保持向船尾方向堆码,以避免上浪海水对集装箱水密性较差的一端的直接冲击。

答案:B。

5. 集装箱船配积载过程中,若有两个以上装货港,且第一个装货港需要装载较多的集装箱时,从加速装卸、缩短船舶在港停泊时间的角度考虑,应将集装箱安排在_____。

①不同的排位上且应间隔一定距离;②不同的列位上且应间隔一定距离;③不同的层位上

   A. ①   B. ②③

   C. ③   D. ①②③

解析:本题暂无解析。

答案:A。

6. 集装箱船配积载过程中,若有同一卸港的集装箱数量超过一个货舱的容量时,从加速装卸,缩短船舶在港停泊时间的角度考虑,应_____为佳。

①将集装箱安排在两个相邻的货舱内;②将集装箱安排在两个不相邻的货舱内;③将集装箱全部堆放在甲板上

   A. ①   B. ②

   C. ②③   D. ①②③

解析:本题暂无解析。

答案:B。

7. 为便利装卸,同一卸港的集装箱数量少时应_____。

   A. 集中配装   B. 分散配装

   C. 配装在特别箱位   D. 在上甲板配装

解析:本题暂无解析。

答案:A。

8. 集装箱配载时,从集装箱装卸顺序考虑应_____。

  A. 重箱排在下层

  B. 避免或尽量减少中途港倒箱现象

  C. 要满足船舶纵强度条件和适当吃水差要求

  D. 要使船舶无初始横倾角

  解析:在某些情况下,为了配装中途港集装箱,可能需要进行部分倒箱作业,但应尽量减少倒箱数量。

  答案:B。

9. 对于同一装卸港的部分需要特殊吊具操作的特殊集装箱,从方便装卸及加快装卸速度角度考虑,其箱位应_____。

  A. 尽量集中配置

  B. 尽量分散配置

  C. 尽量配置于船舶两舷最外一列

  D. 尽量配置于船舶首、尾的 Bay 位

  解析:本题暂无解析。

  答案:A。

10. 集装箱船在确定甲板装箱数及堆装层数时,应考虑的因素是_____。

  ①保证船舶驾驶视线的良好;②甲板及舱盖局部强度的限制;③甲板装箱数与舱内装箱数应保持适当的比例

  A. ①②   B. ②③

  C. ①③   D. ①②③

  解析:本题暂无解析。

  答案:D。

11. 有关特殊集装箱船的配载,下列说法正确的是_____。

  A. 超宽集装箱不能配于舱内

  B. 集装箱本身有较好的隔离效果,因此危险品集装箱之间不用考虑隔离等级

  C. 冷藏集装箱尽量不要配于甲板的左、右两列

  D. 动物集装箱尽量选配于舱内

  解析:本题暂无解析。

  答案:C。

10.5 危险货物集装箱的隔离要求

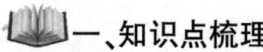 一、知识点梳理

  1. 危险货物集装箱之间的隔离

  《国际危规》危险货物集装箱隔离表中的一个箱位表示前后不小于 6 m,左右不小于 2.4 m

的空间。

根据箱内所装危险货物的正确运输名称或 UN No. ,从《国际危规》中确定其所属危险品类别编号,并由类别编号查包装危险货物隔离表确定隔离等级,然后再按隔离等级查危险货物集装箱隔离表,最后按照表中技术要求予以隔离。

2. 危险货物集装箱与包装危险货物之间的隔离

包装危险货物与开敞式危险货物集装箱之间的隔离按照包装危险货物之间的隔离要求执行。

包装危险货物与封闭式危险货物集装箱之间的隔离除下列情况外,仍按照包装危险货物之间的隔离要求执行:

(1)要求"远离"时,无隔离要求。

(2)要求"隔离"时,按包装危险货物间"远离"要求。

3. 危险货物集装箱与食品

危险货物集装箱与食品同包装危险货物与食品间的隔离要求相同。

二、难点点拨

使用危险货物集装箱隔离表时,需注意水平隔离方法的正确性,凡最外层对角线以外的空白箱位均为满足隔离要求的积载箱位。

三、相关习题

1. 危险货物集装箱之间的隔离中,"一个箱位"是指_____。

A. 前、后距离≥8 m,左、右距离≥2.6 m 的空间

B. 前、后距离≥6 m,左、右距离≥2.4 m 的空间

C. 前、后距离≥8 m,左、右距离≥2.4 m 的空间

D. 前、后距离≥6 m,左、右距离≥2.6 m 的空间

解析:"一个箱位"是指前、后不小于 6 m,左、右不小于 2.4 m 的空间。

答案:B。

10.6 集装箱安全装运要求

一、知识点梳理

1. 检查集装箱箱体外表状况。装货中,应认真查看集装箱箱体外表状况,需要时做好记载和标注,必要时拍照。检查箱门铅封标志,保证其完好无损。检查箱体外表有关标记,尤其是危险货物标记。

2.严格按照配载图箱位装载集装箱,确保每一装船集装箱的箱号逐一核对并予以准确记录,防止错装和漏装。

3.监督工人的装船操作。正确吊装和吊卸,使之受力平衡。正确堆码,防止出现偏置。偏置指扭锁头未插入相应集装箱底角件的底孔内。根据国际标准化组织(ISO)的要求,集装箱堆码中横向上允许的偏码为25.4 mm,纵向上允许的偏码为38 mm。

4.监督冷藏箱的正确装船,其制冷机组一端应朝向船尾方向,该端应留有人员可接近通道,且避免堆装超过两层。

5.均衡作业进度,用压载水调整船舶纵横倾。为保证集装箱的装卸速度,一般集装箱船在装卸过程中的横倾角及纵倾角不得超过3°。

◎ 二、相关习题

1.在集装箱海上运输过程中,船方应对_____负责。

A.箱内货物数量 　　　　　　　　B.箱内货物质量

C.集装箱外表 　　　　　　　　　D.集装箱外表和铅封

解析:现场值班船员应当对装船的每一集装箱箱门的铅封封志进行严格检查。

答案:D。

2.装有危险货物的集装箱应在_____粘贴表明其危险性的标牌。

①左、右两侧;②前、后两端;③箱顶

A.①② 　　　　　　　　　　　　B.②③

C.①③ 　　　　　　　　　　　　D.①②③

解析:本题暂无解析。

答案:A。

3.产生集装箱运输货损货差事故的原因中,不由船方负责的有_____。

A.货物装箱不当

B.集装箱箱位配置不当

C.集装箱系固不当

D.运输途中未能及时排放污水井内污水

解析:本题暂无解析。

答案:A。

4.船舶在航行中应对运输冻牛肉冷藏集装箱的_____进行测量并记录。

A.温度 　　　　　　　　　　　　B.湿度

C.二氧化碳含量 　　　　　　　　D.氧气含量

解析:本题暂无解析。

答案:A。

5.下列集装箱运输货损货差事故产生的原因中,_____由船方负责。

①货物含水量过高;②集装箱箱位选配不当;③集装箱箱门铅封封志破损,货物短少

A.①②　　　　　　　　　　　　B.②③
C.①③　　　　　　　　　　　　D.①②③

解析:本题暂无解析。

答案:B。

6.船舶在航行中造成舱面集装箱落入水中,其损失_____。

A.应由船方负责　　　　　　　　B.船方不承担责任

C.视是否为不可抗力原因而定　　D.应由货主负责

解析:本题暂无解析。

答案:C。

7.舱内集装箱在航行途中遇火灾时,_____。

A.可向舱内灌水灭火　　　　　　B.可施放 CO_2 扑灭

C.无法扑救　　　　　　　　　　D.可开箱扒载

解析:本题暂无解析。

答案:B。

10.7　集装箱系固

一、知识点梳理

1.集装箱系固设备分类及作用

(1)扭锁,用于甲板上连接上下两层集装箱的垂向连接锁紧,防止集装箱的倾覆与水平移动。

(2)底座扭锁,主要用于甲板上,使最下层集装箱与甲板连接。

(3)桥锁,用于对最上层的两列相邻集装箱之间的横向水平紧固连接。

(4)定位锥,置于两层集装箱之间,用于定位,防止水平滑移。双头定位锥还能用作相邻两列集装箱的水平连接。定位锥通常在舱内 40 ft 箱位上装载 20 ft 集装箱时用于固定上下两层 20 ft 集装箱。

(5)椎板,又称底座椎板,用于集装箱定位和防止水平滑移。通常在舱内 40 ft 箱位上装载 20 ft 集装箱时使用。

(6)高度补偿器,用于补偿相邻两列同一层数仅因箱高不同引起的集装箱箱顶角件的高度差。

(7)拉紧装置,由绑扎拉杆和松紧螺杆组合使用形成拉紧装置。

2.集装箱系固方法

(1)有关集装箱船系固受力计算,《CCS 规则》规定:船舶最大横倾角是 30°;最大纵倾角是 8°。

(2)集装箱上所受的力可分为 F_x、F_y 及 F_z 三个分力,计算时均规定作用在集装箱的几何中心位置。

3.船舶横摇中心轴的垂向位置为 $\max\{d_s, 0.5D\}$（其中 d_s 为船舶夏季满载吃水，D 为船舶型深）。

二、相关习题

1.集装箱船上,用于连接上、下两层集装箱或集装箱与船体的系固设备是_____。

A.扭锁   B.桥锁

C.锥板   D.绑扎杆

解析:本题暂无解析。

答案:A。

2._____是集装箱船专用的绑扎系固设备。

①桥锁;②扭锁;③钢丝绳;④连接板;⑤锥板;⑥高度补偿器

A.②③④⑤⑥   B.①②④⑤⑥

C.①②⑤⑥   D.①②⑤

解析:本题暂无解析。

答案:B。

3.下列集装箱的系固索具中,_____能够防止集装箱倾覆。

①底座扭锁;②桥锁;③高度补偿器;④定位锥;⑤锥板;⑥绑扎杆和花篮螺丝

A.①②④⑤   B.①⑥

C.①②⑤   D.③⑤⑥

解析:本题暂无解析。

答案:B。

4._____是标准货物固定式系固设备。

A.导轨系统   B.桥锁

C.堆锥   D.扭锁

解析:本题暂无解析。

答案:A。

5.集装箱船配备的便携式系固设备包括_____。

①固定锥;②花篮螺丝与绑扎杆;③堆锥;④横向撑柱

A.①②③④   B.①②③

C.①③④   D.②③④

解析:固定锥通过一覆板直接焊接在舱底前后端导轨的底脚处,用于固定舱内最底层集装箱。

答案:D。

6.集装箱船配备的固定式系固设备包括_____。

①固定锥;②底座;③眼板;④扭锁

A.①②③④   B.②③④

C.①②③   D.①②④

解析:扭锁为便携式系固设备。

答案:C。

7. 固定锥用于_____。

   A. 固定舱内最底层集装箱

   B. 固定甲板上、下两层集装箱

   C. 固定甲板左、右两列集装箱

   D. 舱内无导轨时,对靠近两舷舷侧的最上层集装箱进行支撑

   解析:本题暂无解析。

   答案:A。

8. 可折地令主要用于_____上。

   ①舱盖;②甲板;③集装箱支柱;④绑扎桥

   A.①②③   B.①②④

   C.①③④   D.①②③④

   解析:本题暂无解析。

   答案:D。

9. 桥锁用于对_____的连接。

   A. 相邻两行最上层集装箱的顶部

   B. 相邻两列最上层集装箱的顶部

   C. 甲板集装箱与底座之间

   D. 上、下两层集装箱之间

   解析:本题暂无解析。

   答案:B。

10. _____用于在装载某些非标准高度的集装箱时调整其高度至标准状态。

    A. 底座堆锥   B. 眼板

    C. 自动定位锥   D. 高度补偿器

    解析:本题暂无解析。

    答案:D。

11. 锥板是_____。

    A. 连接上、下两层集装箱的系固设备

    B. 连接集装箱与底座的系固设备

    C. 连接横向两列集装箱的系固设备

    D. 连接纵向两行集装箱的系固设备

    解析:本题暂无解析。

    答案:B。

12. 集装箱船的系固设备包括_____。

    ①扭锁;②桥锁;③拉紧装置;④高度补偿器;⑤定位锥;⑥连接板

A.①②③④⑤⑥   B.①②④⑤⑥

C.①②③④⑤   D.①③⑤⑥

解析:本题暂无解析。

答案:A。

13.关于集装箱的系固设备及系固要求,下列说法正确的是_____。

①避免混合使用左旋扭锁和右旋扭锁;②禁止从高处将扭锁等扔到甲板上;③为保证系固效果,应尽最大可能收紧绑扎杆;④船方应提供系固图,绑扎工人应严格按照图示绑扎,不得擅自更改;⑤船上使用的系固索具应经过机构认证

A.①②③④⑤   B.③④⑤

C.②③④   D.①②④⑤

解析:本题暂无解析。

答案:D。

14.为了满足快速装卸要求,多台集装箱装卸桥同时作业时,两台装卸桥不允许紧靠在一起作业,必须_____。

A. 至少纵向间隔一个 20 ft 行箱位

B. 至少横向间隔一个 20 ft 行箱位

C. 至少纵向间隔一个 40 ft 行箱位

D. 至少横向间隔一个 40 ft 行箱位

解析:由于装卸桥的结构特点,两台装卸桥不容许紧靠在一起作业,必须至少纵向间隔一个 40 ft 行箱位。

答案:C。

15.某船在码头装集装箱,因找不到专用装货索具,工人提出改用钢丝绳交叉拦腰捆好集装箱后起吊,则以下做法正确的是_____。

A. 请示船长

B. 允许

C. 不允许

D. 要求工人绑几道钢索,防止钢索断裂

解析:本题暂无解析。

答案:C。

16.为避免出现集装箱被箱格导轨卡住,装卸中应保持船舶横倾角小于_____。

A. 1°～2°   B. 2°～3°

C. 3°～4°   D. 4°～5°

解析:本题暂无解析。

答案:B。

项目 11　散装谷物运输

11.1　散装谷物的定义及与海运有关的特性

一、知识点梳理

1. 谷物：是指包括小麦、大麦、燕麦、稞麦、小米、大米、玉米、豆类等及由其加工的与谷物在自然状态下具有相同特性的制成品。但麸皮、面粉等不属于谷物的范畴。

2. 散装谷物的海运特性：

(1)呼吸性；

(2)吸湿散湿性；

(3)吸附性；

(4)易遭受虫害和鼠害；

(5)下沉性；

(6)散落性。

3. 静止角：是指谷物由空中缓缓自然散落到平面上所形成的锥体斜面与水平面的夹角,也称为休止角、自然倾斜角、摩擦角等。静止角越小,散装谷物越易流动,散落性越大。

二、难点点拨

1. 下沉性的影响因素：颗粒大小、形状、积载因数、表面状态、含水量等。

2. 散落性的影响因素：颗粒大小、形状、表面状态、含水量、杂质含量等。

📝 三、相关习题

1. 从影响船舶稳性的角度考虑,散装粮食除具有与包装粮食共同的性质外,还具有_____特性。

    A. 散落性和下沉性   B. 下沉性和散发水分性

    C. 自热性和吸附性   D. 散落性和呼吸性

    解析:静止角越小,货物越易流动,散落性越大。

    答案:A。

2. 散装谷物的散落性可以用_____表示,该值越小,表示其散落性_____。

    A. 静止角;越大   B. 自然倾斜角;越小

    C. 休止角;越小   D. 船舶倾斜角;越大

    解析:本题暂无解析。

    答案:A。

3. 在散装谷物运输中,以下说法正确的是_____。

    A. 谷物的自然倾斜角与其散落性无关

    B. 谷物的自然倾斜角与其散落性有关,角度越小,散落性越小

    C. 装运自然倾斜角越大的货物,船舶的稳性损失越大

    D. 谷物的自然倾斜角与其散落性有关,角度越大,散落性越小

    解析:本题暂无解析。

    答案:D。

4. 谷物的吸附性是指谷物_____。

    A. 易受虫害   B. 易吸收水分

    C. 含水分较多   D. 易吸收异味和有害气体

    解析:本题暂无解析。

    答案:D。

5. 影响谷物呼吸性强弱的最主要因素是_____。

    A. 含水量   B. 温度

    C. 空气成分   D. 籽粒状态

    解析:本题暂无解析。

    答案:A。

6. 散装谷物在外力作用下能自动松散流动的性质称为_____。

    A. 吸附性   B. 下沉性

    C. 散落性   D. 吸湿性

    解析:本题暂无解析。

    答案:C。

7. 在风浪中航行的船舶通常当其横倾角_____散装谷物的静止角时,谷物就可能开始移动。

A.小于
B.大于

C.等于
D.散粮的移动与船舶的横倾角无关

解析:本题暂无解析。

答案:A。

8.影响散粮呼吸性强弱的因素有_____。

①货舱通风状况;②气温;③谷物含水量

A.①②
B.②③

C.①③
D.①②③

解析:本题暂无解析。

答案:D。

9.影响散装谷物下沉性的因素有_____。

①谷物表面状态;②谷物的积载因数;③谷物的含水量;④谷物颗粒大小;⑤谷物颗粒的形状

A.③⑤
B.①③④⑤

C.①④⑤
D.①②③④⑤

解析:本题暂无解析。

答案:D。

10.散装谷物的散落性与_____因素有关。

①颗粒大小;②颗粒形状;③颗粒表面状态;④含水量;⑤杂质含量

A.①②③④
B.①③④⑤

C.②③④⑤
D.①②③④⑤

解析:本题暂无解析。

答案:D。

11.颗粒为近似球形的散装谷物,其散落性_____。

A.小
B.大

C.与颗粒表面形状无关
D.视货物质量而定

解析:谷物的散落性与其颗粒大小、形状、表面状态、含水量、杂质含量等因素有关,其大小用静止角表示。

答案:B。

12.含水量高的散装谷物,其散落性_____。

A.小
B.大

C.与含水量高低无关
D.视货物质量而定

解析:本题暂无解析。

答案:A。

13.近似球形颗粒的散装谷物,通常其静止角_____。

A.小
B.大

C.与颗粒形状无关
D.视货物质量而定

解析:本题暂无解析。

答案:A。

14. 散装谷物颗粒表面越光滑,其散落性_____。
    A. 越小
    B. 越大
    C. 与颗粒光滑程度无关
    D. 视货物质量而定
    解析:本题暂无解析。
    答案:B。

15. 为控制谷物的吸附性,应_____。
    A. 对货舱进行通风
    B. 防止外界高温进入货舱
    C. 做好货舱清扫、除味
    D. 防止潮湿空气进入货舱
    解析:本题暂无解析。
    答案:C。

16. 散装谷物的海运特性中与稳性有关的是_____。
    ①呼吸性;②下沉性;③吸湿和散湿性;④散落性;⑤吸附性;⑥易遭受虫害和鼠害
    A. ①②③④⑤⑥
    B. ②④
    C. ②③④⑥
    D. ①②④
    解析:本题暂无解析。
    答案:B。

17. 致使装运散粮的货舱产生大量水分和热量的谷物特性是_____。
    A. 呼吸性
    B. 吸湿性和散湿性
    C. 发热性
    D. 吸附性
    解析:本题暂无解析。
    答案:A。

11.2 散装谷物装卸注意事项及航行途中的管理要求

一、知识点梳理

1. 货舱准备:保证货舱各种设备完好,舱内无残存货、无铁锈、无油漆皮、无异味、无鼠虫害、无有害物质(美国港口当局规定,若舱内有未能识别的物质,则以有毒物质论处)、污水沟畅通且干净等。船舶到达装货港后,应申请验舱并取得验舱证明。

2. 装货过程:选择好天气时装舱,严格按积载计划装货,装货完毕,按要求平舱,必要时采取止移措施;装货完毕,按贸易合同规定熏舱。

3. 途中保管:及时排除污水井内污水,视具体情况进行货舱通风,保证谷物的低含水量。

4. 卸货过程:因卸货速度较快,船舶的吃水、吃水差会发生较大变化,值班人员应注意前后缆绳的松紧情况,防止断缆,并防止由于卸货和压载不当所造成的横倾。卸货时,要及时压载,注意不要开错阀门。

◎ 二、难点点拨

　　货舱通风时,应注意对于导热性很差的散装谷物的通风仅限于谷物的上层,企图将货堆内部谷物呼吸产生的热量和水分全部排出舱外是不可能的。所以,保证谷物的低含水量对保证谷物运输质量尤为重要。

📝 三、相关习题

1. 散装谷物装载前,经测定含水量超过标准,则_____。
　　A. 拒绝装载　　　　　　　　　　　　B. 专用粮食船可以装载
　　C. 装载后需要设置纵隔壁　　　　　　D. 经公司同意可以装载
　　解析:为抑制谷物呼吸作用,在装船前应严格控制其含水量。当谷物含水量超过国家规定或运输合同标准时,应拒绝装运。
　　答案:A。

2. _____为货舱内适合装载散装谷物的条件。
　　①货舱内无残留物;②舱盖保持水密状态;③通风设备及污水排放设备试运行良好
　　A. ①②　　　　　　　　　　　　　　B. ①③
　　C. ②③　　　　　　　　　　　　　　D. ①②③
　　解析:本题暂无解析。
　　答案:D。

3. 在我国,散装谷物验舱通常由_____承担并出具证明。
　　A. 船方　　　　　　　　　　　　　　B. 港务局
　　C. 商检局　　　　　　　　　　　　　D. 海事局
　　解析:本题暂无解析。
　　答案:C。

4. 散装谷物验舱在国外一般由_____负责并出具证明。
　　A. 船方　　　　　　　　　　　　　　B. 港务局
　　C. 海事局　　　　　　　　　　　　　D. 公证鉴定机构
　　解析:本题暂无解析。
　　答案:D。

5. 在装运散装谷物前必须使货舱适货,对货舱的要求包括_____。
　　①干燥;②没有浮锈和漆皮;③无虫害和鼠害;④无异味;⑤污水井清洁、干燥
　　A. ①②③④　　　　　　　　　　　　B. ①②③④⑤
　　C. ②③④⑤　　　　　　　　　　　　D. ①③④⑤
　　解析:本题暂无解析。
　　答案:B。

6. 散装谷物船货舱的清洁部位包括_____。

①货舱四壁;②舱板反面;③各肋骨后;④舱口围;⑤各种缝隙内

A.①②③④⑤   B.①③④⑤

C.①②④⑤   D.①③④

解析:本题暂无解析。

答案:A。

7. 散装谷物船舶装货之前,做好货舱的清洁和准备工作是获得_____的重要一环。

A. 船舶熏舱证书   B. 装舱许可证书

C. 货舱设备合格证书   D. 船舶检疫证书

解析:本题暂无解析。

答案:B。

8. 散装谷物对散粮船货舱的要求为_____。

①清洁干燥;②无虫害、无渗漏;③无异味;④货舱设备满足相关熏蒸要求

A.①②③④   B.①③④

C.①②③   D.①②④

解析:本题暂无解析。

答案:A。

9. 散装谷物装货前货舱应做的准备有_____。

①清扫货舱;②货舱通风排出汗水和湿气;③疏通污水井,保持畅通;④检查污水泵;⑤备妥各类垫舱;⑥检查货舱水密性

A.①②③④⑤⑥   B.①②③④⑥

C.①②③④   D.①②③

解析:本题暂无解析。

答案:A。

10. 熏舱开始前应做到_____。

①对照船员名单,除值班人员外确信其他船员全部离船;②值班人员应集中于安全场所;③采用硫黄熏舱时准备好消防器材;④系带浮筒或锚泊熏舱时应准备好救生艇以防万一;⑤按照港口规定悬挂熏舱信号,严禁无关人员登船

A.①②③⑤   B.①②④⑤

C.①③④⑤   D.①②③④⑤

解析:本题暂无解析。

答案:D。

11. 熏舱的目的是_____。

A. 投放熏蒸药剂,为货舱除臭

B. 投放熏蒸药剂,杀灭货物中的害虫

C. 投放熏蒸药剂,清洁货舱

D. 投放熏蒸药剂,防止货物氧化

解析:本题暂无解析。

答案:B。

12. 散装谷物的一般熏蒸方式有_____。

　　①在港熏蒸;②随航熏蒸;③船厂熏蒸

　　A.①②③　　　　　　　　　　　　B.①

　　C.②　　　　　　　　　　　　　　D.①②

解析:实舱熏蒸是指对货舱装载的散装谷物进行的熏蒸,可分为在港熏蒸和随航熏蒸。

答案:D。

13. _____是随航熏蒸的安全保障措施。

　　①熏蒸前进行货舱密闭检查;②熏蒸前清点船员人数,撤离熏蒸现场;③封闭货舱所有开口,设置禁入标识;④熏蒸前相关船员接受熏蒸知识培训

　　A.①②③④　　　　　　　　　　　B.①②③

　　C.②③④　　　　　　　　　　　　D.①③④

解析:本题暂无解析。

答案:A。

14. 散粮船装载时,若为单头作业,则_____。

　　①应各舱轮流装载;②应按货舱顺序逐个装满;③应分 2~3 轮装完

　　A.①　　　　　　　　　　　　　　B.②

　　C.③　　　　　　　　　　　　　　D.①③

解析:当单头作业时,各舱要轮流装载,不能一次装满。

答案:D。

15. 散粮船装载时,若为两头作业,则_____。

　　①可同时相邻装载;②可同时隔舱装载;③应分 2~3 轮装载;④应一次装满

　　A.①④　　　　　　　　　　　　　B.②③

　　C.①③　　　　　　　　　　　　　D.②④

解析:当两头或多头作业时,可隔舱或各舱同时装载。在隔舱装货时,也应分 2~3 轮装载。

答案:B。

16. 散粮船装载散装谷物,应_____。

　　①取得验舱证明;②填写稳性计算书;③取得装载许可证

　　A.①②　　　　　　　　　　　　　B.②③

　　C.①③　　　　　　　　　　　　　D.①②③

解析:本题暂无解析。

答案:D。

17. 散装谷物装货完毕后,对于部分装载舱_____。

　　A.可以不进行平舱　　　　　　　　B.必须采取止移措施

　　C.应实测每个舱内的空当高度　　　D.必须标注其平舱形式

解析:本题暂无解析。

答案:C。

18. 散装谷物卸货前,_____通常委托_____上船检查各舱内谷物的情况,只有在确认未发现待卸谷物存在水湿、霉变、虫害、污染等情况时,才准许开始卸货。

    A. 租船人;代理   B. 货主;代理

    C. 租船人;有关机构人员   D. 货主;有关机构人员

    解析:本题暂无解析。

    答案:D。

19. 散装谷物的装载方式有_____。

    ①经平舱后的满载舱;②未经平舱的满载舱;③松动舱;④经平舱后的松动舱;⑤共同装载舱

    A. ①②③④⑤   B. ①②⑤

    C. ①②③④   D. ①②③⑤

    解析:本题暂无解析。

    答案:D。

20. 关于散装谷物在装载过程中的操作,下列说法正确的是_____。

    ①严格按照积载计划装货;②如遇雨雪天气及时停止作业并关闭货舱;③全船装卸结束时应注意调整吃水差并消除横倾角;④开航前必须进行熏舱

    A. ①②③④   B. ①②③

    C. ②③④   D. ①③④

    解析:本题暂无解析。

    答案:B。

11.3   散装谷物船舶稳性核算

一、知识点梳理

    1. 经液舱自由液面修正后的初稳性高度值 GM 的核算

    船舶初稳性高度及自由液面修正的计算方法与本模块项目 8 所述相同,但在具体计算中,国际海事组织(IMO)《国际散装谷物安全装运规则》规定的关于货舱内散装谷物重心高度的确定方法有所不同。

    (1)部分装载舱的谷物重心。

    位置取在所装谷物的体积中心处,可根据谷物体积或谷物装舱深度从舱容曲线图或货舱容积表中查取。

    (2)满载舱的谷物重心。

    有两种确定方法:一是谷物重心位置取在货舱的舱容中心处,其位置可从货舱容积表中查取,由于这种方法比较简便,且偏于安全,故实际稳性计算中多采用该方法;二是谷物重心位置取在考虑下沉量后舱内谷物的实际体积中心处,应根据扣除空当舱容后的谷物体积从舱容曲线图或货舱容积表中查取。

2. 由于谷物移动引起的船舶横倾角 θ_h 的核算

(1)计算法求 θ_h。

①θ_h 计算公式。

$$\theta_h = \arctan \frac{\sum M'_u}{\Delta \cdot GM}$$

式中:Δ——船舶装载排水量(t)。

GM——经自由液面修正后的初稳性高度(m)。

$\sum M'_u$——全船谷物总的倾侧力矩(kN·m)。

② $\sum M'_u$ 的求取。

已知谷物积载因数 SF_i,各货舱谷物总的倾侧体积矩(包括横移以及垂移)M'_{vi},则全船谷物总的倾侧力矩 $\sum M'_u$ 由下式求取:

$$\sum M'_u = \sum \frac{M'_{vi}}{SF_i}$$

③ $\sum M'_v$ 的确定。

因谷物在舱内发生横向和垂向两方面的移动,对船舶稳性的不利影响更大,而船舶资料中仅提供谷物横移的体积矩,所以计算时应将谷物横向倾侧体积矩与一大于 1 的系数相乘,以补偿谷物表面垂向移动的不利影响。

设谷物横向倾侧体积矩为 M_v,则经谷物垂向移动修正后的倾侧体积矩 M'_v 为:

·满载舱,谷物重心取在舱容中心时:$M'_v = 1.00 M_v$。

·满载舱,谷物重心取在体积中心时:$M'_v = 1.06 M_v$。

·部分装载舱:$M'_v = 1.12 M_v$。

·M_v 的查取:该值通常由船舶设计或建造部门根据规则规定的谷物模型计算求取,并在船舶稳性计算资料中提供,使用时根据实际情况查取。

(2)作图法求 θ_h。

①绘制装载状态下的船舶静稳性力臂曲线 $GZ \sim \theta$。

绘制方法同项目八所述,应当注意对曲线进行自由液面的修正。

②绘制谷物倾侧力臂曲线 $\lambda_H \sim \theta$。

谷物倾侧力臂是随横倾角变化的曲线,按公约或规则规定,可以简化成一条随横倾角增大而减小的直线。具体作图方法为:

·计算横倾角为 0°时谷物倾侧力臂 λ_0 和横倾角为 40°时谷物倾侧力臂 λ_{40}:

$$\lambda_0 = \frac{\sum M'_u}{\Delta}$$

$$\lambda_{40} = 0.8 \lambda_0$$

·在已绘制的曲线坐标平面上作$(0°, \lambda_0)$和$(40°, \lambda_{40})$两点,并过此两点作直线连线,该直线

即为谷物倾侧力臂 $\lambda \sim \theta$ 曲线。

③在 $GZ \sim \theta$ 曲线和 $\lambda_H \sim \theta$ 曲线交点处,读取其横坐标值,则该值即为在谷物倾侧力矩 $\sum M'_u$ 作用下引起的船舶横倾角 θ_h。

当由公式法求出的结果不满足要求,而作图法求出的结果满足要求时,该装载状态下 θ_h 仍被认为是满足公约和规则要求的。

3. 船舶剩余动稳性 A_d 的核算

船舶剩余动稳性是指扣除了由于谷物移动倾侧使船舶损失稳性后的动稳性,在静稳性曲线图上,它是由 $GZ \sim \theta$ 曲线、$\lambda_H \sim \theta$ 曲线和右边界线 θ_m 所围面积,亦称剩余静稳性面积。

在横坐标 $\theta_h \sim \theta_m$ 范围内将曲线横向六等分,并分别量取各等分处船舶剩余静稳性力臂 GZ' 值,后按辛氏第一法则公式计算,即:

$$A_d = \frac{x}{3}(a + 4b + 2c + 4d + 2e + 4f + g) \times \frac{\pi}{180°}(\text{m. rad})$$

式中:x——在横坐标 $\theta_h \sim \theta_m$ 范围内将曲线横向六等分的等分间距,可按下式计算:

$$x = \frac{\theta_h - \theta_m}{6}$$

$a, b, c, \cdots, g$——依次表示在横坐标 $\theta_h \sim \theta_m$ 范围内将曲线横向六等分的每一垂线处量取的船舶剩余复原力臂值(m)。

4. 散装谷物船舶稳性衡准指标的简化核算

(1)应用"散装谷物最大许用倾侧力矩表"进行稳性核算

①计算航程中最不利状态时的船舶排水量 Δ 和经自由液面修正后的重心高度 KG。

②根据谷物装舱情况计算全船总的谷物倾侧力矩 $\sum M'_u$。

③以 Δ 和 KG 为查表引数,由"散装谷物许用倾侧力矩表"中查得该核算装载状况下的谷物许用倾侧力矩 M_a 值。

④比较 $\sum M'_u$ 和 M_a,若 $\sum M'_u \leq M_a$,则船舶稳性满足公约或规则的要求。

(2)以横倾 40°时的剩余静稳性力臂值的计算替代剩余动稳性值 A_d 的计算。

核算条件:

①谷物移动引起的船舶横倾角 θ_h 不大于 12°。

②经自由液面修正后的 $GZ \sim \theta$ 曲线在 12°~40° 范围内形状正常,无凹陷现象。

③右边界线 θ_m 在 40°。

若其中任一项不能满足,则应采用其他方法进行核算。

稳性衡准原理:

以横坐标轴从 12°~40° 为底边 l,以 GZ'_{40} 为高作一任意三角形,其面积为 S,它大于在 $\theta_h \sim$ 40° 范围内剩余动稳性 A_d,因此,只要 $S > 0.075$ m. rad,则必定满足 $A_d > 0.075$ m. rad 的要求。该任意三角形的面积 S 为:

$$S = \frac{1}{2}(l \times GZ'_{40}) = \frac{1}{2}(40 - 12) \times \left(\frac{GZ'_{40}}{57.3}\right)$$

令 $S>0.075$ m. rad,则有 $GZ'_{40}>0.307$ m。

该衡准表明,只要满足横倾 40°时剩余静稳性力臂 GZ'_{40} 较 0.307 m 大,则剩余动稳性 A_d 必定符合不小于 0.075 m. rad 的要求,即以 $GZ'_{40}>0.307$ m 来替代 $A_d \geqslant 0.075$ m. rad 的核算。

二、难点点拨

右边界线 θ_m 的确定。

公约及相关规则规定,右边界线为过横坐标 θ_m 且垂直于横坐标轴的直线。θ_m 按下列公式确定:

$$\theta_m = \min\{\theta_{GZ'\max}, \theta_f, 40°\}$$

式中:$\theta_{GZ'\max}$——$GZ \sim \theta$ 曲线和 $\lambda_H \sim \theta$ 曲线差值最大处对应横倾角(°)。

θ_f——公约或规则定义的船舶进水角(°)。

$\theta_{GZ'\max}$ 的求取方法:

设静稳性力臂 $GZ \sim \theta$ 曲线对应极限静倾角为 $\theta_{\max}$,则:

(1)当 $\theta_{\max}<40°$时,在 $GZ \sim \theta$ 曲线上画一条与 $\lambda_H \sim \theta$ 曲线平行且与 $GZ \sim \theta$ 曲线相切的直线,切点处所对应的横倾角即为 $\theta_{GZ'\max}$;

(2)当 $\theta_{\max} \geqslant 40°$时,无须再作切线,而直接令 $\theta_{GZ'\max} = \theta_{\max}$。

三、相关习题

1. 在计算散装谷物船舶稳性时,满载舱的谷物重心可取在_____。

①谷物下沉后的实际重心处;②谷物体积中心处;③货舱容积中心处

A. ①或② B. ②或③

C. ①或③ D. ①②③均可

解析:本题暂无解析。

答案:D。

2. 满载舱按货舱容积中心计算的散装谷物船舶重心高度比实际值_____。

A. 低 B. 高

C. 相同 D. 无法比较

解析:以舱容中心作为谷物重心简便易行且偏于安全,故实际稳性计算中多采用该方法确定满载舱谷物重心位置。

答案:B。

3. 满载舱按货舱容积中心计算的散装谷物船舶初稳性高度比实际值_____。

A. 小 B. 大

C. 相同 D. 无法比较

解析:本题暂无解析。

答案:A。

4.满载舱按货舱容积中心计算的散装谷物船舶稳性_____。

 A. 偏于安全   B. 偏于危险

 C. 与实际值相同   D. 无法比较

 解析:本题暂无解析。

 答案:A。

5.满载谷物舱的谷物移动倾侧体积矩的大小与_____有关。

 A. 谷物种类   B. 谷物密度

 C. 舱内谷物重心位置的取法   D. 舷外水密度

 解析:本题暂无解析。

 答案:C。

6.由于谷物移动引起的船舶横倾角与_____无关。

 A. *GM*   B. *KG*

 C. 谷物颗粒大小   D. 排水量

 解析:船舶因谷物移动产生的横倾角计算公式为 $\tan\theta_b = \dfrac{\sum M'_u}{\Delta \cdot GM}$。

 答案:C。

7.某一船舶在不同航次中装载同一种谷物,*GM* 相同,谷物倾侧力矩相同,则由于谷物移动引起的船舶横倾角_____。

 A. 相同   B. 不同

 C. 排水量大者较小   D. 视谷物种类而定

 解析:本题暂无解析。

 答案:C。

8.某一船舶在不同航次中装载同一种谷物,谷物倾侧力矩相同,排水量相同,则由于谷物移动引起的船舶横倾角_____。

 A. 相同   B. 不同

 C. 与谷物种类有关   D. 初稳性高度小者较大

 解析:本题暂无解析。

 答案:D。

9.部分装载舱的谷物移动倾侧力矩与舱内谷物的_____有关。

 ①颗粒大小;②积载因数;③装舱深度

 A. ①②   B. ②③

 C. ①③   D. ①②③

 解析:全船谷物倾侧力矩 $\sum M'_u = \dfrac{\sum M'_v}{SF}$。

 答案:B。

10. 散装谷物船舶的许用倾侧力矩是指_____。

  A. 船舶装载散谷时可以承受的最小谷物移动倾侧力矩

B. 供散装谷物船舶计算其横倾角时所取用的倾侧力矩

C. 船舶装载散谷时可以承受的最大谷物移动倾侧力矩

D. 船舶装载散谷时,供计算稳性指标时所取用的谷物移动倾侧力矩

解析:本题暂无解析。

答案:C。

11. 散装谷物船的许用倾侧力矩表是根据_____来查取的。

　　A. 船舶排水量和装货体积

　　B. 船舶排水量和谷物装载重量

　　C. 船舶排水量和船舶实际重心高度

　　D. 船舶排水量和经自由液面修正后的重心高度

解析:本题暂无解析。

答案:D。

12. 排水量一定,散装谷物船的许用倾侧力矩随船舶重心高度的增大而_____。

　　A. 减小　　　　　　　　　　　　　B. 不变

　　C. 增大　　　　　　　　　　　　　D. 关系不定

解析:本题暂无解析。

答案:A。

3. 若谷物移动倾侧总力矩不大于许用倾侧力矩,则散装谷物船应满足_____。

　　①经自由液面修正后的 $GM \geq 0.30$ m;②谷物假定移动引起的静横倾角 $\theta_h \leq 12°$;③船舶的剩余动稳性值 $S \geq 0.075$ m.rad

　　A. ①　　　　　　　　　　　　　　B. ②

　　C. ③　　　　　　　　　　　　　　D. ①②③均能满足

解析:本题暂无解析。

答案:D。

14. 散粮船指定货舱为满载舱时,其谷物总的移动倾侧力矩的大小_____。

　　A. 与平舱状况无关　　　　　　　　B. 与重心取值法无关

　　C. 与谷物积载因数无关　　　　　　D. 与风浪大小无关

解析:本题暂无解析。

答案:D。

15. 国际海事组织(IMO)《国际散装谷物安全运输规则》对散装谷物船稳性进行校核时,若满载舱的谷物重心取在_____,则谷物垂向移动倾侧力矩为 0。

　　A. 体积中心　　　　　　　　　　　B. 舱容中心

　　C. 实际重心　　　　　　　　　　　D. 舱容中心或实际重心

解析:满载舱,谷物重心取在舱容中心处时 $M'_v = 1.00 M_v$。

答案:B。

16. 部分装载舱谷物移动倾侧力矩与_____有关。

　　①谷物密度;②谷物积载因数;③谷物颗粒大小;④谷物自由表面大小

A.①②③   B.①③④
C.①②④   D.①②③④
解析:本题暂无解析。
答案:C。

11.4 保证散装谷物船舶稳性的安全措施

一、知识点梳理

保证散装谷物船舶稳性的安全措施:
1.减小谷物倾侧力矩。
(1)减少部分装载舱数目;
(2)尽可能将宽度和长度较小的货舱作为部分装载舱;
(3)谷物装舱深度应避免使该舱谷物倾侧力矩处于峰值附近;
(4)视谷面位置确定是否采用共通装载方式;
(5)采取平舱措施。
2.改善装载方案,降低船舶重心,增大船舶的初稳性高度。
3.设置谷面减移装置及采取止移的措施。
(1)常见的散装谷物船舶的减移装置。
散装谷物船舶的减移装置有补给装置、止移装置、谷面固定装置等。
(2)各种装载状况的止移措施。
满载舱:设置纵向隔壁、设置托盘、设置散装谷物捆包。
部分装载舱:设置纵隔壁、谷面上堆装货物、用绑索或钢丝网固定谷面。

二、难点点拨

止移装置包括:
(1)止移板:是纵向垂直设置的木质或钢质的隔壁。木质隔壁的厚度应不小于 50 mm,并应设置成谷密,且在其必要处用立柱支持。所有止移板的端部应牢固地嵌入插槽,并具有 75 mm 的最小支撑长度。
(2)立柱:是用以支持受载止移板的垂直设置的钢质或木质构件。各立柱两端插入插座的深度应不小于 75 mm,各立柱间的水平距离,应使止移板的自由跨度不超过公约的规定,最大自由跨度按止移板的厚度决定,一般为 2.5~4.0 m。
(3)撑柱:是用以支持止移板的钢质或木质构件。当采用木质构件时,该撑柱应为整根的。其每一端都应牢固地加以固定,并应将撑柱的根部撑牢在船舶的永久性构件上,但不应支撑在船舶外板上。当撑柱的长度为 7 m 及 7 m 以上时,应在长度中点处牢固地架撑。在任何情况下,撑柱与水平线之间的夹角应不超过 45°。

(4)拉索:是用来支撑受载止移板的构件,它应水平地或尽量水平地设置。拉索由钢丝绳制成,钢丝绳的尺寸应满足公约或规则所规定的负荷要求。

三、相关习题

1.在散装谷物船舶的矩形货舱内中间设置一道纵向隔壁,其谷物移动倾侧力矩值约变为原来值的_____。

A. 1/2 　　　　　　　　　　　　B. 1/4

C. 1/6 　　　　　　　　　　　　D. 1/9

解析:本题暂无解析。

答案:B。

2.在船运散装谷物时,_____是正确的。

A. 部分装载舱应尽量选择在尺度较小的舱室以减小谷物移动力矩

B. 干货船采用共通装载方案可以减小其在二层舱谷物移动的力矩

C. 采用端部不平舱装载既可加快装卸,又可减小谷物移动对船舶稳性的影响

D. 将部分装载舱安排在尺度大的舱内

解析:本题暂无解析。

答案:A。

3.将部分装载舱安排在较狭窄的谷物舱内,可以_____。

①增大剩余动稳性值;②改善散粮船稳性;③减小谷物假定移动引起的船舶横倾角

A. ①② 　　　　　　　　　　　　B. ②③

C. ①③ 　　　　　　　　　　　　D. ①②③

解析:本题暂无解析。

答案:D。

4.为提高散装谷物船的稳性,以下措施恰当的是_____。

①减少松动舱;②设置止移装置;③采用压包;④部分装载时谷面高度应不超过舱高的一半;⑤尽量减少油水装载量

A. ①②③ 　　　　　　　　　　　B. ①②⑤

C. ②③⑤ 　　　　　　　　　　　D. ①②③④⑤

解析:本题暂无解析。

答案:A。

5.对于散装谷物船,提高初稳性高度的方法有_____。

①减小自由液面对散装谷物船稳性的影响;②在顶边水舱排除压载水;③在底边水舱排除压载水;④在双层底水舱打入压载水;⑤合理配置和使用油水

A. ①②③④ 　　　　　　　　　　B. ①②④⑤

C. ②③④⑤ 　　　　　　　　　　D. ①②③⑤

解析:本题暂无解析。

答案:B。

6.用于散装谷物船满载舱的止移措施包括_____。

①设置纵隔壁;②设置托盘;③谷面上堆货;④设置散装谷物捆包;⑤固定谷物表面

A.①②③④⑤　　　　　　　　　　B.①②③④

C.①②④⑤　　　　　　　　　　D.①②④

解析:谷面上堆货及固定谷物表面为部分装载舱的止移措施。

答案:D。

7._____属于散装谷物满载舱的止移措施。

A.散装谷物表面上压包　　　　　　B.设置纵隔壁

C.谷物表面捆绑　　　　　　　　　D.用钢丝网固定谷面

解析:本题暂无解析。

答案:B。

8.对于满载舱止移措施,散装谷物捆包可作为_____的一种替代装置。

A.设置纵向隔壁　　　　　　　　　B.散装谷面上堆货

C.固定谷物表面　　　　　　　　　D.托盘

解析:本题暂无解析。

答案:D。

9.为减小满载舱内的谷物移动倾侧力矩,以下措施正确的是_____。

①设置托盘;②设置纵向隔壁;③设置散装谷物捆包

A.①②　　　　　　　　　　　　　B.②③

C.①③　　　　　　　　　　　　　D.①②③

解析:本题暂无解析。

答案:D。

10._____属于散装谷物部分装载舱的止移措施。

①散装谷物捆包;②设置纵隔壁;③谷物表面固定装置

A.①　　　　　　　　　　　　　　B.②

C.③　　　　　　　　　　　　　　D.②③

解析:散装谷物捆包属于散装谷物满载舱的止移措施。

答案:D。

11.用于散装谷物船部分装载舱的止移措施包括_____。

①设置纵隔壁;②设置托盘;③散装谷物捆包;④散装谷物表面上压包;⑤固定谷物表面

A.①②③④　　　　　　　　　　　B.②③④

C.①④⑤　　　　　　　　　　　　D.①②④

解析:适合于部分装载舱的防移装置及固定谷面措施有:(1)设置纵隔壁;(2)谷面上堆装货物;(3)用绑索或钢丝网固定谷面。

答案:C。

12. 部分装载舱的散装谷物表面固定措施有_____。

①谷物表面压包;②设置谷物捆包;③用钢丝绳等固定谷物表面;④用钢丝网固定谷物表面

A.②④　　　　　　　　　　　　B.①③④

C.①②　　　　　　　　　　　　D.①②③④

解析:本题暂无解析。

答案:B。

项目 12　散装固体货物运输

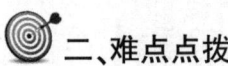

一、知识点梳理

固体散货分组、定义及特性、危险性、装运要求(积载、隔离、平舱)、最大吃水和最小吃水的计算、《IMSBC 规则》的使用、几种常见固体散货的运输(煤炭、精矿粉、种子饼)、水尺计量。

二、难点点拨

水尺计量。

三、相关习题

1.《IMSBC 规则》中物质名称索引表是以_____为索引。
  A. 货物类别　　　　　　　　　　　　B. 货物名称
  C. 联合国编号　　　　　　　　　　　D. 货物性质
  解析:《IMSBC 规则》中物质名称索引表是以散装货物运输名称为索引。
  答案:B。

2. 从《IMSBC 规则》中可以查到固体散货_____。
  ①装运一般注意事项;②试样采集方法;③适运性测试方法
  A.①②　　　　　　　　　　　　　　B.②③
  C.①③　　　　　　　　　　　　　　D.①②③
  解析:本题暂无解析。
  答案:D。

3.《IMSBC 规则》中所列散货_____。

　　A. 仅属于一个类别　　　　　　　　B. 可既属于 C 类又属于 D 类

　　C. 不一定仅属于一个类别　　　　　D. 可属于三四个类别

　　解析:本题暂无解析。

　　答案:C。

4. 按货名查《IMSBC 规则》物质名称索引表时可查得某货物_____。

　　A. 所属类别　　　　　　　　　　　B. 所在页码

　　C. 联合国编号　　　　　　　　　　D. 所具危险性

　　解析:当对拟装货物类别未知时,可由索引表中查得。

　　答案:A。

5.《IMSBC 规则》中_____可以在《IMDG 规则》中查到。

　　①所有货物;②A 类固体散装货物;③除 MHB 外的 B 类固体散装货物

　　A.①　　　　　　　　　　　　　　B.②

　　C.③　　　　　　　　　　　　　　D.①②③

　　解析:未列入《国际危规》,但在散装运输中易产生危险而应予以特别关注的固体散货属于仅在散装运输时具有危险的货物(MHB)。

　　答案:C。

6. MHB 货物的运输注意事项可在_____中查找。

　　A.《IMDG 规则》　　　　　　　　　B.《IMSBC 规则》

　　C.《CSS 规则》　　　　　　　　　　D.《IGC 规则》

　　解析:本题暂无解析。

　　答案:B。

7.《IMSBC 规则》是指_____。

　　A.《木材船安全操作规则》　　　　　B.《国际散装谷物安全运输规则》

　　C.《国际海运固体散装货物规则》　　D.《散装危险货物运输规则》

　　解析:本题暂无解析。

　　答案:C。

8.《IMSBC 规则》中"固体散装货物明细表"包含_____内容。

　　①危险性;②积载和隔离;③天气注意事项;④通风;⑤应急程序

　　A.①②③　　　　　　　　　　　　B.①②③④

　　C.②③⑤　　　　　　　　　　　　D.①②③④⑤

　　解析:本题暂无解析。

　　答案:D。

9.《IMSBC 规则》中的 B 类货物包括_____。

　　①第 4.1 类物质;②第 5.1 类物质;③第 7 类物质;④第 8 类物质;⑤第 9 类物质;⑥MHB 货物

　　A.①②③④⑤⑥　　　　　　　　　B.①③④⑤⑥

　　C.①②③④⑤　　　　　　　　　　D.②③④⑤⑥

解析:本题暂无解析。

答案:A。

10.从《IMSBC 规则》中的"固体散装货物明细表"内可查到货物的_____信息。

①货物危险性;②货物的积载和隔离;③天气注意事项;④应急程序

A.①②③④   B.①②③

C.①②④   D.①②

解析:本题暂无解析。

答案:A。

11.《IMSBC 规则》附录 1 中的各类固体散货明细表,是按照固体散货_____排列的。

A.正确运输名称第一个英文字母顺序

B.危险性编号顺序

C.正确运输名称第一个中文字的笔画顺序

D.危险特性分类

解析:本题暂无解析。

答案:A。

12.B 类散货在《国际危规》中已列明的物质,在包装条件下安全运输的要求可查阅_____,在散货运输时的安全要求应查阅_____。

A.《国际危规》;《国际危规》

B.《IMSBC 规则》;《IMSBC 规则》

C.《国际危规》;《IMSBC 规则》

D.《IMSBC 规则》;《国际危规》

解析:本题暂无解析。

答案:C。

13.《IMSBC 规则》中的 MHB 是指_____。

A.易燃易爆的固体散货

B.危险性不能确定的固体散货

C.仅在散装运输时才会产生危险的固体散货

D.仅在包装运输时才会产生危险的固体散货

解析:本题暂无解析。

答案:C。

14.根据《IMSBC 规则》,具有化学危险的固体散货可分成以下_____两大类。

A.列入《IMSBC 规则》的固体散货和未列入其内的固体散货

B.列入《国际危规》和列入《IBC 规则》的固体散货

C.列入《国际危规》的固体散货和易流态化的货物

D.列入《国际危规》的与包装危险货物同名的固体散货和 MHB

解析:本题暂无解析。

答案:D。

15. 除散装谷物以外的散装固体货物适用的海上运输规则是_____。

    A.《BC 规则》
                B.《IBC 规则》

    C.《IGC 规则》
               D.《IMSBC 规则》

    解析:本题暂无解析。

    答案:D。

16. 某些精矿粉具有_____特性。

    ①易流态化;②化学危险;③吸附性

    A.①
                B.②

    C.③
                D.①②

    解析:本题暂无解析。

    答案:D。

17. 在《IMSBC 规则》附录 1 的"固体散装货物明细表"中未列出其静止角的货物为_____。

    A. 潮湿散货
                B. 干散货

    C. 黏性散货
               D. 非黏性散货

    解析:本题暂无解析。

    答案:C。

18.《IMSBC 规则》规定:对于静止角为 30°～35° 的非黏性货物,货物表面平整程度[即货物表面最高点与最低点间的垂直距离(Δh)]应不超过_____。

    A. $\min\{B/10, 1.5\text{ m}\}$
                B. $\min\{L/10, 2.0\text{ m}\}$

    C. 1.5 m
                D. $\min\{B/10, L/100\}$

    解析:本题暂无解析。

    答案:A。

19. 在《IMSBC 规则》中的 MHB 货物,当用包装形式运输时应按《国际危规》中_____的要求进行运输。

    ①第 9 类;②第 8 类;③第 4 类

    A.①
                B.②

    C.③
                D.①②③都不对

    解析:本题暂无解析。

    答案:D。

20. _____属于《IMSBC 规则》中具有化学危险性固体散装货物的分类号。

    ①4.2;②7;③8

    A.①②
                B.②③

    C.①③
                D.①②③

    解析:列入《国际危规》中的固体散装危险货物包括:第 4.1 类、第 4.2 类、第 4.3 类、第 5.1 类、第 6.1 类、第 7 类、第 8 类、第 9 类。

    答案:D。

21. 散装种子饼属于《IMSBC 规则》中具有化学危险性固体散装货物的第_____类。

A. 4.1   B. 4.2

C. 4.3   D. 5.1

解析:本题暂无解析。

答案:B。

22. 直接还原铁在《IMSBC 规则》中属于_____。

A. 易流态化货物

B. MHB 货物

C. 已列入《国际危规》的化学危险货

D. 既不流态也无化学危险性的货物

解析:本题暂无解析。

答案:B。

23. _____货物在《IMSBC 规则》中既属于 A 类又属于 B 类。

①煅烧黄铁矿;②硫化金属精矿;③氟石

A. ①②   B. ②③

C. ①③   D. ①②③

解析:本题暂无解析。

答案:D。

24. 硫酸铵化肥在《IMSBC 规则》中属于_____固体散装货物。

A. A 类   B. B 类

C. C 类   D. D 类

解析:本题暂无解析。

答案:C。

25. 对易流态化固体散货进行沉降试验的目的是测定其_____。

A. 流动水分点   B. 燃烧速度

C. 放射比度   D. 含水量

解析:沉降(插入度)试验法利用渗透式或沉降式测量仪来测定易流态化货物的流动水分点。

答案:A。

26. 固体散货的流动水分点是指_____。

A. 其最大含水量

B. 其在运输中不可能流态化的含水量

C. 其在运输中一定会流态化的含水量

D. 其在运输中有可能流态化的含水量

解析:本题暂无解析。

答案:D。

27. 易流态化货物是指_____的固体散货。

A. 装载到船上容易移动

B. 含水量较大

C. 积载因数较小

D. 当含水量过大时,装于船上因船舶振动而在表面形成浆状流动物

解析:本题暂无解析。

答案:D。

28. 易流态化货物的 TML 是指_____。

　　A. 流动水分点　　　　　　　　　　B. 相对湿度

　　C. 实际含水量　　　　　　　　　　D. 适运水分限

解析:本题暂无解析。

答案:D。

29. 易流态化货物的易流态性可用_____指标来衡量,其值越小,流态性越_____。

　　A. 流动水分点;小　　　　　　　　B. 适运水分点;大

　　C. 流动水分点;大　　　　　　　　D. 适运水分点;小

解析:易流态化货物的易流态性以流动水分点 FMP 来表征,它是指货样在规定的试验条件下达到流态时的最小含水量。

答案:C。

30. 流动水分点是可用来衡量_____特性的一个指标。

　　A. 一般固体散货　　　　　　　　　B. 易流态化货物

　　C. 具有化学危险的固体散货　　　　D. 包装危险性货物

解析:本题暂无解析。

答案:B。

31. 流动水分点_____的固体散货流态性_____。

　　A. 越小;越小　　　　　　　　　　B. 越大;越大

　　C. 越大;越小　　　　　　　　　　D. 流动水分点与货物流态性无关

解析:本题暂无解析。

答案:C。

32. 根据《IMSBC 规则》的规定,精选矿的适运水分限是其流动水分点的_____。

　　A. 100%　　　　　　　　　　　　 B. 95%

　　C. 90%　　　　　　　　　　　　　D. 80%

解析:《IMSBC 规则》中取流动水分点的 90%作为该货物的适运水分限 TML。

答案:C。

33. 硝酸钡或硝酸铝属于_____固体散货。

　　A. 易流态化　　　　　　　　　　　B. 氧化剂类

　　C. 遇水会产生可燃气体的　　　　　D. 没有特别危险的

解析:本题暂无解析。

答案:B。

34. _____不属于《IMSBC 规则》中具有化学危险性固体散装货物的分类号。

　　A. 4.1　　　　　　　　　　　　　 B. 5.1

C. 2. 1   D. 6. 1

解析:第2.1类,易燃气体。

答案:C。

35. _____属于《IMSBC 规则》中具有化学危险性固体散装货物的分类号。

①2.1;②4.2;③6.1

A. ①②   B. ②③

C. ①③   D. ①②③

解析:本题暂无解析。

答案:B。

36. _____不属于《IMSBC 规则》中具有化学危险性固体散装货物的分类号。

A. 4. 1   B. 5. 1

C. 7   D. 5. 2

解析:第5.2类,有机过氧化物。

答案:D。

37. 为保证安全,《IMSBC 规则》中取按流盘试验仪测定的流动水分点的_____作为该货物的适运水分限(TML)。

A. 60%   B. 70%

C. 80%   D. 90%

解析:本题暂无解析。

答案:D。

38. 易流态化货物的易流态性可用指标_____来衡量,其值越大,则易流态性越_____。

A. 流动水分点;小   B. 流动水分点;大

C. 适运水分限;小   D. 适运水分限;大

解析:本题暂无解析。

答案:A。

39. 下列固体散货中必须兼顾其易流态化的特性和化学危险性的是_____。

①硫化金属铜矿;②煤炭;③饲料;④铜精矿

A. ①②③   B. ①②④

C. ①③④   D. ②③④

解析:本题暂无解析。

答案:B。

40. 易流态化货物的流动水分点是指_____。

A. 货物受潮时的含水量

B. 货物干燥时的含水量

C. 货物达到发生流态化特性的含水量

D. 易流态化货物安全运输公认的最大含水量

解析:本题暂无解析。

答案:C。

41.湿精矿粉散运时,其最大的危险是_____。

①由于其颗粒小,运输途中易扬尘;②由于其含水量大,装卸作业较困难;③当其含水量超过适运水分限量时容易流态化威胁船舶安全

A.①　　　　　　　　　　　　B.②

C.③　　　　　　　　　　　　D.①②③

解析:本题暂无解析。

答案:C。

42.散装货船航行中稳性减小或丧失的原因可能是_____。

①未平舱导致货物移动;②易流态化货物的移动;③双层底油水的消耗

A.①②　　　　　　　　　　　B.②③

C.①③　　　　　　　　　　　D.①②③

解析:本题暂无解析。

答案:D。

43._____不是固体散货船在运输过程中使船舶稳性减小或丧失的原因。

①平舱不当使货物在恶劣天气中移动;②散货表面出现大量液体;③船舶重心因装货不当而过高

A.①　　　　　　　　　　　　B.②

C.③　　　　　　　　　　　　D.①②

解析:本题暂无解析。

答案:C。

44.固体散货船在运输过程中,其主要危险在于_____。

①因化学反应而引起火灾、中毒等事故;②运输中稳性减小或丧失;③船舶结构损坏

A.①②　　　　　　　　　　　B.②③

C.①③　　　　　　　　　　　D.①②③

解析:本题暂无解析。

答案:D。

45._____不是固体散货船在运输过程中的危险性。

A.稳性减小或丧失

B.因化学反应而引起火灾、中毒等事故

C.船舶结构损坏

D.船舶操纵困难

解析:本题暂无解析。

答案:D。

46.某矿石船装载易流态化散货,其主要危险在于_____。

①因化学反应而引起火灾;②因含水量过高易流态化而导致稳性减小或丧失;③船舶操纵困难

A.①   B.②
C.③   D.①②③
解析:本题暂无解析。
答案:B。

47.易流态化货物对船舶稳性的危害有_____。
①流态化后在舱内货物表面形成自由液面;②流态化后能够发生化学反应,产生有害气体;
③流态后使船舶重心横移和垂向上移
A.①②   B.②③
C.①③   D.①②③
解析:本题暂无解析。
答案:C。

48.船运易流态化货物的主要危险在于_____。
A.具有化学危险性
B.水分含量多,易散发水分,影响其他货物质量
C.易冻结,不易装卸
D.它们的潜在移动性,使船舶稳性变差,甚至丧失
解析:本题暂无解析。
答案:D。

49.固体散装货物化学危险性表现在散装货物_____。
①会使货舱内缺氧;②氧化作用易导致自热、自燃;③产生的可燃性粉尘与空气混合会导致爆
炸;④会释放出有毒气体;⑤易流态化
A.①②③④   B.①②④⑤
C.①③④⑤   D.②③④⑤
解析:易流态化不属于散装货物化学危险性。
答案:A。

50.某些积载因数很小的固体散装货物在船舱内装载时,可能会使船舶_____,从而产生危险。
A.稳性减小   B.船舶结构损坏
C.操纵困难   D.积载困难
解析:本题暂无解析。
答案:B。

51.下列对船舶污水井的描述正确的有_____。
①排除货舱积水;②每次卸完货后应将污水井清洗干净;③装货前用麻袋布或其他等效材料
铺盖舱内污水井;④货舱内所有污水,包括残余货物可以通过污水井排出
A.①②④   B.①②
C.①②③   D.①②③④
解析:本题暂无解析。
答案:C。

52. 装载固体散货之前,船方应当获取的所承载货物性质的资料包括_____。
①化学性质;②流动水分点;③积载因数;④密度;⑤静止角
A. ①②③④⑤　　　　　　　　　　B. ②③④⑤
C. ①②③⑤　　　　　　　　　　　D. ①③④⑤
解析:本题暂无解析。
答案:C。

53. 固体散货装运前要进行适运性鉴定,即_____应对货物进行采样和测试提交适用于该货的相应试验证书。
A. 承运人　　　　　　　　　　　B. 收货人
C. 托运人　　　　　　　　　　　D. 港方
解析:本题暂无解析。
答案:C。

54. B 类固体散货之间的最高隔离类别为_____。
A. 隔离 1　　　　　　　　　　　B. 隔离 2
C. 隔离 3　　　　　　　　　　　D. 隔离 4
解析:B 类散货之间的隔离类:隔离 2——"隔离";隔离 3——"用一舱室或货舱隔离"。
答案:C。

55. 根据《IMSBC 规则》,B 类固体散货隔离等级中最低的等级为_____。
A. 隔离 1　　　　　　　　　　　B. 隔离 2
C. 隔离 3　　　　　　　　　　　D. 隔离 4
解析:本题暂无解析。
答案:B。

56. 在固体散货运输时,有隔离要求的是_____。
A. A 组货物　　　　　　　　　　B. B 组货物
C. C 组货物　　　　　　　　　　D. D 组货物
解析:本题暂无解析。
答案:B。

57. 根据《IMSBC 规则》的规定,散装运输的两种 B 类货物之间的隔离种类包括_____。
A. 隔离 1 和隔离 2　　　　　　　B. 隔离 2 和隔离 3
C. 隔离 3 和隔离 4　　　　　　　D. 远离和隔离
解析:本题暂无解析。
答案:B。

58. 为保证安全,B 类固体散货之间的隔离等级有_____个。
A. 2　　　　　　　　　　　　　　B. 3
C. 4　　　　　　　　　　　　　　D. 无具体规定
解析:本题暂无解析。
答案:A。

59._____不属于 B 类固体散货之间的隔离等级要求。

①隔离 1;②隔离 2;③隔离 3;④隔离 4

A.①②

B.①③

C.②③

D.①④

解析:本题暂无解析。

答案:D。

60.《IMSBC 规则》中 B 类固体散货与包装危险货的隔离等级中的"隔离"指_____。

A.远离,但水平距离达 3 m 以上

B.隔离,即不同货舱

C.用一个舱室做垂向或水平隔离

D.用一个货舱做纵向隔离

解析:本题暂无解析。

答案:B。

61.《IMSBC 规则》中两种 B 类固体散货的最低和最高隔离等级分别是_____。

A.隔离 1、隔离 4

B.隔离 1、隔离 3

C.隔离 2、隔离 3

D.隔离 2、隔离 4

解析:本题暂无解析。

答案:C。

62.在航行中若散装鱼粉温度超过_____并继续上升,应停止通风。

A.30 ℃

B.35 ℃

C.45 ℃

D.55 ℃

解析:在航行期间,必要时应对载运该货的货物处所表面进行自然或机械通风。如货物温度超过 55 ℃并且继续升高,应停止货物处所的通风。

答案:D。

63.装运易流态化散货前,托运人应向船方提交一份货物_____的证明文件,并须附上托运人声明。

A.平均含水量

B.适运水分限

C.平均含水量或适运水分限

D.平均含水量和适运水分限

解析:本题暂无解析。

答案:D。

64.《IMSBC 规则》规定,测定含水量时采样/试验的时间应尽可能与装货时间接近,除非对货物加以充分遮盖而使其含水量不发生变化,否则,采样/试验与装货时间间隔不超过_____。

A.3 天

B.5 天

C.7 天

D.8 天

解析:本题暂无解析。

答案:C。

65.根据易流态化货物安全运输的特殊要求,在国际运输中,普通货船只限装载含水量_____的散货。

A.不超过流动水分点

B. 不超过适运水分限

C. 我国交通运输部规定不超过 10%

D. 不超过适运水分限和 10% 的较小者

解析:本题暂无解析。

答案:B。

66. 易流态化货物在装载前应向船方提供货物的_____数据。

①含水量;②适运水分限;③积载因数

A. ①②　　　　　　　　　　　　　B. ②③

C. ①③　　　　　　　　　　　　　D. ①②③

解析:本题暂无解析。

答案:D。

67. 防止易流态化货物流态化的主要措施是_____。

A. 货物表面压包　　　　　　　　B. 降低含水量

C. 避开海况恶劣区域航行　　　　D. 固定货物表面

解析:本题暂无解析。

答案:B。

68. 国际航运中,易流态化货物在船运时的含水量不得超过其_____。

A. 8%　　　　　　　　　　　　　B. 最大含水量

C. 适运水分限　　　　　　　　　D. 流动水分点

解析:一般货船装运易流态化货物时,其含水量不得超过适运水分限。若含水量超出,则应拒装。

答案:C。

69. 含水量超过适运水分限的易流态化货物可用_____运输。

A. 油船　　　　　　　　　　　　B. 装有特殊设备的船舶

C. 液化气体船　　　　　　　　　D. 大型固体散货船

解析:对具有特殊结构或装有特殊设备且经主管机关认可的船,其含水量可超出适运水分限界限。

答案:B。

70. 设置木井是_____装载中的一种装载方式。

A. 易流态化货物　　　　　　　　B. 液化气体货物

C. 液体散装化学品　　　　　　　D. 集装箱

解析:易流态化货物装运时,污水井(沟)上面铺垫透水性好的衬垫物,以利舱底渗水流入且不致堵塞,也可在污水井上设置"木井"排出。

答案:A。

71. 装卸散货时,为减少进入船舶生活区或其他舱室的粉尘量,在装卸期间应_____通风系统,空调应调节为_____运行方式。

A. 关闭或遮盖;外部循环　　　　B. 关闭或遮盖;内部循环

C.打开或遮盖;外部循环　　　　　　　D.打开或遮盖;内部循环

解析:本题暂无解析。

答案:B。

72.对于静止角_____,因其具有和散装谷物一样的散装性,因此,应按谷物的平舱要求执行。

A.大于或等于30°的黏性散货　　　　B.大于或等于30°的非黏性散货

C.小于或等于30°的黏性散货　　　　D.小于或等于30°的非黏性散货

解析:本题暂无解析。

答案:D。

73.当运输高密度散货时,一般宜装于_____。

A.底舱　　　　　　　　　　　　　　B.二层舱

C.底舱或二层舱　　　　　　　　　　D.船首部或尾部舱室

解析:本题暂无解析。

答案:A。

74.固体散货船向全船各舱合理分配货物的重量主要是为了_____。

A.增加载货量　　　　　　　　　　　B.缩短装卸货作业时间

C.保证船舶具有适宜的稳性　　　　　D.避免产生过大的应力

解析:本题暂无解析。

答案:D。

75.散装货物平舱不是为了_____。

A.便于货物计量　　　　　　　　　　B.防止货物移动

C.防止船舶横倾　　　　　　　　　　D.上面便于堆积其他货物

解析:本题暂无解析。

答案:A。

76.普通货船装运静止角较小的固体散货时,为防止其移位,可以采取的措施有_____。

①必须平舱;②装止移板;③货物表面压包

A.①②　　　　　　　　　　　　　　B.①③

C.②③　　　　　　　　　　　　　　D.①②③

解析:本题暂无解析。

答案:D。

77.对于专用固体散货船,装卸前船方应做的准备工作不包括对_____的准备。

①装卸设备;②装货处所;③照明设施

A.①　　　　　　　　　　　　　　　B.②

C.③　　　　　　　　　　　　　　　D.①②③

解析:本题暂无解析。

答案:A。

78.使用装有特殊设备和具有特殊结构的船舶装运含水量较高的易流态化货物时,应注意核算货物流态化时船舶的_____是否符合安全要求。

A. 纵向强度　　　　　　　　　　　B. 局部强度

C. 稳性　　　　　　　　　　　　　D. 横倾角

解析:本题暂无解析。

答案:C。

79.船运散装鱼粉,托运人应向船长提供所托运货物的_____资料。

①含水量;②脂肪含量;③剩余抗氧剂浓度;④出厂时的温度;⑤生产日期

A.①②③④⑤　　　　　　　　　　B.①②③④

C.②③④⑤　　　　　　　　　　　D.①②③⑤

解析:本题暂无解析。

答案:A。

80.对于干燥时不具有黏性的散装固体货物,装完货之前,应根据货物的_____,使用合理的平舱措施。

A. 流动水分点　　　　　　　　　　B. 含水量

C. 静止角　　　　　　　　　　　　D. 适运水分限

解析:本题暂无解析。

答案:C。

81.船舶装运易流态化货物,托运人应向船方提供货物的_____资料。

①平均含水量;②流动水分点;③积载因数;④静止角

A.①②③④　　　　　　　　　　　B.①②③

C.②③④　　　　　　　　　　　　D.①②④

解析:本题暂无解析。

答案:A。

82.一般货船装运易流态化货物时,其含水量不得超过_____。

A. 适运水分限　　　　　　　　　　B. 流动水分点

C. 极限含水量　　　　　　　　　　D. 临界含水量

解析:本题暂无解析。

答案:A。

83.关于固体散货安全装运要求的说法,不正确的是_____。

A. 装船运输的直接还原铁在装船前至少应存放 48 h

B. 固体散货装卸时应尽可能保持船体正浮,即使存在短时横倾,也不应超过 3°

C. 对静止角不超过 30° 的固体散货,须按适用于谷物积载的规定进行平舱

D. 对高密度固体散货,装货时应防止过大冲击力使货舱结构及设备损坏

解析:装船前,直接还原铁(B)至少应老化 3 天,直接还原铁(C)至少应老化 30 天,且由装货港国家主管当局授权人员签发证书予以确认。

答案:A。

84.船舶装运具有化学危险货物的安全要求包括_____。

①装运第 5 类货物,应做到货舱彻底清扫;②性质不相容的货物不应同时装卸;③装卸 4.3 类

货物时在雨雪天气应停止作业;④装载第7类货物的货舱不得再装其他货物

A. ①②③④　　　　　　　　　　B. ①②③

C. ②③④　　　　　　　　　　D. ①②

解析:本题暂无解析。

答案:A。

85. 装运易流态化货物,船方若经简易方法检验后,对货物含水量存有疑问时,应_____。

A. 以货方提供的含水量证明为准,可以装运

B. 立即要求退关

C. 要求货方申请重新检验

D. 增加分隔设备后再装运

解析:本题暂无解析。

答案:C。

86. 散装固体货物安全运输的一般要求有_____。

①了解拟装货的理化特性;②合理确定货物重量在各舱室的分配;③合理选择散货的舱位和货位;④对货物进行合理平舱;⑤每天测量货物的含水量;⑥有针对性地做好各种防范工作

A. ①②③④⑤⑥　　　　　　　　B. ①③④⑤⑥

C. ①②④⑤⑥　　　　　　　　D. ①②③④⑥

解析:本题暂无解析。

答案:D。

87. 固体散货船在装货过程中,船舶应保持一定的_____,这对压载水排放有利。

A. 平吃水　　　　　　　　　　B. 艏倾

C. 艉倾　　　　　　　　　　　D. 横倾

解析:本题暂无解析。

答案:C。

88. 在固体散货装卸中,应尽可能保持船体正浮,即使存在短暂的横倾,也不应超过_____。

A. 1°　　　　　　　　　　　　B. 3°

C. 5°　　　　　　　　　　　　D. 7°

解析:本题暂无解析。

答案:B。

89. 散装种子饼装船前,应至少有_____个月的氧化期,以防航行中自热自燃。

A. 1　　　　　　　　　　　　B. 2

C. 3　　　　　　　　　　　　D. 6

解析:种子饼:托运人应提供证明说明其实际含油量和含水量、杂质含量、出厂日期及货物在出厂后至装船前是否有两个月的氧化期、榨油方法(机械压榨或溶剂萃取)等。

答案:B。

90. 水分含量越高的煤,其氧化性越_____。

A. 小　　　　　　　　　　　　B. 大

C. 与水分含量无关　　　　　　　　　D. 不能确定

解析:本题暂无解析。

答案:B。

91. 煤炭在自热过程中,会产生_____有害气体。

　　A. 氮　　　　　　　　　　　　　　B. 一氧化碳

　　C. 硫化氢　　　　　　　　　　　　D. 二氧化硫

解析:本题暂无解析。

答案:B。

92. 某些种类的煤炭在运输中会产生_____易燃易爆气体。

　　A. 二氧化碳　　　　　　　　　　　B. 氢气

　　C. 甲烷　　　　　　　　　　　　　D. 硫化氢

解析:本题暂无解析。

答案:C。

93. 煤易发生氧化,导致舱内_____。

　　A. 缺氧　　　　　　　　　　　　　B. 二氧化碳减少

　　C. 产生硫化氢气体　　　　　　　　D. 产生二氧化硫

解析:本题暂无解析。

答案:A。

94. 煤炭与运输有关的特性有_____。

　　①产生可燃易爆气体;②具有自热和自燃性;③煤炭粉尘爆炸性

　　A. ①②　　　　　　　　　　　　　B. ②③

　　C. ①③　　　　　　　　　　　　　D. ①②③

解析:本题暂无解析。

答案:D。

95. 装运煤炭的船舶应配备测定_____参数的相应仪器。

　　①一氧化碳;②氧气;③甲烷

　　A. ①②　　　　　　　　　　　　　B. ①③

　　C. ②③　　　　　　　　　　　　　D. ①②③

解析:本题暂无解析。

答案:D。

96. 对于自热型煤,若装船时煤炭温度超过_____℃,则应谨慎处理并决定是否装船。

　　A. 55　　　　　　　　　　　　　　B. 70

　　C. 35　　　　　　　　　　　　　　D. 38

解析:本题暂无解析。

答案:A。

97. 装运自热型煤炭的船舶,当测得舱内一氧化碳含量持续上升时,应_____。

　　A. 继续封舱并停止通风,可用水冷却甲板和货舱外壁

B. 开舱检查,然后根据情况采取措施

C. 开舱用水雾冷却货煤

D. 若天气条件允许,应通风排除一氧化碳并降温

解析:煤炭自热时,不能用水直接冷却货煤或灭火,但可通过冷却货舱外壁界来间接降温。

答案:A。

98. 装运煤炭的船舶,装船前托运人应给船长提供关于待运煤炭的_____等有关资料。

①实际含水量 MC;②含硫量;③粒度;④适运水分限 TML;⑤积载因数;⑥安全装载及运输建议

A.①②③⑥　　　　　　　　　　B.①④⑤⑥

C.①④　　　　　　　　　　D.①②③④⑤⑥

解析:本题暂无解析。

答案:D。

99. 装运煤炭的货舱在完货后平舱的目的是_____。

①防止货物移动;②均衡船舶所受货物压力,保证总纵强度;③便于计量;④防止形成积存气体的坑洼及空气渗入煤堆

A.①②③④　　　　　　　　　　B.①④

C.①②③　　　　　　　　　　D.②④

解析:本题暂无解析。

答案:B。

100. 煤炭在运输及装卸过程中,可能会发生爆炸,其原因有_____。

①煤发生化学反应产生易燃易爆的甲烷气体;②煤发生化学反应产生易燃易爆的一氧化碳气体;③装卸时煤粉飞扬过多

A.①②　　　　　　　　　　B.①③

C.②③　　　　　　　　　　D.①②③

解析:本题暂无解析。

答案:D。

101. 装运煤炭前,托运人应向船长提供所运煤炭的_____等资料。

①所属种类;②岸上堆存时间;③特性;④煤堆温度

A.①②③　　　　　　　　　　B.①③④

C.②③④　　　　　　　　　　D.①②③④

解析:本题暂无解析。

答案:D。

102. 我国水尺计量工作一般由_____负责并出具证明。

A. 船方　　　　　　　　　　B. 港务局

C. 理货公司　　　　　　　　D. 商品检验局或公证鉴定机构

解析:本题暂无解析。

答案:D。

103. 下列进口货物中,不宜采用水尺计重方法进行计重的货物是_____。

A. 生铁

B. 盐

C. 煤炭

D. 铝锭

解析:水尺计重简便可行,适用于煤炭、生铁、废钢、矿石、硫黄、盐、化肥等价值较低的散货计重。

答案:D。

104. 水尺计量工作在国外一般由_____负责并出具证明。

A. 船方

B. 港务局

C. 商检局

D. 公证鉴定机构

解析:水尺计重工作由公证鉴定机构(我国为商品检验局)的公估师承担。

答案:D。

105. 是否利用水尺计量作为货物交接的标准由_____确定。

A. 港方

B. 船方

C. 货方

D. 商检

解析:本题暂无解析。

答案:C。

106. 水尺计量的基本原理是载货量_____。

A. 根据船舶吃水求出排水量减去油水重量求得

B. 根据装卸前、后吃水的变化求出排水量的变化值求得

C. 根据船舶吃水求出排水量减去空船重量和油水重量求得

D. 根据装卸前、后吃水变化求出排水量的变化,扣除其他载荷的变化即可求得

解析:本题暂无解析。

答案:D。

107. 我国水尺计量工作一般由_____负责并出具证明,而是否利用水尺计量作为货物交接的标准则由_____确定。

A. 商检;货方

B. 船方;港务局

C. 商检;船方

D. 港方;货方

解析:本题暂无解析。

答案:A。

108. 关于水尺计重的基本原理,下列说法准确的是_____。

A. 根据艏、艉垂线修正和拱垂修正后平均吃水变化,计算载货量

B. 装卸货前后,船舶对应排水量之差扣除其他载荷的变化所得数值

C. 就是毛重减去皮重

D. 利用吃水与排水量的关系,载货时和无货时吃水对应排水量之差

解析:本题暂无解析。

答案:B。

109. 下列货物中,适用于水尺计重的散装货物是_____。

①钢材;②煤炭;③生铁;④矿石;⑤化肥

A.①②③④   B.①②③④⑤

C.②③④   D.②③④⑤

解析:本题暂无解析。

答案:D。

110. 水尺计量一般在观测吃水的同时,还会实测当时的港水密度。港水取样时应_____,用铅锤密度计测定。

①避开船舶排水管口;②避开码头下水道管口;③通常在舷外船中部吃水深度1/2处选取水样;④通常在舷外船中部吃水深度3/4处选取水样

A.①③   B.②④

C.①②③   D.①②④

解析:港水取样时应避开船舶排水管口和码头下水道管口,通常在舷外船中部吃水深度1/2处选取水样用铅锤密度计测定。

答案:C。

项目 13　散装液体货物运输

13.1　石油货物的运输

13.1.1　石油及其产品分类及特性

一、知识点梳理

石油及其产品的种类、主要特性。

二、难点点拨

石油及其产品的主要特性。

三、相关习题

1.轻柴油的牌号是按_____来分的,牌号越低,该指标越_____。
　　A.黏度;高　　　　　　　　　　　　B.凝点;高
　　C.黏度;低　　　　　　　　　　　　D.凝点;低
　　解析:本题暂无解析。
　　答案:B。
2.重柴油的牌号是按_____高低来分的。

A. 黏度   B. 闪点

C. 辛烷值   D. 凝点

解析:本题暂无解析。

答案:D。

3. 燃料油的牌号是按_____来分的。

A. 凝点   B. 黏度

C. 辛烷值   D. 燃点

解析:本题暂无解析。

答案:B。

4. 车用汽油的牌号是按油品的_____高低来分的。

A. 黏度   B. 凝点

C. 闪点   D. 辛烷值

解析:本题暂无解析。

答案:D。

5. 轻柴油按照其凝点分牌号,其中 35 号轻柴油表示_____。

A. 凝点不高于 35 ℃   B. 凝点不低于 35 ℃

C. 凝点不高于 -35 ℃   D. 凝点不低于 -35 ℃

解析:轻柴油牌号越高,凝点越低。

答案:C。

6. 燃料油的牌号是按_____来分的。牌号越小,黏度越_____。

A. 凝点;大   B. 凝点;小

C. 黏度;大   D. 黏度;小

解析:燃料油牌号越大,黏度越大。

答案:D。

7. 燃料油牌号越大,_____。

A. 凝点越高   B. 凝点越低

C. 黏度越大   D. 黏度越低

解析:本题暂无解析。

答案:C。

8. 石油及其制品的挥发性大小以_____衡量。

A. 闪点   B. TLV

C. 雷氏蒸气压   D. 爆炸极限

解析:本题暂无解析。

答案:C。

9. 石油及其制品的油气浓度在_____时,遇明火即可爆炸。

A. 8%   B. 爆炸极限范围以内

C. 爆炸上限以上   D. 爆炸下限以下

解析:本题暂无解析。

答案:B。

10. 石油及其产品的 MAC(或 TLV)值越小,说明其毒害性_____。

　　A. 越大　　　　　　　　　　　　B. 越小

　　C. 不变　　　　　　　　　　　　D. 不能确定

　　解析:本题暂无解析。

　　答案:A。

11. 汽油的 TLV 值为 500,甲苯的 TLV 值为 200,则两者的毒害性相比_____。

　　A. 前者小　　　　　　　　　　　B. 后者小

　　C. 一样大　　　　　　　　　　　D. 无法确定

　　解析:TLV 是指空气中一种有害物质的浓度,所代表的工作条件是:几乎所有的工人长期在这样的暴露条件下工作时,不会有不良的健康影响。

　　答案:A。

12. 衡量石油及其产品黏结性的指标是_____。

　　①凝点;②闪点;③黏度

　　A. ①　　　　　　　　　　　　　B. ②

　　C. ③　　　　　　　　　　　　　D. ①③

　　解析:本题暂无解析。

　　答案:D。

13. 石油的易燃性通常用_____来衡量,该值越大,易燃性越_____。

　　A. 闪点;大　　　　　　　　　　B. 爆炸极限;小

　　C. 爆炸极限;大　　　　　　　　D. 闪点;小

　　解析:本题暂无解析。

　　答案:D。

14. 石油的爆炸性以爆炸极限来衡量,爆炸下限越_____,爆炸上限越_____,其爆炸性越大。

　　A. 小;小　　　　　　　　　　　B. 大;小

　　C. 小;大　　　　　　　　　　　D. 大;大

　　解析:爆炸下限越小、爆炸极限浓度范围越大的液体,其易燃易爆性也越强。

　　答案:C。

15. 石油的毒害性常用 TLV 来表示,TLV 是指_____。

　　A. 紧急暴露极限　　　　　　　　B. 半数致死浓度

　　C. 有害气体浓度临界值　　　　　D. 有害气体最大容许浓度

　　解析:本题暂无解析。

　　答案:C。

16. 在石油及其产品的主要特性中,与毒害性有密切关系的特性是_____。

　　A. 易燃易爆性　　　　　　　　　B. 腐蚀性

C. 黏滞性　　　　　　　　　　　　D. 挥发性

解析:本题暂无解析。

答案:D。

17. 石油及其制品对人体造成毒害的主要途径是＿＿＿＿＿＿＿＿。

　　A. 皮肤接触　　　　　　　　　　B. 吞咽

　　C. 吸入　　　　　　　　　　　　D. 窒息

解析:本题暂无解析。

答案:C。

18. 装卸石油产品时,油温越＿＿＿＿＿＿,管线越＿＿＿＿＿＿,流速越＿＿＿＿＿＿,则静电聚积越快。

　　A. 低;短;快　　　　　　　　　　B. 高;长;快

　　C. 低;长;慢　　　　　　　　　　D. 高;短;慢

解析:静电积聚的快慢与油品在管内的流动速度、油品温度、管线长短、管内压力等有关。流速越大、油品温度越高、管线越长、压力越大,则静电积聚越快。

答案:B。

19. 石油及其产品的挥发性的危害有＿＿＿＿＿＿＿＿。

　　①使数量减少;②使质量降低;③为燃烧爆炸提供了油气

　　A. ①②　　　　　　　　　　　　B. ②③

　　C. ①③　　　　　　　　　　　　D. ①②③

解析:本题暂无解析。

答案:D。

20. 石油及其产品容易燃烧的性能称为易燃性,它可以用＿＿＿＿＿＿＿＿来衡量。

　　A. 闪点　　　　　　　　　　　　B. 燃点

　　C. 自燃点　　　　　　　　　　　D. 闪点、燃点和自燃点

解析:本题暂无解析。

答案:D。

21. 石油产品中密度最小、最易挥发的油品是＿＿＿＿＿＿＿＿。

　　A. 锅炉油　　　　　　　　　　　B. 汽油

　　C. 煤油　　　　　　　　　　　　D. 柴油

解析:本题暂无解析。

答案:B。

22. 为了方便和加强管理,国际上根据油品＿＿＿＿＿＿＿＿的高低,将石油产品划分为"挥发性和非挥发性"两级。

　　A. 闪点　　　　　　　　　　　　B. 燃点

　　C. 沸点　　　　　　　　　　　　D. 凝点

解析:本题暂无解析。

答案:A。

23. 易燃液体散货运输过程中,为了保证安全,取＿＿＿＿＿＿＿＿作为控制氧气含量的限制值。

A. 6% B. 8%

C. 10% D. 12%

解析:本题暂无解析。

答案:B。

24. 石油及其产品的主要特性有_____。

①爆炸性;②散落性;③静电性;④黏结性;⑤挥发性

A. ①③④⑤ B. ①②③④

C. ①②⑤ D. ①②③④⑤

解析:本题暂无解析。

答案:A。

25. 石油及其产品的毒害性与其_____有着密切关系。

A. 易燃性 B. 挥发性

C. 静电性 D. 胀缩性

解析:本题暂无解析。

答案:B。

26. 油船中的 SBT 和 CBT 分别是指_____。

A. 双层底和专用压载舱 B. 专用压载舱和清洁压载舱

C. 排油监控装置和油水分离器 D. 原油洗舱设备和清洁压载舱

解析:本题暂无解析。

答案:B。

27. 油船中的 SBT 是指_____。

A. 清洁压载舱 B. 专用压载舱

C. 排油监控装置 D. 油水分离器

解析:本题暂无解析。

答案:B。

28. 油船中的 CBT 是指_____。

A. 清洁压载舱 B. 专用压载舱

C. 排油监控装置 D. 污油舱

解析:本题暂无解析。

答案:A。

29. 油船中的 COW 是指_____。

A. 专用压载舱 B. 清洁压载舱

C. 装于上部法 D. 原油洗舱

解析:本题暂无解析。

答案:D。

30. 油船洗舱系统的洗舱方式有_____。

①原油洗舱;②惰性气体洗舱;③水洗舱;④气体洗舱;⑤清洗液洗舱

A. ②③④   B. ①②③④⑤

C. ①③⑤   D. ①②③④

解析:洗舱方式包括水洗舱、清洗液洗舱及原油洗舱。

答案:C。

31. 油船的货油监控系统的作用不包括_____。

A. 可连续显示货油舱的液位

B. 可自动检测和计算货油的密度、体积及重量

C. 当测量数据超过设定值时可报警

D. 可检测是否发生火灾并自动开启灭火系统

解析:本题暂无解析。

答案:D。

32. 油船首部的应急拖带装置应能在港泊状态下不超过_____内投入使用。

A. 30 min   B. 60 min

C. 90 min   D. 120 min

解析:首部应急拖带装置应能在泊港状态下不超过 1 h 内投入使用。

答案:B。

33. 油船装油时使用_____的泵或自流,卸油时使用_____的货油泵。

A. 码头上;码头上   B. 码头上;船上

C. 船上;码头上   D. 船上;船上

解析:本题暂无解析。

答案:B。

34. 油船货运相关设备有_____。

①货油装卸系统;②货舱液位报警系统;③应急拖带装置;④甲板洒水系统;⑤透气系统;⑥货油加温系统

A. ①②③④⑤   B. ②③④⑤⑥

C. ①②④⑤⑥   D. ①③④⑤⑥

解析:本题暂无解析。

答案:C。

35. 油船透气系统设置的主要目的是_____。

A. 便于扫舱   B. 便于洗舱

C. 保证油舱气体的吸入或排出   D. 保证氧气的吸入或排出

解析:本题暂无解析。

答案:C。

36. 油船惰性气体系统在任何规定的气流速率条件下都应能提供含氧量不超过_____的惰气,在任何时候油舱内都应保持正压且舱内含氧量不得超过_____。

A. 5%;8%   B. 7%;10%

C. 9%;12%   D. 11%;14%

解析:《SOLAS 1974》规定,20 000 DWT 及以上的油船应配备固定式惰性气体系统,并要求惰气系统在任何规定的气流速率条件下都应能提供含氧量不超过 5% 的惰气,在任何时候油舱内都应保持正压状态且舱内含氧量不得超过 8%。

答案:A。

37. 油船隔离空舱壁间的距离至少应不小于_____。

A. 760 mm
B. 760 cm
C. 780 mm
D. 780 cm

解析:隔离空舱可遮隔全部货油舱端部舱壁面积,且其舱壁间的距离不小于 760 mm。

答案:A。

38. 油船的特点是_____。

①一般采用纵骨架式船体结构;②单层连续甲板,甲板上设有许多用于货油装卸的管系;③机舱通常设置在尾部;④货油舱区前后两端设隔离舱,与机舱、居住舱室、淡水舱等隔离

A. ①②
B. ②③
C. ①②③
D. ①②③④

解析:本题暂无解析。

答案:D。

39. 仅在油船上设置而一般货船上不设置的舱壁是_____。

A. 液体舱壁
B. 水密纵向舱壁
C. 防火舱壁
D. 制荡舱壁

解析:本题暂无解析。

答案:B。

40. 关于油船专用压载舱的说法正确的是_____。

①专用压载舱与货油系统完全分开,永久只用作压载舱;②专用压载舱的缺点是船体的重量和造价有所增加;③油船设置专用压载舱的目的是防止压载水排放含油而引起的海洋污染

A. ①②
B. ①③
C. ②③
D. ①②③

解析:本题暂无解析。

答案:D。

41. 油船清洁压载舱与专用压载舱的本质区别是_____。

A. 压载舱舱容大小
B. 压载舱位置
C. 压载系统
D. 压载舱结构

解析:本题暂无解析。

答案:C。

42. 油船设置专用压载舱的优点是_____。

①可从根本上解决含油压载水排放而引起的海洋污染问题;②可减轻货油舱因装压载水而对舱内结构的腐蚀;③提高了结构强度和抗沉性;④船体的重量减少和造价有所降低

A. ①②③
B. ②③④

C.①②③④   D.①②④

解析:本题暂无解析。

答案:A。

43. 关于油船污油水舱的说法正确的是_____。

①150 总吨及以上的油船应设置污油水舱;②污油水舱用于装载洗舱产生的污油水、残油和污压载水等;③污油水舱的舱容有一定的最低要求

A.①②   B.①③

C.②③   D.①②③

解析:本题暂无解析。

答案:D。

44. 油船上,货油泵舱设置在_____,将_____与_____隔离,兼有隔离空舱的作用。

A. 货舱之前;货油舱;艏尖舱

B. 货舱之前;货油舱;水手长库房

C. 机舱之前;机舱;货油舱

D. 机舱之后;机舱;艉尖舱

解析:本题暂无解析。

答案:C。

45. 考虑到防污染的要求,大型油船按照《MARPOL 73/78》的要求应设置较大的_____。

A. 隔离空舱   B. 泵舱

C. 专用压载舱   D. 清洁压载舱

解析:本题暂无解析。

答案:C。

46. 油船的机舱一般设置在船尾,原因不包括_____。

A. 保证油舱内和主甲板上管路的连续性,有利于船体的纵向强度

B. 减少瞭望的盲区

C. 提高船舶的载货能力

D. 可防止烟囱火星进入货油区

解析:本题暂无解析。

答案:B。

47. 油船货舱内在任何时候都应保持正压状态且舱内含氧量不能超过_____。

A.4%   B.5%

C.8%   D.11%

解析:本题暂无解析。

答案:C。

13.1.2　油量计算

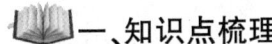一、知识点梳理

相关术语、油量计算的方法和步骤。

二、难点点拨

相关术语。

三、相关习题

1. 油量计量中,石油密度是指_____。
   A. 单位重量石油的体积
   B. 单位体积石油的重量
   C. 某一温度下单位体积石油的质量
   D. 某一温度下单位重量石油的体积
   解析:本题暂无解析。
   答案:C。

2. 目前世界上油量计算中常用的标准温度有_____。
   A. 我国 20 ℃,日本和英美 15 ℃
   B. 日本 15 ℃,我国 20 ℃,英美 60 ℉
   C. 我国和日本 15 ℃,英美 60 ℉
   D. 日本 20 ℃,我国 20 ℃,英美 15 ℃
   解析:本题暂无解析。
   答案:B。

3. 油量计算中,石油相对密度是指_____。
   A. 石油的密度值与 4 ℃时纯水密度的比值
   B. 在 t_1 温度下石油的密度值与等体积纯水密度的比值
   C. 在 t_1 温度下石油的密度值与 4 ℃时等体积纯水密度的比值
   D. 在 t_1 温度下石油的密度值与 t_2 温度下等体积纯水密度的比值
   解析:本题暂无解析。
   答案:D。

4. 油量计算中的石油体积系数 K 是指_____。
   A. 标准油温时的体积与油温为 t 时的石油体积之比
   B. 油温 t 时的石油体积与标准体积之比

C. 把石油在真空中的质量换算到空气中的体积换算系数

D. 将石油的标准体积换算为实际温度下体积的换算系数

解析:本题暂无解析。

答案:A。

5. 日本石油标准比重是指石油密度在_____与等体积纯水在温度为_____时的密度比值。

A. 15 ℃;4 ℃   B. 15 ℃;15 ℃

C. 20 ℃;4 ℃   D. 60 ℉;60 ℉

解析:本题暂无解析。

答案:A。

6. 英美石油标准比重是指石油密度在_____与等体积纯水在温度为_____时的密度比值。

A. 20 ℃;4 ℃   B. 20 ℃;20 ℃

C. 60 ℉;15 ℉   D. 60 ℉;60 ℉

解析:本题暂无解析。

答案:D。

7. 在标准温度下,石油油温变化 1 ℃时,其体积变化率称为石油的_____。

A. 体积换算系数   B. 比重温度系数

C. 密度修正值   D. 体积温度系数

解析:本题暂无解析。

答案:D。

8. 我国石油标准体积是指油温在_____时的石油体积。

A. 15 ℃   B. 20 ℃

C. 45 ℃   D. 60 ℉

解析:对于石油计量时规定的货油温度,我国、俄罗斯及东欧一些国家为 20 ℃,日本等国为 15 ℃,英美等国为 60 ℉。

答案:B。

9. 石油温度变化 1 ℃时,其体积的变化率称为_____。

A. 石油体积温度系数   B. 石油体积系数

C. 石油密度温度系数   D. 石油相对密度

解析:本题暂无解析。

答案:A。

10. 根据我国的规定,石油在标准温度下的体积与任一温度 t 下的体积之比称为_____。

A. 石油体积温度系数   B. 石油体积系数

C. 石油密度温度系数   D. 石油相对密度

解析:本题暂无解析。

答案:B。

13.1.3 石油及其产品安全装运

一、知识点梳理

货油的配置、安全装运与防污染。

二、难点点拨

货油配置、防污染。

三、相关习题

1.膨胀余量的确定与_____等因素有关。
①油舱舱容;②航线上最高和最低气温之间的温差;③石油体积温度系数;④航程的长短
A.①②④   B.①③④
C.②③④   D.①②③
解析:本题暂无解析。
答案:D。

2.为避免货油溢出货舱,采取的主要措施是_____。
A.控制加温温度   B.留出适当的膨胀余量
C.甲板洒水降温   D.调整船舶吃水差
解析:应根据航线及港口的实际情况来确定各油舱的膨胀余量及全船的膨胀余量。
答案:B。

3.油船在配积载时用来调整吃水差的方法有_____。
①中部货舱留出一个油舱不装满;②首、尾部各留出一个油舱不装满;③安排不同密度的油种在前后舱位
A.①②   B.②③
C.①③   D.①②③
解析:装载单一油品时,在舱容富余的情况下,可在艏、艉各留出一个油舱不装满,用于调整吃水差;装载多种油品时,还可通过安排不同油品的前、后舱位来满足吃水差的要求。
答案:B。

4.油船装运油品时若舱容有剩余,则空舱一般选在_____,两个以上的空舱应_____。
A.艏艉;隔开   B.艏艉;集中在一起
C.中区;适当隔开   D.中区;集中在一起
解析:油船为艉机型船舶,满载时常处于较大的中垂状态,当需留空舱时,空舱位置应选在近船中部;需留两个以上空舱时,配舱位置应适当隔开。

答案:C。

5. 油船在配载时接近满舱,若需留空舱,则空舱位置应选在_____。

A. 船首部   B. 船中部

C. 船尾部   D. 任意货舱

解析:本题暂无解析。

答案:B。

6. 一般油船的配载图用_____表示。

A. 俯视图   B. 侧视图

C. 正视图   D. 剖面图

解析:油船的配载图用俯视图表示。

答案:A。

7. 油船的配载图为_____。

A. 俯视图   B. 侧视图

C. 侧视图+俯视图   D. 侧视图+正视图

解析:本题暂无解析。

答案:A。

8. 在油船配载图中,每一货舱应显示_____内容。

①空当高度;②货油体积;③积载因数;④货油体积所占舱容比例

A. ①②③④   B. ①②③

C. ②③④   D. ①②④

解析:油船的配载图中每一装货的液舱内均应填写空当高度、装货体积占舱容百分比、装货体积等。

答案:D。

9. 在装运原油及成品油时,船方应逐项检查并填写"船、岸安全检查项目表"的_____。

A. A 部分   B. B 部分

C. A 部分和 B 部分   D. A、B、C 部分

解析:"船/岸安全检查项目表"共有三部分,其中 A 部分适用于普通散装液体货,即油船、散化船、液化气船必须填写。

答案:A。

10. 按照我国油码头装卸油相关规定,油船装油前,应_____。

①地线、软管同时连接;②先接地线后接软管;③先接软管后接地线

A. ①   B. ②

C. ③   D. ①②③均可

解析:本题暂无解析。

答案:B。

11. 油船在装卸货时准备的防火拖缆(应急缆)共有_____条在_____。

A. 一;船尾   B. 两;首、尾各一

C. 一;船首　　　　　　　　　　　　D. 三;船首、船尾、船中各一

解析:应急拖缆一般在油船外舷的艏、艉部各带一根。

答案:B。

12. 油船正确的卸货顺序是_____。

A. 先卸首部油舱,再卸艉部油舱,然后卸中部油舱

B. 先卸尾部油舱,再卸艏部油舱,然后各舱均衡卸载

C. 先卸首部油舱,再卸艉部油舱,然后各舱均衡卸载

D. 先卸中部油舱,再卸艏部油舱,然后各舱均衡卸载

解析:本题暂无解析。

答案:D。

13. 油船空船压载的目的是_____。

①减小过大的中拱弯矩;②减轻船体振动;③有利于提高船舶的航速

A. ①②　　　　　　　　　　　　B. ②③

C. ①③　　　　　　　　　　　　D. ①②③

解析:本题暂无解析。

答案:D。

14. 根据我国的相关规定,装运一级石油的油船在外界气温超过_____时需对甲板进行洒水降温。

A. 37.5 ℃　　　　　　　　　　B. 30 ℃

C. 28 ℃　　　　　　　　　　　D. 25 ℃

解析:同一油品挥发的快慢主要取决于温度的高低,温度越高,挥发越快。

答案:C。

15. 油船装油时,为_____应保持一定的艉倾。

A. 保证排净压载水　　　　　　B. 使主辅机运转良好

C. 保证船舶的稳性　　　　　　D. 保证船舶的总纵强度

解析:本题暂无解析。

答案:A。

16. 装油过程中控制装油速度的主要目的是_____。

A. 避免静电放电　　　　　　　B. 预防电气火花

C. 减少油品挥发　　　　　　　D. 减少静电积聚

解析:静电积聚的快慢与油品在管内的流动速度有关,流速越大静电积聚越快。

答案:D。

17. 油船卸高黏度货油时,应保持_____。

A. 正浮　　　　　　　　　　　B. 艏倾

C. 较大艉倾　　　　　　　　　D. 较小艉倾

解析:本题暂无解析。

答案:C。

18. 油船满载时一般呈_____,故空舱应留在_____。

    A. 中拱;中区　　　　　　　　　　　B. 中拱;首尾

    C. 中垂;首尾　　　　　　　　　　　D. 中垂;中区

    解析:油船为艉机型船舶,满载时常处于较大的中垂状态。

    答案:D。

19. 油船空载时一般呈_____,故应适当在_____压载。

    A. 中拱;中区　　　　　　　　　　　B. 中拱;首尾

    C. 中垂;首尾　　　　　　　　　　　D. 中垂;中区

    解析:油船为艉机型船舶,空载时处于较大的中拱状态。

    答案:A。

20. 进行原油洗舱时舱内含氧量不得超过_____。

    A. 14%　　　　　　　　　　　　　　B. 11%

    C. 8%　　　　　　　　　　　　　　 D. 5%

    解析:本题暂无解析。

    答案:C。

21. 进行原油洗舱时使用的惰性气体中的氧气含量得超过_____。

    A. 14%　　　　　　　　　　　　　　B. 11%

    C. 8%　　　　　　　　　　　　　　 D. 5%

    解析:油船配备的固定式惰性气体系统,要求在任何规定的气流速率条件下都能提供含氧量不超过5%的惰气。

    答案:D。

22. 油船装油完毕后,应_____。

    A. 地线软管同时拆　　　　　　　　B. 先拆地线后拆软管

    C. 先拆软管后拆地线　　　　　　　D. 先拆哪个都可以

    解析:本题暂无解析。

    答案:C。

23. 油船在装卸、压载、洗舱或除气等作业过程中,无线电通信设备_____。

    A. 只能发不能收　　　　　　　　　B. 只能收不能发

    C. 均不能收发　　　　　　　　　　D. 均可收发

    解析:本题暂无解析。

    答案:B。

24. 若仅考虑强度和吃水差,则油船装货大致的顺序是_____。

    ①首部油舱;②各油舱均衡装载;③装中部货舱

    A. ①②③　　　　　　　　　　　　 B. ③①②

    C. ①③②　　　　　　　　　　　　 D. ②①③

    解析:本题暂无解析。

    答案:B。

25. 下述能够防止油船静电放电的措施是_____。

    A. 控制装油速度

    B. 洗舱时,洗舱机与大地绝缘

    C. 工作人员在装油现场应穿着尼龙化纤服装

    D. 装油结束后,用压缩空气将货油管内的残油吹入舱内

    解析:本题暂无解析。

    答案:A。

26. 舱内载有可自由流动的液体时,应_____左、右连通阀,以减小自由液面的影响。

    A. 打开　　　　　　　　　　　B. 关闭

    C. 打开或关闭　　　　　　　　D. 在停泊时打开而在航行中关闭

    解析:本题暂无解析。

    答案:B。

27. 油船预防静电的主要途径是_____。

    ①预防静电积聚;②预防电器漏电;③预防尖端放电

    A. ①②　　　　　　　　　　　B. ②③

    C. ①③　　　　　　　　　　　D. ①②③

    解析:本题暂无解析。

    答案:C。

28. 为避免货油溢出货舱,采取的主要措施是_____。

    A. 控制加温温度　　　　　　　B. 留出适当的膨胀余量

    C. 甲板洒水降温　　　　　　　D. 调整船舶吃水差

    解析:本题暂无解析。

    答案:B。

29. 工作人员进入含油气的油舱前,应_____。

    ①对油舱彻底通风;②穿防护服和戴呼吸器;③认真测定舱内油气含量和氧气含量

    A. ①②　　　　　　　　　　　B. ②③

    C. ①③　　　　　　　　　　　D. ①②③

    解析:本题暂无解析。

    答案:D。

30. 油船装卸前,为保证安全_____。

    A. 应进行电瓶充电

    B. 应与码头工作人员商定装卸速度

    C. 用压缩空气将货油管内的油气吹入舱内

    D. 滴漏在甲板上的少量货油立即用水冲走

    解析:本题暂无解析。

    答案:B。

31. 载运石油货物时,考虑其膨胀性,通常每个油舱都预留出舱容的_____左右。

A.1%   B.2%

C.3%   D.4%

解析:通常情况下油船留出的膨胀余量应不小于总舱容的2%。

答案:B。

32.装油过程中值班驾驶员应严密监视各舱液位变化,通常_____记录一次并计算装货速率,每_____实测货舱液位与船舶所配备的固定液位测量系统及装载仪比较。

A.1 h;1 h   B.1 h;2 h

C.2 h;1 h   D.2 h;2 h

解析:装油过程中要经常测定各舱装油进度,避免货油溢出舱外。

答案:B。

33.油船装油过程中的注意事项中,特殊情况停止装卸作业的条件之一是当风速超过_____,浪高_____且预计将继续增大。

A.15 m/s;1 m   B.15 m/s;1.5 m

C.18 m/s;1 m   D.18 m/s;1.5 m

解析:本题暂无解析。

答案:A。

34.原油洗舱的注意事项中,通常情况下,每个货油舱每_____进行一次原油洗舱或每航次洗舱的数目为油舱总数的_____。

A.3 个月;1/3   B.3 个月;1/4

C.4 个月;1/3   D.4 个月;1/4

解析:通常情况下,每个货油舱每四个月进行一次原油洗舱或每航次洗舱的数量为货油舱总数的1/4。

答案:D。

35.原油洗舱过程中,舱内氧气浓度应保持在_____以下,充入的惰气中氧气的含量不超过_____。

A.5%;5%   B.5%;8%

C.8%;5%   D.8%;8%

解析:本题暂无解析。

答案:C。

36.油船在港装卸期间应按规定悬挂相应的号灯号型,通常在白天应该悬挂_____旗,夜间应显示红灯。

A.A   B.B

C.H   D.Q

解析:本题暂无解析。

答案:B。

13.2　散装液体化学品运输

一、知识点梳理

散装化学品的定义、分类和特性,化学品船及液货舱的结构特点,散装化学品的安全装运。

二、难点点拨

散装化学品的安全装运。

三、相关习题

1. _____不是液体散装化学品的主要特性。

  A. 易燃性
               B. 毒害性和腐蚀性

  C. 化学反应性
          D. 自燃自热性

解析:本题暂无解析。

答案:D。

2. 散装液体化学品的直接接触毒害性常用_____衡量。

  ①LD_{50};②EEL;③LC_{50}

  A. ①
               B. ②

  C. ③
          D. ①或③

解析:直接接触毒害性可用半数致死量 LD_{50} 及半数致死浓度 LC_{50} 来衡量。

答案:D。

3. 散装液体化学品的间接接触毒害性常用_____衡量。

  ①LD_{50};②紧急暴露限值;③LC_{50};④货品的水溶性;⑤挥发性

  A. ①②④⑤
         B. ②③④⑤

  C. ②④⑤
          D. ③④⑤

解析:间接接触毒害性可用紧急暴露限值 EEL(指一次临时性接触的允许浓度)、货品的水溶性、挥发性等来衡量。

答案:C。

4. 散装液体化学品毒害性的衡量指标 EEL 是指_____。

  ①紧急暴露限值;②有害液体最大容许浓度;③一次临时性接触的允许浓度

  A. ①
               B. ②

  C. ③
          D. ①③

解析:本题暂无解析。

答案:D。

5.《MARPOL 73/78》附则Ⅱ根据其毒性和对环境污染的影响将散装化学品分为 4 大类,其中毒性和对环境污染影响最大的是_____类。

A. OS
B. Z
C. Y
D. X

解析:X 类:指排放入海后将会对海洋资源或人类健康造成严重危害的有毒液体物质,因此有必要严禁将此类物质排入海洋环境。

答案:D。

6.《MARPOL 73/78》附则Ⅱ根据散装化学品的_____予以分类。

①毒性;②对环境污染的影响;③化学成分

A. ①
B. ②
C. ③
D. ①②

解析:本题暂无解析。

答案:D。

7.《MARPOL 73/78》附则Ⅱ根据其毒性和对环境污染的影响对散装化学品分为_____大类,分别以_____表示。

A. 4;X、Y、Z、OS
B. 4;L、M、N、0
C. 3;A、B、C
D. 5;1、2、3、4、5

解析:《MARPOL 73/78》附则Ⅱ"防止散装有毒液体物质污染规则"中,根据散化品的毒性和操作排放对环境污染造成的影响将其分为 4 大类。

答案:A。

8. 国际散装化学品船为安全装运散装化学品应查阅《国际散装运输危险化学品船舶构造和设备规则》,该规则简称为_____。

A.《IBC 规则》
B.《IGC 规则》
C.《IMSBC 规则》
D.《IMDG 规则》

解析:本题暂无解析。

答案:A。

9. 国内散装化学品船为安全装运散装化学品应查阅_____。

A. 国际海事组织(IMO)的《国际散装运输危险化学品船舶构造和设备规则》

B. CCS 的《散装运输危险化学品船舶构造及设备规范》

C. 国际海事组织(IMO)的《国际航行海船法定检验技术规则》

D. CCS 的《国内航行海船法定检验技术规则》

解析:本题暂无解析。

答案:B。

10. 现行《IBC 规则》将散装化学品船分成_____种类型,其中 1 型船适合于装载_____的散装化学品。

A. 4;危险性最大
B. 4;危险性最小

C. 3;危险性最大　　　　　　　　　　　　D. 3;危险性最小

解析:根据所运输散装液体化学品的危险程度,散化船分为 1 型船舶、2 型船舶及 3 型船舶三种类型。

答案:C。

11. 根据现行《IBC 规则》,适用于运输危险性最小的散化品,液货舱的位置没有特殊要求的船舶是_____。

A. 1 型散化船　　　　　　　　　　　　　B. 2 型散化船

C. 3 型散化船　　　　　　　　　　　　　D. 1 型和 2 型散化船

解析:3 型船舶适用于运输中对环境或安全有足够严重危险的货物的化学品船。

答案:C。

12. 散化船是指按《IBC 规则》规定,从事运输温度在 37.8 ℃时其蒸气压力_____ MPa 的液体危险化学品的船舶。

A. 不超过 0.28　　　　　　　　　　　　　B. 不超过 0.07

C. 大于 0.28　　　　　　　　　　　　　　D. 大于 0.07

解析:本题暂无解析。

答案:A。

13. 液体散化船的液舱按其与船体结构的关系划分为_____。

A. 整体液舱和重力液舱　　　　　　　　　B. 独立液舱和整体液舱

C. 重力液舱和压力液舱　　　　　　　　　D. 独立液舱和重力液舱

解析:本题暂无解析。

答案:C。

14. 液体散化船按液舱舱顶设计压力的大小划分为_____。

A. 整体液舱和重力液舱　　　　　　　　　B. 独立液舱和整体液舱

C. 重力液舱和压力液舱　　　　　　　　　D. 独立液舱和重力液舱

解析:本题暂无解析。

答案:C。

15. 液体散化船的液舱舱顶设计压力_____的液舱称为压力液舱。

A. 小于 0.28 MPa　　　　　　　　　　　B. 小于 0.07 MPa

C. 大于 0.07 MPa　　　　　　　　　　　D. 大于 0.28 MPa

解析:本题暂无解析。

答案:B。

16. 液体散化船的液舱舱顶设计压力_____的液舱称为重力液舱。

A. 小于 0.28 MPa　　　　　　　　　　　B. 不超过 0.07 MPa

C. 大于 0.07 MPa　　　　　　　　　　　D. 不超过 0.28 MPa

解析:本题暂无解析。

答案:A。

17. 根据所运货物的危险程度,现行《IBC 规则》将散装化学品船分成_____种类型,其中

_____型适合于装载危险性最大的散装化学品。

A. 4;1　　　　　　　　　　　　B. 4;4

C. 3;1　　　　　　　　　　　　D. 3;3

解析:本题暂无解析。

答案:B。

18. 散装液体化学品船整体液货舱的特征是_____。

A. 货舱构成船体结构的一部分

B. 货舱不与船体结构相连接或不是船体结构的组成部分

C. 货舱的整体压力较大

D. 对船体结构的完整性不是必需的

解析:本题暂无解析。

答案:A。

19. 散装液体化学品船上,舱顶设计压力不大于0.07 MPa的液货舱_____。

A. 既可以是独立液货舱,也可以是整体液货舱

B. 只能是独立液货舱

C. 只能是整体液货舱

D. 称为松动液货舱

解析:重力液货舱指舱顶设计压力不大于0.07 MPa的液货舱。它既可以是独立液货舱,也可以是整体液货舱。

答案:A。

20. 液体散化船的液舱舱顶设计压力_____的液舱称为压力液舱,舱顶设计压力_____的液舱称为重力液舱。

A. 大于0.07 MPa;不超过0.28 MPa　　　B. 大于0.28 MPa;小于0.07 MPa

C. 大于0.07 MPa;不超过0.07 MPa　　　D. 大于0.28 MPa;不超过0.28 MPa

解析:压力液货舱指舱顶设计压力大于0.07 MPa的液货舱。它只能是独立液货舱。

答案:C。

21. 散化船装卸前,应准备好应急缆,置放危险标志,与其他船保持_____以上的距离。

A. 30 m　　　　　　　　　　　　B. 50 m

C. 10 m　　　　　　　　　　　　D. 100 m

解析:散化船装卸前应准备好应急缆,置放危险标志,与其他船舶保持30 m以上的安全距离。

答案:A。

22. 承运散装化学品前,_____应提供所托运货物的完整资料。

A. 货主　　　　　　　　　　　　B. 航运公司

C. 装卸公司　　　　　　　　　　D. 海事局

解析:本题暂无解析。

答案:A。

23. 在装运散装化学品时,船方应逐项检查并填写"船、岸安全检查项目表"的_____。

A. A 部分　　　　　　　　　　　　B. B 部分

C. A 部分和 B 部分　　　　　　　　D. 全部

解析:"船/岸安全检查项目表"共有三部分,其中 A 部分适用于普通散装液体货,即油船、散化船、液化气船必须填写;B 部分为散装液体化学品增加检查项目,散化船应加填该部分。

答案:C。

24. 当风速超过_____ m/s、浪高超过_____ m 时,散装化学品船不得进行靠泊和装卸作业。

A. 15;1　　　　　　　　　　　　B. 12;1

C. 15;1.5　　　　　　　　　　　D. 12;1.5

解析:本题暂无解析。

答案:C。

25. 散化船装运特点要求,装卸开始时应以低速进行(_____以下),为防止产生静电,装卸的正常流速应限制在_____以下。

A. 1 m/s;1.5 m/s　　　　　　　　B. 1 m/s;3 m/s

C. 1.5 m/s;3 m/s　　　　　　　　D. 1.5 m/s;5 m/s

解析:装卸开始时应以低速进行(1 m/s 以下),待经检查确认作业正常后才能按正常流速进行装卸。为防止产生静电,装卸的正常流速应限制在 3 m/s 以下。

答案:B。

26. 散装化学品装货前,用不助燃也不与货物反应的气体或蒸气置换液货舱系统中原有气体的控制方法,称为_____。

A. 惰化法　　　　　　　　　　　B. 隔绝法

C. 干燥法　　　　　　　　　　　D. 通风法

解析:本题暂无解析。

答案:A。

27. 散装化学品装卸作业中,将液体、气体或蒸气充入液货舱系统,使货物与空气隔绝,称为_____。

A. 惰化法　　　　　　　　　　　B. 隔绝法

C. 干燥法　　　　　　　　　　　D. 通风法

解析:本题暂无解析。

答案:B。

28. 散装化学品装货前,对液货舱进行强制通风或自然通风,这种方法称为_____。

A. 惰化法　　　　　　　　　　　B. 隔绝法

C. 干燥法　　　　　　　　　　　D. 通风法

解析:本题暂无解析。

答案:D。

29. 散化船上应备有安全载运货物所必需的资料,如_____。

①所载运货物的物理化学(包括反应性)的详细说明;②发生溢出或泄漏事故时需要采取的措施;③对各种货物的相应消防程序和灭火剂;④货物输送、清除、压载、清洗液货舱和变更货

物的程序;⑤防止人员由于意外接触而造成伤害的防范措施;⑥应急措施等

A.①②③④⑤⑥   B.②③④⑤⑥

C.①③④⑤⑥   D.①②④⑤⑥

解析:本题暂无解析。

答案:A。

30. 装货前,应对散化船液货舱进行环境控制,其中,"将无水气体或在大气压力下其露点为-40 ℃或更低的蒸气充入液货舱及其管系"的控制方法称为_____。

A. 惰化法   B. 隔绝法

C. 干燥法   D. 通风法

解析:本题暂无解析。

答案:C。

31. 散装化学品装卸作业中,用不助燃也不与货物反应的气体或蒸气充入液货舱及其管系、液货舱周围空间,并维持这种状态,称为_____。

A. 惰化法   B. 隔绝法

C. 干燥法   D. 通风法

解析:本题暂无解析。

答案:A。

32. 散化船船方应逐项检查并填写"船/岸安全检查项目表"中的_____。

A. A 部分和 B 部分   B. A 部分和 C 部分

C. B 部分和 C 部分   D. B 部分和 D 部分

解析:本题暂无解析。

答案:A。

33. 散装化学品船装卸开始时应以低速进行,一般装载速度应控制在_____。

A. 1 m/s 以下   B. 3 m/s 以下

C. 1 m/s 以上,3 m/s 以下   D. 1.5 m/s 以下

解析:本题暂无解析。

答案:A。

13.3   液化气体运输

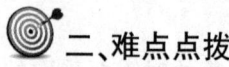一、知识点梳理

液化气体的定义、分类和特性,液化气船及液货舱的结构特点,液化气体的安全装运。

二、难点点拨

液化气体的安全装运。

三、相关习题

1.液化气体的化学反应性是指_____。

①货物自身的分解、聚合反应;②货物与水的反应;③货物与空气的反应;④货物与货物之间的反应;⑤货物与冷却介质之间的反应;⑥货物与船体材料之间的反应

A. ①②③④⑤⑥　　　　　　　　　B. ①②③④⑤

C. ②③④⑤　　　　　　　　　　　D. ①③④⑤

解析:本题暂无解析。

答案:A。

2.根据《IGC 规则》,散装液化气体是指在 37. 8 ℃时绝对蒸气压力超过_____的液体。

A. 0. 07 MPa　　　　　　　　　　B. 0. 18 MPa

C. 0. 28 MPa　　　　　　　　　　D. 0. 38 MPa

解析:本题暂无解析。

答案:C。

3.液化气体的沸点_____,挥发性_____,一旦泄漏,危险性非常大。

A. 高;小　　　　　　　　　　　　B. 高;大

C. 低;小　　　　　　　　　　　　D. 低;大

解析:本题暂无解析。

答案:D。

4._____属于液化气体的特性。

①易燃易爆性;②毒害性和腐蚀性;③低温和压力危险性及化学反应性

A. ①②　　　　　　　　　　　　　B. ②③

C. ①③　　　　　　　　　　　　　D. ①②③

解析:本题暂无解析。

答案:D。

5.按_____将液化气体分为液化石油气、液化化学气、液化天然气。

A. 液化气体沸点的高低　　　　　　B. 液化气体临界温度

C. 液化气体的主要成分　　　　　　D. 运输时的要求不同

解析:本题暂无解析。

答案:C。

6.液化天然气的成分是以_____为主的烷烃混合物。

A. 丁烷　　　　　　　　　　　　　B. 乙烷

C. 甲烷　　　　　　　　　　　　　D. 丙烷

解析:液化天然气(LNG)的主要成分为甲烷。

答案:C。

7.液化气体按沸点不同可划分为_____。

A. 高沸点液化气体,低沸点液化气体

B. 高沸点液化气体,中沸点液化气体,低沸点液化气体

C. 中沸点液化气体,低沸点液化气体

D. 普通液化气体,特殊液化气体

解析:本题暂无解析。

答案:B。

8. 液化气体按主要成分不同可划分为_____。

A. LPG、LNG、LCG
B. LPG、LNG、LBG

C. LPG、LBG、LUG
D. LNG、LCG、LUG

解析:本题暂无解析。

答案:A。

9. 液化石油气的成分是以_____为主的烷烃混合物。

A. 丁烷
B. 乙烷

C. 甲烷
D. 丙烷

解析:液化石油气(LPG)的主要成分为丙烷。

答案:D。

10. 运输温度最低的液化气体是_____。

A. 液化石油气
B. 液化天然气

C. 液化化学气
D. 人工煤气

解析:本题暂无解析。

答案:B。

11. 液化气体的主要危险特性有_____。

①易燃易爆性;②毒害性;③低温危险性;④腐蚀性;⑤化学反应性;⑥压力危险性

A. ①②③④⑥
B. ①②④⑤

C. ①②④⑥
D. ①②③④⑤⑥

解析:本题暂无解析。

答案:D。

12. 国际液化气船在安全装运散装运输液化气体时应查阅_____。

A.《IBC 规则》
B.《IGC 规则》

C.《IMSBC 规则》
D.《IMDG 规则》

解析:本题暂无解析。

答案:B。

13. 冷冻式液化天然气运输船的冷却温度要求达到_____。

A. −165 ℃
B. −126 ℃

C. −65 ℃
D. −45 ℃

解析:本题暂无解析。

答案:A。

14. LNG 船舶的运输方式为_____。
　　A. 低温式　　　　　　　　　　B. 加压式
　　C. 常温式　　　　　　　　　　D. 加温式
　　解析:本题暂无解析。
　　答案:A。

15. 运输液化石油气的冷冻式液化气船的冷却温度为_____。
　　A. −55 ℃　　　　　　　　　　B. −104 ℃
　　C. −165 ℃　　　　　　　　　　D. −180 ℃
　　解析:本题暂无解析。
　　答案:A。

16. _____是压力式液化气船的优点。
　　①操作简便;②不需要设置再液化装置;③液舱管系不需要绝热
　　A. ①②　　　　　　　　　　　　B. ②③
　　C. ①③　　　　　　　　　　　　D. ①②③
　　解析:本题暂无解析。
　　答案:D。

17. 以下低温式液化气船的特点,正确的是_____。
　　①液货舱采用耐低温材料绝热;②液舱多为棱柱形或梯形;③载货量较压力式液化气船增加;
　　④液舱周围需用惰性气体保护;⑤不需要再液化装置
　　A. ①②③　　　　　　　　　　　B. ①②③④
　　C. ③④⑤　　　　　　　　　　　D. ①②③④⑤
　　解析:船上设有的气体再液化装置,可将蒸发出来的气体再液化送回液货舱。
　　答案:B。

18. 下列属于非自身支持的液货舱的是_____。
　　①独立液货舱;②整体液货舱;③薄膜液货舱;④半薄膜液货舱;⑤内层绝热液货舱
　　A. ①②③④⑤　　　　　　　　　B. ①②③④
　　C. ②③④⑤　　　　　　　　　　D. ①②④⑤
　　解析:本题暂无解析。
　　答案:C。

19. 下列哪种类型液化气船需要再液化装置?_____。
　　①全加压式液化气船;②冷冻式液化气船;③半冷冻式液化气船
　　A. ①②③　　　　　　　　　　　B. ②③
　　C. ②　　　　　　　　　　　　　D. ①
　　解析:半冷冻半加压式液化气船和全冷冻式液化气船,均设有气体再液化装置。
　　答案:B。

20. 在_____液化气船的燃烧和爆炸的可能性最大。
　　A. 锚泊时　　　　　　　　　　　B. 装卸时

C. 等待作业时　　　　　　　　　　　D. 航行途中

解析:本题暂无解析。

答案:B。

21.液化天然气船在装载货物时有充装的限制,各液舱最大应装至液舱容积的_____。

　　A. 50%~60%　　　　　　　　　　B. 70%~80%

　　C. 98%　　　　　　　　　　　　　D. 90%

解析:装载时应注意各液货舱的允许充装极限不要超过液舱容积的98%。

答案:C。

22.散装化学品和液化气在装卸时限制装卸速度的主要原因是_____。

　　A. 减少挥发　　　　　　　　　　　B. 防止货品泄漏

　　C. 防止产生静电　　　　　　　　　D. 减少装卸管系的压力

解析:本题暂无解析。

答案:C。

23._____不是液化气船舶在受载前必须对货舱进行的特殊作业。

　　A. 货舱惰化　　　　　　　　　　　B. 货舱驱气

　　C. 货舱预冷　　　　　　　　　　　D. 货舱通风

解析:本题暂无解析。

答案:D。

24.液化气船受载前必须对货舱进行惰化作业,惰化后,一般要求货物系统中的含氧浓度不超过_____。

　　A. 5%　　　　　　　　　　　　　　B. 6%

　　C. 7%　　　　　　　　　　　　　　D. 8%

解析:惰化是用惰性气体替换货物系统中的空气或货物蒸气,降低含氧量。惰化后,一般要求货物系统中的含氧浓度不超过5%。

答案:A。

25.当风速超过_____m/s、浪高超过_____m时,液化气船应停止装卸作业。

　　A. 10;0.5　　　　　　　　　　　　B. 15;0.7

　　C. 20;0.9　　　　　　　　　　　　D. 25;1.1

解析:本题暂无解析。

答案:B。

26.在液化气体装卸过程中,船方应逐项检查并填写"船/岸安全检查项目表"中的_____部分。

　　①A;②B;③C

　　A. ①②③　　　　　　　　　　　　B. ①②

　　C. ①③　　　　　　　　　　　　　D. ②③

解析:"船/岸安全检查项目表"共有三部分,其中A部分适用于普通散装液体货,即油船、散化船、液化气船必须填写;C部分为散装液化气体增加检查项目,液化气船应加填该部分。

答案:C。